Helen Dore Boylston

Susanne Barden · *Reifen und Wirken*

XENOS

Susanne Barden

Reifen und Wirken

von

Helen Dore Boylston

XENOS Verlagsgesellschaft m.b.H. & Co.

Mit Genehmigung von Erika Klopp Verlag GmbH

Titelbildillustration: Friedrich Dohrmann
Umschlaggestaltung:
Klingenberg Werbeagentur GmbH, Hamburg
Herausgeber: XENOS Verlagsgesellschaft m.b.H. & Co.,
Lottbekheide 17, 2000 Hamburg 65
Printed in Finnland

Inhaltsverzeichnis

Lampenfieber

In New Hampshire wird es früh Herbst. Obwohl es erst Anfang September war, begannen sich die Laubwälder auf den Nordhängen der Weißen Berge schon gelb und rot zu färben, und die kahlen zackigen Gipfelfelsen hoben sich scharf von einem kaltblauen Himmel ab. Unten im Tal aber war es noch sommerlich warm, und die Ahornbäume an der Hauptstraße von Springdale prangten noch in saftigem Grün. Die weißen Häuser des kleinen Gebirgsortes lagen, von geräumigen Scheunen umgeben, auf beiden Seiten eines Flusses. Es war ein verschlafenes Städtchen in einem verschlafenen Tal, in dem anscheinend niemals etwas passierte.

An einem schönen, sonnigen Nachmittag dieses Septembers geschah aber doch etwas — wenn auch nicht im Ort selber, sondern auf einem hoch darüber gelegenen Gelände, von wo die Ziegelsteinbauten eines erst vor kurzem errichteten Krankenhauses herüberleuchteten. In rascher Folge fuhren eine Anzahl Autos durch das große Tor und hielten dann vor dem Eingang des Hauptgebäudes. Aus jedem Wagen stieg, mit einem Handkoffer in der Hand, etwas zaghaft ein junges Mädchen, dem Vater, Mutter oder sonstige Angehörige folgten. Nachdem dann noch ein großer Koffer ausgeladen worden war, verschwand die kleine Gruppe im Haus, tauchte jedoch gleich darauf in Begleitung einer weißgekleideten Krankenschwester wieder an der Hintertür des Gebäudes auf.

Ein schmächtiger junger Mann arbeitete in der Nähe dieser Tür mit einem Rasenmäher. »Wenn das gutgeht, freß ich einen Besen«, murmelte er von Zeit zu Zeit düster und warf einen verschmitzten Blick zu den vollbesetzten Sonnenveranden hinauf. Die Patienten, die sich dort versammelt hatten, stammten fast alle aus Springdale und den umliegenden Orten. Neugierig musterten sie die ankommenden Mädchen, die von der Krankenschwester über einen mit Bäumen bestandenen Platz zum Edgett-Heim, dem Wohnhaus der Schwestern, geführt wurden. Da waren große und kleine, dicke und dünne, hübsche und weniger hübsche. Wie verschieden sie aber auch aussahen, etwas hatten sie gemeinsam: alle waren jung, und alle machten ängstliche Gesichter.

Nachdem die weißgekleidete Schwester das letzte Mädchen zum Schwesternheim begleitet hatte, warf sie einen mißbilligenden Blick zu den Sonnenveranden hinauf und murmelte etwas vor sich hin. Sie war groß und schlank und ging mit schwingenden weitausgreifenden Schritten. Die sommersprossige, leicht nach oben gebogene Nase und die hochgezogenen Augenbrauen gaben ihrem Gesicht einen munteren wachen Ausdruck. Auf ihrem schimmernden braunen Haar saß etwas schief eine winzige weiße Haube mit einem schwarzen Samtband. Die Tracht saß ihr wie angegossen; Schuhe und Strümpfe waren von blendendem Weiß.

Aus dem zweiten Stock beugte sich ein Patient hinunter und rief: »Wie viele sind denn gekommen, Fräulein van Dyke?«

»Das müssen Sie doch besser wissen als ich«, erwiderte die Schwester. »Sie waren ja den ganzen Nachmittag auf Ihrem Posten.«

»Das stimmt schon«, gab der Mann schmunzelnd zu. »Ich hab keine einzige ausgelassen.«

Mit einem leisen Kopfschütteln ging Katharina van Dyke weiter. Während sie die breiten Steinstufen hinaufstieg, ließ sie die Augen über das schöne neue Krankenhaus schweifen. Es war von Elias Todd, einem reichen Einwohner Springdales, gestiftet und erbaut worden. Die Leitung hatte er dem jungen Arzt von Springdale, Doktor Barry, übertragen, dessen Traum es schon lange gewesen war, hier in den Bergen ein Krankenhaus zu haben. Die Patienten kamen von abgelegenen Farmen und Holzfällerlagern, aus kleinen vergessenen Dörfchen, die in den Bergen versteckt lagen, aus Springdale selbst und von wohlhabenden Besitzungen in der Nähe des Ortes. Wer Geld hatte, bezahlte für seinen Aufenthalt. Wer nicht bezahlen konnte, wurde unentgeltlich behandelt. Die Leute waren stolz auf »ihr« Krankenhaus und rühmten es, wo sich eine Gelegenheit dazu bot. Doch Großsprecherei und Übertreibungen lehnten sie ab. »Es ist keine schlechte Anstalt«, pflegten sie zu sagen, und das war schon ein großes Lob in ihrem Mund.

»Es ist wirklich keine schlechte Anstalt«, dachte Katharina van Dyke, während sie die Schwingtür zu der geräumigen Halle aufstieß. An den Wänden entlang standen Bänke. Hinter einem Pult mit der Aufschrift »Auskunft« saß eine stattliche ältere Frau. Als sie Schritte hörte, hob sie den Kopf und sah der Eintretenden mit klugen grauen Augen entgegen. Aus der Art, wie sie mit ihr sprach, war zu erkennen, daß sie die Stellung einer alten vertrauten Freundin einnahm. »Alles in Ordnung, Kit?« fragte sie mütterlich besorgt.

»Gewiß, Anne. Nur sind alle Patienten, die kriechen können, draußen und haben nichts Besseres zu tun, als die Mädchen anzustarren.«

»Ach, das macht nichts. Ist mal eine Abwechslung für sie.«

»Das wohl. Aber die armen jungen Dinger wußten gar nicht, wohin sie sehen sollten, und stolperten vor Verlegenheit über ihre eigenen Füße. Ist Susy in ihrem Büro?«

»Ja. Sie hat schreckliches Lampenfieber. Wollen Sie nicht mal nach ihr sehen?«

Kit nickte und ging durch einen langen Korridor. Ihre Gummiabsätze quietschten auf dem Linoleum. Vor einer geschlossenen Tür blieb sie einen Augenblick zögernd stehen. Dann öffnete sie sie energisch, trat in ein kleines Zimmer und ließ sich seufzend auf einen Stuhl fallen. »Nun, Susy, wie geht's?«

Die junge Schwester, die am Schreibtisch saß, antwortete nichts, sondern starrte abwesend vor sich hin. Ihre Tracht sah genauso wie die von Kit aus, nur mit dem Unterschied, daß die winzige weiße Haube sehr gerade auf rotgoldenen Locken saß. Das Gesicht darunter war fein geschnitten und hatte einen empfindsamen Ausdruck. Aber die braunen Augen blickten sehr klar, und das Kinn hatte trotz der weichen Rundung eine sehr bestimmte Form, die auf Entschlossenheit schließen ließ.

Nachdem Kit ihr Gegenüber kurze Zeit verstohlen gemustert hatte, rief sie: »Um Himmels willen, Susy, wo bist du?«

»Ich weiß nicht«, antwortete die Schwester leise. »Kit, ist es denn wirklich wahr? Bin ich wirklich ...«

»Ja, du bist wirklich Leiterin einer Schwesternschule. Soll ich fortfahren? Du bist erst fünfundzwanzig, und vor ein paar Jahren warst du selber noch Lernschwester. Du hast überhaupt keine Erfahrung in der Leitung einer Schwesternschule, und alles wird schiefgehen.«

»Aber höre doch, Kit ...«

»Ich habe dir wochenlang zugehört. Jetzt will auch ich einmal etwas sagen. Mach kein Gesicht, als hätte man dich beim Stehlen ertappt! Erinnerst du dich an Dr. Bill Barry?«

»Du meinst den Leiter dieses Krankenhauses?« Neben Susys Mundwinkeln erschienen ein Paar Grübchen. »Ja, ich erinnere mich dunkel an ihn.«

»Bill würde entzückt sein, wenn er das hörte. Weißt du auch, daß du mit ihm verheiratet bist?«

»Er behauptet es immer. Aber was hat das ...«

»Krankenhäuser brauchen Schwestern, und Schwestern brauchen eine Schulleiterin, nicht wahr?«

»Ja, ja. Aber ...«

»Kein Aber! Hat Elias Todd dich nicht zur Leiterin der neuen Schwesternschule ernannt? Elias Todd ist doch gewiß ein praktisch denkender Mann.«

»Das stimmt. Aber in diesem Fall hat er, glaub ich, einen Fehler gemacht.«

»Unsinn, Susy!« Kit machte eine ungeduldige Bewegung. »Hast du nicht alles getan, was nur irgend möglich ist, um deinen Lernschwestern das Beste vom Besten zu bieten? Du hast einen Verwaltungskurs von sechs Monaten durchgemacht. Du hast Mary Addison als deine Assistentin hierhergeholt und sie für drei Jahre verpflichtet. Mary ist fünfundvierzig, ein grundgelehrtes Haus, sie platzt vor Erfahrung. Außerdem hast du einen Stab tadellos ausgebildeter Schwestern engagiert, von denen die meisten aus unserer alten Schule kommen. Und schließlich hast du sogar Luise Wilmont als Nachtinspektorin angestellt. Das bedaure ich allerdings.«

»Sage nichts gegen Luise, Kit! Sie ist zwar stocklangweilig, aber äußerst tüchtig.«

»Was beunruhigt dich dann noch?«

»Ach, Kit, da ist so mancherlei. Kleine Schwesternschulen halten sich gewöhnlich nicht lange, weil sie den Mädchen keine ausreichende Ausbildung mitgeben können.«

»Ein Krankenhaus mit hundert Betten ist keine Kleinigkeit. Du mußt immer bedenken . . .«

Kit wurde durch ein Klopfen unterbrochen. Gleich darauf wurde die Tür aufgerissen und ein Mädchenkopf mit wuschligem hellbraunem Haar und erregten blauen Augen guckte ins Zimmer. »Kit! Anne läßt dir sagen, daß eben noch drei Neue gekommen sind. Fräulein Addison ist im Edgett-Heim, und du möchtest doch bitte einen Augenblick . . .«

»Danke, Marianna! Ich komme!« Kit stand auf.

Der Mädchenkopf verschwand, und die Tür fiel krachend zu.

Kit zuckte zusammen. »Eins steht fest, Susy; Marianna wird mehr Unheil in der Schule anstiften als alle übrigen Schülerinnen zusammen.«

»Sehr beruhigend!« entgegnete Susy spöttisch. »Man sollte einem verzagten Menschen immer versichern, daß alles ein schlimmes Ende nehmen wird.«

»Verzeih!« Kit lachte leise. »Na, dann bis nachher!«

Allein gelassen, blieb die junge Leiterin der Schwesternschule reglos auf ihrem Stuhl sitzen. Es war sehr still in dem kleinen, hellgestrichenen Büro. Die Geräusche des Krankenhauses drangen nur gedämpft bis hierher und waren Susy so vertraut, daß sie sie überhaupt nicht bemerkte. Doch nun hörte sie durch das geöffnete Fenster Schritte und Stimmen auf dem Fliesenweg, der zum Schwesternhaus führte. Kit brachte die drei neuangekommenen Schülerinnen in ihre Zimmer.

In Susys Augen erschien ein Lächeln. Ein wenig mitleidig dachte sie an die ängstlichen Gesichter der Mädchen, die sie persönlich aufgesucht und um Zulassung zu der Schule gebeten hatten. Fünf Mädchen der neuen Klasse stammten aus Springdale, sieben aus der näheren Umgebung und die übrigen aus verschiedenen Teilen Neu-Englands. Einige waren Töchter von Ärzten, die Bill Barry kannte, andere gehörten zu Susys Bekanntenkreis, und die Väter zweier Mädchen aus New York waren mit Elias Todd befreundet.

»Gerade diese persönlichen Beziehungen werden mir die Arbeit erschweren«, dachte Susy besorgt. »Bei völlig Fremden ist es lange nicht so unangenehm, wenn mal etwas schiefgeht.«

Aber sie war ja nicht allein; Bill würde ihr helfend zur Seite stehen. Susys Gesicht leuchtete auf. Sie reckte sich energisch und streckte das Kinn vor. Dann stand sie auf und ging ans offene Fenster.

Auf dem Fensterbrett stand eine Vase mit Ringelblumen, deren Blütenköpfe leise im Wind nickten. Ihr Duft vermischte sich mit dem Geruch von frisch geschnittenem Gras, der von draußen hereinkam. Susy zog eine Blume heraus und drehte sie zwischen ihren schlanken

Fingern. Ihre Augen glitten über den grünen Rasen und die neuen Gebäude des Krankenhauses, blieben einen Augenblick auf ihrem eigenen, halb hinter Bäumen verborgenen Häuschen ruhen und wanderten dann zu den Berghängen mit dem blauen Himmel darüber. »Warum hab ich eigentlich Angst?« dachte sie ein wenig ärgerlich. »Das hört jetzt auf!«

Susy versuchte ihre Unruhe loszuwerden, indem sie ihre Gedanken von der Schule ablenkte. Konnte sie nicht einmal an etwas anderes denken, zum Beispiel an die Blume in ihrer Hand? Wie hübsch und zart, wie vollkommen diese kleine Blüte war? Sie berührte ein Blütenblatt, das sich samtig anfühlte.

Nun waren gewiß alle Schülerinnen der neuen Klasse eingetroffen — fünfundzwanzig unsichere junge Mädchen, die bald einer ebenso unsicheren Schulleiterin gegenüberstehen sollten. Anfangs hatte Susy Einwendungen gemacht, als Mary Addison vorschlug, fünfundzwanzig Schülerinnen aufzunehmen. Waren das nicht zu viele? Würden nicht fünfzehn genug sein?

»Aber nein!« hatte Mary widersprochen. »Sie müssen ja damit rechnen, daß Sie ein paar verlieren.«

»Verlieren? Warum denn?«

Einige würden nach kurzer Zeit feststellen, daß ihnen der Beruf nicht gefiel, hatte die erfahrene Mary erklärt. Andere würden krank werden oder sich als zu ungeschickt für die Arbeit erweisen. Es war immer dasselbe — in jeder Schule. Fünfundzwanzig Schülerinnen waren bestimmt nicht zuviel für den Anfang.

Und nun waren die fünfundzwanzig Mädchen da! Susy gab es auf, ihren Gedanken eine andere Richtung geben zu wollen. Sie stellte die Ringelblume in die Vase zurück und lehnte sich an das Fensterbrett. War es wirklich schon sieben Jahre her, daß sie ihre Lehrzeit begonnen hatte? Wie nah ihr die damalige Zeit noch immer war! In ihrer Klasse waren zweiundsechzig Schülerinnen gewesen — unter ihnen Kit. Und Bill Barry war an dem großen Krankenhaus, in dem sie ausgebildet wurden, Assistenzarzt gewesen. Am Tag ihrer Diplomverleihung hatte sich Susy mit ihm verlobt. Dann war sie ein halbes Jahr als Fürsorgeschwester in New York tätig gewesen und danach eine Zeitlang als Gemeindeschwester in Springdale. Endlich konnten sie und Bill dann heiraten, und nun ...

Susys Gedanken wurden durch das Klingeln des Telefons unterbrochen. Die Stationsschwester der Orthopädischen Abteilung fragte an, ob sie wohl einmal herüberkommen könne. Ein alter Patient, den sie schon als Gemeindeschwester gepflegt hatte, war gerade eingeliefert worden und verlangte nach ihr.

Susy ging sofort zu ihm. Die Leiterin einer Schwesternschule kommt nur selten in engeren Kontakt mit Patienten, denn sie hat hauptsächlich am Schreibtisch zu tun. Aber Susy gab sich gern mit Patienten ab. Auch hatten Bill und sie sich gemeinsam um den alten Mann bemüht, als er von seinem Scheunendach gestürzt war und sich den Rücken verletzt hatte. Sie wußte seit langem, daß er operiert werden mußte. Er hing an ihr und würde sich nun wie ein Kind an sie klammern.

Als Susy in ihr Büro zurückkehrte, wartete schon die Mutter eines kleinen Jungen auf sie, der in der Kinderabteilung lag. Sie hatte zwei Dutzend frische Eier mitgebracht. Da die Leute in ärmlichen Verhältnissen lebten, konnten sie nichts für die Behandlung ihres Kindes bezahlen. Susy wußte wohl, daß die Frau die Eier nicht nur brachte, um den Kindern des Krankenhauses eine Freude zu machen, sondern vor allem aus dem Wunsch heraus, nicht völlig »freigehalten« zu werden. Sie bedankte sich mit warmen Worten für das Geschenk und unterhielt sich eine Weile mit der Frau.

Endlich war sie wieder allein. Ihr Blick fiel auf eine kleine gerahmte Fotografie von Bill, die auf ihrem

Schreibtisch stand, und sofort wanderten ihre Gedanken in die Vergangenheit zurück. Sie lächelte. »Der wichtigste Tag im Leben eines Mädchens«, sagte sie vor sich hin. »Und was für ein Tag!«

Der wichtigste Tag

Susys kleines Büro verwandelte sich in ihr Schlafzimmer daheim bei ihren Eltern, und sie hörte so deutlich, als wäre es Wirklichkeit, die erregte Stimme ihrer Mutter rufen: »Susy, bist du noch nicht wach? Es ist herrliches Wetter. Du mußt aufstehen.«

»Ja, Mammi.«

Maxl, der kleine schwarzbraune Dackel, sprang aufs Bett. Er wedelte heftig mit dem Schwanz und trampelte fröhlich auf Susy herum. Sie drückte ihn zärtlich an sich. Dann schob sie ihn energisch beiseite und sprang mit beiden Beinen zugleich aus dem Bett.

Etwas später öffnete sie zögernd die Tür zum Fremdenzimmer und spähte hinein. Auf dem Bett lag ihr Brautkleid ausgebreitet, ein Traum aus schimmernder weißer Seide und zarten Spitzen. Ihr Herz begann heftig zu klopfen, und eine Weile starrte sie reglos auf das duftige Gebilde. Doch plötzlich kam Bewegung in sie. »Nein, Maxl, das darfst du nicht!« Mit zwei Schritten war sie neben dem Bett und packte den kleinen Dackel, der gerade auf die seidene Unterwäsche springen wollte, die neben dem Kleid lag.

Nun rief Marie, seit zwanzig Jahren Hausmädchen bei den Bardens, von unten: »Fräulein Susy, Ihr Frühstück wird kalt!«

»Ich komme!«

Das Telefon und die Türglocke klingelten gleichzeitig. Marie rannte keuchend hin und her. »So geht das nun seit sieben«, brummte sie gutmütig, als Susy die Tür zum Eßzimmer öffnete.

Dr. Barden sah seiner Tochter lächelnd entgegen. »Nun, bist du bereit für den großen Tag?«

Susy murmelte etwas, küßte ihn auf die Wange und setzte sich neben ihren Bruder Ted. »Wie fühlst du dich, Schwesterchen?« fragte er ein wenig verlegen.

»Wie soll ich mich schon fühlen?« Susy goß sich Kaffee ein und durchflog ein paar Telegramme, die neben ihrem Teller lagen. »Ja, wie fühle ich mich eigentlich?« fragte sie sich verwirrt. »Mir ist, als schwebte ich. Alles erscheint mir so unwirklich. Ich muß mich zusammenreißen. Wenn Mammi doch hereinkäme und etwas Vernünftiges sagte!«

Aber Frau Barden war mit den letzten Vorbereitungen für die Feier beschäftigt. Von draußen drangen allerlei beunruhigende Geräusche ins Zimmer. Um sich nicht dadurch aus der Fassung bringen zu lassen, begann Susy zu sprechen. Sie sagte, daß Bill nun schon mit Kit, Marianne und Anne unterwegs sein müsse. »Sie wollten um zehn Uhr hier sein. Wer wird denn Connie und Phil von der Bahn abholen?«

»Ich«, sagte Ted.

»Bills Bruder kommt mit demselben Zug. Gib acht, daß ihr euch nicht verfehlt.«

»Gewiß, Schwesterchen.«

Wieder klingelte es an der Haustür. Man hörte Maries Schritte in der Diele. Dann ertönten Stimmen.

Ted sprang auf. »Tante Letti! Ich gehe in die Garage.« Damit floh er aus dem Zimmer.

Susy und ihr Vater wechselten einen bangen Blick. Tante Letti, eine angeheiratete Tante, war der Familienschreck. Sie war groß und hager und machte fast immer ein beleidigtes Gesicht. Unter einem zaghaften und bescheidenen Gehabe verbarg sie eine eiserne Entschlossenheit, stets ihren Willen durchzusetzen.

»Laß mich nicht allein, Pa!« flehte Susy.

Beruhigend legte er ihr die Hand auf die Schulter. Das Klappern von hohen Absätzen näherte sich der Tür. Als Tante Letti eintrat, stand Dr. Barden auf und ging ihr entgegen.

»Wie geht es dir, Theo?« fragte sie mit ihrer dünnen traurigen Stimme. Es klang, als läge er auf dem Totenbett. Ohne eine Antwort abzuwarten, hielt sie Susy ihre verwelkte Wange zum Kuß hin. Dann faßte sie mit ihren kalten trockenen Fingern nach Susys Hand. »Fiebrig! Susy, Liebes, willst du dich nicht hinlegen, bis — bis —«

»Aber ich fühle mich gar nicht fiebrig, Tante Letti!«

Seufzend ließ sich Tante Letti auf einen Stuhl sinken. »Wo ist deine Mutter?«

»Ich weiß nicht. Soll ich sie holen?«

»Ach nein, laß nur! Übrigens — ich habe einen Dekorateur mitgebracht.«

Dr. Barden räusperte sich. »Sehr nett von dir, Letti! Aber die Mühe hättest du dir sparen können. Adda will die Zimmer selber ausschmücken.«

»Aber das ist doch unmöglich! An diesem Tag aller Tage! Nun ja, Adda war ja immer etwas — eigenartig. Es ist bestimmt besser, wenn Herr Snab es macht. Hat jemand daran gedacht, Blumen zu bestellen?«

Susy zählte im stillen bis zehn. Dann sagte sie so freundlich wie möglich: »Natürlich, Tante! Aber wir brauchen nicht viele, da wir keine große Gesellschaft haben — nur ein paar Freunde. Mammi hat sehr viel Geschmack. Sie wird schon ...«

»Gewiß, mein Kind, darüber läßt sich nicht streiten. Kommen Sie herein, Herr Snab. Magst du Lilien, Susy?«

»Bitte keine Lilien!«

»Na, dann nicht!« sagte Tante Letti beleidigt. »Ich wollte euch doch nur helfen, aber wenn ... Legen Sie die Sachen irgendwohin, Herr Snab.«

Hinter Susy wurde eine Rolle Draht auf den Fußboden geworfen. Die Türglocke klingelte. Das Telefon schrillte. Marie rannte hin und her.

Susy lächelte etwas gezwungen. »Marie übt Kurzstreckenlauf für die Olympiade.«

»Susy! Am Hochzeitstag macht man keine dummen Witze! Heiraten ist eine sehr ernste ...«

Marie riß die Tür auf. »Die Friseuse ist da!«

»Ich komme!« Susy stand auf, warf ihrem Vater einen mitleidigen Blick zu und flüchtete nach oben. Maxl folgte ihr dicht auf den Fersen.

Die plätschernde Stimme der Friseuse bildete eine eintönige Begleitung zu den gedämpften Geräuschen, die von unten heraufdrangen. Endlich durfte Susy vom Stuhl aufstehen. Ihr gelocktes Haar leuchtete wie Kupfer. Plötzlich horchte sie auf. Draußen fuhr ein Wagen vor. Die Reifen knirschten auf dem Kies; dann schwieg der Motor. Das war Bill! Hastig schloß Susy ihren Morgenrock und eilte zur Treppe, fand den Weg jedoch durch Tante Letti versperrt.

»Unmöglich, Susy! Eine Braut darf ihren Verlobten am Hochzeitstag erst in der Kirche sehen.«

»Aber Tante Letti — das ist doch lächerlich! Ich meine — warum denn?«

»Ja, ja, ich bin eine lächerliche alte Frau!« Tante Lettis Stimme bebte, ein sicheres Zeichen dafür, daß sie nicht nachgeben würde. »Die Jugend von heute weiß nicht mehr zu schätzen, was man für sie tut. Mein Hochzeitsgeschenk, die hübsche rote Ampel, steht ganz hinter Blumen versteckt. Und nun noch dies!«

»Reg dich nicht auf, Tantchen! Ich werde brav sein.« Susy ging in ihr Zimmer zurück, während Tante Letti traurig und wachsam auf ihrem Posten stehenblieb. Unten erhob sich erregtes Stimmengewirr. Susy lauschte. Das war Bills dunkle Stimme — und das die Stimme seines Bruders. Sie erkannte die helle Stimme von Connie, die kühle von Kit, Mariannes sprödes Organ und das warme von Anne. Bald kamen alle die Treppe herauf — außer Bill. Wo steckte Bill? Warum durfte sie ihn nicht wenigstens eine Minute sehen? Sicherlich hatte man ihn in Teds Zimmer gesperrt. Was für ein Unsinn! Sie begrüßte die Freundinnen, und alle sprachen durcheinander.

Plötzlich tauchte Frau Barden an der Tür auf. »Susy, du mußt dich anziehen.«

»Ja, Mammi.« Susy war froh, daß sie etwas zu tun hatte, und ging ins Fremdenzimmer. Die anderen folgten ihr schwatzend. Alle schrien entsetzt auf, als sie Maxl auf der Unterwäsche liegen sahen. Marianna packte ihn am Nackenfell und setzte ihn auf die Erde.

»Ach, du lieber Himmel!« rief Tante Letti entsetzt. »Hoffentlich hat er keine Flöhe! Es wäre furchtbar, wenn sie dich in der Kirche ...«

Susy kicherte. »Ich werde mir Mühe geben, mich nicht ausgerechnet vor dem Altar zu kratzen.«

»Susy!« rief die Mutter mahnend.

»Entschuldige, Mammi!« Susy schlüpfte aus ihrem Morgenrock. Viele Hände begannen an ihr herumzuzupfen und zu ziehen. Einige schützten ihre Frisur, während andere ihr das weiche Seidenkleid über den Kopf streiften. Wieder andere schlossen Haken und strichen Falten glatt. Kit setzte ihr den Kranz mit dem Schleier auf. Ausrufe und Gelächter umbrandeten sie. Marie holte Susys Koffer. Der Vater kam ins Zimmer und murmelte nervös: »Eins, zwei, drei, vier, los!«

»Was redest du denn da?« fragte Tante Letti verwundert.

»Er zählt, Tantchen«, sagte Susy.

»Er zählt?«

»Ja, für den Gang durch die Kirche. Nach vier marschieren wir los. Pa hat neulich eine Hochzeit mitgemacht, bei der die Braut und ihr Vater auf dem ganzen Weg zum Altar verzweifelt in gleichen Schritt zu kommen versuchten. Er will nicht, daß wir beide auch so ein lächerliches Schauspiel geben. Na, es wird schon schiefgehen!«

»O Susy, wie kannst du nur so reden!«

Frau Barden ordnete Susys Schleier. »Willst du mir nicht beim Anziehen helfen, Letti?« fragte sie ablenkend. Dann küßte sie Susy und flüsterte ihr ins Ohr: »Du siehst entzückend aus, mein Kind.«

Tante Lettis Gesicht erhellte sich. »Gewiß, Adda, ich will dir gern behilflich sein.«

Die beiden gingen aus dem Zimmer. Susy wurde vor einen Spiegel gezogen und starrte verwundert auf ihre überraschend große Gestalt in dem langen weißen Kleid. Alle Anwesenden brachen in Rufe der Bewunderung aus.

In der Tür erschien Ted. Sie winkte ihn zu sich. »Was macht Bill?«

»Er ist ziemlich durcheinander. Beim Rasieren hat er sich ein paarmal geschnitten.«

»Zählt Pa immer noch?«

»Ich weiß nicht.« Ein wenig scheu berührte er ihren Arm. »Ich muß jetzt gehen.«

Allmählich wurde es ruhiger um Susy. Connie legte ihr den Brautstrauß in den Arm. Marianna schob Maxl von der Schleppe herunter. Anne bückte sich ächzend und steckte ein Geldstück in Susys Schuh — als Glücksbringer. Dann waren plötzlich alle verschwunden, und Dr. Barden stand an der Tür.

Susy hob die Schleppe hoch. »Pa, du siehst schrecklich vornehm aus.«

»Hm. Bist du glücklich?«

»Natürlich!«

Vorsichtig ging es die Treppe hinunter — am Wohnzimmer vorbei, in dem ein tolles Durcheinander von Draht, Blumen und Seidenpapier herrschte — dann durch die Haustür. Wie frisch und süß die Frühlingsluft duftete! Draußen stand eine gemietete Limousine. Der Fahrer riß die Tür auf. Nachdem der Vater Susy in den Wagen geholfen hatte, setzte er sich neben sie.

Die Tür schlug zu, der Motor brummte. Das weiße Gittertor, auf dem Susy als Kind geschaukelt hatte, wich zurück.

Susy sah ihren Vater an. Er strich ihr zart über die Hand. »Aufgeregt?« fragte er lächelnd.

Sie nickte.

»Du siehst sehr hübsch aus.« Und dann tastend: »Ist mit Bill alles in Ordnung, Kind?«

»Ja, Pa! Es ist nur — heiraten ist doch anstrengender, als ich dachte. Aber mit Bill bin ich völlig einig.«

»Dann ist ja alles gut.«

Die graugrüne Aprillandschaft flog an ihnen vorüber. Schließlich bog der Wagen in eine Straße mit alten Häusern ein und fuhr auf die kleine steinerne Kirche zu. Über den Gehsteig war ein Baldachin gespannt. Daneben standen Menschen mit neugierigen Gesichtern. »Da kommt die Braut!« rief jemand.

Der Wagen hielt. Dr. Barden stieg aus und reichte Susy die Hand. Sein Zylinder glänzte in der Sonne. Susy bemerkte verwundert, daß ihre Knie zitterten. Sie hörte nichts von den Bemerkungen der Zuschauer, noch war sie sich bewußt, daß sie Stufen hinaufstieg. Sie spürte nur den starken Arm ihres Vaters, die Wärme, die ihr aus der Kirche entgegenströmte, und das heftige Klopfen ihres Herzens. Undeutlich nahm sie ein paar bekannte Gesichter wahr. Die Orgel brauste.

Eins, zwei, drei, vier, los! Im Gleichschritt gingen sie durch die Kirche. Lichter — Menschen — Blumengeruch — das Gesicht des Pfarrers über den Altarstufen.

Und dann konzentrierte sich ihr ganzes Sein auf einen Punkt. Bill kam ihr mit strahlenden Augen entgegen. Die Zeremonie durchlebte sie wie im Traum. Orgelbrausen — die Stimme des Pfarrers — Gesang — der Ring an ihrer Hand. Bill küßte sie auf den Mund. Dann ging sie an seinem Arm aus der Kirche. Sie fanden keine Zeit, auch nur ein einziges Wort miteinander zu sprechen. Kaum waren sie im Freien, wurden sie von Freunden und Bekannten umringt, die ihnen Glück wünschten.

Endlich konnten sie in das wartende Auto steigen. Sie fuhren ab. Susy wandte ihr Gesicht dem jungen Mann an ihrer Seite zu, der nun ihr Mann war. Er ergriff ihre Hände und stammelte: »Susy, mein Herz!«

»Ich freue mich, daß du da bist.«

Mehr sprachen sie nicht. Sie verstanden sich auch ohne Worte.

Und nun waren sie schon fünf Monate verheiratet. Susy sah auf den Ring an ihrer Hand. Wie glücklich war sie während dieser Zeit gewesen! Allerdings waren fünf Monate keine lange Zeit, wenn man bedachte, daß sie und Bill nun für immer miteinander leben würden. Doch bis jetzt hatte es keinerlei Unstimmigkeiten zwischen ihnen gegeben. Sie kannten sich ja auch schon lange. Susys Vater hatte zwar am Tage vor ihrer Hochzeit zu ihr gesagt, eine glückliche Ehe falle niemand in den Schoß, sondern man müsse auch selber etwas dazu tun. Susy runzelte ein wenig die Stirn, als sie sich an seine Worte erinnerte.

»In jeder Ehe kommt eine Zeit, da Mann und Frau Eigenschaften aneinander entdecken, die ihnen mißfallen. Das ist eine gefährliche Zeit. Eine Ehe kann nur glücklich werden, wenn beide den Eigenschaften, die sie aneinander lieben, größeren Wert beimessen als denen, die ihnen nicht gefallen.«

Susys Stirnrunzeln verschwand, und sie lächelte zuversichtlich. Mit leichten Schritten ging sie zu ihrem Schreibtisch zurück, um sich ihre Begrüßungsansprache für die neuen Schülerinnen zurechtzulegen. »Die Mädchen werden mein einziges Problem sein«, dachte sie.

Aber sie irrte sich.

Erste Begegnung

Die beiden Unterrichtsräume der Schwesternschule lagen im Erdgeschoß des Edgett-Heims. Große Fenster und hell getünchte Wände machten die Zimmer licht und freundlich. Der Geruch von Farbe, der noch darin schwebte, war so schwach, daß man ihn nicht mehr als unangenehm empfand. Der eine Raum sollte dem praktischen Unterricht dienen und war genauso wie ein Krankensaal eingerichtet, nur mit dem Unterschied, daß statt lebender Patienten Puppen in den Betten lagen. Der andere war ein gewöhnliches Klassenzimmer mit einer großen Tafel, einem Pult und etwa dreißig Stühlen. In diesem Zimmer hatte sich nach dem Essen die erste Klasse der neuen Schwesternschule zur Begrüßung durch ihre Schulleiterin versammelt. Die Uhr an der Wand zeigte zehn Minuten vor acht, und da die Leiterin erst um acht erwartet wurde, war die Unterhaltung ziemlich lebhaft. Ein Klassenzimmer war ja eine vertraute Umgebung für die Mädchen, die erst vor kurzem die Schule verlassen hatten. Die scheueren unter ihnen saßen schon auf ihren Plätzen; andere, die kühner waren, standen in kleinen Gruppen beisammen. Ihr Geplauder wurde hin und wieder durch Lachen oder laute Ausrufe unterbrochen. Alle gaben sich Mühe, sicher und unbekümmert zu erscheinen.

Die fünf Mädchen aus Springdale bildeten den Mittelpunkt der allgemeinen Aufmerksamkeit. Ja, sie kannten jeden Menschen hier im Krankenhaus — die Oberschwestern zwar nicht, aber Dr. Barry und Fräulein van Dyke, die stellvertretende Schulleiterin; und Fräulein Barden war sozusagen ihre beste Freundin. Dann war da noch Anne Cooney, die Haushälterin des Schwesternheims, die vorhin am Auskunftspult in der Halle gesessen hatte. Anne kannten sie, solange sie zurückdenken konnten. Als Fräulein Barden noch Gemeindeschwester gewesen war, hatte sie in Annes Haus gewohnt und ...

»Wer ist denn dieses Fräulein Barden?« fragte ein Mädchen in ausgeprägtem New Yorker Tonfall.

Alle wandten sich der Fragerin zu, die lässig an der Wand lehnte. Sie war modisch angezogen und hatte schimmerndes, leicht gewelltes Haar. Die großen braunen Augen in dem schmalen blassen Gesicht blickten spöttisch.

»Sie wissen nicht, wer Fräulein Barden ist?« verwunderte sich eins der Springdaler Mädchen.

»Wie soll sie das wissen?« warf eine andere ungeduldig ein und wandte sich dann dem Mädchen zu, das gefragt hatte. »Sie kommen aus New York, nicht wahr?«

»Ja.«

»Ich bin aus Springdale und heiße Evelyn Adams. Wie heißen Sie?«

»Joan Dittmar.«

Die beiden Mädchen schüttelten sich die Hände. Dann erklärte Evelyn Adams: »Fräulein Barden ist unsere Schulleiterin.«

»Heißt die nicht Frau Barry? In dem Brief, den ich bekommen habe, stand doch ...«

»Das ist schon richtig. Sie ist erst seit ein paar Monaten verheiratet. Die meisten hier kennen sie von früher her und nennen sie immer noch mit ihrem Mädchennamen.«

»Aha! Eine frisch verheiratete Dame! Wie ist sie denn?«

Die überhebliche Art der New Yorkerin stachelte Evelyns Lokalstolz an. »Sie ist wundervoll — und so gut zu jedem Menschen! Als Gemeindeschwester hat sie unendlich viel für die Leute hier getan. Sie wird von allen geliebt und verehrt. Und die Kinder hängen wie Kletten an ihr.«

»So? Die Tiere wahrscheinlich auch, wie?«

»Ja. Und man sagt doch ...«

Joan Dittmar lächelte ironisch. »Ja, ja. Kinder und

Tiere wissen, was in einem Menschen steckt.«

»Und das stimmt auch! Sie hat einen süßen kleinen Dackel, der ihr wie ein Schatten folgt.«

»Die Dame scheint ja ein reiner Engel zu sein! Wie alt ist sie denn?«

Evelyn Adams errötete unwillig, antwortete jedoch ruhig: »Fünfundzwanzig. Sie sieht fabelhaft aus und hat wundervolles rotes Haar.«

»Ein Rotkopf! Und dabei durch und durch edel!« Joan grinste unverschämt. »Ich möchte Ihr Traumbild nicht zerstören, aber ich glaube, Ihr Idol ist eine ganz gerissene Person, die es raus hat, sich ins rechte Licht zu setzen.«

Einen Augenblick war Evelyn sprachlos. »Hören Sie mal . . .«, begann sie schließlich wütend, brach jedoch ab, als eines der Mädchen warnend rief: »Still! Da kommt Marianna!«

Joan hob die Augenbrauen. »Wer ist denn das?«

»Marianna Lawson. Fräulein Barden und Fräulein van Dyke haben sie in New York halb verhungert von der Straße aufgelesen und bei sich aufgenommen.«

»Das wird ja immer schöner!« spöttelte Joan. »Dieser Wohltäterin der Menschheit fehlt wirklich nur noch der Heiligenschein.«

»Sie halten sich wohl für sehr witzig«, rief Evelyn aufgebracht. »Echte New Yorker Angeberei, weiter nichts! Na, Fräulein Barden wird Ihnen das schon austreiben!«

»Das wollen wir mal sehen!« Aber niemand hörte mehr auf Joan, denn plötzlich eilten alle zu ihren Plätzen.

Joan bemerkte zu ihrem Ärger, daß ihr Kinn zitterte. Sie preßte die Lippen zusammen, schlenderte betont nachlässig nach vorn und setzte sich auf den mittleren Platz der ersten Reihe. Die Beine artig nebeneinandergestellt, die Hände fromm im Schoß gefaltet, mimte sie ein Bild unglaublicher Bravheit und Sittsamkeit. Die anderen Mädchen beobachteten sie — einige bewundernd, andere entrüstet.

Einen Augenblick war es ganz still im Klassenzimmer. Dann hörte man ein Rascheln und leichte Schritte. Alle Mädchen außer Joan drehten die Köpfe zur Tür. Susy trug ein kurzes dunkles Wollcape über der weißen Tracht. Die winzige weiße Haube schien auf den rotgoldenen Locken zu schweben. Mit raschen Schritten ging sie nach vorn, stieg auf das Podium und setzte sich an das Pult.

Die Mädchen aus Springdale und Marianna glühten vor Stolz. Die Gesichter der Schülerinnen, die bereits mit Susy gesprochen hatten, leuchteten auf. Die übrigen starrten ihre junge hübsche Schulleiterin bewundernd an. Nur Joan Dittmar musterte sie kühl und abschätzend.

Susy lächelte den erwartungsvollen Mädchengesichtern vor ihr freundlich zu. Die neuen Schülerinnen zu begrüßen, machte sie keineswegs nervös. Sie war nur besorgt, ob es ihr auch gelingen werde, gute Krankenschwestern aus ihnen zu machen.

»Ich freue mich, Sie hier begrüßen zu können, und hoffe, daß Sie sich in diesem Haus wohl fühlen werden«, begann sie herzlich. »Da Sie ja die ersten Schülerinnen der Schule sind, fällt Ihnen eine besondere Aufgabe zu. Die meisten Klassen brauchen nur einer Tradition zu folgen; Sie aber müssen eine aufbauen.«

Susy ließ die Augen über die zu ihr emporgewandten Gesichter schweifen. Als sie dem höhnischen Grinsen von Joan Dittmar begegnete, dachte sie »o je!«. Dann zuckte sie im Geist die Achseln. Als Leiterin einer Schwesternschule mußte sie sowohl auf übertriebene Bewunderung als auch auf heftige Ablehnung gefaßt sein; sie durfte sich weder durch das eine noch durch das andere aus der Fassung bringen lassen.

Nach ihren einführenden Worten sprach Susy darüber, wie sich die Schwesternschulen im Lauf der Zeit gewandelt hatten. »Früher war man nur darauf bedacht, gute Pflegeschwestern auszubilden. Heute werden die Schwestern auch dazu erzogen, als Glieder einer Gemeinschaft zu wirken, und hier in Springdale ...«

Während Susy weitersprach, fragte sie sich, wer wohl das Mädchen in der ersten Reihe sei, das sie so skeptisch und ablehnend musterte. Im Geiste ging sie alle Fotografien durch, die von den Schülerinnen eingesandt worden waren. Dittmar! Ja, das mußte sie sein. Ihre Eltern waren mit Elias Todd befreundet und hatten sie nach Springdale geschickt, weil sie befürchteten, daß ihre Tochter für das Studium in einem großen New Yorker Krankenhaus zu zart sei.

Susy machte eine kleine Pause und dachte: »Sie ist so zart wie ein Stück Stahl.« Dann fuhr sie in ihrer Rede fort. »Wenden Sie sich stets vertrauensvoll an Ihre Lehrerinnen, wenn Sie etwas auf dem Herzen haben — seien es nun persönliche oder berufliche Dinge. Sie werden immer ein offenes Ohr für Ihre Sorgen finden.«

Joan Dittmar lächelte höhnisch. Einen Augenblick war Susy richtig ärgerlich. Doch dann sah sie entschlossen über Joan hinweg auf die hinter ihr sitzenden Mädchen.

»Und noch etwas!« fuhr sie fort. »Heutzutage glaubt wohl niemand mehr, daß sich eine Krankenschwester von der Welt zurückziehen müsse. Dennoch möchte ich Sie in dieser Hinsicht beruhigen. Sie dürfen kleine Gesellschaften, Tanztees und Theateraufführungen im Schwesternheim veranstalten. Sie können Freundinnen, Freunde oder Verwandte dazu einladen, wenn Sie wollen. Auch besitzt das Krankenhaus Tennisplätze, die Sie hoffentlich nicht vernachlässigen werden. Auf dem Fluß kann man jetzt noch Kanu fahren, und im Sommer können Sie darin baden. Schlittschuhlaufen ist zwar nur bis zum ersten Schneefall möglich, aber dafür ist das Gelände hier ideal zum Schilaufen. Zweimal in der Woche dürfen Sie abends ausgehen.«

Susy lächelte, als sie die erfreuten Gesichter der Mädchen sah. »Aber um zwölf Uhr müssen Sie wieder im Schwesternheim sein, und wenn ich zwölf sage, heißt das nicht Viertel nach zwölf! Falls Sie durch einen unvorhergesehenen Zwischenfall aufgehalten werden und nicht pünktlich sein können, geben Sie bitte telefonisch Bescheid. Hat eine von Ihnen noch etwas zu fragen?«

Einen Augenblick rührte sich niemand. Dann hob ein kleines schwarzhaariges Mädchen die Hand.

»Nun?«

Das Mädchen stand zögernd auf. »Meine Mutter ist früher auch Krankenschwester gewesen. Sie hat mir Sachen erzählt, die Sie gar nicht erwähnt haben.«

»Was denn zum Beispiel?«

»Sie sagt — Lernschwestern durften nicht mit Assistenzärzten verkehren — und . . .«

Susys Augen begannen zu zwinkern. »Wir haben hier nur einen einzigen Assistenzarzt. — Dr. Rail. Ich glaube nicht, daß Sie alle zugleich mit ihm ausgehen können. Aber wenn Sie wollen — ich habe nichts dagegen.«

Die Klasse brach in lautes Gelächter aus.

»Haben Sie sonst noch etwas auf dem Herzen?« fragte Susy, nachdem das Lachen verebbt war.

»Ja. Meine Mutter sagt — sie mußte als Lernschwester Strafe zahlen, wenn sie auf der Station etwas gegessen hatte.«

»Wir erwarten von unseren Angestellten und Lernschwestern, daß sie in den Stationsküchen nichts essen. Das Essen für die Patienten ist abgemessen. Aber Krankenschwestern haben oft Hunger zwischen den Mahlzeiten. Deshalb wird vormittags ein zweites Frühstück im Speisesaal ausgegeben, und nachmittags gibt es Tee im Edgett-Heim.«

Die Mädchen waren begeistert. Dennoch verließ Susy sie ein wenig nachdenklich. Während sie aus dem Klassenzimmer ging, dachte sie an ihren ersten Tag als Lernschwester zurück. Wie anders als heute war damals alles gewesen! Die Luft war ihr wie elektrisiert erschienen von der Geschäftigkeit und Lebendigkeit der großen Anstalt, von dem gemeinsamen Bemühen mehrerer hundert Menschen, dem Wohl ihrer Mitmenschen zu dienen. Was mochten die jungen Mädchen wohl in dieser verhältnismäßig kleinen, sich erst im Aufbau befindlichen Schule empfinden? Und würden sie hier eine ausreichende Ausbildung erhalten?

Als Susy die Haustür öffnete, hörte sie eine helle Stimme aus dem Klassenzimmer hinter sich. »Sie ist einfach wundervoll!« Und darauf eine kühle abwägende Stimme: »Na, ich weiß nicht recht . . .«

Ein Abend zu Hause

Susy bog von dem Fliesenweg ab, der vom Schwesternheim zum Krankenhaus führte, und schlug den Pfad zu ihrem Häuschen ein. Fröstelnd zog sie das Wollcape enger um die Schultern. Ein kalter Wind hatte sich erhoben, und in der Luft lag eine Ahnung von kommendem Frost. Die Sterne hatten nicht mehr das sanfte goldene Leuchten wie im Sommer, sondern blinkten weiß, kalt und fern. In den nahen Winternächten würden sie in grünem Licht erstrahlen.

Als Susys helles Wohnzimmerfenster vor ihr aufleuchtete, beschleunigte sie ihre Schritte. Sie freute sich auf Bill und ihr gemütliches Heim. Hoffentlich war Nina, das Tagesmädchen, schon fortgegangen! Susy fühlte sich nach den Aufregungen des Tages erschöpft und nicht in der Stimmung, Ninas Geplapper darüber anzuhören, was Maxl tagsüber angestellt hätte, oder wie ihr beim Abwaschen wie durch Zauberei ein Teller aus der Hand gesprungen und am Boden zerbrochen sei.

Ein weißer Zaun leuchtete aus dem Dunkel auf, und Susy hörte ein leises Winseln. Kaum hatte sie das Gartentor geöffnet, so sprang der Dackel Maxl freudig an ihr hinauf und begrüßte sie stürmich. Sie streichelte ihm liebevoll den Kopf. Während sie dann die Stufen zum Haus hinaufstieg, hatte sie das Gefühl, als wimmelten unzählige Maxls um sie herum. Sie war zu müde, um zu bemerken, daß sie zum erstenmal seit ihrer Heirat beim Öffnen ihrer Haustür nicht freudige Erregung, sondern nur Zufriedenheit empfand. Ganz allmählich und unmerklich hatte sich das überwältigende Glück der ersten Monate ihrer Ehe in das ruhige Glück eines gleichmäßigen Tagesablaufes verwandelt. Jetzt war sie sich dieser Wandlung noch nicht bewußt; erst sehr viel später wurde sie sich darüber klar.

Bill saß im Wohnzimmer vor dem Kamin, den Kopf in

einer Wolke von Pfeifenrauch, die Knie mit einem Gewirr künstlicher Fliegen zum Forellenfang bedeckt.

»Guten Abend!« sagte Susy und strich ihm mit ihrer kühlen Hand leicht über die Wange. »Ist Nina fort?«

Er nickte. »Wie war es? Ist alles gutgegangen?«

»Ich denke, ja.« Sie ließ sich in einen Sessel fallen. Sofort sprang Maxl in ihren Schoß und rollte sich zufrieden aufseufzend zu einer Kugel zusammen. »Ach, Bill, mir ist wie einem Ding zumute, das man in einer Regennacht draußen liegengelassen hat.« Nach kurzem Schweigen erzählte sie ihm von der ersten Begegnung mit ihren neuen Schülerinnen. Ihre Ansprache war ihr offenbar gelungen. Die Mädchen schienen recht nett zu sein. Joan Dittmar erwähnte Susy nicht, weil sie gar nicht mehr an das Mädchen dachte.

Bill hörte aufmerksam zu. Während seine schlanken kräftigen Finger die künstlichen Fliegen entwirrten, beobachtete er Susys Gesicht, den wechselnden Ausdruck ihrer Augen, die lebendige Linie ihres Mundes.

»Scheint ja alles in Ordnung zu sein, Frau Barry«, sagte er lächelnd, als sie mit ihrem Bericht zu Ende war.

»Ich hoffe es. Sag mal, Bill — ist es dir eigentlich sehr unangenehm, daß die Leute mich immer noch beharrlich ›Fräulein Barden‹ nennen?«

»Keine Idee!« Bill lachte. »Die Hauptsache ist, daß du Frau Barry bist. Übrigens — ich hab heute Ira Prouty als Mädchen für alles angestellt.«

»Das freut mich. Ira ist ein vernünftiger, zuverlässiger Mensch und hat sich immer als guter Freund erwiesen.« Susy gähnte herzhaft. »Ich gehe ins Bett, Bill. Ich bin todmüde.« Sie setzte Maxl auf die Erde und stand auf.

»He, lauf nicht so schnell davon! Kommst du Sonntag nachmittag mit mir angeln?«

Susy, die schon an der Tür war, drehte sich zögernd um. »Ich weiß nicht ... Es ist — so anstrengend, mit dir zu angeln.«

»Ach, komm doch mit! Es wird dir guttun.«

Susy ging langsam zu ihm zurück und blieb neben seinem Sessel stehen. »Bist du sehr enttäuscht, wenn ich nicht komme?«

»Na ja — eigentlich macht's mir viel mehr Spaß, wenn du dabei bist.«

»Wirklich? Dann komme ich natürlich.«

»Aber du tust es nicht gern?«

»Besonders gern nicht«, gestand Susy, die nicht ahnte, daß Bill sich jahrelang darauf gefreut hatte, mit ihr zusammen seinen Lieblingssport betreiben zu können, und daß sie mit ihren Worten einen lang gehegten Traum zerstörte. »Weißt du — als ich das letztemal mitkam, war ich hinterher wie zerschlagen. Wie kommt es nur, daß du plötzlich so versessen aufs Angeln bist? Du hast dich doch früher nicht dafür interessiert.«

»Früher hatte ich keine Zeit dazu«, antwortete er bedächtig. »Warum hast du mir nie gesagt, daß du Angeln nicht magst?«

»Aber ich mag es ja — nur in anderer Weise als du. Ich finde es hübsch, gemütlich am Ufer eines Teiches zu sitzen oder sich in einem Boot treiben zu lassen und zu warten, bis ein Fisch anbeißt. Aber dieses Jagen . . .«

»Verzeih, daß ich dich mitgeschleppt habe!«

»Von Mitschleppen ist ja gar keine Rede! Ich bin sehr gern mitgegangen. Nur wurde der Ausflug dann recht ermüdend. In Stiefeln, die mir viel zu groß waren, keuchte ich in einer Wolke von Moskitos hinter dir her. Nachher war mein Gesicht völlig zerstochen, und an den Füßen hatte ich Blasen. Zweimal bin ich im Moor eingesunken und hab meine Stiefel verloren. Wir wurden von der Sonne gebraten und darauf von einem Gewitterregen durchweicht. Wir wateten stundenlang durch einen Sumpf. Und das alles, um schließlich einen kleinen Fisch zu fangen.«

»Aber war es nicht schön?«

»Ja, du hast dich köstlich amüsiert, aber ich hab bloß Rückenschmerzen bekommen. Ich verstehe nicht, warum Männer so für Unbequemlichkeit schwärmen.«

»Das tun wir doch gar nicht, du Dummchen!«

»Doch! Darin sind sich offenbar alle Männer gleich. Ihr kommt ganz begeistert von einer solchen Tour heim, nachdem euch ein Felsbrocken auf den Fuß gefallen ist oder ein Wasserstrudel euch umgerissen hat. ›Ich dachte wahrhaftig, mein letztes Stündlein sei gekommen‹, sagt ihr stolz, als hättet ihr eine Heldentat vollbracht.« Susy hatte ihre Worte humorvoll gemeint, aber sie kamen mit einer ihr unbewußten Schärfe heraus, wie sie manchmal aus Übermüdung entsteht.

Bill sah sie ganz erschrocken an. Nach kurzem Zögern sagte er betont liebenswürdig: »Gut, daß ich weiß, wie du darüber denkst!«

Nun war Susy erschrocken. Es war ihre Schuld, daß das Gespräch eine ungute Wendung genommen hatte. Aber was war nun plötzlich in Bill gefahren? Er pflegte ihre gelegentlichen Temperamentsausbrüche doch sonst nicht so tragisch zu nehmen.

»Es war doch nur Spaß«, sagte sie einlenkend. »Ich schwatze so dahin, ohne zu überlegen.«

Er zog seine langen Beine an. »Schon gut! Du bist müde, Susy. Geh jetzt ins Bett.«

Sie beugte sich zu ihm hinunter und küßte ihn. »Sei mir bitte nicht böse!« flüsterte sie.

»Ach wo! Gute Nacht.«

»Gute Nacht!«

An der Tür wandte sich Susy nach einmal um. Bill saß reglos in seinem Sessel und sah ins Feuer, eine Forellenfliege achtlos in seiner Hand. Alles schien in Ordnung zu sein. Sein Lächeln, mit dem er sich von ihr verabschiedet hatte, war so herzlich wie immer gewesen. »Der gute Junge!« dachte Susy zärtlich, während sie die Treppe hinaufstieg.

Kleine Ursachen und große Wirkungen

Am Sonntag nachmittag ging Bill mit Ira Prouty angeln. Er hatte Susy nicht noch einmal zum Mitkommen aufgefordert. Sie hatte das auch gar nicht erwartet, denn er gehörte nicht zu den Menschen, die unbedingt ihren Willen haben müssen. Da er wußte, daß sie sich nichts aus diesen Ausflügen machte, wollte er auch nicht, daß sie mitkam. Schon den ganzen Vormittag hatte er sich in ungewöhnlicher, nur mühsam unterdrückter Erregung befunden. Den Grund dafür erfuhr Susy von Ira.

»Im Blauen Teich lebt seit vielen Jahren ein riesiger Forellenbarsch«, erklärte er. »Jeder Angler aus Springdale hat schon mal Jagd auf ihn gemacht, aber bis jetzt hat ihn keiner erwischt. Nun hat den Doktor das Jagdfieber gepackt und wird ihn wohl nicht so bald loslassen.«

Susy lachte gutmütig, und als die beiden Männer mit leeren Händen zurückkamen, war sie klug genug, zu schweigen.

Am nächsten Sonntag hatte Ira etwas anderes vor, und Bill ging allein auf die Jagd. Susy war den ganzen Nachmittag sehr beschäftigt und kam gar nicht dazu, an ihn zu denken. Sie hatte ein paar Schülerinnen zum Tee eingeladen. Zwei Oberschwestern machten einen Besuch und blieben ziemlich lange. Außerdem erschienen ganz unerwartet Martha und Elias Todd. Da Nina am Sonntag nicht da war, mußte Susy Gastgeberin und Dienstmädchen zugleich sein, und nachdem der letzte Gast gegangen war, blieb ihr ein Abwaschtisch voller Geschirr zurück.

Susy war einer der wenigen Menschen, die gern Geschirr abwaschen. Als Kind hatte man ihr das Abwaschen immer zu einem vergnügten Spiel gestaltet. Sie hatte diese Arbeit niemals als Last, sondern als Gunst empfunden. Die bunten schillernden Seifenbläschen entzückten sie, und es machte ihr Freude, mit den blitzenden Gläsern und dem blanken Silber zu hantieren.

Nachdem sie mit dem Abwaschen fertig war, kochte sie ein einfaches Mahl, das sie bequem warmhalten konnte, für den Fall, daß Bill sich verspätete. Wirklich blieb er ungewöhnlich lange aus. Doch erst nachdem das fertige Essen eine Stunde lang auf dem Herd gestanden hatte, begann Susy unruhig zu werden. Sie hatte nichts mehr zu tun. Sogar der Tisch war schon gedeckt. Das hatte sie getan, während die blaue Dämmerung von den Bergen herabgekrochen war und sich schließlich mit der Dunkelheit im Tal vereinigt hatte. Jetzt sah die Außenwelt wie ein schwarzer Vorhang aus, durch den die Sterne wie kleine Lichter blitzten, aber Bill war noch immer nicht zurück.

Ohne Licht zu machen, setzte sich Susy ans Wohnzimmerfenster und starrte hinaus. Wo mochte Bill nur stecken? Es war doch nicht möglich, daß er noch immer hinter dem großen Forellenbarsch herjagte. Wenn er sich nun einen Fuß verstaucht oder gar gebrochen hatte? Der Blaue Teich lag mitten in einem Sumpfgelände. Bill könnte eingesunken und nicht mehr imstande sein, sich allein herauszuarbeiten. Die Nächte im Gebirge waren schon kalt.

Vergebens versuchte Susy an etwas anderes zu denken. Endlich fiel sie in einen unruhigen Schlaf, der von quälenden Träumen erfüllt war.

»Susy!« War das nicht Bills Stimme? Sie sprang auf und lief mit klopfendem Herzen zur Küche, von wo der Ruf hergekommen war. Das elektrische Licht blendete sie. Mit zwinkernden Augen starrte sie auf Bill, der an der Küchentüre stand. Eine Hand hielt er auf dem Rücken. Er war von oben bis unten mit Schlamm bespritzt. Aus seinen Kleidern troff Wasser und bildete einen kleinen See auf dem Fußboden. Seine Zähne klapperten vor Kälte, aber sein Gesicht strahlte in unaussprechlichem Triumph.

»Bill! Was ist denn passiert? Du siehst ja aus, als kämst du aus dem Krieg.«

»Sieh her!« Er zog seine Hand hinter dem Rücken hervor und hielt einen großen Fisch in die Höhe. »Hier ist der Riesenbarsch! Ich hab ihn gefangen!« Seine Stimme klang fast hysterisch vor Erregung. »Das war ein Kampf, sage ich dir!« Stolz strahlte er sie an und wartete auf ihren Beifall.

Obwohl Susy noch verwirrt von ihren quälenden Träumen war, erkannte sie doch, daß dies ein wichtiger Augenblick war, dem Genüge getan werden mußte. Daß es der Höhepunkt in Bills ganzem Anglerleben war, ahnte sie allerdings nicht.

»Wie wundervoll«, begann sie, stockte jedoch plötzlich und starrte entsetzt auf seine schmutzige Hand, die den Fisch hielt. Die Hand blutete. Und Bill mußte morgen operieren!

Susy vergaß den Fisch. Bill war völlig durchnäßt und hatte sich außerdem noch verletzt. Wenn er sich nun eine Lungenentzündung oder eine Infektion zuzog? Hastig lief sie zum Ausguß, drehte den Wasserhahn auf und drückte Bill eine Bürste in die Hand. »Hier, wasch dich! Ich hol dir einen Kognak und Jod und mach dir ein heißes Bad zurecht.«

Das Leuchten verschwand von seinem Gesicht, als hätte eine Hand es fortgewischt. Susy bemerkte nichts davon. Sie dachte an die Operation von morgen, an eine drohende Erkältung, an ein heißes Bad.

Als sie in die Küche zurückkehrte, hatte Bill seine Hand gesäubert, und die Verletzung war deutlich zu erkennen. Susy verband die Wunde, während er den Kognak hinunterkippte.

Er sah plötzlich sehr müde aus.

Endlich erinnerte sich Susy wieder an den Fisch. »Wo ist der Barsch, Bill?«

»Ich hab ihn draußen auf eine Zeitung gelegt. Du brauchst dich nicht um ihn zu kümmern.«

»Aber das tu ich doch gern!« Ihr Ton war gespielt

förmlich. »Es ist mir sogar ein besonderes Vergnügen«, fuhr sie lächelnd fort.

Sie wollte ihm zu verstehen geben, wie sehr sie sich freute, daß er einen schönen Tag gehabt hatte. Und er möge es doch bitte nicht beachten, daß sie sich aufgeregt hatte! Ihre Worte, die sie mit scheinbarer Förmlichkeit hervorbrachte, waren in Wirklichkeit halb entschuldigend und von Herzen freundschaftlich gemeint, und es kam ihr gar nicht in den Sinn, daß Bill sie mißverstehen könnte.

Aber Bill, der müde und enttäuscht war, dessen mit Spannung erwarteter Empfang daheim so kläglich ausgefallen war, dessen Triumph sich in Jod und Kognak aufgelöst hatte, erschien Susys Ton spöttisch und nicht im entferntesten freundschaftlich oder entschuldigend. Er entgegnete, nicht gerade unliebenswürdig, aber etwas kühl: »Du mußt immer eine witzige Bemerkung machen, ganz gleich, was passiert.«

Susy hörte ihn nicht mehr. Sie war hinausgegangen, um den Fisch zu holen, fest entschlossen, dem erfolgreichen Angler, wenn auch verspätet, die verdiente Ehre zuteil werden zu lassen.

Während Bill dann nach einem heißen Bad sein Essen verzehrte, sprach sie begeistert über den Fisch. Wie lange hatte er gebraucht, um den schweren Kerl an Land zu ziehen? Wieviel mochte er wohl wiegen? Ira Prouty würde staunen, wenn er davon erfuhr! Sie brachte den Barsch auf einer Schüssel ins Zimmer. Donnerwetter, was für ein Riesenbursche!

Wer hätte da lange widerstehen können: Susys Begeisterung war echt und überzeugend. Zwar interessierte sie sich nicht mehr für einen Barsch als für eine Schachtel mit alten Nägeln. Aber sie besaß eine Gabe, die jedem echten Künstler eigen ist. Sie konnte sich in die Gefühle anderer versetzen und sich ihre Interessen zu eigen machen. Auch gute Krankenschwestern, wirkliche

Freunde und gute Ehefrauen besitzen diese Gabe. Bill taute allmählich auf. Immer freudiger beantwortete er ihre Fragen, und schließlich wurde der Abend noch sehr gemütlich.

Dennoch war von diesem Tag an zwischen ihnen nicht mehr alles wie früher. Bill hatte eine Seite an Susy entdeckt, die ihm nicht gefiel. Ihre unschuldige Gewohnheit, bei jeder Gelegenheit zu witzeln und zu spötteln, störte ihn nun immer öfter, besonders wenn er abgespannt und nervös war.

Was geht in der Klasse vor?

Susy wußte oft kaum, wie sie mit ihrer Arbeit fertig werden sollte. Der Tag war ihr immer viel zu kurz. Schon vor dem Frühstück hörte sie sich den Bericht über die vergangene Nacht an, den Luise Wilmont, ihre frühere Klassenkameradin, stets mit peinlicher Ausführlichkeit vortrug. Diese Sitzungen waren oft recht aufreibend. Luise Wilmont, auch Willi genannt, war kritisch und langatmig. Sie hatte keinen Humor und überhaupt kein Verständnis für andere Menschen. Schwarz war für sie tintenschwarz, und weiß war schneeweiß; Zwischentöne kannte Willi nicht. Trotzdem war sie von unschätzbarem Wert für das Krankenhaus. Ihr Pflichtgefühl, ihr Gedächtnis, ihr Organisationstalent waren unübertrefflich. Unter ihrer Aufsicht lief der Nachtbetrieb der Anstalt wie am Schnürchen, und deshalb fand sich Susy mit ihren weniger angenehmen Seiten ab.

»Hören Sie, Susy!« begann Luise eines Morgens schon an der Tür. »Die Nachlässigkeit der Tagesschwestern ist einfach skandalös. In dieser Nacht habe ich zwei klebrige Medizinflaschen in der Orthopädischen Abteilung gefunden, und im Keller lag ein unverschlossener Wäschesack.«

»Ich werde mit den Mädchen reden«, versprach Susy. »Aber Sie müssen auch mal ein Auge zudrücken, wenn die Schwestern überlastet sind, Willi. Jeder Mensch macht Fehler.«

»Dafür gibt es keine Entschuldigung! Und noch etwas — diese Westcott ist geradezu unverschämt!«

Susy fratge, innerlich seufzend: »Was hat sie denn verbrochen?«

Luise setzte sich hin, bevor sie antwortete. Sie öffnete ihr Protokollbuch und legte es sorgsam zurecht, so daß das Licht im richtigen Winkel darauffiel. Obwohl sie soeben vom Nachtdienst kam, war ihre Tracht blütenweiß und glatt; auf ihren weißen Schuhen zeigte sich nicht der kleinste Fleck. Ihre rötlichblonden Haare lagen wie angeklebt auf ihrem Kopf und waren hinten in einen Knoten zusammengedreht. Luise fand kurzgeschnittenes Haar unfein.

Susy musterte das lange schmale Gesicht mit dem herben Mund. »Nun?«

»Ich tadelte Schwester Westcott wegen ihrer unordentlichen Haare. Und da entgegnete sie: ›Tut mir leid, Fräulein Wilmont, aber meine Haare wachsen nun mal wie Kraut und Rüben durcheinander. Ich kann nichts dafür.‹«

Susy unterdrückte ein Lächeln. »Das ist doch keine unverschämte Antwort, Willi! Ihr Haar wächst wirklich wie Kraut und Rüben durcheinander.«

Luise sah sie zweifelnd an und schwieg.

Andererseits machte Luise oft ausgezeichnete Vorschläge für die Verwaltung des Krankenhauses. Ihr scharfer Blick entdeckte jeden schwachen Punkt in scheinbar unbedeutenden Anordnungen, von denen es jedoch vielfach abhing, ob das ganze Getriebe reibungslos funktionierte. Bei unvorhergesehenen Zwischenfällen handelte sie rasch und überlegt.

Nach der Unterredung mit Luise frühstückte Susy. Darauf kehrte sie ins Büro zurück, rief ihre Sekretärin und erledigte die Post. Da waren Briefe von jungen Mädchen zu beantworten, die in die Schule eintreten wollten; Briefe von Krankenschwestern, die um Anstellung baten; Briefe von Eltern oder von Verwandten der Lernschwestern. Dazu kamen Bettelbriefe, Kostenanfragen und Briefe von früheren Patienten oder ihren Angehörigen.

Außerdem mußte Susy die Materialanforderungen der einzelnen Stationen überprüfen. Sie mußte Anweisungen wegen des Essens geben und mit der Diätassistentin sprechen. Dazwischen machte sie Runden durch die Krankensäle und besuchte Schwerkranke. Oft begleitete sie einen Patienten zum Röntgenlaboratorium oder zum

Operationssaal. Sie ließ sich von den Stationsschwestern berichten und hörte sich ihre Beschwerden an.

»Ich wußte gar nicht, daß Stationsschwestern so viel zu leiden haben«, sagte sie eines Tages zu Kit.

»Was ist denn los?«

»Ach, es ist immer dasselbe. Sie werden mißverstanden; ihre Arbeit wird nicht anerkannt. Und dann erzählen mir alle jeden Abend, daß ihre Station die schwierigste im ganzen Hause sei. Warum, so fragt mich jede empört, kann gerade sie keine Aushilfe bekommen? Aber nur die anderen Stationen bekommen Hilfe.«

Kit lachte. »Du mußt das nicht so tragisch nehmen, Susy. Es gehört nun einmal zu deiner Stellung, dich mit solchen Sachen herumzuschlagen.«

Susy sah sie mit großen Augen an. »Vielleicht eigne ich mich gar nicht zu dieser Stellung. Ich glaube, mein eigentlicher Beruf ist Fürsorgeschwester.«

»Unsinn! In einem Krankenhaus geht's allerdings oft wie im Hühnerstall zu. Aber es macht doch Spaß, darin zu wirken. Über diese Kleinigkeiten brauchst du dich doch nicht aufzuregen.«

Susy dachte bedrückt, daß niemand sie verstände, und begab sich an ihre Nachmittagsarbeit. Sie sprach mit Besuchern von Patienten. Sie empfing eine Deputation der Kirche. Sie gab den Pfadfinderinnen von Springdale Unterricht in Erster Hilfe; sie hielt vor dem Farmklub einen Vortrag über Hygiene.

Sooft sie Zeit dazu fand, besuchte sie ihre Schülerinnen in den Klassenzimmern; und als die Mädchen nach einem Monat täglich zwei Stunden Unterricht in den Krankensälen hatten, ging sie auch dorthin. Es war Kits Aufgabe, den klinischen Unterricht zu überwachen, aber Susy lag daran, Kontakt mit ihren Schülerinnen zu bekommen. Sie waren schon daran gewöhnt, daß sie überraschend auftauchte, mit einigen von ihnen sprach, ihnen etwas erklärte oder einen guten Rat gab. Die meisten waren recht aufgeschlossen, aber an eine Gruppe von fünf Mädchen, unter denen sich Joan Dittmar befand, war schwer heranzukommen. Diese Gruppe, die ihre Freizeit stets gemeinsam verbrachte, sonderte sich von den übrigen Schülerinnen ab und schien sich insgeheim über ihre junge Schulleiterin lustig zu machen. Zwar hatte Susy keinen greifbaren Beweis dafür. Die Mädchen hörten höflich zu, wenn sie zu ihnen sprach. Sie taten ihre Arbeit gewissenhaft und folgten dem Unterricht aufmerksam. Dennoch spürte Susy einen Widerstand, und wenn sie das auch nicht ernsthaft bekümmerte, so fühlte sie sich doch ein wenig verwirrt.

Indessen lebte sich die Klasse allmählich ein und schien recht vielversprechend zu werden. »Jetzt kann man natürlich noch nichts Endgültiges sagen«, meinte Mary Addison, »aber im großen und ganzen ist die Klasse in Ordnung. Die besten Schülerinnen sind Joan Dittmar und Evelyn Adams. Beide sind intelligent und strebsam.«

Auch Kit äußerte sich zufrieden. »Es macht Spaß, mit der Klasse zu arbeiten. Dittmar und Adams sind geradezu Leuchten.«

In den ersten beiden Monaten waren drei Probeschwestern abgegangen. Eine war krank vor Heimweh geworden und hatte Susy schluchzend gebeten, sie nach Hause gehen zu lassen. Einer anderen gefiel die Arbeit der Krankenschwestern nicht. Die dritte schließlich mußte heimfahren, weil ihre Mutter gestorben war, und schrieb bedauernd, daß sie nicht mehr zurückkehren könne.

Die übrigen bildeten eine durchschnittlich gute Klasse. Schlechte Angewohnheiten und Charakterschwächen würden sich mit der Zeit abschleifen und mildern. Nur zwei Schülerinnen waren ernsthaft problematisch.

Eine davon war Ella Price, ein Mädchen aus Springdale; sie schien sich überhaupt nicht zur Krankenschwester zu eignen. Ihr fehlte nicht nur jene Entschlußkraft, sondern sie war auch unfähig, Anweisungen selbständig auszuführen. Die zweite war Frances Marks, ein mageres, nervöses Mädchen von neunzehn Jahren, das sich anfangs recht anstellig gezeigt hatte. Ihre Leistungen ließen jedoch von Tag zu Tag nach, und sie wurde außerdem immer magerer. Mary und Kit vermuteten, daß sie einen geheimen Kummer hätte. Bill äußerte dieselbe Meinung, nachdem er sie gründlich untersucht hatte.

»Körperlich fehlt ihr nichts«, berichtete er Susy. »Es muß ein Kummer sein, der an ihr zehrt. Ich habe versucht, sie ein bißchen auszuhorchen, aber sie behauptet, daß ihr nichts fehle. Nimm sie dir doch mal vor. Vielleicht ist bei ihr zu Hause was faul.«

Susy überprüfte die Familienverhältnisse von Frances. Ihre Eltern waren gestorben, als sie noch klein war. Sie war bei wohlhabenden kinderlosen Verwandten aufgewachsen, die in liebevollem Ton von ihr geschrieben hatten. Auch hatten die Leistungen des Mädchens ja erst nachgelassen, nachdem sie schon ein paar Wochen in der Schule gewesen war. Familienverhältnisse konnten also nicht schuld daran sein.

Mary und Kit berichteten wiederholt, daß Frances beim Unterricht unaufmerksam und zerstreut sei. Als Susy die Vermutung äußerte, daß sie vielleicht nicht mit ihren Klassenkameradinnen zurechtkomme, rieten sie ihr, Marianna zu fragen. Susy hielt es für unfair, eine Schülerin nach einer anderen auszufragen, aber Kit widersprach ihr.

»Sei nicht albern!« sagte sie ärgerlich. »Du willst Frances doch nur helfen. Wenn Marianna etwas gehört hat — natürlich nichts Vertrauliches, sondern etwas, was alle Mädchen wissen —, kann sie es dir ruhig sagen.«

Nach einigem Zögern gab Susy nach. Sie rief den Krankensaal an, in dem Marianna gerade arbeitete, und bat, daß man sie zu ihr ins Büro schickte. Lächelnd erinnerte sie sich daran, wie sie selber und Kit früher immer gezittert hatten, wenn sie zu ihrer Schulleiterin gerufen wurden. Marianna würde natürlich keine Angst haben.

Merkwürdigerweise schien Marianna jedoch sehr ängstlich zu sein. Sie klopfte leise an die Tür und kam nur zögernd ins Zimmer. Susy musterte das kräftige junge Mädchen in der blauen Schwesterntracht. Wie sehr Marianna sich verändert hatte, seitdem Kit und Susy sie in New York zu sich genommen hatten! Ihr Haar, das damals immer unordentlich und zerzaust gewesen war, sah jetzt ordentlich und gepflegt aus. Die früher so blechern klingende Stimme war melodischer geworden. Die Augen, die früher einen mürrischen und stumpfen Ausdruck gehabt hatten, blickten lebhaft und interessiert in die Welt. Diese erfreulichen Veränderungen waren wohl zum großen Teil Mariannas Freundschaft mit Freddie Bowker, einem früheren Schulkameraden von ihr, zu verdanken, der jetzt Flieger war.

»Setz dich, Marianna«, sagte Susy freundlich. »Ich möchte dich etwas fragen. Du weißt doch sicherlich, was unter den Mädchen deiner Klasse vorgeht und ...« Susy stockte, denn Marianna war offensichtlich erschrocken.

»Was hast du denn?«

Einen Augenblick starrte Marianna schweigend in Susys Gesicht. Dann platzte sie heraus: »Ja — es geht was vor. Aber das kann ich dir nicht erzählen. Ich bin doch keine Petze!«

Susy war ganz verdutzt. »Natürlich wäre es nicht recht von dir zu petzen«, sagte sie nach kurzem Überlegen. »Aber dies ist doch kein Petzen! Es handelt sich um Frances Marks. Sie ...«

»Frances Marks? Ich dachte, du meintest ...« Marianna biß sich auf die Lippen.

Es entstand ein kurzes Schweigen. Dann sagte Susy: »Ja, es handelt sich um Frances Marks. Wir machen uns Sorgen um sie.«

»Ach so!« Marianna war sichtlich erleichtert.

»Frances nimmt dauernd ab und scheint einen geheimen Kummer zu haben. Kommt sie vielleicht nicht mit den anderen Mädchen zurecht? Oder quält sie irgend etwas anderes? Schreit sie nachts im Schlaf, oder hat sie mal geäußert, daß sie hier unglücklich ist?«

»Nein«, antwortete Marianna. »Ich weiß von nichts. Frances ist ein nettes Mädchen. Alle haben sie gern.«

»Ob bei ihr zu Hause alles in Ordnung ist?«

»Ich weiß nicht. Sie spricht nie über ihre Verwandten.«

»Und sonst hast du auch nichts bemerkt?«

Marianna schüttelte den Kopf. »Nicht das geringste. Frances ist schrecklich dünn und nervös, aber sonst scheint ihr nichts zu fehlen.«

»Danke, Marianna, das ist alles. Sag, wie gefällt dir denn das Leben als Krankenschwester?«

Marianna war schon aufgestanden. »Ach, es gefällt mir ganz gut. Nur ein bißchen eintönig ist es. Zur Landstreicherin würde ich mich, glaub ich, mehr eignen. Aber Krankenschwester ist wahrscheinlich besser — falls ich überhaupt was tauge.«

»Aber gewiß taugst du etwas! Deine Lehrerinnen sind sehr zufrieden mit dir. Hast du wieder mal was von Freddie gehört?«

»Ja. Vielleicht kommt er zum Erntedankfest nach Hause.«

»Wirst du ihn zum Tanz einladen?«

»Warum nicht?« Marianna versuchte gleichgültig zu erscheinen, aber sie errötete.

Nachdem sie aus dem Zimmer gegangen war, schrieb Susy einen Zettel an Frances Marks und bat sie, am nächsten Morgen zu ihr zu kommen. Dann starrte sie eine Weile nachdenklich vor sich hin. Was hatte Marianna nur mit ihren Worten gemeint, daß in der Klasse etwas vorging? Was ging in der Klasse vor?

Ein sonderbares Mädchen

Susy konnte sich früher, als sie geglaubt hatte, mit Frances aussprechen. Noch am selben Abend ereignete sich ein kleiner Unfall, der einen natürlichen Anlaß dazu bot.

Wie jeden Abend ging Susy durch die Krankensäle, um die Berichte der Stationsschwestern entgegenzunehmen. Sie liebte diese Stunde. Wenn draußen vor den Fenstern der Abendnebel braute, wirkten die hellen warmen Räume mit den vertrauten Geräuschen besonders anheimelnd. In das murmelnde Geplauder der Patienten mischten sich die schnellen, geschäftigen Schritte der Schwestern, das Klappern von Tassen und Tellern. In allen Abteilungen des Krankenhauses legten die Schwestern jetzt Instrumente fort, räumten Geschirr ab, rieben müde Rücken ein, gaben die Abendmedizin aus oder holten frisches Wasser für die Nacht. Susy dachte etwas wehmütig, daß es schön sein müßte, wieder solche Arbeiten zu verrichten, anstatt sich um beratende Ausschüsse kümmern zu müssen, um die Belieferung der Küche mit Fleisch und um die Entwicklung von Charakteren. An ihrer Stelle sollte Kit die Schule leiten; Kit organisierte für ihr Leben gern. Aber es hatte keinen Zweck, solchen Gedanken nachzuhängen.

Als Susy die Chirurgische Frauenstation betrat, schlug ihr starker Alkoholgeruch entgegen. Erstaunt sah sie sich um. Dann lächelte sie belustigt. Auf einem Bett saß eine Patientin am Fußende zusammengekauert, die Bettdecke krampfhaft um sich gezogen, und beobachtete gespannt, wie ein kleiner Alkoholsee auf dem Laken sich langsam, aber stetig vergrößerte.

»Hallo, Fräulein Barden!« rief die alte Frau lachend, als sie Susy erblickte. »Haben Sie schon mal gehört, daß einem Menschen der Alkohol nachläuft? Meistens ist's doch umgekehrt.«

Susy lachte ebenfalls. »Wie ist denn das passiert?« Sie nahm ein sauberes Handtuch von einem Tisch und dämmte den See ein. »Und wo steckt die Schwester?«

»Schwester Marks ist fortgegangen, um ein neues Laken zu holen. Das arme Ding hat sich schrecklich aufgeregt. Donnerwetter, Fräulein Barden, Sie haben es raus, einem Menschen zu helfen!«

Susy hatte ein zweites Handtuch auf das erste gelegt und den Rücken der Frau mit Kissen gestützt. »Wie ist das Unglück denn passiert?« fragte sie noch einmal.

»Ach, wissen Sie, die kleine Schwester Marks, die mir immer den Rücken einreibt, war heute ganz durcheinander. Zuerst kippte sie die Alkoholflasche immerfort aufs Handtuch, ohne den Korken rauszunehmen. Nach einer Weile sagte ich denn: ›Das ist aber 'ne trockene Abreibung, Schwester!‹ Sie schrie ›Ach, du lieber Gott!‹ und riß den Korken heraus, ließ ihn aber im Handtuch drin und rieb damit weiter auf meinem Rücken rum. Ich konnte ihn deutlich fühlen und stöhnte ein bißchen. Da fuhr sie wie angestochen zusammen, und der Korken fiel auf die Erde. Sie hatte wohl vergessen, daß sie die Flasche noch in der Hand hielt, als sie sich bückte, um ihn aufzuheben. Und so floß die Hälfte in mein Bett.«

Susy lachte wieder, obwohl sie eher besorgt als belustigt war. Endlich erschien Frances mit dem neuen Laken. Als sie Susy neben dem Bett stehen sah, sagte sie erschrocken: »Oh, Frau Barry, es tut mir schrecklich leid!«

»Nun, ist ja kein Beinbruch. Geben Sie das Laken her.«

Nachdem das Bett neu bezogen war, ergriff Susy das nasse Laken und ging zum Laboratorium. Frances folgte ihr automatisch. Als sie an der Küche vorbeigingen, kam eine Schwester heraus, um Susy den Abendbericht zu geben, zog sich jedoch sofort wieder zurück, da die Schulleiterin offenbar beschäftigt war. Vom Saaltelefon her ertönte die erregte Stimme der Stationsschwester. »Was soll ich bloß machen? Ich muß unbedingt Hilfe haben. Dies ist die schwierigste Station im ganzen Haus, und ich finde ...«

Der ewige Schlachtruf der Stationsschwestern! Susy seufzte ein wenig. In dem stillen kleinen Laboratorium angelangt, wandte sie sich zu Frances um und lächelte.

Frances lächelte unsicher zurück. »Ich — hab — was Schlimmes angerichtet, nicht wahr?«

»Nun, wie gesagt, es ist kein Beinbruch. Besser wäre es allerdings gewesen, wenn Sie sich um Ihre Patientin gekümmert hätten, ehe Sie davonliefen, um ein neues Laken zu holen. Aber solche Sachen passieren neuen Schülerinnen oft.« Susy stützte sich leicht auf einen verchromten Ständer mit roten, blauen und grünen Flaschen. »Als ich Schülerin war, wurde ich einmal von einer Patientin verfolgt und fiel durch einen Wäscheschacht — Gott sei Dank auf einen großen Wäschehaufen.«

»Himmel!« rief Frances. »Die Patientin muß ja ein wahrer Teufel gewesen sein.«

»Aber ganz im Gegenteil! Als ich sie näher kennenlernte, fand ich sie reizend.«

»Sie — sind wohl sehr gern Krankenschwester, Frau Barry?«

»Ja, sehr gern. Sie auch?«

»Oh — ja.«

»Wie sind Sie eigentlich daraufgekommen, gerade diesen Beruf zu ergreifen?«

»Ach — ich wollte es gern. Ich weiß selber nicht, wie es kam.«

»Strengt die Arbeit Sie auch nicht zu sehr an? Sie haben bei uns beinahe zehn Pfund abgenommen.«

»Das hat nichts zu sagen. Ich nehme sehr schnell ab — aber auch ebenso schnell wieder zu.«

»Wissen Sie, daß Ihr Blutdruck unnatürlich hoch ist?«

»Ja, Dr. Barry hat es mir gesagt. Aber ich bin ganz gesund.«

»Sagen Sie mal, Kindchen — bedrückt Sie vielleicht irgend etwas?«

»Aber nein, Frau Barry! Wirklich — es ist alles in Ordnung.«

»Das bezweifle ich.« Susy musterte das verschlossene Gesicht des jungen Mädchens. »Ich mache Ihnen einen Vorschlag. Fahren Sie für drei Monate nach Hause und ruhen Sie sich einmal ordentlich aus. Sie müssen Ihr früheres Gewicht wiederbekommen.«

Frances starrte Susy unglücklich an. Schließlich stammelte sie: »Kann ich — danach — hierher — zurückkommen?«

»Natürlich! Aber nur, wenn Sie es wirklich wünschen. Schreiben Sie mir nach drei Monaten, wie es Ihnen geht und wozu Sie sich entschlossen haben. Wir nehmen Sie gern auf, falls Sie wiederkommen wollen.«

»Oh, vielen Dank, Frau Barry! Darf ich schon morgen fahren?« Frances schien sehr froh und erleichtert zu sein. Susy wußte sich keinen Vers darauf zu machen. Das Mädchen war ebenso erpicht darauf, das Krankenhaus zu verlassen, wie dorthin zurückzukehren. Was mochte nur mit ihr los sein?

»Gewiß können Sie schon morgen fahren«, antwortete sie freundlich und war noch mehr erstaunt, als Frances plötzlich in Tränen ausbrach.

Langsam ging sie in den Saal zurück. Sie war abgespannt und fühlte die Verantwortung ihrer Stellung schwer auf sich lasten. Geistesabwesend hörte sie sich den Abendbericht der Stationsschwester an, sagte ihr, daß sie Frances für drei Monate beurlaubt habe, und setzte dann ihre Runde fort.

Die Stationsschwester der Chrirurgischen Männerstation kam ihr schon an der Tür entgegen. »Jim Kendell ist zu sich gekommen und verlangt nach Ihnen, Frau Barry.«

Susy ging zu dem Bett des Kranken und beugte sich über ihn. »Hallo Jim!«

Langsam hoben sich die schweren Lider des Mannes. Über sein Gesicht huschte ein Lächeln. »Hallo, Fräulein Barden! Ich bin wieder da! Bestellen Sie bitte meiner Frau ...«

Susy hörte ihm zu, beantwortete seine Fragen, wischte ihm die feuchte Stirn ab und rückte das Wasserglas in seine Reichweite. Für eine Weile vergaß sie die Schule und ihre Sorgen und wurde wieder zu einer Krankenschwester am Bett eines Patienten.

Noch ein Problem

Nachdem Frances Marks abgefahren war, wandte Susy ihre Aufmerksamkeit dem zweiten Mädchen der Klasse zu, das sich nicht zur Krankenschwester zu eignen schien. Immer wieder liefen Beschwerden über Ella Price ein. Das Mädchen sei unbeholfen und unselbständig, hieß es, und falle sogleich in Verwirrung, sobald der Betrieb etwas lebhafter werde.

Als Susy eines Tages in ihrem Büro saß und durch die geöffnete Tür zum Nebenzimmer hörte, daß Kit und Mary Addison sich wieder einmal über Ella unterhielten, ging sie zu ihnen.

»Sie ist ein nettes, williges Mädchen«, sagte Kit. »Aber man muß ihr immer sagen, was sie tun soll — und immer nur eine Sache auf einmal. Vergißt man eine Kleinigkeit, so denkt sie niemals von selber daran, sondern steht da und macht ein hilfloses Gesicht. Dabei tut sie die Arbeit gern. Es ist wirklich ein Jammer.«

Susy überlegte ein wenig. »Dumm ist sie nicht. Wir müßten es doch fertigbekommen, ihr etwas Selbständigkeit einzuimpfen. Das ist nur eine Sache der Erziehung.«

Eine Weile dachten die drei Frauen schweigend nach. Susy sah aus dem Fenster. Die Gipfel der Berge waren von schwarzen Wolken verhüllt. Vereinzelte Schneeflocken schwebten ziellos durch die Luft. Der Winter nahte.

»Wenn sie sich nicht bessert, müssen wir sie fortschikken«, sagte Mary bestimmt.

»Oh, nein!« rief Susy erschrocken.

Mary kritzelte eine Bemerkung an den Rand eines Fragebogens. »Solche Sachen kommen vor. Was wollen Sie denn sonst machen?«

»Nun — ich könnte erst einmal mit Anne sprechen. Anne kennt die Prices gut und ist ein kluger Mensch. Auch will ich noch einmal die Berichte der Stationsschwester über Ella studieren.«

Susy ging in ihr Büro zurück. Sie legte nicht allzu großes Gewicht auf die Berichte der Stationsschwestern, die meist sehr unterschiedlich ausfielen. Man mußte abwarten, bis eine Schülerin auf mehreren Stationen tätig gewesen war, und die Berichte dann miteinander vergleichen. Mädchen, die auf einer Station als tüchtig galten, waren manchmal auf einer anderen überhaupt nicht zu gebrauchen. Es galt, den Grund dafür herauszufinden, ehe man ein endgültiges Urteil fällte.

Ella Price arbeitete täglich zwei Stunden auf der Medizinischen Männerstation. Das Urteil ihrer Stationsschwester deckte sich zum größten Teil mit dem von Kit.

»Schülerin Ella Price«, las Susy, »begeht häufig Fehler, ist zu langsam und gerät aus dem Gleichgewicht, wenn man sie antreibt. Braucht dauernd eine Aufsicht. Kein Organisationstalent. Anzug sauber. Unentschlossen.«

Es stand also nicht gut für Ella. Aber sie liebte ihre Arbeit. Auch war sie ja erst achtzehn Jahre, eben noch ein unsicheres, unselbständiges junges Ding, das noch niemals eine Verantwortung zu tragen gehabt hatte. Aus der Tatsache, daß sie unentschlossen war, brauchte man nicht unbedingt zu schließen, daß sie überhaupt unfähig war, Entscheidungen zu treffen. Vielleicht traute sie ihrem eigenen Urteil nur nicht — obwohl es nicht schlechter sein mochte als das anderer Menschen. Susy sah Ellas rundes ernsthaftes Gesicht mit den unsicher blickenden Augen vor sich und beschloß, sofort mit Anne zu sprechen.

Anne hatte um diese Zeit Dienst am Auskunftspult. Als Susy die große Halle betrat, hörte sie Stimmen auf der Treppe und blickte nach oben. Auf einem Treppenabsatz stand Marianna und sprach lebhaft auf Ira Prouty ein, der gutmütig lächelte. Der Anblick der veränderten Marianna gab Susy neuen Mut.

Auch Anne ermutigte sie. »Nun, nun«, meinte sie beschwichtigend, nachdem Susy der alten vertrauten Freundin ihr Herz ausgeschüttet hatte. »Ella ist ein Einzelkind und schrecklich verwöhnt. Ihre Mutter hat sie niemals auch nur einen Finger rühren lassen und sie immer wie eine Prinzessin behandelt. Eigentlich ein Wunder, daß das Kind nicht völlig übergeschnappt ist!«

»Ob ich Frau Price einmal aufsuche?«

»Warum nicht? Mit der läßt sich reden, und für Ella tut sie alles. Leider hat sie ihr Kind nicht richtig erzogen.«

»Ja, du hast recht. Weißt du, was, Anne? Ich werde Ella für einige Zeit zu ihrer Mutter zurückschicken. Sie soll zu Hause lernen, Verantwortung zu tragen. Dort wird es ihr leichter fallen, weil sie keine Angst zu haben braucht, daß allzuviel von ihr abhängt.«

Annes Gesicht leuchtete auf. »Das ist eine gute Idee. Frau Price wird bestimmt auf dich hören.«

»Ich hoffe es.« Susy warf einen Blick zu Marianna hinauf, die sich von Ira verabschiedete. Plötzlich wandte sie sich mit einem Ruck wieder zu Anne. »Was geht unter den Schülerinnen vor, Anne?«

»Ihr himmlischen Sterne! Du hast mich richtig erschreckt. Was soll denn vorgehen?«

Susy berichtete von ihrem Gespräch mit Marianna.

»Ich geb zwar nicht allzuviel darauf, was Marianna sagt. Sie macht gern einen Elefanten aus einer Mücke. Und wenn etwas dahintersteckt, hättest du mir doch davon erzählt.«

»Hm, ja, ich weiß nicht recht. Meiner Meinung nach ist die Sache nicht so wichtig, daß du dich damit befassen müßtest.«

»Aber was ist es, Anne?«

»Ach, es ist nur eine Art Machtkampf zwischen Evelyn Adams und Joan Dittmar. Die beiden bekriegen sich wie zwei junge Hähne.«

Susy lachte. »Und das ist alles?«

»Sie haben die Klasse zersplittert und sind grundsätzlich verschiedener Meinung. Da Evelyn dich vergöttert, muß Joan dich natürlich herabsetzen. Im Grunde ist Joan ein guter Kerl. Sie hat sich nur ein wenig verrannt.«

»Wieso verrannt?«

»Ich hörte neulich, wie Evelyn zu ihr sagte, du würdest ihr das eingebildete Wesen schon austreiben. Nun gibt sie erst recht an. Aus Wut gegen Evelyn läßt sie kein gutes Haar an dir und glaubt schließlich selber an den Unsinn, den sie über dich verbreitet. So sind die Menschen nun mal. Natürlich gibt es nun allerlei albernes Geschwätz. Joan behauptet, daß sie sich über alle Vorschriften hinwegsetzen würde.«

»Und hat sie schon einmal so etwas versucht?«

»Nicht daß ich wüßte. Aber sie versteht es, mit geheimnisvollen Andeutungen auf die anderen Mädchen Eindruck zu machen.«

»Die ganze Sache scheint doch recht kindisch zu sein.«

»Ja, das meine ich auch. Joan hat zwar ein paar treue Anhängerinnen, die jedes ihrer Worte wie Honig einsaugen. Aber das wird den Mädchen nicht ernstlich schaden. Nur um Alice Bolton ist mir etwas bang. Das hübsche kleine Ding ist leicht zu beeinflussen und steht völlig in Joans Bann.«

Susy zuckte die Achseln. »Als ich Lernschwester war, hatten wir ein ähnliches Mädchen wie Joan in unserer Klasse. So was gibt's anscheinend überall.«

»Wahrscheinlich. Willst du gleich zu Frau Price fahren?«

»Ja, dann hab ich's hinter mir.«

Nachdem Susy im Büro Bescheid gesagt hatte, wohin sie fahren wollte, eilte sie schnell weiter. Bill saß in seinem Bürozimmer und lächelte ihr zu, als sie vorbeiging. Am Tage sahen sie sich nur selten. Sie waren übereingekommen, im Krankenhaus nur von beruflichen Dingen zu sprechen und sich nicht gegenseitig zu besuchen oder plaudernd im Korridor herumzustehen. Wie überall, wo viele Menschen auf kleinem Raum beisammen sind, wird auch in Krankenhäusern viel geklatscht. Und da Susy und Bill erst seit kurzem verheiratet waren, hätte ihr Verhalten leicht Anlaß zu Gerede geben können. Susy ging daher rasch weiter, zog zu Hause Straßenkleider an und fuhr zum Städtchen hinunter.

Den Weg ins Tal rollte der Wagen fast ganz von allein. Während der Fahrt beobachtete Susy die herabfallenden Schneeflocken und legte sich im Geist zurecht, was sie zu Frau Price sagen wollte.

Frau Price fühlte sich offenbar sehr geschmeichelt durch Susys Besuch. »Ach, Fräulein Barden!« rief sie erfreut. »Kommen Sie herein und legen Sie ab. War die Straße sehr glatt?«

»Überhaupt nicht! Es fuhr sich herrlich.«

»Sie sehen frisch wie eine Rose aus. Ich hab Sie ja wer weiß wie lange nicht gesehen; aber Ella sagte mir, daß es Ihnen gut geht. Ella ist sehr, sehr gern oben im Krankenhaus. Gewiß gehört sie zu Ihren besten Schülerinnen.«

Während Frau Price unaufhörlich weiterplapperte, führte sie Susy ins Wohnzimmer und bot ihr Platz auf einem Roßhaarsofa an, über dem ein Bild von Urgroßvater Price hing. Anscheinend glaubte sie, Susy sei zu ihr gekommen, um ihr mitzuteilen, daß Ella in Kürze Oberschwester werden würde.

Susy fürchtete sich ein wenig davor, diesen glücklichen Mutterstolz zu zerstören. Eltern haben es schwer, dachte sie bei sich. Sie erwarten die größten Wunder von ihren Kindern und müssen dann meistens erleben, daß sie ganz durchschnittliche Menschen werden. Behutsam leitete sie das Gespräch zu dem peinlichen Thema und sagte schließlich offen, warum sie gekommen war.

Frau Price wurde ganz still und krampfte die Hände zusammen. »Sie meinen — Ella taugt nichts?«

»Aber nein, Frau Price! Ich meine nur, daß sie noch nicht reif für die verantwortungsvolle Tätigkeit einer

Krankenschwester ist. Sie ist nicht daran gewöhnt, selbständig zu denken, und kann mit ihrem Kurs erst fortfahren, wenn sie das gelernt hat. Ich glaube, Sie können ihr das leichter beibringen als wir, und für Ella wird es auch angenehmer sein.«

»Ich verstehe. Ich bin wohl nicht die richtige Mutter für Ella gewesen.«

»Davon ist gar keine Rede!« sagte Susy herzlich. »Ella ist ein liebes Kind, willig und verträglich; das ist allein Ihr Verdienst. Aber sie muß dazu erzogen werden, Verantwortung zu tragen.«

Frau Price sah Susy voll an. »Bitte schonen Sie mich nicht, Fräulein Barden. Ich bin vernarrt in Ella. Sie ist ja alles, was wir haben. Als sie auf die Welt kam, hatten wir schon fast die Hoffnung aufgegeben, jemals ein Kind zu bekommen. Vielleicht waren wir schon zu alt, um sie richtig erziehen zu können.«

Susy lächelte ihr ermunternd zu. »Ich möchte Ella für vier Wochen nach Hause schicken. Bitte überlassen Sie ihr während dieser Zeit den ganzen Haushalt. Tun Sie überhaupt nichts, sondern überlassen Sie alle Arbeiten Ihrer Tochter — Staub wischen, fegen, Betten machen, den Speisezettel zusammenstellen, einkaufen, kochen — einfach alles!«

»Aber Fräulein Barden! Das arme Kind weiß ja nicht . . .«

»Das ist ja gerade das Schlimme. Sie hat keine Ahnung von praktischen Dingen. Lassen Sie sie ruhig Fehler machen. Sie muß es lernen, selber Entscheidungen zu treffen. Helfen Sie ihr nicht, sondern machen Sie ihr nur Mut.«

»Gewiß, Fräulein Barden! Ich will alles tun, was Sie für richtig halten. Es ist sehr nett von Ihnen, daß Sie Ella diese Chance geben. Aber sie verdient es auch. Sie ist ein gutes Kind — und so anständig! Niemals würde sie sich nachts herumtreiben wie dieses Mädchen aus

New York. Die und ihre Freundin treiben es ja recht bunt mit den Schilehrern vom Hotel Kahlschlag. Ella hat erst neulich zu mir gesagt, sie würde niemals mit ihnen gehen, selbst wenn sie sie dazu aufforderten.«

»Haben die Mädchen denn etwas Ungehöriges getan?« fragte Susy verdutzt.

»Nein, das gerade nicht. Sie sind nur recht leichtfertig. Ella sagt immer ...« Frau Price redete und redete. Sie wollte Susy wohl beweisen, daß ihre Tochter in einer Beziehung doch besser als die anderen Mädchen sei. Aber im Grunde war es nur Klatsch, was sie vorbrachte — Schminke und Lippenstift — Flüstern und Kichern in parkenden Wagen. Solche Dinge hatte man den Springdaler Mädchen schon nachgesagt, ehe das Krankenhaus erbaut worden war.

Schließlich unterbrach Susy den Redestrom. »Mit jungen Menschen wird es immer Schwierigkeiten geben, Frau Price. Man muß eben versuchen, ihre Fehler auszumerzen. Es gehört mit zu den Aufgaben unserer Schule, vernünftige Menschen aus den Mädchen zu machen. Deshalb müssen wir Ella auch zur Verantwortlichkeit erziehen.«

Die Erwähnung von Ellas schwacher Seite hatte den gewünschten Erfolg. »Sie haben recht«, antwortete Frau Price. »Im Grunde sind das ja auch nur Kindereien.«

Endlich verabschiedete sich Susy, stieg in ihren Wagen und fuhr den Berg hinauf. Unterwegs überdachte sie noch einmal, was Frau Price über die Mädchen und die Schilehrer gesagt hatte. »Nichts als Klatsch und Tratsch!« sagte sie laut vor sich hin, als sie schließlich in einem schwungvollen Bogen durch das Tor des Krankenhauses fuhr.

Zusammenstöße

Als Susy die Schilehrer vom Hotel Kahlschlag kennenlernte, wurde sie jedoch etwas nachdenklich. Joan Dittmar und Alice Bolton hatten die beiden zum Erntedanktanz eingeladen. Sie waren älter, als Susy erwartet hatte, sehr gewandt und ein wenig zu erfahren für ihren Geschmack. Kaum hatte Mary Addison die beiden erblickt, so wurde sie zur Löwin, die ihre Jungen verteidigt. Sie verstand es, jemand ohne viele Worte in seine Schranken zu verweisen. Und falls die beiden mit dem Vorsatz gekommen waren, wie Wölfe in diese Schar junger Mädchen einzubrechen, gaben sie ihn sehr schnell wieder auf.

Freddy Bowker war ebenfalls gekommen. Groß, braungebrannt und ein wenig scheu, tanzte er mit Marianna, die einen überraschend weiblichen Eindruck machte. Auch Ella Price nahm an dem Fest teil; sie gehörte ja immer noch zur Schule. Susy stellte zufrieden fest, daß sie viel glücklicher als früher aussah.

Im ganzen verlief der Abend sehr lustig und nett. Er beendete eine Zeitspanne, die verhältnismäßig ruhig gewesen war, wie Susy erst später erkannte. Die folgenden Wochen brachten ihr mancherlei Aufregungen.

Gleich nach dem Erntedankfest setzte große Kälte ein. Die Berge hoben sich kristallklar glitzernd von dem klaren tiefblauen Himmel ab. In der Früh hing ein eisiger Nebel über dem Fluß. Rauhreif funkelte auf jedem Zweig, auf jedem Ast und auf jedem Grashalm, und der Schnee auf den Hängen taute selbst in der Mittagssonne nicht fort. Schon am Nachmittag breitete sich Winterdämmerung über das Land. Der Schnee schimmerte blau, die Luft roch nach Eis.

Die Schwestern legten den Weg zwischen dem Edgett-Heim und dem Krankenhaus jetzt im Laufschritt zurück und zogen ihre Wollcapes fest um sich. Ihre Augen waren blank; ihr Atem stand weiß in der Luft. Schon morgens beim Frühstück unterhielten sie sich lebhaft, stritten und kicherten. Die Arbeit ging ihnen schneller von der Hand als sonst. Die Patienten lachten leichter, wurden aber auch leichter ungeduldig. Die plötzlich eingetretene Kälte schien die Nerven der Menschen aufs höchste anzuspannen.

Dies war wohl auch zum Teil der Grund für den Streit zwischen Susy und Bill — wenn man es überhaupt einen Streit nennen konnte. Keiner von beiden wußte später zu sagen, wie es eigentlich dazu gekommen war.

Beim Abendessen sprach Susy über Marianna. Sie und Bill vermieden es, zu Hause berufliche Dinge zu besprechen. Das Krankenhaus nahm sie den ganzen Tag über in Anspruch; abends brauchten sie eine Abwechslung. Aber Marianna war ja nicht nur Schülerin der Schwesternschule, sondern gehörte zum persönlichen Freundeskreis. Susy und Kit hatten sich so lange um sie gekümmert, daß sie sich natürlich auch jetzt noch viel mit ihr beschäftigten. Erst am Abend vorher hatte Kit bei den Barrys von Mariannas Winterkleidern zu reden begonnen, und dieses Thema lang und breit mit Susy erörtert.

Heute nun sprach Susy über Marianna und Freddy — oder eigentlich dachte sie mehr laut. Als Bill vorschlug, den Kaffee im Wohnzimmer zu trinken, ging sie ein wenig zerstreut mit ihm hinüber, ohne ihr Selbstgespräch abzubrechen. Bill machte es sich in seinem Sessel bequem und steckte sich eine Pfeife an. Susy kuschelte sich in einen anderen Sessel, Maxl zufrieden auf ihrem Schoß.

»Freddy ist ein netter Junge«, sagte sie, »aber doch etwas zu jung für Marianna. Sie hat eine ausgesprochene Neigung zum Vagabundieren. Außerdem ist sie launenhaft und unberechenbar. Sie braucht eine feste Hand.«

Plötzlich bemerkte Susy, daß Bill gar nicht zuhörte. »Langweile ich dich?« fragte sie etwas gekränkt.

Bill zog bedächtig seine langen Beine an. Dann sagte er, offenbar bemüht, geduldig zu sein: »Aber Susy, das alles hast du mir doch schon wer weiß wie oft erzählt!«

Susy ärgerte sich. »Verzeih!« sagte sie kurz und nahm ein Buch vom Tisch.

Es entstand ein ungemütliches Schweigen. Schließlich sagte Bill leicht gereizt: »Warum wirst du gleich wütend, wenn ich die Wahrheit sage?«

»Das liegt in meiner Natur. Deshalb eigne ich mich wahrscheinlich auch nicht zur Ehe.« Sie lachte ein wenig gezwungen.

Bill richtete sich auf und schlug mit der flachen Hand auf seine Sessellehne. »Hör doch mit dem dummen Gerede auf! Ehrlich gesagt, Susy — ich hab es satt, dauernd von Marianna zu hören.«

Susy sah ihn ganz verdattert an und wußte nicht, was sie sagen sollte.

»Ich weiß wirklich nicht, warum Frauen ein Thema immer totreden müssen«, fuhr er fort. »Wenn man denkt, daß sie endlich damit fertig sind, graben sie es wieder aus und fangen von neuem an. Marianna ist ein nettes Mädchen, aber ich habe das Gerede über sie nun jahrelang genossen. Ich wäre froh, wenn ich nie wieder etwas von ihr hörte.«

»Der Wunsch soll dir erfüllt werden! Sonst noch etwas?«

»Nein. Ich . . .« Bill sprang auf, kniete neben ihrem Sessel nieder und umschlang ihre Knie. »Verzeih! Ich weiß wirklich nicht, was eben in mich gefahren war.«

Susy stellte fest, daß er seine Worte nicht zurücknahm, sondern sich nur für seinen Ton entschuldigte. Also meinte er wirklich, was er gesagt hatte. »Laß gut sein!« sagte sie, sich mühsam zusammennehmend. »Es war meine Schuld.«

Sie lächelten einander etwas schmerzlich an, und der Sturm war vorüber. Aber als Susy im Bett lag und noch einmal alles überdachte, erkannte sie, daß ein ehelicher Streit etwas ganz anderes war als ein Streit zwischen Verlobten. Bei Verlobten ging es immer nur um die

Frage: »Liebst du mich?« Aber bei einem ehelichen Streit hieß es: »Kritisierst du mich?« Man dachte mehr nach, durfte jedoch nicht alles aussprechen, was man dachte. Susy seufzte. Verheiratet zu sein war doch nicht so einfach, wie sie anfangs geglaubt hatte — nicht einmal mit Bill.

Nachdem die strenge Kälte drei Tage angehalten hatte, begann nachts plötzlich ein feuchtwarmer Wind zu wehen. Die Berge verschleierten sich. Der Schnee verschwand, und die Bäche brausten rauschend zu Tal. Morgens und abends war der Boden mit leichtem Nebel bedeckt, der aber bald verschwand, und mittags wurde es sommerlich warm.

Eines Tages ging die sonst so vernünftige Mary Addison in einem leichten Frühjahrsmantel nach Springdale hinunter. Nachts bekam sie dann Halsschmerzen, und am nächsten Morgen hatte sie Fieber. Sie mußte im Bett bleiben, und Kit und Susy übernahmen ihre Unterrichtsstunden, obwohl sie schon mit Arbeit überlastet waren. Zwei Tage lang ging es Mary gar nicht gut. Dennoch lehnte sie es ab, sich in ein Krankenzimmer zu legen, und wollte auch keine Nachtschwester um sich haben.

»Ich brauche nichts«, brummte sie ärgerlich. »Luise kann nachts ein paarmal nach mir sehen. Mehr ist nicht nötig.«

Am nächsten Morgen kam Luise mit einem Unheil verkündenden Gesicht in Susys Büro. Kit hatte einmal gesagt, wenn Luise sich errege, werde ihre Nase so lang wie die Schnauze eines Terriers. Heute morgen hatte sie diese Nase. Sie preßte die Lippen zusammen. Auf ihren Backenknochen glühten rote Flecke. Ohne wie sonst zuerst ihr Protokollbuch auf den Schreibtisch zu legen, setzte sie sich hin und achtete nicht einmal darauf, daß ihr Rock nicht zerknüllt wurde.

Susy machte sich auf etwas Schlimmes gefaßt und wappnete sich mit Geduld. Obwohl die beiden früheren

Schulkameradinnen im gleichen Alter waren, die gleiche Größe hatten und sich auch in Haarfarbe und Teint ähnelten, konnte man sich keine größeren Gegensätze denken. Susy war von Natur liebenswürdig, während Luise ein steifes Wesen hatte. Susys Gesicht war ausdrucksvoll und lebendig, Luises dagegen kühl und unbewegt. Susy lehnte sich lässig zurück, schlug die Beine übereinander und wippte nervös mit einem Fuß. Luise saß steif und gerade da, die Füße dicht nebeneinandergestellt.

»Hören Sie, Susy!« begann sie erregt. »Sie müssen Ihre Schülerinnen fester anpacken. Ich habe Ihnen schon immer gesagt, daß Sie nicht streng genug sind.«

»Was ist denn geschehen?«

»Ich habe heute nacht um eins eine Schülerin dabei erwischt, wie sie durchs Fenster kletterte!«

»Fallen Sie nicht gleich in Ohnmacht, Willi! Wer war es denn?«

»Joan Dittmar. Ich wollte gerade mal nach Mary sehen, da hörte ich ein verdächtiges Geräusch aus dem Wohnzimmer. Da ich Einbrecher vermutete, ging ich hinein, um nachzusehen.« Luise schien es gar nicht in den Sinn zu kommen, daß sie Mut bewiesen hatte. Sie hatte einfach getan, was getan werden mußte. »In dem Augenblick, als ich ins Zimmer trat, kletterte Joan gerade durchs Fenster. Sie war gar nicht besonders erschrocken, sondern sagte ganz ruhig, der letzte Bus sei ihr vor der Nase davongefahren, und sie hätte daher zu Fuß gehen müssen.«

»Warum hat sie nicht telefoniert?«

»Das hab ich sie auch gefragt. Sie sagte, daß schon alle Lokale geschlossen gewcsen seien.«

»Das mag stimmen. Aber sie braucht doch nur knapp drei Viertelstunden von Springdale bis hier herauf und nicht anderthalb Stunden.«

»Sehr richtig. Das hab ich ihr auch entgegnet. Sie behauptete, sie habe nur langsam gehen können, weil ihre Absätze so hoch wären. Und sie waren wirklich sehr hoch.«

»Hatte sie Ausgeherlaubnis?«

»Ja. Ich fragte sie, warum sie nicht einfach zu mir gekommen sei. Darauf sagte sie, daran hätte sie leider nicht gedacht. Solche Mädchen eignen sich nicht zur Krankenschwester, Susy. Sie sollten ...«

»Unsinn, Willi! Joan Dittmar ist eine unserer besten Schülerinnen. Mädchen in ihrem Alter machen oft dumme Streiche.«

»Ich habe so etwas nie getan.«

»Aber ich!«

»Sie?«

»Ja. Erinnern Sie sich daran, wie eine unserer Inspektorinnen eines Nachts das ganze Schwesternhaus aufweckte, weil ein Schaukelstuhl in ihrem Zimmer ganz von selbst zu schaukeln begonnen hatte?«

»Ja. Aber was hat das ...«

»Ich lag unter ihrem Bett und hab den Stuhl geschaukelt. Kit, Connie und ich waren in der Stadt gewesen und hatten uns verspätet. Da kletterte ich durch ein offenes Fenster. Aber plötzlich kam die Inspektorin herein, und ich mußte mich unter dem Bett verstecken. Was sollte ich machen? Ich schaukelte den Stuhl, und sie lief kreischend davon. Dann schlüpfte ich aus dem Zimmer und ließ die andern beiden ins Haus. Haben Sie Joan Dittmar gesagt, daß sie sich bei mir melden soll?«

»Natürlich! Aber Susy, ich hätte niemals gedacht, daß Sie ...«

»Toll, nicht wahr? Ich hab eben verbrecherische Anlagen. Also, was war heute nacht sonst noch los?«

Im übrigen war die Nacht ruhig gewesen. Nur gegen Morgen war ein betrunkener Mann mit einem gebrochenen Knöchel eingeliefert worden. Er gehörte zu einer Gruppe von Arbeitern, die von elf bis vier auf der Straße nach Springdale die Spuren eines kleinen Erdrutsches beseitigt hatten, und erzählte lallend, daß er von einem herabfallenden Felsbrocken getroffen worden sei.

Endlich konnte Susy frühstücken. Sie trank eilig eine Tasse Kaffee und kehrte dann in ihr Büro zurück. Um halb acht erschien Joan Dittmar. Sie sah sehr hübsch aus. Ihr schmales Gesicht war blaß; aber nervös oder ängstlich schien sie nicht im mindesten zu sein. Sie setzte sich auf den angebotenen Stuhl und sah Susy kühl an.

»Wollen Sie mir bitte erklären, warum Sie in der vergangenen Nacht durchs Fenster geklettert sind, Fräulein Dittmar?«

»Ach, es war ein plötzlicher Einfall von mir, Frau Barry. Ich sehe ein, daß ich es nicht hätte tun sollen.«

»Hoffentlich geben Sie in Zukunft nicht Ihren Einfällen nach, sondern halten sich an die Vorschriften!«

»Entschuldigen Sie bitte meine Unüberlegtheit!« sagte Joan. »Ich hatte den letzten Bus versäumt und mußte daher zu Fuß nach Hause gehen. Es war sehr dunkel. Ich hatte leichte Schuhe mit hohen Absätzen an und kam nur langsam vorwärts. Als ich schließlich hier oben anlangte, war ich furchtbar müde und dachte nur noch an mein Bett. Ich ging direkt zum Edgett-Heim, ohne zu bedenken, wie spät es war. Als ich die Tür verschlossen fand, wollte ich nicht noch einmal umkehren und Fräulein Wilmont aufstöbern. Lieber wollte ich eins der Mädchen wecken. Da sah ich das offene Fenster und kletterte hinein.«

Obwohl die Geschichte glaubwürdig klang, glaubte Susy kein Wort davon; sie war allzu glatt erzählt und wahrscheinlich von A bis Z erlogen. Aber das konnte sie Joan leider nicht beweisen. Ihr blieb nichts weiter übrig, als der Übeltäterin einen Verweis zu erteilen und sie zu warnen. Dabei wußte sie genau, daß Joan es immer schlimmer treiben würde, wenn sie mit ihrer Lüge durchkam.

»Sollten Sie sich wieder einmal verspäten, so rufen Sie bitte das Krankenhaus an — selbst wenn Sie in Springdale jemand herausklopfen müssen. Dann wird man Sie abholen. Ich wünsche nicht, daß die Schülerinnen nach Dunkelwerden allein die Straße hinaufgehen. Es ist gefährlich.« Susy dachte an Erdrutsche und Steinschlag, als sie das sagte. Doch plötzlich fiel ihr etwas anderes ein. »Es treibt sich allerlei Gesindel in den Bergen herum. Haben Sie unterwegs jemand getroffen?«

»Nein, keine Seele.«

»Sie haben überhaupt niemand gesehen?«

»Nein.«

Susy unterdrückte ihre Erregung. »Erzählen Sie mir jetzt die Wahrheit, Fräulein Dittmar!« sagte sie ruhig, aber bestimmt.

»Ich verstehe nicht . . .«

»Gestern abend hat es nicht weit von hier einen Erdrutsch gegeben. Ein paar Männer haben von elf bis vier daran gearbeitet, die Straße nach Springdale freizuschaufeln. Sie hätten die Männer sehen müssen, wenn Sie dort gegangen wären.«

Plötzlich war Joans Sicherheit verschwunden. Sie starrte Susy mit großen erschrockenen Augen an, sagte aber nichts.

»Nun?«

Noch immer antwortete Joan nicht.

»Sie haben mich angelogen, weil Sie zu feige sind, die Folgen Ihrer Handlungen auf sich zu nehmen.«

»Ja, ich habe gelogen«, gestand Joan nun. »Ich hatte eine Verabredung und machte den Riegel des Fensters auf, bevor ich fortging. Mein Begleiter brachte mich mit seinem Wagen über die obere Straße zum Krankenhaus zurück. Aber ich habe nicht aus Feigheit gelogen! Ich mache mir nichts daraus, bestraft zu werden.«

»Warum haben Sie mir dann nicht gleich die Wahrheit gesagt?«

Joans Gesicht wurde trotzig. »Weil ich weiß, daß man hier kein Verständnis für mich hat.« Verwirrt hielt sie inne, als sie bemerkte, daß Susy belustigt lächelte.

»Junge Menschen halten sich immer für unverstanden. Die meisten Schülerinnen sind fest überzeugt, daß Vorschriften nur dazu gemacht werden, um sie zu quälen, und daß die Leiterin eine besondere Abneigung gegen sie hat. Wenn Sie etwas älter sind, werden Sie anders denken und sich nicht mehr so furchtbar wichtig vorkommen.«

Joan errötete. In ihren Augen blitzte fast etwas wie Bewunderung auf.

»Einstweilen entziehe ich Ihnen die Erlaubnis, abends auszugehen. Das ist eine leichte Strafe, aber dies ist ja Ihr erstes Vergehen, und da es ziemlich kindisch war, will ich es nicht allzu ernst nehmen.«

Joan schwieg. Offensichtlich ärgerte sie sich maßlos, daß Susy ihr Vergehen kindisch genannt hatte.

»Das ist alles«, sagte Susy abschließend. »Sie können gehen.«

Als Joan das Zimmer verlassen hatte, lächelte Susy. »Wie jung sie noch ist und wie aufgebracht, weil ich ihrer Eitelkeit einen Stoß versetzt habe! Wahrscheinlich glaubt sie, ebenso wie ich früher geglaubt habe, daß das Leben einer Schulleiterin ein einziger Traum von blütenweißen Trachten, Nachmittagstees und unbeschränkter Macht sei.«

Seufzend musterte Susy den Stapel ihrer unerledigten Post und machte sich an die Arbeit.

Nebel

An einem Spätnachmittag suchte Herr Parker, der Pfarrer von Springdale, die Barrys zu Hause auf. Er gehörte dem beratenden Ausschuß des Krankenhauses an und war ein ruhiger angenehmer Mensch.

»Entschuldigen Sie bitte die Störung!« sagte er, nachdem er Platz genommen hatte. »Ich komme im Auftrage des Komitees, um etwas mit Ihnen zu besprechen.«

Susy und Bill wechselten einen Blick und machten sich auf etwas Unangenehmes gefaßt.

»Wie wir erfahren haben, soll in Springdale eine Bar für Wintersportler, ›Zum lustigen Schihasen‹ genannt, eröffnet werden«, fuhr Herr Parker fort. »Das wird wohl kein Lokal sein, in das ich meine Mutter führen möchte — obwohl es ihr wahrscheinlich sehr viel Spaß machen würde. Meine Mutter ist manchmal ... Aber ich schweife ab.« Er erklärte, das neue Lokal stehe unter derselben Verwaltung wie eine ziemlich berüchtigte Bar in einem anderen Gebirgsort. Der Ausschuß sei der Meinung, daß man den Schülerinnen der Schwesternschule verbieten sollte, dorthin zu gehen.

Susy stimmte ihm sofort zu. »Wann soll die Bar eröffnet werden?«

»Schon sehr bald. Das genaue Datum weiß ich leider nicht.«

»Ich werde es morgen meinen Schülerinnen sagen«, versprach Susy.

Nachdem der Pfarrer gegangen war, meinte Bill skeptisch: »Glaubst du, daß ein Verbot deine Schäfchen davon abhalten wird, die Kneipe aufzusuchen?«

»Aber natürlich!«

»Na, ich weiß ja nicht, wie junge Mädchen sind. Ich jedenfalls habe jetzt, da es verboten werden soll, den brennenden Wunsch, hinzugehen, und zwar recht bald.«

Susy lachte. »Na, dir ist es ja nicht verboten.«

Als sie ihren Schülerinnen am nächsten Tag eröffnete, daß sie den »Lustigen Schihasen« zu meiden hätten, beobachtete sie ihre Gesichter. Einige leuchteten neugierig auf, die meisten blieben jedoch gleichgültig.

Susy lächelte. Im großen und ganzen war die Klasse recht brav. Mary sagte immer, jede Klasse habe eine bestimmte Wesensart — ebenso wie ein einzelner Mensch. Manche Klassen waren ruhig und fleißig, andere laut und lärmend und wieder andere voller Widerspruchsgeist. Diese erste Klasse der Schule schien willig und gefügig zu sein. Susy vertraute ihr und glaubte nicht, daß der »Lustige Schihase« die Mädchen zu Dummheiten verleiten werde.

Das warme Wetter hielt zwei Wochen lang an. Der Schnee verschwand von den Berghängen, und Schilaufen war nicht mehr möglich. Das Krankenhaus füllte sich mit Grippekranken. Mitte Dezember setzte dann plötzlich große Kälte ein, und zwar gerade an einem Abend, als Susy und Bill zu den Todds fahren wollten.

Es war zu einer feststehenden Gewohnheit geworden, daß sie einmal im Monat bei den Todds waren. Susy und Bill liebten diese Abende. Elias Todd hatte viel erlebt und konnte fesselnd erzählen. Er stammte aus Springdale, war ein Kind armer Eltern und hatte eine entbehrungsreiche Jugend durchlebt. Später war er dann nach New York gegangen und hatte dort als Hotelier sein Glück gemacht. Doch nach einigen Jahren hatte ihn das Heimweh nach den Bergen gepackt. Er war nach Springdale zurückgekommen und hatte das Hotel Kahlschlag erbaut. Natürlich kitzelte es auch seine Eitelkeit, daß er als reicher Mann in seine Heimat zurückkehrte; daraus machte er selber kein Hehl. Sein bleiches, etwas schwammiges Gesicht bekam Farbe, wenn er erzählte, und seine kleinen hellblauen Augen leuchteten auf. Er sprach völlig dialektfrei. Aber seine Frau, eine selbstbewußte Bäuerin aus New Hampshire, hatte ihren Dialekt beibehalten. Sie war eine wohlhabende Witwe gewesen, als er um sie angehalten hatte. Sein Reichtum bedeutete ihr nicht das geringste. Aber selbst wenn sie arm wie eine Kirchenmaus gewesen wäre, hätte sie sich nicht davon imponieren lassen.

Susy liebte die große energische Frau von ganzem Herzen. Martha hatte ihre und Bills Bestrebungen immer tatkräftig unterstützt und ihren Mann dazu überredet, seinem Heimatort ein Krankenhaus zu stiften. Doch die Todds waren nicht nur Wohltäter für Susy und Bill, sondern echte Freunde — trotz des Altersunterschiedes. Susy freute sich schon immer lange vorher auf den Abend bei ihnen.

Diesmal jedoch hatte sie keine rechte Lust, das Haus zu verlassen, denn draußen herrschte dichter Nebel. Besorgt sah sie zum Fenster hinaus, während sie sich umzog. »Bill!«

»Ja?« Sie hörte an seiner Stimme, daß er sich rasierte.

»Hast du mal rausgesehen? Eine Nacht wie geschaffen, um gegen einen Baum zu fahren!«

Bill kam in ihr Zimmer. »Du bist ja recht vergnügungssüchtig!«

»Aber du mußt mir Zeit zum Schreien lassen, wenn es soweit ist. Ich kann sehr schön schreien. Willst du mal hören?«

»Nein, danke!«

»Du liebst mich nicht.«

»Warum sollte ich auch?«

»Na, es wäre doch ganz nett. Aber ernsthaft, Bill — wollen wir nicht lieber absagen?«

»Du willst wegen eines lächerlichen Nebels auf ein Essen bei Martha verzichten?«

»Na gut, fahren wir! Hol also den Wagen heraus. Kein Mensch soll mir nachsagen, daß ich nicht bis zum bitteren Ende zu dir gehalten hätte.«

»Schreiend?«

»Selbstverständlich! Laut und lang und völlig kostenlos!«

Bill lachte. Aber als er aus dem Haus trat, verging ihm das Lachen. Das war ja wie in einer Waschküche! Maxl bellte aufgeregt in die unheimlich veränderte Welt, bis Bill ihn aufhob und in den Wagen setzte.

»Fahr bloß vorsichtig!« mahnte Susy.

Der Wagen schlich aus dem Tor und kroch dann durch eine formlose weiße Öde den Berg hinauf. Im Licht der Scheinwerfer sahen sie undeutlich ein kurzes Stück der Straße vor sich. Langsam, langsam ging es bergauf. Als sie die obere Straße erreicht hatten, war die Luft plötzlich klar.

Bill atmete erleichtert auf und drückte auf das Gaspedal. »Was sagst du nun? Der herrlichste Mondschein!« Wie von Furien gejagt, raste der Wagen zu dem Haus der Todds.

Martha und Elias waren ganz erstaunt, als sie von dem Nebel hörten. »Das wird die Eröffnungsfeier stören«, sagte Martha zufrieden, während sie Susy den Mantel abnahm.

»Was für eine Eröffnungsfeier?« fragte Susy.

»Na, die vom ›Lustigen Schihasen‹.«

»Ach so!« Susy beugte sich zu den drei Dackeln von Elias hinunter, die Maxl bereits begrüßt hatten, und streichelte sie.

Während die kleine Gesellschaft zum Eßzimmer ging, erzählte Martha, daß der Farmklub eine neue Gemeindeschwester anstellen wolle. »Die Schwester, die wir jetzt haben, bekommt keinen rechten Kontakt mit den Leuten. Sie gibt sich große Mühe, hat aber einfach kein Verständnis für die Gebirgsbevölkerung. Wir brauchen hier jemand, der vom Lande stammt.«

»Wann wollen Sie die neue Schwester anstellen?« fragte Susy.

»Im Frühjahr, wenn der Vertrag mit der jetzigen

abläuft. Bis dahin wird es schon irgendwie gehen.«

»Warum könnten wir eigentlich nicht ...« Susy stockte.

»Was denn?«

»Ach, ich weiß nicht recht ...«

»Haben Sie irgendeine Idee?«

»Hm — ja — so ungefähr. Ich möchte es noch ein wenig durchdenken, ehe ich darüber spreche.«

»Gut, mein Kind!«

Beim Essen nahm Susys unbestimmte Idee allmählich Form an. Daß sie nicht schon früher daraufgekommen war! Zu der Ausbildung in ihrer Schule gehörte natürlich auch ein Kurs in öffentlicher Gesundheitspflege. Bisher hatte niemand daran gedacht, daraus mehr zu machen als den bei allen Schwesternschulen üblichen Unterricht — wohl weil alle Beteiligten es schon als gewaltigen Fortschritt empfanden, daß es in dieser abgelegenen Gegend jetzt ein Krankenhaus mit einer Schwesternschule gab. Und dann hatte die Schule ja auch erst vor kurzem begonnen. Aber New Hampshire brauchte dringend Fürsorgeschwestern. Die Schule müßte sich darauf spezialisieren, Fürsorgeschwestern fürs Land auszubilden. In der Stadt aufgewachsenen und ausgebildeten Mädchen fiel es natürlich schwer, sich in ländlichen Verhältnissen zurechtzufinden. Ja, das war eine glänzende Idee! Im theoretischen Unterricht würde man besonderen Wert auf Psychologie und Soziologie legen müssen. Später konnte man dann noch ...

Susys Augen begannen zu leuchten, als sie so ihren Plan ausspann. Bill mußte eine Frage an sie zweimal wiederholen, ehe sie ihn hörte. Gewaltsam riß sie sich aus ihrem Traum. Aber selbst als sie sich wieder an der Unterhaltung beteiligte, wiederholte sie sich immer wieder im stillen: Eine Schwesternschule speziell für ländliche Fürsorgeschwestern.

An diesem Abend brachen Susy und Bill ganz gegen

die Gewohnheit schon kurz vor zehn Uhr auf. Die Todds versuchten auch nicht, sie zu längerem Bleiben zu überreden.

»Wir hätten Sie gern noch ein wenig hierbehalten«, sagte Elias. »Aber bei dem Nebel . . .«

»Ja, es ist besser, wenn Sie sich heute etwas früher auf den Weg machen«, fiel Martha ein. »Sie werden sehr lange für den Rückweg brauchen.«

Der Nebel hatte das hochgelegene Gelände, auf dem das Haus der Todds stand, noch nicht erreicht, als sie abfuhren. Aber seine Vorposten waren bereits unterwegs — lautlos nach dem Wagen greifende geisterhafte Finger und hin und wieder ein weißes Band quer über der Straße, das einen gelblichen Schimmer annahm, wenn es vom Licht der Scheinwerfer getroffen wurde. Dann tauchte das Auto plötzlich in eine dichte weiße Masse. Unwillkürlich trat Bill auf die Bremse. Susy schrie leise auf. »Das ist ja wie unter Wasser! Die Scheibe ist völlig beschlagen.«

Bill stellte den Scheibenwischer an und lockerte die Bremse. Langsam rollte der Wagen abwärts. Um die erste Wegbiegung gelangten sie ohne Zwischenfall. Aber dann kam eine Haarnadelkurve. Bill hielt unsicher an.

»Gib mir die Taschenlampe«, sagte Susy. »Ich werde aussteigen und dir leuchten.«

Auf diese Art ging es sehr gut. Bill folgte dem kleinen Licht, das ihm den Weg anzeigte. Als Susy wieder in den Wagen stieg, schüttelte sie sich. »Die Kälte dringt einem durch Mark und Bein. Und man wird im Nu pudelnaß.«

Nachdem sie eine Weile schweigend gefahren waren, sagte Susy: »Hast du nichts gehört, Bill?«

»Nein. Was ist denn?«

»Ich weiß nicht. Mir war, als hörte ich einen Schrei.«

Bill hielt an, stieg aus und rief laut: »Hallo!«

Die einzige Antwort war ein nervöses Bellen von Maxl.

Nachdem Bill noch ein wenig gewartet hatte, stieg er wieder ein. »Du hörst Gespenster, Susy.«

»Mag sein.«

Wieder fuhren sie ein paar Minuten. Plötzlich rief Susy: »Bill, da steht ein Wagen!«

Vom andern Straßenrand her schimmerten wie durch ein Spinnennetz zwei trübe Lichter. Bill fuhr langsam ein Stück weiter. Dann hielt er an, ließ das Fenster herunter und sah zu dem Auto hinüber, das geisterhaft aus dem Nebel auftauchte. Es war ein gelber Sportwagen. »Hallo! Haben Sie 'ne Panne?«

»Keine Idee!« lallte eine Männerstimme. »Wir ruhn uns bloß 'n bißchen aus.«

Bill zögerte. »Ist wirklich alles in Ordnung?«

»Aber sicher! Fahr nach Haus und leg dich ins Bett! Sei ein braver Junge!«

Bill zuckte die Achseln und fuhr weiter. »Mußt nicht widerspenstig sein«, hörten sie den Mann noch sagen. »Das ist ungezogen.«

Susy war besorgt. »Hätten wir nicht doch etwas unternehmen müssen, Bill? Der Mann war doch betrunken.«

»Was sollen wir denn unternehmen? Immerhin hatte er soviel Vernunft, anzuhalten und zu warten, bis sein Kopf wieder klar ist.«

»Ob noch jemand im Wagen war?«

»Das konnte ich nicht sehen.«

»Hm. Wo befinden wir uns eigentlich?«

»Ich weiß nicht recht. Mach mal das Fenster auf.«

Susy öffnete das Fenster und spähte hinaus. Anfangs konnte sie überhaupt nichts sehen. Doch dann entdeckte sie unterhalb der Straße einen schwachen Lichtschein. »Das Krankenhaus!« rief sie erleichtert. »Jetzt haben wir nur noch zwei Kurven vor uns.«

»Hast du die Taschenlampe bereit?«

»Ja.«

Ohne Schwierigkeiten kamen sie um die beiden Kurven herum.

»Puh!« machte Bill, als der Wagen endlich in der Garage stand. »Mein Bedarf an Nebel ist einstweilen gedeckt.«

»Meiner auch.«

Susy hatte Bill noch nichts von ihrer Idee erzählt, vornehmlich ländliche Fürsorgeschwestern in ihrer Schule auszubilden. Sie wollte die Sache erst einmal gründlich durchdenken und vor allen Dingen überschlafen. Als sie in ihrem Zimmer das Fenster öffnete und ihr der feuchte Atem des Nebels entgegenschlug, fiel ihr wieder der gelbe Sportwagen auf der Straße ein. Schaudernd dachte sie an die lallende Stimme des Mannes. Bill war niemals betrunken. Seine Stimme klang stets fest und klar. »Wie glücklich ich doch bin!« sagte sie sich, während sie zum Bett ging. Plötzlich blieb sie lauschend stehen. Im Nebenzimmer klingelte Bills Telefon. Sie hörte, wie er mit jemand sprach, und erriet aus seinem ruhigen Ton, daß er nicht aufzustehen brauchte.

Ein paar Stunden später wurde sie durch ihr eigenes Telefon aus dem Schlaf geschreckt. Im Dunkeln griff sie nach dem Hörer. »Hallo?«

»Tut mir leid, daß ich Sie wecken muß, Susy, aber ...«

»Was ist denn, Willi?«

»Alice Bolton ist noch nicht nach Hause gekommen. Ich fürchte, es ist ein Unglück geschehen.«

»Wo sind Sie?«

»Im Edgett-Heim.«

»Ich komme sofort!« Susy knipste das Licht an und sprang aus dem Bett. Ihre Uhr zeigte zehn Minuten nach drei. In fliegender Hast zog sie sich an und lief ein paar Minuten später die Stufen zum Edgett-Heim hinauf.

Luise erwartete sie schon an der Tür. »Joan Dittmar wird Ihnen alles erzählen.«

»Joan Dittmar?«

»Sie hat mich gerufen.«

Joan wartete, mit einem Morgenrock bekleidet, im Wohnzimmer. Ihr Gesicht war schneeweiß.

»Was ist los, Fräulein Dittmar?«

»Alice hatte gestern abend eine Verabredung, Frau Barry. Sie schläft in dem Zimmer neben mir. Ich — konnte nicht einschlafen und wartete auf ihre Rückkehr. Aber es wurde immer später, und sie kam nicht. Ihr muß etwas passiert sein.«

»Wissen Sie, wohin Alice gehen wollte?«

»Nein.«

»Mit wem war sie verabredet?«

»Mit Donald Maley — einem der beiden Schilehrer, die am Erntedankfest hier waren. Ihr muß etwas zugestoßen sein, Frau Barry. Alice ist kein Mensch, der gegen Vorschriften verstößt — jedenfalls nicht aus eigenem Antrieb.«

Susy nickte. »Ich werde das Hotel Kahlschlag anrufen.«

Es dauerte ziemlich lange, bis sich der Hotelportier meldete. Der Schilehrer Donald Maley? Ja, er war gegen zwölf nach Hause gekommen.

»Könnte ich ihn sprechen? Es ist dringend.«

»Gewiß.«

Wieder mußte Susy eine Weile warten. Dann brummte eine verschlafene Stimme: »Hallo?«

»Herr Maley, hier ist das Krankenhaus von Springdale. Ich höre soeben, daß Fräulein Bolton gestern abend mit Ihnen ausgegangen ist. Sie ist noch nicht zurückgekehrt. Können Sie uns sagen, wo sie sich befindet?«

»Wie soll ich das wissen? Das widerspenstige Ding war unartig und lief fort.«

»Wo ist das gewesen?«

»Keine Ahnung!« Damit legte er auf.

Susy überlegte. Widerspenstig? Unartig? Ja, es waren dieselben Worte, dieselbe Stimme!

»Fräulein Dittmar, wie sieht der Wagen von Herrn Maley aus?«

»Es ist ein gelber Sportwagen.«

Susy wandte sich zu Luise. »Herr Maley ist im Hotel. Alice ist ihm davongelaufen. Wo das gewesen ist, weiß er nicht. Aber ich weiß es!«

Joan streckte zitternd die Hände nach Susy aus. »Wo ist es gewesen?«

»Auf der oberen Straße, nicht sehr weit von hier entfernt. Aber der Nebel ist wie eine Mauer. Und dicht neben der Straße geht es steil in die Tiefe. Wenn sie abgestürzt ist . . .«

Joan stöhnte leise.

»Gehen Sie jetzt ins Bett, Fräulein Dittmar. Und Dank für die Meldung!«

»Was werden Sie tun?«

»Die Polizei alarmieren. Gehen Sie ruhig schlafen; wir werden sie schon finden.«

Susy verständigte Bill, und er rief die Polizei an. In kurzer Zeit traf ein Wagen mit vier Polizisten ein. Susy, Bill und Ira Prouty stiegen in den Krankenwagen, der von dem Fahrer des Krankenhauses gesteuert wurde.

»Wollen Sie nicht Ihren kleinen Hund mitnehmen?« meinte einer der Polizisten. »Vielleicht findet er eine Spur.«

Also wurde auch Maxl mitgenommen. Und wirklich spürte er die Vermißte auf, als der Nebel sich gegen Morgen ein wenig lichtete. Alice saß zusammengekauert auf der Erde und hatte sich gegen einen Felsen gelehnt. Sie war unverletzt, aber ihre durchnäßten Kleider waren steifgefroren. Als man sie in Decken einwickelte, lächelte sie etwas verwundert. Nur widerwillig schluckte sie den Whisky, den man ihr einflößte. Dann trugen die Polizisten sie zu dem Krankenwagen. Auf dem Weg zum Krankenhaus erzählte sie stockend, was sich ereignet hatte.

Donald Maley war sehr spät und schon etwas angetrunken zu der Verabredung erschienen. Bevor sie abfuhren, hatte er noch ein paar Schlucke aus einer Flasche genommen, und auf halber Höhe des Berges hatte er den Wagen angehalten.

»Er — war ekelhaft!« sagte Alice. »Ich wollte aussteigen, als ein anderer Wagen neben uns hielt. Aber — er packte mich am Arm und sagte — ich solle den Mund halten.«

Susy stöhnte innerlich. Wenn sie doch nur ausgestiegen und zu dem gelben Sportwagen gegangen wären!

»Ich — hatte solche Angst«, fuhr Alice fort. »Er — lachte — immerzu. Und dann — schlief er ein. Ich machte leise die Tür auf und lief weg. Aber — er war aufgewacht und kam mir nach. Ich lief von der Straße runter — und er fand mich nicht. Nach einer Weile fuhr er fort. Vielleicht hatte er mich ganz vergessen. Dann — verirrte ich mich. Ich war so schrecklich müde und wollte mich einen Augenblick hinsetzen. Da bin ich — dann wohl eingeschlafen.«

»Aber wo wollten Sie so spät noch hinfahren?«

Alice antwortete nicht. Ihre Augenlider flatterten.

»Schlafen Sie jetzt, Kindchen.« Susy strich sanft über die runde Mädchenwange. Sie war heiß und fiebrig.

Nachdem Alice ins Bett gebracht worden war, blieb Susy neben ihr sitzen und lauschte auf ihre immer wirrer werdenden Worte. Erst als es Zeit war, an ihre Arbeit zu gehen, verließ sie das Zimmer. Vor der Tür stand eine Gruppe verängstigter Schwestern, die ihr schweigend Platz machten.

Hoffnung ist immer

»Was ist das Schlimmste, das der Leiterin einer Schwesternschule widerfahren kann?« hatte Susy einmal ihre Schulleiterin gefragt. Fräulein Matthes hatte einen Augenblick nachgedacht. Dann war ein Schatten über ihr Gesicht geglitten. »Das Schlimmste ist wohl der Tod einer Schülerin.«

Jetzt mußte Susy oft an diese Worte denken. Alice Bolton hatte sich eine schwere Lungenentzündung zugezogen. Sie lag in einem Sauerstoffzelt und war tagelang ohne Bewußtsein. Ihre Eltern waren gekommen, aber sie hatte sie gar nicht erkannt.

Die Krankheit des Mädchens hing wie eine dunkle drohende Wolke über dem Krankenhaus. Weihnachten nahte. Die Schülerinnen hatten ursprünglich ein kleines Fest mit Tanz geplant, doch nun gaben sie den Plan auf, weil niemand mehr Lust zum Feiern hatte. Ja, sie wollten überhaupt keine Weihnachtsvorbereitungen treffen. Aber Susy bestand darauf, daß sie wenigstens einen Baum schmückten. Es tat den jungen Mädchen nicht gut, während ihrer Freizeit untätig beisammenzuhocken und trüben Gedanken nachzuhängen; und geholfen war damit auch niemand. Obwohl es ihnen schwerfiel, sich zu konzentrieren, gaben sie sich redliche Mühe beim Unterricht. Nur Joan Dittmar starrte fast immer teilnahmslos vor sich hin, die Augen unnatürlich groß und dunkel in dem weißen Gesicht.

Eines Tages erschien Donald Maley und wollte Alice sprechen. Als man ihm sagte, daß kein Fremder zu ihr dürfe, suchte er Susy in ihrem Büro auf. Er sah sehr elend aus.

»Die Geschichte tut mir schrecklich leid, Frau Barry«, sagte er zerknirscht. »Ich hätte dem Mädchen ja nichts getan, sondern war nur ein bißchen angetrunken. Muß sie — sterben?«

»Wir wissen es nicht.«

»Falls es Sie tröstet — ich hab meine Stellung verloren. Der alte Todd hat mich sofort rausgeschmissen, als er von der Sache hörte.«

Susy hätte ihm gern ordentlich die Meinung gesagt. Aber dadurch wäre ja auch nichts gebessert worden. Er litt genug für seinen Leichtsinn.

Am Weihnachtsmorgen gab es einen Schneesturm. Als Susy nach einer unruhigen Nacht erwachte, starrte sie eine Weile benommen in die wirbelnden Flocken. Dann ging sie in Bills Zimmer. Er war nicht da. Voll banger Unruhe rief sie die Privatstation an. »Hier ist Frau Barry. Wie geht es Fräulein Bolton?«

»Es scheint — zu Ende zu gehen.«

»Warum haben Sie mich nicht gerufen?«

»Die Verschlimmerung ist erst vor kurzem eingetreten.«

»Sind die Eltern da?«

»Ja. Sie sind die ganze Nacht hiergewesen. Und Dr. Barry ist seit vier Uhr hier.«

Susy zog sich hastig an und eilte durch das Schneegestöber zum Krankenhaus hinüber. Im Korridor der Privatstation kam ihr Bill entgegen. »Es sieht wieder etwas besser aus«, sagte er mit leiser Stimme. »Wir müssen abwarten.«

»Ist noch Hoffnung, Bill?«

»Hoffnung ist immer.« Er ging wieder ins Krankenzimmer und beugte sich über die keuchende Kranke.

Im Nebenzimmer saßen Alices Eltern. Frau Bolton preßte ihr Taschentuch gegen den Mund. Ihr Mann strich ihr unbeholfen über den Arm. Susy wollte zu ihnen hingehen und ein paar Worte mit ihnen sprechen. Doch als sie ihre verzweifelten Gesichter sah, wandte sie sich mit bebendem Mund ab. Wie wenig wußten doch Kinder davon, was ihre Eltern des öfteren um sie leiden müssen!

Der Tag wurde Susy unerträglich lang. Die Stunden

krochen dahin, ohne daß sich Alices Zustand änderte. Unterdessen quälte sich Susy mit Weihnachtspflichten ab. Sie besuchte die festlich geschmückten Krankensäle. Sie wohnte mit ihrem Stab einer Feier auf der Kinderstation bei. Einigen Patienten, die alte Freunde von ihr waren, brachte sie kleine Geschenke. So wurde es langsam Abend. Da Bill zum Essen nicht nach Hause kam, ging Susy wieder ins Krankenhaus zurück. Im Korridor traf sie Kit.

»Wie geht es?«

»Immer dasselbe. Bill will vorläufig bei ihr bleiben. Komm ein bißchen in mein Zimmer. Wir können doch nicht helfen.«

Nachdem die Freundinnen eine Weile zusammengesessen und sich gegenseitig getröstet hatten, ging Susy zum Edgett-Heim. Sie schüttelte den Schnee von ihrem Cape und trat in das verlassene Wohnzimmer. Vor dem Kamin stand unbeachtet ein schön geschmückter Tannenbaum. Susy stellte sich davor und starrte auf die bunten Kugeln, die künstlichen Eiszapfen und das glitzernde Lametta. Ein Weihnachtsbaum war ein Symbol der Hoffnung, aber die Hoffnung hatte sie fast verlassen. Das junge Leben, das man ihr anvertraut hatte, schwand langsam dahin. War es ihre Schuld? Hätte sie es verhindern können?

»Ich weiß es nicht«, flüsterte sie vor sich hin. »Ich weiß es nicht.«

Plötzlich hörte sie ihren Namen rufen. »Frau Barry!«

Sie wandte sich um. An der Tür stand Joan Dittmar. Sie trug immer noch ihre blaue Tracht, obwohl sie nachmittags frei hatte. Die Hände hielt sie zusammengekrampft. Ihr Gesicht sah durchsichtig aus.

»Was ist, Fräulein Dittmar?«

Joan stürzte auf sie zu. »Ich muß dringend mit Ihnen sprechen«, keuchte sie. »Ich kann das nicht mehr aushalten! Alles ist meine Schuld. Ich kann nicht mehr! Ich kann nicht mehr!«

»Nehmen Sie sich zusammen!« sagte Susy energisch. »Setzen Sie sich hin.«

Joan sank gehorsam auf eine Couch neben dem Weihnachtsbaum. Susy setzte sich neben sie und fragte dann sanft:

»Also, was ist los?«

Joan schluckte. »Verzeihen Sie meine Unbeherrschtheit, Frau Barry!«

»Schon gut! Manchmal ist es schwer, nicht die Nerven zu verlieren. Was haben Sie mir zu sagen?«

»Wenn Alice stirbt — bin ich schuld.«

»Wieso?«

»Weil . . . Ich habe sie überredet — damals mit Donald auszugehen. Sie fuhren — zur Eröffnungsfeier — vom ›Schihasen‹. Eigentlich wollten wir beide zusammen hingehen. Aber dann — konnte ich nicht — weil ich ja von Ihnen Ausgehverbot hatte. Ich — wagte es nicht.«

Susy nickte, sagte aber nichts.

»Ich war wütend auf Sie — und wollte Ihr Verbot aus Trotz übertreten. Da ich selber nicht gehen konnte, überredete ich Alice, hinzugehen. Sie wollte nicht — und hatte Angst vor Don. Er ist nämlich ein richtiger Windhund; man muß ihn zu behandeln verstehen.«

Die Bemerkung klang so drollig, daß Susy trotz ihrer Sorgen fast gelacht hätte. »Aber wie konnten Sie Alice überreden, wenn sie nicht gehen wollte?« fragte sie.

»Ich — sagte zu ihr — wenn sie nicht ginge, wäre es mit unserer Freundschaft aus. Das — war gemein von mir. Ich wußte, wieviel ihr daran liegt, mit mir befreundet zu sein.«

»Ja, das war ziemlich niederträchtig.«

»Ich sagte ihr, es würde schon alles gutgehen, und keiner würde was merken. Und nun muß sie vielleicht sterben.«

Joan ließ den Kopf gegen die Wand sinken und schloß

die Augen. Schweigend starrte Susy auf den glitzernden Baum und überlegte, was sie tun sollte. Auch dieses Mädchen war ihr anvertraut. »Joan ist begabt, temperamentvoll und trotz ihrer törichten Streiche im Grunde anständig«, dachte sie. »Ich bin verantwortlich dafür, was für ein Mensch aus ihr wird. Aber ich bin unerfahren. Ich weiß nicht, was hier das richtige ist.«

»Gut, daß Sie mir alles erzählt haben!« sagte sie schließlich. »Ich will Ihnen nicht noch Vorwürfe machen. Sie haben genug gelitten. Nur eins möchte ich Ihnen sagen. Falls Alice gesund wird, wollen ihre Eltern sie nicht weiter Krankenpflege lernen lassen.«

»Oh, wie schrecklich!«

»Leider passiert so etwas immer gerade hilflosen Menschen, eben weil sie sich nicht wehren können.« Susy legte ihre Hand beschwörend auf Joans Arm. »Man muß gut zu den Menschen sein! Niemand von uns ist aber wirklich gut genug.«

»Sie sind gut«, erwiderte Joan.

»Ich bin wie alle anderen.« Susy stand auf. »Nehmen Sie sich zusammen, Joan! Es wäre mir eine große Beruhigung, wenn ich mich nicht auch noch um Sie zu sorgen brauchte.«

»Ich will es versuchen. Und vielen Dank, Fräulein Barden!«

Der Name, mit dem Susys Freunde sie aus alter Anhänglichkeit zu nennen pflegten, war Joan ganz unbewußt entschlüpft. Susy freute sich darüber. Es war ein Zeichen dafür, daß Joan nicht mehr gegen sie kämpfte, sondern ihr vertraute.

Als Susy nach Hause kam, wartete Bill schon auf sie. Er schloß sie fest in seine Arme. »Alice wird durchkommen.«

»Bill! Ist das wirklich wahr?«

»Ja, sie wird leben.«

Jetzt brach Susy zum erstenmal seit dem Unglück in

Tränen aus. Sie legte ihren Kopf an Bills breite Brust; ihre Schultern bebten. Er strich ihr beruhigend übers Haar. »Fröhliche Weihnachten!« flüsterte er zärtlich.

»Fröhliche Weihnachten!« schluchzte sie.

Erst als es Alice schon viel besser ging, sagten ihr ihre Eltern, daß sie sie nicht Krankenschwester werden lassen wollten. Sie regte sich entsetzlich auf und bekam einen Weinkrampf. Daraufhin gaben die Eltern nach. Sie konnten ihrer Tochter nichts abschlagen, nachdem sie sie fast verloren hatten. Alice bekam einen Erholungsurlaub und fuhr mit ihnen nach Hause.

Die anderen Schülerinnen bereiteten sich nun eifrig auf das Examen vor. Nach einiger Zeit versuchte Joan Dittmar ihre alte Fehde mit Evelyn Adams wiederaufzunehmen, aber es war kein rechter Schwung mehr dahinter. Obwohl die beiden Mädchen Rivalinnen blieben, kam es nicht zu ernsthaften Auseinandersetzungen.

Am Beginn des zweiten Semesters sollten zwei Lehrerinnen für die klinischen Fächer eintreffen, junge Frauen mit glänzendem Ruf und einer Reihe akademischer Grade. Dann würde das Büro mit vier Inspektorinnen besetzt sein.

»Ich komme mir einfach lächerlich vor«, sagte Susy zu Kit. »Alle außer mir haben einen akademischen Grad. Und ich an der Spitze bin nur eine einfache Krankenschwester mit dem Staatsexamen.«

»Ich bin doch auch nicht mehr.«

»Du spielst auch nicht die Rolle einer Schulleiterin. Ich posiere doch eigentlich nur. Mein Stab verrichtet die Arbeit und sagt mir, was ich zu denken habe. Mary hat in ihrem Leben mehr vergessen, als ich jemals gelernt habe. Außerdem bin ich viel zu jung für meine Stellung.«

»Daran läßt sich allerdings nichts ändern. Aber du könntest doch Urlaub nehmen und dir ein Diplom erwerben.«

»Ich hab auch schon daran gedacht. Aber ich weiß nicht recht . . .«

»Hast du mit Bill darüber gesprochen?«

»Nein.«

»Warum denn nicht?«

»Ich kann es ja mal tun.«

Aber Susy tat nichts in dieser Sache. Warum sie davor zurückscheute, wußte sie selber nicht. Bill hätte bestimmt nichts dagegen gehabt. Seit Weihnachten war ihr Verhältnis zueinander wieder sehr innig. Susy dachte nicht mehr an seinen Vorwurf, daß sie alle Themen zu Tode hetzte. Und obwohl es ihr Stolz nicht zuließ, noch einmal mit ihm über Marianna zu sprechen, so redete sie doch genug über andere Dinge — zum Beispiel über ihren Plan, vornehmlich ländliche Fürsorgeschwestern auszubilden.

»Das ist eine glänzende Idee«, sagte Bill. »Wann willst du damit anfangen?«

»So bald wie möglich. Aber ich muß den Plan gründlich ausarbeiten, ehe ich ihn dem Ausschuß vorlege.«

»Sag mir Bescheid, wenn ich dir dabei helfen kann.« Bill küßte sie auf die Wange. »Kommst du heute nachmittag mit mir nach Springdale? Ich muß ein paar Besorgungen machen. Wir könnten dann nachher noch ein bißchen in die Berge fahren. Die Straßen sind eisfrei.«

»Ja, ich komme gern — falls ich rechtzeitig mit meinem Kurs über Erste Hilfe fertig bin.«

Obwohl sie sich nun schon so lange kannten, bedeutete es noch immer das größte Vergnügen für Susy, etwas mit Bill zu unternehmen. Sie lachten viel miteinander und unterhielten sich in einer Art Geheimsprache mit allerlei Anspielungen auf gemeinsame Erlebnisse oder auf Geschichten, die ihnen besonders komisch vorkamen. Ja, verheiratet zu sein, war doch lebendiges Leben und bedeutete mehr, als eine Schulleiterin darzustellen.

Alle Schülerinnen der Klasse bestanden das Examen. Am fünfzehnten Februar kam eine nach der anderen in Susys Büro, um ihre Haube in Empfang zu nehmen — dieses winzige weiße Gebilde, das einer umgekehrten

Teetasse ähnlich sah. Mit glänzenden Augen gingen sie dann aus dem Zimmer. Das erste Semester war zu Ende.

Bald darauf trafen die beiden Lehrerinnen Fräulein Page und Fräulein Atkon ein. Sie waren tüchtig und liebenswürdig. Susy mochte sie gern, fühlte sich jedoch niemals ganz behaglich in ihrer Gegenwart. »Ich habe Angst vor ihnen«, gestand sie sich ein. »Mit Mary ist es was anderes. Es macht mir nichts aus, daß sie viel mehr als ich weiß.«

Aber die neuen Lehrerinnen kamen gar nicht auf den Gedanken, daß sie ihrer Schulleiterin Angst einflößen könnten. Susy verstand es, Haltung zu bewahren, und wenn sie unsicher war, schwieg sie. Die beiden unterrichteten in Diätetik, Gesundheitspflege, Pathologie und Medizin und gaben außerdem klinischen Unterricht im Krankensaal.

Kurz nachdem das neue Semester begonnen hatte, erhielt Susy einen Brief von Frances Marks. Sie schrieb, daß sie ins Krankenhaus zurückkehren wolle. Es ginge ihr gut, und sie habe ihr altes Gewicht wiedererlangt. Susy antwortete ihr sofort und schrieb, daß sie Frances gern wieder in die Schule aufnehmen wolle, sobald der Schulplan es gestatte.

Bald danach rief eines Tages Frau Price an und lud Susy zum Essen ein. »Bitte kommen Sie morgen abend, wenn es Ihnen möglich ist. Sie sollen selber sehen, wie Ella sich entwickelt hat. Sie wird das Essen ganz allein zusammenstellen, zubereiten und servieren.«

»Das ist ja wundervoll, Frau Price. Ich komme natürlich gern.«

Susy erzählte Kit und Mary von dem Telefongespräch. »Hoffentlich bildet sich Frau Price nicht nur ein, daß Ella sich gebessert habe.«

»Das glaube ich nicht«, erwiderte Kit. »In Ella stecken bestimmt Fähigkeiten, die bisher nur verborgen waren.«

Mary hatte schweigend zugehört. Plötzlich sagte sie:

»Susy versteht es, mit Menschen umzugehen.«

Susy lachte ein wenig verlegen und doch froh. Marys Bemerkung gab ihr etwas von ihrem Selbstbewußtsein zurück, und sie sah der »Reifeprüfung« Ellas nun zuversichtlich entgegen. Für Ella allerdings würde es eine Qual werden, gleichgültig ob das Essen gut oder schlecht ausfiel. Es hing ja so viel für sie davon ab. Auch Frau Price würde bestimmt sehr aufgeregt sein.

Während Susy sich am nächsten Abend umzog, überlegte sie, ob sie Maxl mitnehmen sollte. Er war sehr drollig und unterhaltend und könnte der kleinen Gesellschaft über die erste Verlegenheit hinweghelfen. Aber vielleicht hatten die Prices gar nichts für Hunde übrig oder besaßen eine Katze? Schließlich ließ sie Maxl daheim und fuhr allein nach Springdale hinunter.

Ella öffnete ihr die Tür. Sie hatte eine blütenweiße Schürze um. Ihr Gesicht war gerötet. Ihre Augen glänzten vor Erregung, blickten jedoch ruhig und selbstsicher.

»Guten Tag, Fräulein Barden. Ich freue mich sehr, daß Sie gekommen sind.«

Während sie Susy aus dem Mantel half, erschien auch Frau Price. Sie überschüttete Susy mit einem Wortschwall und nötigte sie hastig ins Wohnzimmer. »Sie müssen noch schnell meinen Mann und Großvater begrüßen, Fräulein Barden. Dann können wir sofort essen. Ella ist mit allem fertig!«

Herr Price hatte seinen besten Anzug an und machte vor Susy eine steife Verbeugung. In einem Schaukelstuhl am Fenster saß ein winziges vertrocknetes Männchen und musterte Susy mit blanken Vogelaugen.

»Dies ist mein Vater, Fräulein Barden«, stellte Herr Price vor.

Der Alte griff nach Susys Hand und umklammerte sie mit überraschender Kraft. »Donnerwetter!« piepste er. »Was für ein Feuerkopf! Und 'ne hübsche Figur hat das Mädel auch.«

»Großvater!« rief Frau Price errötend. Dann sagte sie zu Susy: »Entschuldigen Sie bitte, Fräulein Barden! Mein Schwiegervater ist manchmal wirklich ein bißchen konfus.«

»Ich bin durchaus nicht konfus!« schrie Großvater schrill. »Ich wette, Henry denkt genau dasselbe und wagt es bloß nicht zu sagen.«

Herr Price machte sich hastig daran, seinem Vater aus dem Stuhl zu helfen, während seine Frau Susy ins Eßzimmer zog. »Es ist schrecklich mit Großvater!« flüsterte sie verlegen. »Aber Sie wissen ja, wie alte Leute sind. Und er ist schon Neunzig.«

»Das macht doch nichts«, entgegnete Susy, die Großvater reizend fand. Sie hätte gern einen Augenblick verschnauft, doch das wurde ihr nicht vergönnt. Man hatte sie zum Essen eingeladen; sie sollte sofort essen.

Der Tisch war geschmackvoll gedeckt und mit Blumen geschmückt. »Ella hat alles ganz allein gemacht«, versicherte Frau Price strahlend. »Sie hat sich Bücher besorgt und eifrig darin studiert.«

»Sehr hübsch!« sagte Susy anerkennend.

Nun führte Herr Price seinen Vater ins Zimmer. Der Alte warf Susy einen verschmitzten Blick zu. »Sie wollten, daß ich vorher esse. Aber ich esse mit Ihnen!«

Alle setzten sich. Frau Price wollte Großvater eine Serviette umbinden, aber er riß sie ihr ungeduldig aus der Hand.

»Geh weg!« rief er böse. »Das blöde Ding stört mich bloß beim Essen. Ich will kein Lätzchen umhaben, wenn so'n hübsches Mädel beim Tisch sitzt.«

Frau Price gab es auf. Schon erschien auch Ella mit der Suppe. Sie bewegte sich sicher und ruhig. Die Suppe war ausgezeichnet, wie Susy zufrieden feststellte. Herrn Price schien sie ebenfalls zu schmecken; er schlürfte behaglich.

Frau Price trat ihm unter dem Tisch gegen das Schienbein. Er fuhr zusammen. Ella wurde rot, und Großvater kicherte. »Hast du ihn getroffen?«

Susy beugte sich tiefer über ihren Teller. Zum Glück brauchte sie im Augenblick nichts zu sagen. Die Familie betrachtete Essen offenbar als eine ernste Aufgabe und widmete sich ihr schweigend.

Der nächste Gang war eine Überraschung — ein knusprig gebratener Truthahn mit Kartoffelbrei, Zwiebelsoße und grünen Bohnen.

»Das sieht aber lecker aus!« rief Susy.

Ella glühte vor Stolz. »Ich koche schrecklich gern, Fräulein Barden«, sagte sie, während sie nach dem Tranchiermesser griff. »Früher drückte ich mich immer davor. Aber wenn man alles allein tut, macht es richtig Spaß. Nein, laß nur, Papa, ich werde den Truthahn zerlegen.«

»Dann fang doch endlich an!« rief Großvater ungeduldig. »Uns läuft ja schon das Wasser im Mund zusammen.«

Ella zerlegte den Braten mit großem Geschick. Großvater trieb sie dauernd zur Eile an. Sobald sie ihm eine Keule des Vogels auf den Teller gelegt hatte, nahm er sie entschlossen in die Hand und begann sie begierig abzunagen. Die übrige Familie wartete gespannt darauf, daß Susy den ersten Bissen kostete. Die drei Menschen sahen beschwörend zu ihr hin, als wollten sie mit vereinten Kräften die Gabel zu ihrem Mund heben.

Das Fleisch war zart, die Haut knusprig. Da Susy nicht mit vollem Mund sprechen konnte, versuchte sie ein verzücktes Gesicht zu machen — ein recht schwieriges Kunststück, da die drei Augenpaare sie mit ängstlichem Ausdruck anstarrten. Unbewußt kauten Ella und ihre Eltern mit, obwohl sie ihr Essen noch nicht angerührt hatten. Wenn Susy einen Augenblick mit dem Kauen innehielt, hörten sie ebenfalls auf, ihre Kiefer zu bewegen. Wenn sie schluckte, schluckten sie ebenfalls.

Plötzlich fragte Großvater interessiert: »Haben Sie auch Säure?«

»Wie bitte?« Susy hätte sich fast verschluckt.

»Ich meine Sodbrennen«, erklärte er. »Es quält mich schrecklich, besonders in der Nacht. Haben Sie auch so was?«

Susy hatte sich schnell gefangen. »Nein, ich leide nicht an Sodbrennen«, antwortete sie ruhig. »Wenn Sie wollen, schicke ich Ihnen ein Mittel dagegen aus dem Krankenhaus.«

»Hast du das gehört, Henry?« rief Großvater triumphierend. »Ja, mit Frauen hab ich's immer verstanden.« Er nahm sich mit seinem Löffel noch etwas Kartoffelbrei aus der Schüssel. Frau Price wurde dunkelrot und wollte seine Hand zurückschieben, bekam jedoch einen heftigen Schlag auf die Knöchel. »Mein Löffel ist nicht giftig! Iß lieber was? Wenn du mehr essen und weniger quasseln würdest, hättest du auch 'n bißchen Fleisch auf den Knochen wie Fräulein Barden.« Er schielte Susy durchtrieben an.

In dem Bestreben, Großvater zum Schweigen zu bringen, fingen nun alle auf einmal an zu sprechen, und so konnte Susy ihren Braten in Ruhe zu Ende essen. Und als Nachtisch wurde noch Halbgefrorenes serviert.

Nachdem man vom Tisch aufgestanden war, wurde Susy von Ella beiseitegezogen. »Darf ich Sie jetzt durchs Haus führen? Ich halte es ganz allein in Ordnung.« Leiser fügte sie hinzu: »Es tut mir leid, daß Großvater sich so danebenbenommen hat. Aber er meint es nicht böse. Er ist doch schon sehr alt und — ein bißchen einsam. Ich glaube — er macht das nur, um sich zu beweisen, daß er noch nicht ganz zum alten Eisen gehört. Ich hab ihn sehr gern.«

»Ich finde ihn auch sehr nett. Und es gefällt mir, daß Sie ihn verteidigen.«

Ella lächelte dankbar. »Wollen wir jetzt gehen?«

Susy war recht froh, daß die geschwätzige Frau Price sie nicht auf dem Rundgang durch das Haus begleitete.

Zuerst führte Ella sie in die Küche, und dann gingen sie nach oben. Alle Räume waren blitzsauber.

»Anfangs ist mir die Arbeit furchtbar schwergefallen«, erzählte Ella. »Ich wußte überhaupt nicht, wo ich anfangen sollte, ließ das Essen anbrennen und brachte den ganzen Haushalt durcheinander. Ein Wunder, daß Mutter nicht verrückt geworden ist! Aber sie sagte mir nur ein einziges Mal, wie alles gemacht wird, und ließ mich dann allein wursteln, obwohl es ihr bestimmt nicht leichtgefallen ist.«

Susy konnte sich gut vorstellen, wie schwer das für Frau Price gewesen sein mußte. Es rührte sie, welche Mühe sich die Mutter gegeben hatte, ihrer Tochter wirklich zu helfen, indem sie ihr nicht bei der Arbeit half.

»Aber nach einer Weile ging es schon besser«, fuhr Ella fort. »Bald machte ich nicht mehr so viel verkehrt, und schließlich arbeitete ich richtig planmäßig. Dies hier ist das Schlafzimmer meiner Eltern. Die Vorhänge habe ich selber genäht und angebracht. Auch sonst habe ich einiges im Haus verändert.«

Sie sah Susy ernst an. »Es ist herrlich, wenn man etwas von praktischen Dingen versteht. Daß ich jetzt kochen kann, macht mich richtig glücklich und gibt mir das Gefühl, daß ich auch mit anderen Dingen fertig werden könnte. Sie brauchen mir nicht zu sagen, daß das Essen gut war. Ich weiß es.«

Susy lächelte das Mädchen warm an. In diesem Augenblick sah sie fast ebenso jung wie Ella aus. »Ich freue mich darauf, Sie bald wieder als Schülerin im Krankenhaus zu haben«, sagte sie.

»Oh, Fräulein Barden, darf ich wirklich wiederkommen? Schon morgen?«

»So schnell geht es leider nicht — aber sobald das nächste Semester anfängt.«

Endlich konnte Susy sich verabschieden. Großvater ließ es sich nicht nehmen, sie noch bis zur Haustür zu begleiten. Als sie in ihren Wagen stieg, rief er ihr mit seiner dünnen Stimme nach: »Ich wette, Sie kriegen Sodbrennen. Sie haben zuviel gegessen.«

Pläne und Sorgen

Anfang März besprach Susy ihren Plan, die Aufgaben der Schwesternschule zu erweitern, mit Martha Todd. Bisher hatte die Springdaler Gemeindeschwester nur in loser Verbindung mit dem Krankenhaus gestanden. Susy schlug nun vor, daß die neue Schwester, die das Landleben kannte, zukünftig eng mit dem Krankenhaus und der Schwesternschule zusammenarbeiten sollte. Während ihres ersten Lehrjahres sollten die Schülerinnen neben ihrem regulären Dienst in Begleitung der Schwester Patienten besuchen, die aus dem Krankenhaus entlassen worden waren und in den Abteilungen gelegen hatten, in denen die Mädchen gerade arbeiteten. Auch wollte Susy den staatlichen Gesundheitsdienst um die Erlaubnis bitten, daß sie in der Springdaler Schule bei der Untersuchung von Kindern helfen und an Besprechungen mit den Eltern teilnehmen durften. Natürlich sollten sie keine Bezahlung dafür erhalten.

»Aber mein Hauptziel ist es, meine Schule zu einer Ausbildungsanstalt für ländliche Fürsorgeschwestern zu machen«, sagte Susy. »Ich möchte vorzugsweise solche Mädchen als Schülerinnen aufnehmen, die an dieser Arbeit interessiert sind.«

»Das ist eine wunderbare Idee!« rief Martha begeistert. »Wir brauchen hier auf dem Lande dringend gut ausgebildete Fürsorgeschwestern. Ich werde mit dem Komitee über Ihren Plan sprechen. Mit dem staatlichen Gesundheitsdienst verhandeln Sie wohl lieber selber.«

»Ja, das will ich tun. Außerdem habe ich mir noch etwas anderes überlegt. Die Schülerinnen müßten zusätzlich vier Monate in der Stadt arbeiten — bei einem Institut für öffentliche Gesundheitspflege, wie es die Henry-Street-Stiftung in New York ist. Allerdings würde das Krankenhaus für diese Kosten aufkommen müssen.«

»Nun, das wäre weiter kein Problem. Aber warum

wollen Sie denn die Mädchen noch in die Stadt schicken?«

»Weil sie sich nicht zu sehr auf einen Zweig spezialisieren sollen. Ihr Gesichtskreis soll sich erweitern. Außerdem brauchen sie Kontakt mit anderen Krankenanstalten und Organisationen, damit sie es später leichter haben, eine Anstellung zu bekommen. Schließlich können nicht alle in New Hampshire arbeiten.«

»Das ist richtig. Sie denken wirklich an alles.«

»Ich hab mir jedenfalls Mühe gegeben, alles zu bedenken.« Susy fragte sich, ob Fräulein Page, Fräulein Atkon oder Mary nicht viel bessere Vorschläge hätten machen können. Nein, das hatten sie nicht! Als Susy ihnen ihre Pläne vortrug, stimmten sie ihnen einmütig zu. Susy faßte wieder mehr Vertrauen zu sich selber. Offenbar war sie doch nicht nur eine Strohpuppe als Schulleiterin, sondern tat wirklich etwas, um die Schule zu fördern.

Unverzüglich begann sie mit der Henry-Street-Stiftung zu verhandeln. Martha besprach unterdessen die geplanten Neuerungen mit dem Krankenhausausschuß, und bald konnte Susy die Schülerinnen über die Erweiterung des Lehrplans informieren.

»Ich hoffe, daß Ihnen die Arbeit Freude machen wird«, sagte sie abschließend. »Im Sommer werden Sie die Gemeindeschwester auf ihren Runden begleiten. Im nächsten Jahr können Sie dann schon selbständiger arbeiten. Und in Ihrem Seniorenjahr werden Sie einen viermonatigen Kurs bei der Henry-Street-Stiftung in New York mitmachen.«

Die Mädchen waren sehr interessiert und besonders begeistert, daß sie ein paar Monate nach New York kommen würden.

Unterdessen war es April geworden. In den Bergen gab es immer noch Schnee, und auf den Höhen würde er auch noch lange liegenbleiben. Aber das Eis des Flusses begann schon zu brechen, und die Erlen am Ufer streckten weiche Kätzchen heraus. Und bald lag ein grünlich-rötlicher Schimmer über den Sträuchern neben den Straßen.

Im Mai brach dann mit einem Male der Frühling aus. Alle Knospen sprangen auf. An den Berghängen leuchtete blühender Hartriegel. Die Fenster des Krankenhauses öffneten sich. Patienten strebten ins Freie und humpelten, von Lernschwestern in neuen, blau-weiß gestreiften Trachten begleitet, durch die grünenden Anlagen. Am ersten Juni traf die neue Gemeindeschwester ein. Sie war schon acht Jahre auf dem Lande tätig gewesen und eine gute Lehrerin. Als Ende Juni der theoretische Unterricht aufhörte, begleiteten die Schülerinnen sie zu zweien auf ihren Besuchsrunden. Daneben hatten sie klinischen Unterricht im Krankensaal und wurden in häuslicher Krankenpflege ausgebildet.

Es war eine friedliche Zeit. Bill hatte die Tennisplätze in Ordnung bringen zu lassen, und die Mädchen benützten sie eifrig. Wenn Susy am Schreibtisch arbeitete, hörte sie die hellen Stimmen und das Aufprallen der Bälle. Sie arrangierte Picknicks und kleine Tanzgesellschaften. An Sonntagnachmittagen lud sie kleine Gruppen von Schülerinnen zum Tee ein.

Dabei behielt sie jedoch stets das Ziel der Schule im Auge. Sie dachte daran, die Fürsorgearbeit der Mädchen noch weiter auszubauen. In der Nähe von Springdale gab es im Sommer Ferienlager für Kinder, die von Krankenschwestern betreut wurden. Könnten die Schülerinnen den Schwestern nicht helfend zur Hand gehen und auf diese Weise etwas über Hygiene und Gesundheitspflege in Kinderlagern lernen? Natürlich sollten sie auch während dieser Zeit weiterhin im Krankenhaus schlafen. Sie besprach die Sache mit dem Krankenhausausschuß. Dann rief sie die Lagerleitung an. Man war dort sehr entgegenkommend, zumal Susy für erkrankte Angestellte und Kinder der Lager freie Unterkunft und Behandlung im Krankenhaus anbot.

Erst im August wurde das ruhige Gleichmaß der Tage

gestört. Es brach eine Sommergrippe aus. Die Fälle waren durchschnittlich leichter Natur, aber die Kinderstation und die medizinischen Stationen waren bald überfüllt. Mary schlug vor, drei Schülerinnen Nachtdienst machen zu lassen, um die Schwestern zu entlasten. Trotz einiger Bedenken stimmte Susy zu. Die Mädchen würden ja unter Aufsicht arbeiten und hatten jetzt kaum theoretischen Unterricht.

Unter den ersten drei Schülerinnen, die stolz ihren Nachtdienst antraten, befand sich auch Marianna. Nach ein paar Tagen erschien Fräulein Nelson morgens bei Susy mit dem Nachtbericht. Luise hatte einen freien Tag.

»Frau Barry«, begann sie ein wenig unsicher, »ist Marianna Lawson eigentlich schon immer etwas schwierig gewesen?«

Susy ahnte nichts Gutes. »Ja — aber in letzter Zeit hat sie sich gebessert. Warum fragen Sie?«

»Ach, es ist nur ... Fräulein Wilmont kommt nicht besonders gut mit ihr aus. Ich dachte — vielleicht könnte ich — einiges ausbügeln — ohne Fräulein Wilmont zu belästigen, wenn ich mehr über Marianna Lawson wüßte.«

»Ach so! Was hat Marianna denn angestellt?«

»Ach, angestellt hat sie eigentlich nichts. Nur ...«

Susy erzählte ein wenig von Mariannas Geschichte. Die junge Inspektorin tat ihr leid. Es mußte gerade kein Vergnügen sein, mit der humorlosen Luise zusammenzuarbeiten. War es nicht ungerecht, Luises Dienste für das Krankenhaus höher einzuschätzen als die Arbeit von Fräulein Nelson, die so scheu, still und liebenswürdig war? Aber von Gefühlen durfte man sich bei der Beurteilung einer Leistung leider nicht leiten lassen.

Als Kit von der Unterhaltung erfuhr, sagte sie trocken: »Hüte festhalten! Es gibt Sturm.«

»Wie beruhigend!«

»Warte nur ab. Du wirst schon sehen.«

Sie brauchten nicht lange zu warten. In der folgenden

Woche begann Luise damit, Marianna dauernd scharf zu kritisieren. Eines Morgens war sie besonders aufgebracht. Marianna sei widerspenstig und eigensinnig, klagte sie. Sie täte ihre Arbeit, wann und wie es ihr paßte. Außerdem sei sie mürrisch und brummte, wenn man sie tadelte. Nein, die Nachtschwestern hatten sich nicht über sie beschwert. Dennoch ginge es nicht so weiter. Überhaupt waren diese jungen Mädchen alle durch die Bank leichtfertig und gedankenlos. Sie brauchten straffere Zügel. Und wenn die modernen Schulen auch nicht dafür waren, sie, Luise, wollte schon dafür sorgen, daß sie eine strenge Hand zu spüren bekämen.

»Einen Augenblick, Willi!« Susy gab sich innerlich einen Ruck, fest entschlossen, das Verhältnis zwischen Luise und den Schülerinnen ein für allemal zu klären. »Sie können doch nicht alle Menschen über einen Kamm scheren. Dies hier ist eine Schule und kein Kasernenhof. Unsere Aufgabe ist es, zu unterrichten, nicht zu drillen.«

»Wie — meinen Sie das?«

»Ich meine — verzeihen Sie meine Offenheit, Willi! Ich meine, daß Sie zu despotisch sind. Sie dürfen nicht vergessen, daß Sie es mit jungen empfindsamen Geschöpfen zu tun haben und nicht mit einer Kompanie rauher Männer.«

»Gewiß, gewiß, aber Selbstbeherrschung ...«

»Willi!« Susy holte tief Atem. »Sagen Sie mal — ist es Ihnen niemals eingefallen, daß es Ihnen selber an Selbstbeherrschung fehlt?«

Luise starrte sie ganz verdutzt an. »Mir fehlt es an Selbstbeherrschung? Wie können Sie so etwas sagen?«

»Ich kann es Ihnen sogar beweisen. Niemals in all den Jahren, seitdem ich Sie kenne, haben Sie mit Ihrem Urteil zurückgehalten, wenn Ihnen etwas nicht paßte. Niemals haben Sie Ihren Zorn gezügelt wenn Sie wütend waren, gleichgültig, wie das auf andere Menschen wirkte. Das nenne ich nicht Selbstbeherrschung. Dabei sind Sie ein erwachsener Mensch. Dennoch verlangen Sie von Marianna, die bisher frei und unabhängig gelebt hat, daß sie sich beherrscht. Das ist nicht fair, Willi.«

In Luises Gesicht wechselten Verwirrung und Zorn. Schweigend starrte sie vor sich hin. Susy lehnte sich, äußerlich gelassen, zurück und wartete ab. Als Luise den Blick hob, lächelte sie ihr zu.

Luises Lächeln war ein wenig unsicher. »Sie haben mir einen tüchtigen Stoß versetzt, Susy. Aber vielleicht haben Sie recht — wenigstens teilweise. Ich habe gar nicht gewußt . . .«

»Schon gut, Willi! Nehmen Sie es nicht so tragisch. Ich möchte nur, daß Sie nicht allzu streng mit den jungen Mädchen sind, wenn sie Nachtdienst haben. Mit Marianna Lawson werde ich mal ein Wörtchen reden.«

Mariannas Rechtfertigung fiel genauso aus, wie Susy erwartet hatte. »Fräulein Wilmont hat immerfort was an mir zu bemäkeln. Es ist einfach nicht auszuhalten. Brummen und mürrisch sein wollte ich gar nicht.«

»Das glaub ich dir. Aber du darfst nicht immer nur an dich und deine Gefühle denken. Fräulein Wilmont ist sehr tüchtig. Es spielt keine Rolle, ob sie dir gefällt oder nicht. Du mußt dich ihren Anordnungen fügen.«

»Aber . . .«

»Hast du schon darüber nachgedacht, was es bedeutet, nachts für ein Krankenhaus verantwortlich zu sein?«

»Nein.«

»Die Verantwortung ist sehr groß. Fräulein Wilmont ist gewiß oft müde und nervös. Wenn sie dann noch entdeckt, daß eine Schülerin nachlässig ist, gibt ihr das natürlich den Rest. Sie hat stets nur das Wohl des Krankenhauses im Auge. Du darfst ihre Sorgen nicht noch vermehren; das mußt du doch einsehen!«

Es entstand ein Schweigen. Marianna schluckte. Dann sagte sie mit Überwindung: »Ich will versuchen, mich zu bessern.«

Eine Woche lang herrschte Ruhe, und Susy glaubte schon, es sei alles in Ordnung. Aber eines Morgens stelzte Luise mit hochrotem Kopf ins Büro. »Ich hab getan, was ich konnte!« stieß sie hervor. »Aber es hat alles keinen Zweck. Marianna Lawson eignet sich nicht zur Krankenschwester.«

»Was hat sie denn nun wieder angestellt?«

»Sie wäscht niemals ordentlich ab, und die Nachtschwester hat keine Zeit, sich darum zu kümmern. In dieser Woche habe ich sie zweimal wegen der Unordnung in der Küche zur Rede gestellt. Heute sah es wieder wie im Schweinestall darin aus. Als ich ihr Vorwürfe deswegen machte, starrte sie mich unverschämt an und sagte: ›Wenn Sie nicht endlich aufhören, an mir rumzumäkeln, werd ich überhaupt nicht mehr abwaschen.‹«

»Das ist ja die Höhe!« rief Susy. »Nein, das geht zu weit! Heute nachmittag wird Marianna zu Ihnen kommen und sich entschuldigen.«

»Darauf lege ich gar keinen Wert«, entgegnete Luise. »Aber das Mädchen eignet sich nicht zur Krankenschwester.«

Susys Herz war schwer, und sie sah recht grimmig aus, als Marianna ins Büro trat. Es wurde eine stürmische Sitzung.

»Ich habe alles versucht!« verteidigte sich Marianna erregt. »Aber Fräulein Wilmont benimmt sich wie ein — Feldwebel auf dem Kasernenhof.«

»Ich will nichts mehr hören!« entgegnete Susy scharf. »Es war verkehrt, dich Nachtdienst machen zu lassen. Das ist keine Arbeit für Kinder, die sich nicht zu benehmen verstehen. Unverschämtheiten dulde ich nicht, hörst du?«

Marianna war sprachlos. Sie hatte Susy schon oft aufbrausen sehen, aber kalten Zorn hatte sie noch nicht an ihr erlebt.

»Du wirst keinen Nachtdienst mehr machen. Deinen

Platz wird Joan Dittmar einnehmen. Und wenn ich noch einmal eine ähnliche Klage über dich höre, wird das ernste Folgen für dich haben.«

Marianna starrte Susy erschrocken an, sagte jedoch nichts.

»Setz dich. Ich muß dir noch etwas sagen.«

Nachdem Marianna sich zögernd hingesetzt hatte, beugte sich Susy vor und sah sie ernst an. »Du mußt es lernen, dich zu beherrschen, Marianna! Darum kommst du nicht herum, das sage ich dir! Irgendwie wirst du dir ja deinen Lebensunterhalt verdienen müssen, und immer wirst du jemand über dir haben, was du auch tust. Wenn du es nicht beizeiten lernst, dich anderen Menschen anzupassen, wirst du es dein Leben lang sehr schwer haben. Du bist nicht dümmer und ungeschickter als die beiden anderen Schülerinnen, die Nachtdienst gemacht haben, aber du allein bist mit Fräulein Wilmont aneinandergeraten.«

»Aber ...«

»Natürlich mußt du dich bei ihr entschuldigen.«

Marianna stand langsam auf. Alle Farbe war aus ihrem Gesicht gewichen. »Ich soll mich — bei Fräulein Wilmont entschuldigen?«

»Selbstverständlich! Du hast ihr eine unverschämte Antwort gegeben. Das darf eine Krankenschwester nicht tun — und auch kein anderer Mensch — unter keinen Umständen!«

»Du bestehst darauf, daß ich mich entschuldige?«

»Gewiß.«

»Wann?«

»Heute nachmittag. Geh jetzt auf dein Zimmer.«

Marianna ging langsam zur Tür. An der Schwelle blieb sie stehen und sah noch einmal zurück. Ihre Augen hatten den Ausdruck eines jungen Hundes, den man grundlos geschlagen hatte.

Susy erschrak, als sie diesen Ausdruck bemerkte. Marianna hatte sie überhaupt nicht verstanden. Sie spürte weder Schuld noch Reue, sondern fühlte sich nur ungerecht behandelt.

»Wie schrecklich!« dachte Susy. »Willy hat recht, sie gehört nicht hierher; sie ist zu unentwickelt. Kit und ich hätten sie nicht überreden sollen, Krankenschwester zu werden. Aber was soll nun geschehen?«

Im Augenblick war wohl nichts zu machen. Man mußte abwarten. Arme Marianna! Niemand konnte ihr helfen. Sie würde den harten bitteren Weg der Erfahrung gehen müssen. Die Frage war nur, ob sie weiter in der Schule bleiben sollte. Bisher hatte sie sich recht gut bewährt. Man durfte nichts übers Knie brechen.

Susys Gedanken wurden durch das Klingeln des Telefons unterbrochen. Dann brachte ihre Sekretärin die Post. Eine Oberschwester kam ins Zimmer und bat darum, ihren Urlaub verschieben zu dürfen. Von der Privatstation wurde angefragt, ob Susy wohl einmal hinkommen könne, um eine Patientin zu beruhigen, der nichts recht zu machen war.

Der Vormittag verging wie im Flug. Auch am Nachmittag kam Susy kaum zur Besinnung. Sie hatte eigentlich vorgehabt, ihre Rosen zu gießen und sich dabei von all der Aufregung um Luise und Marianna zu erholen, aber daraus wurde nichts. Zuerst erschien eine Stationsschwester, die Urlaub haben wollte, um einen Kurs mitzumachen. Dann kam ein Beamter und verlangte eine Menge statistischer Angaben. Die Bibliothekarin meldete, daß eine Krankengeschichte verschwunden sei. Eine Schülerin bat um Urlaub zur Hochzeit ihrer Freundin. Als Susy zum letztenmal auf die Uhr gesehen hatte, war es kurz nach zwei gewesen. Nun war es schon Viertel vor sechs. Sie wollte rasch noch zum Edgett-Heim hinüberlaufen und sich von Luise erzählen lassen, wie Mariannas Entschuldigung ausgefallen war.

Luise lag im Garten in einer Hängematte und las. Susy

ließ sich in einen Liegestuhl neben ihr fallen. »Nun, hat sich unser kleiner Sündenbock anständig bei Ihnen entschuldigt?«

»Sie ist überhaupt nicht gekommen.«

»Was?« Susys Augen schweiften verwirrt über den sonnigen Rasenplatz. Als ihr Blick die offene Tür vom Edgett-Heim traf, sprang sie auf, lief ins Haus und klopfte kurz darauf an Mariannas Zimmer.

Da alles still blieb, öffnete sie die Tür. Das Zimmer war leer, das Bett unberührt. Auf dem Tisch lag ein Brief mit Susys Namen. Sie machte ihn mit kalten Händen auf und las:

»Liebe Susy! Ich konnte mich unmöglich bei Fräulein Wilmont entschuldigen. Deshalb bin ich fortgegangen. Es hat keinen Sinn, daß ich Krankenschwester werde. Mach Dir keine Sorgen um mich. Ich schlage mich schon durch. Ich danke Dir und Kit für alles, was Ihr für mich getan habt. Es tut mir leid, daß ich Euch enttäuschen muß, aber es ist besser so. Alle meine Kleider, außer dem, das ich anhabe, lasse ich hier. Sie gehören ja eigentlich Dir. Leb wohl und viel Glück! Marianna.«

Der gute Onkel

Marianna war wie vom Erdboden verschwunden. Ein Küchenmädchen hatte sie vormittag ohne Hut und Mantel langsam zum Tor gehen sehen. Bill befragte die Omnibusschaffner und das Bahnhofspersonal von Springdale, aber keiner von ihnen hatte Marianna gesehen. Kein Mensch wußte, wohin sie gegangen war. Hinter dem Tor schien sie sich plötzlich in Luft aufgelöst zu haben.

Susy hätte viel lieber sich selber als Marianna die Schuld an dem Unglück zugeschoben. Aber wie hätte sie anders handeln sollen? Sie hoffte nur, daß ihre Bemühungen, Mariannas gute Seiten zu entwickeln, nicht ganz umsonst gewesen waren und das Mädchen davor bewahren würden, unter die Räder zu geraten.

Auch Kit machte ihr Mut. »Nachdem sie drei Jahre lang ordentlich und anständig gelebt hat, wird sie nicht plötzlich zu ihrem früheren Vagabundenleben zurückkehren.«

»Wer weiß?« meinte Susy zweifelnd. »Ich glaube, sie hat niemals viel von einem geordneten Leben gehalten, sondern findet es viel reizvoller, sich treiben zu lassen, gleichgültig, wohin. Ach, es hat ja keinen Sinn, daß wir uns weiter über sie den Kopf zerbrechen!«

»Nanu, das klingt ja geradezu bitter!«

Susys Bitterkeit richtete sich jedoch nicht gegen Marianna, sondern gegen Bill. Der Streit wegen Marianna, der schon fast vergessen gewesen war, wurde plötzlich wieder zu einer Schranke zwischen den Eheleuten. In ihrer Eigenschaft als Leiterin der Schwesternschule und als Leiter des Krankenhauses mußten sie den Vorfall natürlich miteinander besprechen. Aber ihre persönlichen Empfindungen behielt Susy für sich: den Schmerz um Mariannas Verlust, das Gefühl, versagt zu haben; die Befürchtung, daß das törichte Mädchen in schlechte Gesellschaft geraten könnte. Bill hatte gesagt, daß er nichts mehr von Marianna hören wolle. Er hatte es abgelehnt, Susys Sorgen zu teilen. Falls er sie nicht ausdrücklich dazu aufforderte, würde sie nun auch nicht mehr mit ihren Sorgen zu ihm kommen. Und er hatte sie nicht mit dem kleinsten Wort dazu aufgefordert.

»Aber gerade jetzt brauche ich dich doch so nötig, Bill!« dachte Susy verzweifelt, während sie die zweite schlaflose Nacht verbrachte. Immerfort sah sie Marianna vor sich — krank und hungrig — wegen Diebstahls verhaftet — überfahren. Sie richtete sich im Bett auf und starrte trostlos ins Dunkel. In diesem Augenblick entstand ein Groll gegen Bill in ihr, der mit der Zeit immer mehr anwuchs.

Am dritten Tag nach Mariannas Verschwinden klingelte es abends bei den Barrys. Da Nina schon fort war, ging Susy öffnen.

Vor der Tür stand Ira Prouty. »Guten Abend, Fräulein Barden«, sagte er etwas verlegen. »Ich wollte Ihnen nur sagen, daß endlich Nachricht von Marianna gekommen ist.«

»O Ira! Wo steckt sie denn?« Susy hörte Bills Schritte hinter sich, drehte sich jedoch nicht um.

»Sie ist in Boston — bei Freddie Bowker. Er hat nach Hause geschrieben.« Ira sprach mühsam und sah sehr elend aus. »Sie hat ihn wohl angerufen, bevor sie fortging — um zu hören, ob er ihr Arbeit verschaffen kann. Er meint, er kann es. Ich glaube — die beiden wollen heiraten.« Ira drehte seinen Hut zwischen den Händen. »Ich wollte Ihnen nur Bescheid sagen, damit Sie sich keine unnötigen Sorgen machen.«

»Vielen Dank, Ira.«

Er zog einen Zettel aus seiner Hosentasche und reichte ihn Susy. »Hier ist ihre Adresse.«

»Kommen Sie doch ein bißchen herein, Ira«, sagte Bill über Susys Schulter hinweg. »Wie wär's mit einer Tasse Kaffee? Mir scheint, Sie haben eine Erfrischung nötig.«

»Nein, vielen Dank. Ich muß gehen.«

Als er fort war, sagte Bill: »Was ist denn mit Ira los? Er sieht richtig krank aus.«

Susy antwortete nichts. Sie dachte: »Warum sagt er kein Wort von Marianna? Er muß doch wissen, wie ich mich um sie gesorgt habe und was für eine Erleichterung Iras Mitteilung für mich bedeutete. Hätte er nicht wenigstens sagen können, daß er sich freut?«

Es kam Susy nicht in den Sinn, daß Bill das erste Wort von ihr erwartete; daß ihn seit Mariannas Verschwinden heftige Gewissensbisse quälten, weil er an dem verhängnisvollen Abend so ausfallend geworden war; daß er als ein Zeichen ihrer Vergebung erhoffte, wieder von ihr ins Vertrauen gezogen zu werden.

Keiner von beiden ahnte auch nur im entferntesten, was der andere dachte, und so entstand ein gespanntes Schweigen. Sie standen dicht nebeneinander. Um ein Haar hätte Susy ihrem Wunsch nachgegeben, ihren Kopf an seine Schulter zu legen, und er hätte sie am liebsten in die Arme gerissen. Aber keiner rührte sich vom Fleck; keiner sprach ein Wort. Sie verpaßten den richtigen Augenblick zu einer Versöhnung. Als er vorüber war, verhärteten sich ihre Mienen, ihre Augen wurden kalt. Susy wandte sich zur Treppe. »Ich schreibe ihr sofort«, sagte sie kurz.

Bill blickte ihr wortlos nach.

Nach drei Wochen kam eine Antwort von Marianna: Es täte ihr leid, soviel Aufregung verursacht zu haben; niemals würde sie vergessen, was Kit und Susy für sie getan hätten, aber zurückkehren könnte sie nicht. Sie wolle lieber auf eigenen Füßen stehen. Freddie hätte ihr Arbeit als Serviererin in einem hübschen Restaurant verschafft. Er wolle sie heiraten, aber sie hätte sich noch nicht entschlossen. Hoffentlich wäre Susy nicht zu böse auf sie. Sie würde schreiben, sobald es etwas Neues zu berichten gäbe.

Susy legte den Brief auf Bills Schreibtisch. Sie brauchten nicht mehr über die Sache zu sprechen. Marianna war nun selbständig, und es schien ihr nicht schlecht zu gehen.

Es war sinnlos, sie zurückzuholen; sie würde doch nur wieder davonlaufen. Bill bekam seinen Willen. Er brauchte nie mehr ein Wort über Marianna zu hören.

Ein paar Tage darauf kam Kit ziemlich erregt in Susys Büro. »Hör mal, Susy, mit Frances Marks geht es einfach nicht so weiter! Es ist schlimmer als vor ihrem Urlaub. Sie vernachlässigt ihre Patienten; beim Unterricht ist sie unaufmerksam; ihre Kleidung ist unordentlich. Und alle Ermahnungen nützen nichts. Ebensogut könnte man zu einem Stein reden.«

Susy legte seufzend ihren Federhalter aus der Hand. »Was wollen wir denn mit ihr machen?«

»Mary meint, wir sollen sie nach Hause schicken. Aber was ist denn mit dir los? Du bist ja ganz blaß.«

»Ach, mir fehlt nichts. Ich werde Frances heute zu mir zum Tee bitten und ernsthaft mit ihr reden.«

»Ja, tu das. Vielleicht kannst du auf sie einwirken. Auf Seelenkunde verstehst du dich.«

»Nur gut, daß ich wenigstens zu etwas tauge«, sagte Susy müde.

Kit sah sie scharf an. »Was ist denn, mein Herz?«

»Ach, dies und das — zum Beispiel eine Schwesternschule leiten. Wenn es dabei nur um menschliche Dinge ginge — wie bei Frances Marks —, wäre es nicht so übel. Aber man muß so vielerlei Dinge bedenken. Und ich bin ausgesprochen eingleisig.«

»Das ist doch kein Grund, den Kopf hängen zu lassen! Weißt du, was? Geh heim und stell dich unter die kalte Dusche. Das Büro wird auch mal eine halbe Stunde ohne dich fertig werden.«

»Warum soll ich mich duschen? Nach einer Stunde ist mir ebenso heiß wie vorher.«

»Himmel, Susy! So kenn ich dich ja gar nicht.«

»Dann lernst du mal was Neues kennen.«

»Wie wundervoll! Also keine Dusche! Ich hab es auch nur so vorgeschlagen, weil ich mich selbst danach sehne.

Du dagegen brauchst einerseits Veronal und andererseits Pervitin.« Damit ging Kit aus dem Zimmer.

Susy lachte. Gute Kit! Sie verstanden sich immer. Wenn Bill nur halb so — nein, nicht daran denken! Denk an Frances Marks!

Bald darauf saß ihr Frances Marks dünn und nervös auf der Terrasse ihres Häuschens gegenüber. Ihre Tracht war sauber und fleckenlos. Susy goß eisgekühlten Tee ein. Sobald Frances eine der hauchdünnen Butterschnittchen genommen und auf ihren Teller gelegt hatte, begann sie zu sprechen.

»Sie sind nun schon eine ganze Weile zurück, Frances. Ich möchte gern von Ihnen hören, wie Sie sich eingelebt haben.« Sie machte eine Pause, aber Frances sah sie nur ausdruckslos an.

»Interessieren Sie sich besonders für einen bestimmten Zweig der Krankenpflege? Wie gefällt Ihnen zum Beispiel die Arbeit einer Fürsorgeschwester?«

»Ich habe noch nicht darüber nachgedacht«, antwortete Frances vorsichtig. »Hausbesuche habe ich noch nicht gemacht, kann also darüber auch nichts sagen.«

»Fühlen Sie sich hier wohl?«

»Ja — sehr.«

»Wo machen Sie denn jetzt Dienst?«

»Auf der medizinischen Station für Männer.«

Susy wechselte das Thema. Sie sprachen über Familienfürsorge, die gerade im Unterricht behandelt wurde, über einen geplanten Ausflug der Schülerinnen zum Echosee und über Schülerparlamente. Dann fragte Susy so nebenbei: »Liegt der Patient mit Arthritis eigentlich noch auf Ihrer Station, oder ist er jetzt in der Orthopädischen Klinik?«

»Er ist auf meiner Station.«

»Was halten Sie von seinem Zustand?«

Frances stellte das Teeglas so heftig auf den Tisch, daß die Eisstückchen klirrten. Ihr Gesicht hatte alle Farbe verloren. »Es ist — entsetzlich! — Er — kann sich überhaupt nicht rühren — und ist am ganzen Körper feucht. Und seine Hände sind — grauenhaft! Er ist — wie ein Klotz — wie ein feuchter unbeweglicher Klotz.«

»Ja, ich weiß«, sagte Susy mitleidig. »Wie wird er denn behandelt?«

»Ich weiß es nicht. Er ist ja nicht mein Patient. Ich — sehe ihn nur — wenn . . .«

»Wenn es sich nicht vermeiden läßt«, vollendete Susy den Satz. »Das wollten Sie doch sagen, nicht wahr?«

Frances nickte nur. In ihrem Gesicht zuckte es. Susy ließ ihr Zeit, sich zu fassen. Sie rückte einen Teller, schob die Zuckerdose ein Stück weiter und hob einen Löffel auf. Frances folgte ihren Bewegungen automatisch mit den Augen. Als Susy bemerkte, daß sich ihr Gesicht etwas entspannt hatte, sagte sie: »Sie hassen die Arbeit einer Krankenschwester, Fräulein Marks.«

»Ja, ich hasse sie!« rief Frances, ohne zu überlegen. Dann starrte sie Susy entsetzt an und brach in Tränen aus. »Nun wissen Sie es!« schluchzte sie. »Ja, ich hasse Krankenpflege. Ach, ich wünschte, ich wäre tot!«

Susy stand auf, legte den Arm um die mageren Schultern des Mädchens und zog es an sich. »Nun weinen Sie sich mal gründlich aus. Das wird Ihnen guttun.«

Susys Bluse war naß und verknüllt, als das krampfhafte Weinen endlich nachließ. Frances hob den Kopf, wischte sich mit Susys Taschentuch die Tränen ab, schnaubte sich die Nase und lächelte schwach. »Ihre schöne Bluse! Entschuldigen Sie bitte, Frau Barry!«

»Ach, das macht doch nichts!« Susy ging zu ihrem Stuhl zurück. »Jetzt trinken Sie mal in Ruhe Ihren Tee, und dann erzählen Sie mir, warum Sie in einer Schwesternschule sind, obwohl Sie Krankenpflege hassen.«

Nach kurzem Zögern begann Frances zu erzählen. Ihre Geschichte war recht traurig, aber das schien ihr gar nicht bewußt zu sein. Susy erriet mehr, als sie zu hören bekam.

Ihr empfindsamer Mund wurde zu einer dünnen Linie, und ihre Nasenflügel bebten.

Verwandte von Frances hatten sie nach dem Tod ihrer Eltern — sie war damals sechs Jahre alt gewesen — zu sich genommen. Der gute Onkel und die gute Tante! Sie hätten die Nichte ja auch in ein Waisenhaus stecken können, besonders da sie sich nichts aus Kindern machten. Aber sie waren immer freundlich zu Frances gewesen, hatten ihr eine Bodenkammer neben den Zimmern der Dienstboten gegeben und sie von dem Zimmermädchen betreuen lassen. Nun war sie erwachsen und mußte ihnen ihre Güte vergelten. Sie hatten ihr vorgeschlagen, eine Schwesternschule zu besuchen, damit sie sich später ihr Brot allein verdienen konnte.

»Die Ausbildung einer Krankenschwester kostet ja nicht viel«, erklärte Frances. »Außer den Trachten braucht man nur wenig Kleidung. Unterkunft, Verpflegung und Wäsche ist frei. Außerdem gibt es nur vier Wochen Ferien im Jahr.«

Susy nickte ermunternd.

»Es war gewiß recht unbequem für meine Verwandten, mich bei sich zu haben, obwohl ich sie so wenig wie möglich gestört habe. Sie sind immer so beschäftigt.«

»Womit beschäftigt sich Ihre Tante denn?«

»Ach, sie hat doch das große Haus und muß den Dienstboten sagen, was sie tun sollen. Und dann arbeitet sie für ihren Klub. Außerdem ist sie kränklich und leidet oft an Kopfschmerzen.«

»Aha! Und Ihr Onkel? Ist er viel zu Haus?«

»Nein, tagsüber gar nicht. Er besitzt das größte Stoffgeschäft in der Stadt und hat natürlich sehr viel zu tun. Wenn er dann abends heimkommt, will er seine Ruhe haben.«

»Haben Sie noch andere Verwandte?«

»Ja, noch zwei Kusinen, aber die sind sehr arm. Onkel John ist der einzige von der Familie, der Geld hat.«

Susy verbarg ihre Gedanken und fragte: »Warum wollten Sie damals eigentlich so gern nach Hause fahren?«

»Ach — alles andere erschien mir besser, als immer kranke Menschen um mich zu haben. Mir wird übel, wenn ich Kranke sehe. Es tut mir so leid, aber ich kann wirklich nichts dafür. Tantchen und Onkel John wußten ja, daß ich hierher zurückkehren würde. Wäre ich entlassen worden, dann hätten sie mich in eine andere Schule geschickt, und alles wäre wieder von vorn losgegangen.«

»Haben Sie Ihren Verwandten gesagt, daß Sie kranke Menschen nicht ertragen können?«

»Ja. Tantchen meinte, ich würde mich schon daran gewöhnen. Aber ich hab mich nicht daran gewöhnt. Im Gegenteil, es ist nur immer schlimmer geworden.«

»Was möchten Sie denn gern tun, Frances?«

Das schmale Gesicht des Mädchens erhellte sich. »Ich würde sehr gern Kindergärtnerin werden. Ich liebe Kinder über alles. In Boston gibt es eine sehr gute Schule für Kindergärtnerinnen — die Barstow-Schule. Aber die Ausbildung dauert drei Jahre. Außerdem muß man für Pension, Unterricht und Kleidung bezahlen. Ich kann Onkel unmöglich darum bitten. Er hat doch schon so viel für mich getan. Was werden Sie nun mit mir machen, Frau Barry? Schicken Sie mich bitte nicht fort! Haben Sie nicht irgendeine andere Arbeit für mich?«

Susy blickte nachdenklich über den sonnigen Rasen mit den dunklen Schattenflecken. Schließlich sagte sie: »Möchten Sie vielleicht Frau Cooney beim Ausbessern und Zeichnen der Wäsche helfen?«

»Ach, wie gern will ich das tun! Und ich brauche nicht mehr in die Krankensäle zu gehen?«

»Natürlich nicht. Ich werde Frau Cooney sogleich Bescheid sagen. Sie können schon morgen mit Ihrer Arbeit anfangen. Nachmittags haben Sie dann frei. Und am Unterricht brauchen Sie auch nicht mehr teilzunehmen.«

»Ich werde also Assistentin von Frau Cooney sein?«

»Ja — bis ich etwas Besseres für Sie gefunden habe. Natürlich sollen Sie ein kleines Gehalt bekommen.«

Entrüstet erzählte Susy ihren Inspektorinnen, was sie von Frances erfahren hatte. »Ich werde den guten Onkel John mal ein bißchen auf Trab bringen. Er und Tantchen sind ein paar alte Geizhälse.«

Noch am selben Tag diktierte sie einen Brief an Onkel John. »Ihre Nichte eignet sich nicht zur Krankenschwester und sollte lieber Kindergärtnerin werden«, schrieb sie. »Es wäre ein großer Fehler, sie weiter in unserer Schule zu lassen. Wir empfehlen Ihnen, sie in der Barstow-Schule für Kindergärtnerinnen anzumelden, die sie gern besuchen möchte.«

Onkel John antwortete umgehend. Er betonte in langen schwülstigen Sätzen, daß er leider nicht in der Lage sei, seiner Nichte eine kostspielige Ausbildung als Kindergärtnerin zu ermöglichen. Er habe sie seit ihrem sechsten Lebensjahr bei sich aufgenommen und könne nicht noch mehr für sie tun. Sie solle daher im Springdaler Krankenhaus bleiben.

Susy hatte nichts anderes erwartet. Sie bedankte sich für seine schnelle Antwort. Wie sehr müsse es ihn bedrücken, Frances nicht helfen zu können! Um so mehr würde er sich gewiß freuen, von ihr zu hören, daß es seiner Hilfe nicht mehr bedürfe.

»Bischof Allingham, ein alter Freund meines Vaters, verwaltet seit vielen Jahren einen Fonds zur beruflichen Förderung mittelloser junger Menschen. Wenn ich ihm Frances empfehle, wird sie bestimmt die zu ihrer Ausbildung notwendigen Mittel aus diesem Fonds erhalten.«

So! Der Name von Bischof Allingham würde Onkel John einen tüchtigen Stoß versetzen. Ihm würde heiß und kalt werden bei dem Gedanken, daß der Bischof Näheres über die Kindheit seiner Nichte erfahren könnte. Aber noch war Susy nicht fertig mit Onkel John.

»Allerdings wird die Prüfung des Antrages einige Zeit dauern«, fuhr sie in ihrem Brief fort. »Er muß nämlich einem Komitee vorgelegt werden, das aus hervorragenden Bürgern Ihrer Stadt besteht. Ich zweifle jedoch nicht daran, daß man ihn befürworten wird. Sie brauchen sich also nicht länger um Ihre Nichte zu sorgen. Sie wird für den Beruf ausgebildet werden, zu dem sie sich eignet. Einstweilen kann sie hier im Krankenhaus bleiben. Hochachtungsvoll Ihre . . .«

Schwungvoll setzte Susy ihren Namen unter den Brief. Sie hatte gar nicht die Absicht, an Bischof Allingham zu schreiben, und das Komitee, das angeblich über die Verwendung des Fonds zu bestimmen hatte, war von ihr erfunden. Aber den Fonds gab es wirklich, wie sie von ihrem Vater wußte; und das war schließlich die Hauptsache.

»Es ist Erpressung«, murmelte sie schmunzelnd vor sich hin. »Aber der alte Geizkragen hat nichts anderes verdient. Ich wette, er schickt ein Telegramm.«

Wirklich kam umgehend ein Telegramm von Onkel John, in dem er Susy bat, vorläufig nicht an Bischof Allingham zu schreiben. »Brief folgt.«

Der Brief kam mit solcher Schnelligkeit, daß Susy ihn keuchen zu hören glaubte, als die Sekretärin ihn mit der übrigen Post hereinbrachte. Sie las ihn mit aufrichtigem Vergnügen.

Eine Viertelstunde später stand Frances im Büro und erfuhr, daß Onkel John sie im September in die Barstow-Schule schicken wolle. Sie starrte Susy mit großen ungläubigen Augen an und schien es kaum fassen zu können.

»In Zukunft sollen Sie das Krankenhaus als Ihr Zuhause ansehen«, sagte Susy. »Sie können Ihre Ferien hier verbringen, wenn Sie wollen. Und im Sommer wird sich immer eine Arbeit für Sie finden, so daß Sie nicht ganz von Ihrem Onkel abhängig sind.«

Tränen der Freude rannen Frances über die blassen Wangen. »Oh, Frau Barry!« flüsterte sie und wiederholte dann jubelnd: »Oh, Frau Barry!«

Verwirrungen

In diesem Jahr machte Susy keine Ferien. Sie fuhr nur einmal für drei Tage nach Hause und einmal übers Wochenende nach Boston, um eine frühere Schulkameradin zu besuchen, die ein Baby bekommen hatte.

Im September traf die zweite Klasse der Schwesternschule ein. Die älteren Schülerinnen trugen ihre Hauben und die blau-weiß gestreifte Tracht nun noch stolzer und bewußter als zuvor und gaben den Neulingen deutlich zu verstehen, daß sie ihnen an Erfahrungen weit voraus waren. Die neue Klasse war sportlicher, jedoch weniger fleißig als die erste und hatte nicht so viele ausgeprägte Persönlichkeiten aufzuweisen. »Sie sind alle wie aus einer Masse«, sagte Mary, »aber es ist eine gute Masse.«

Bald hatten auch die Neuen sich eingelebt. Die Tage vergingen wie im Fluge. Eines Morgens waren die Berggipfel weiß, und in den Krankensälen roch es nach der Zentralheizung.

Bill hielt jetzt einen Kurs über Chirurgie ab. Er sprach manchmal zu Hause über die Schülerinnen und erzählte von Zwischenfällen im Unterricht. Susy hörte ihm stets aufmerksam zu. Aber die Eheleute waren zu höflich zueinander. Sie unterhielten sich nicht mehr heiter und ungezwungen wie früher. Es gab keine lustigen Plänkeleien mehr zwischen ihnen und auch keinen Streit, der rasch aufflammte und ebenso rasch wieder erlosch. Mariannas Name wurde niemals genannt.

Im Oktober schrieb Marianna einen Brief an Susy. Danach ließ sie lange Zeit nichts von sich hören. Doch zu Weihnachten schickte sie jeder der beiden Freundinnen ein Taschentuch, und Ira bekam ein gestreiftes Halstuch. Obwohl er es etwas zu auffallend fand, trug er es doch mit frohem Stolz. »Marianna vergißt ihre alten Freunde nicht«, sagte er zu Susy.

Anfang Januar kam wieder ein Brief von ihr. Sie bedankte sich für die Weihnachtsgeschenke von Susy und Kit. Sie arbeitete immer noch in dem Restaurant und traf sich hin und wieder mit Freddie. Vom Heiraten schrieb sie nichts mehr. Aus dem Brief klang Unruhe und Wanderlust. »Ich hasse den Winter«, schrieb sie. »Schnee, Eis und Kälte hängen mir zum Halse heraus. Im Süden haben die Leute es doch viel besser.«

»Sie wird bald wieder auf Wanderschaft gehen«, unkte Kit.

Doch vorläufig blieb alles still um Marianna. Erst als der erste Frühlingshauch das Land streifte, hörten die Freundinnen wieder etwas von ihr. Eines Tages kam Freddie Bowker zum Wochenende nach Hause und suchte Bill, den er sehr verehrte, im Krankenhaus auf. Danach ging er zu Susy ins Büro und erzählte ihr, daß Marianna fortgegangen sei.

»Fortgegangen? Wohin denn?«

»Ich weiß nicht, Fräulein Barden. Sie ist einfach auf und davon gelaufen, weil sie ihr eigener Herr sein wollte, wie sie sagte.«

»Was — schon wieder?«

Freddie lachte etwas verlegen. »Sie hat sich über den Besitzer der Würstchenbude geärgert.«

»Würstchenbude?«

»Wußten Sie denn nicht, daß sie dort arbeitete?«

»Sie schrieb, sie arbeite in einem Restaurant.«

»Restaurant!« rief Freddie spöttisch. »Nein, ein Restaurant kann man es weiß Gott nicht nennen, aber es ist ein anständiger Betrieb, und eine gute Stellung war es auch.« Er schwieg ein Weilchen und fügte dann zögernd hinzu: »Ich — wollte Marianna gern heiraten, aber sie wollte nicht.«

»Oh, das tut mir leid!« entgegnete Susy, obwohl sie es eigentlich nicht bedauerte.

»Mir auch«, sagte Freddie kläglich. »Sie ist ein feiner Kerl, bloß ein bißchen verrückt.«

»Ja, das kann man wohl sagen. Nun, machen Sie sich keine Sorgen um sie. Sie wird sich schon irgendwie durchschlagen.«

Aber im Herzen sorgte sich Susy selber um Marianna. Und diese neuerliche Sorge machte ihr wieder so recht bewußt, wie sehr sie und Bill sich entfremdet hatten. Als sie an diesem Abend nach Hause kam, empfand sie das besonders schmerzlich.

Es war ein schöner klarer Frühlingsabend. Die Luft duftete süß und betäubend. Wie immer wartete Maxl an der Gartenpforte auf Susy. Sie hob ihn hoch und lauschte auf das innige Flöten einer Amsel. Wie müde sie war! Und drinnen erwartete sie wieder diese Atmosphäre angestrengter Höflichkeit. Seufzend setzte sie Maxl auf die Erde. Während sie die Stufen zum Haus hinaufstieg, hatte sie so oft das Gefühl, als wimmelten unzählige Maxls um sie herum. Sie streckte die Hand aus, um die Tür zu öffnen, hielt jedoch, von einer Erinnerung übermannt, inne.

Genauso war es an dem Abend gewesen, als sie ihre ersten Schülerinnen begrüßt hatte. Nur hatte sie sich damals auf ihr friedliches Heim gefreut. Heute jedoch drückte sie die Türklinke nur zögernd hinunter.

Susy starrte reglos ins Leere. Maxl blieb stehen und sah mit besorgten braunen Augen zu ihr auf. Sie nahm ihn auf den Arm und drückte ihr Gesicht einen Augenblick an sein weiches, warmes Fell, bevor sie nachdenklich ins Haus ging.

Bill saß wie gewöhnlich in seinem Sessel am Kamin und las. Nachdem die Eheleute ein paar höfliche Bemerkungen ausgetauscht hatten, nahm Susy ein Buch zur Hand und starrte hinein, ohne ein Wort zu lesen. Schließlich legte sie es wieder fort und blickte zu Bill hinüber. Er sah schmäler aus als früher — und älter.

»Bill!« sagte sie unwillkürlich.

Er sah fragend auf.

»Bill — was ist denn nur los? Früher haben wir uns doch immer so nett miteinander unterhalten. Jetzt können wir das gar nicht mehr.«

Bill machte sein Buch zu, ließ jedoch einen Finger zwischen den Seiten. »Du hast recht«, sagte er, nachdenklich ins Feuer blickend. Und dann nach einer kleinen Pause: »Ich weiß nicht, Susy, du bist immer so — zurückhaltend — so fern. Ich versuche oft, dich zu finden, aber du bist — niemals da.«

»Aber ich bin doch immer da! Ich tue ja alles, was ich kann. Ich versuche, mich in deine Stimmungen zu versetzen. Ich bin liebenswürdig, selbst wenn mir nicht danach zumute ist. Ich gehe auf deine Gedanken ein. Du bist zurückhaltend — nicht ich!«

Bill richtete sich ein wenig auf. »Das stimmt nicht! Ich hab dir immer zu helfen versucht, wenn du Kummer hattest. Ich gebe mir immer Mühe, dich zu verstehen. Aber du bist stets kalt wie Eis.«

Sie brausten nicht auf, sondern blieben höflich und beherrscht. Es war nicht die Rede davon, ob sie sich noch liebten. Trotz allem kam es ihnen gar nicht in den Sinn, daß sie einander nicht mehr lieben könnten. Aber die Aussprache klärte nichts. Im Gegenteil, sie redeten sich nur noch tiefer in ein gegenseitiges Mißverstehen hinein. Das lag daran, daß sie im allgemeinen blieben, anstatt die Ursachen des Übels anzupacken, die ihren Groll gegeneinander hatten entstehen lassen, wie Bills Angelausflüge und Marianna. Hätten sie offen darüber gesprochen, hätten sie einander erklärt, was sie gedacht und gefühlt hatten, dann wäre es sicherlich zu einer Verständigung gekommen.

Aber sie fühlten sich zu unsicher. Beide befürchteten, daß der andere sich noch mehr zurückziehen könnte, wenn ein ihm peinliches Thema angeschnitten würde — und diesmal vielleicht für immer. So hinterließ die Unterredung nur Schmerz und Enttäuschung bei Susy und Bill.

Sie hatten erkannt, daß sie sich durch eine Aussprache nicht näherkamen. Niedergeschlagen trennten sie sich. Sie wußten, daß sich eine Kluft zwischen ihnen aufgetan hatte, wollten es sich aber nicht eingestehen und taten, als wäre zwischen ihnen alles in Ordnung. Susy gab die Hoffnung nicht auf, daß diese Kluft sich von selber schließen werde, wenn man sie nicht beachtete. Aber es fiel ihr schwer, sie zu übersehen, wenn sie mit Bill zusammen war. Deshalb verbrachte sie ihre freie Zeit mehr und mehr mit Kit. Bill flüchtete mit seinem Angelgerät in Sümpfe und Wälder. Manchmal begleitete ihn Ira Prouty; oft ging er allein.

Auch die neue Klasse bekam nun Hauben und gestreifte Trachten, und die Schülerinnen begleiteten die Gemeindeschwester auf ihren Runden. Die Schule hatte jetzt ein Schülerparlament mit Joan Dittmar als Präsidentin. Und schon begann sich die dritte Klasse zu formen, die im September eintreffen sollte. Es war kaum zu glauben, wie die Zeit dahinflog.

Von Marianna waren zwei Postkarten gekommen — eine aus Florida und eine aus Kansas. »Marianna genießt ihr Leben wenigstens«, dachte Susy mit einem bitteren Lächeln.

Der Juli brachte große Hitze und viele Gewitter mit sich. Auf den Wiesen duftete das Heu. Susy und Bill nahmen Urlaub und verbrachten drei anstrengende Wochen voller Verstellung bei Susys Eltern. Abgespannt und elend kehrten sie zurück.

Auch im August herrschte drückende Hitze. Zwar waren die Nächte in den Bergen schon kühl, aber am Tage kochte das Tal in der glühenden Sonne, und es regnete fast gar nicht.

Als Bill eines Nachmittags heimkam, fand er Susy damit beschäftigt, seine Kleider auf dem Bett auszubreiten.

»Was machst du denn da?« fragte er.

»Ich suche die Sachen heraus, die gereinigt werden müssen. Das wollte ich schon lange machen. Oh, hier ist ein Knopf abgerissen!«

Susy hing eine Locke in die Stirn. Ihr Gesicht war ernst. Sie sah reizend und sehr hausfraulich aus, während sie sich so über Bills Kleider beugte.

Er betrachtete sie schweigend. »Hör mal«, sagte er plötzlich. »Ich muß zu einem Patienten fahren. Willst du nicht mitkommen?«

Sie sah überrascht auf. Es war lange nicht mehr vorgekommen, daß er sie zum Mitkommen aufgefordert hatte.

»Ja, gern«, sagte sie lächelnd. Doch dann umwölkte sich ihr Gesicht. »Ach, ich kann ja nicht! In meinem Büro liegt ein Haufen Post, die ich heute nachmittag erledigen muß. Ich bin furchtbar im Rückstand. Es tut mir sehr leid, Bill, aber ich kann unmöglich fort.«

»Dann ist nichts zu machen«, entgegnete er ruhig und ging aus dem Zimmer.

Susy sah weiter seine Kleider durch, telefonierte die Wäscherei an, sagte Nina Bescheid, welche Sachen sie dem Boten mitgeben sollte, und ging zum Krankenhaus zurück.

Der Briefstapel war von ihrem Schreibtisch verschwunden. Statt dessen lag eine Mappe mit Antwortbriefen da, die sie nur zu unterschreiben brauchte.

Susy war sprachlos. »Wer hat das gemacht?« fragte sie ihre Sekretärin.

»Fräulein Addison.«

Susy ging ins Nebenzimmer. »Mary, was für eine freudige Überraschung!«

»Ach, die Briefe konnte ich auch ganz gut beantworten«, sagte Mary. »Sie sehen elend aus, Susy, und sollten sich mehr freie Zeit gönnen. Gehen Sie fort und unternehmen Sie irgendwas.«

Susy war gerührt. Aber was sollte sie unternehmen? Bill war natürlich längst fort. Zu schade! Wenn sie zusammen in die Berge gefahren wären — wie früher.

Man konnte nicht wissen.

Kit, die an ihrem Schreibtisch gearbeitet hatte, schraubte ihren Füllfederhalter zu und stand auf. »Ich mach mich dünne. Komm mit mir nach Springdale, Susy. Ich spendiere dir auch eine Portion Eis.«

»Ach, Kit, es ist so furchtbar heiß!«

»Unsinn! Geh nach Hause und zieh dich um. In einer Viertelstunde erwarte ich dich mit meinem Wagen vor dem Haus.«

Nach kurzem Zögern gab Susy nach. »Na gut, ich komme!«

Sie fuhren durch die glühende Sonne ins Tal hinunter. Kit hielt vor einem Laden und kaufte ein paar Kleinigkeiten. Dann gingen sie in die Imbißstube, in der es herrlich kühl war. Zufrieden löffelten sie ihr Erdbeereis. Sie saßen mit dem Rücken zur Tür und sahen daher nicht, daß Bill den Kopf hereinsteckte und dann sofort wieder verschwand. Aber als sie auf die Straße traten, sahen sie ihn. Er stieg gerade in seinen Wagen, winkte ihnen flüchtig zu und fuhr davon.

Susy erschrak. Wie dumm! Sie mußte ihm alles erklären, wenn er heimkam.

Als sie dann abends im Wohnzimmer saßen, begann sie: »Hör mal, Bill, heute nachmittag ...«

»Laß nur!« unterbrach er sie mit undurchdringlichem Gesicht. »Du brauchst mir nicht Rechenschaft darüber zu geben, was du tust.«

»Aber ...«

»Entschuldige mich bitte! Ich muß den Gartenschlauch abstellen.« Damit ging er aus dem Zimmer.

Susy zuckte die Achseln. Ach, es hatte ja alles keinen Zweck! Aber warum war Bill nur so sonderbar? Warum ließ er sie nicht an sich heran? Warum diese kühle Höflichkeit, dies sorgfältige Distanzieren?

Nachts im Bett fiel ihr dann plötzlich eine Antwort auf diese Fragen ein. Sie fuhr erschrocken hoch. Bill liebte sie nicht mehr! Wie dumm von ihr, daß sie das nicht längst bemerkt hatte! Er liebte sie nicht mehr! Das war die einzige Erklärung für sein merkwürdiges Verhalten.

Susy lag wie gelähmt da. Sie fror plötzlich unter ihrer warmen Decke, und ihr Herz schlug schwer.

Rätselhafte Vorgänge im Wäscheschrank

Die neue Klasse war vom ersten Tag an unerträglich radaulustig. Im Edgett-Heim rannten die Schülerinnen mit großem Getöse treppauf und treppab, ohne auf die Nachtschwestern Rücksicht zu nehmen. Sie wischten sich nicht die Füße ab und schleppten Sand in die Zimmer. Abends nahmen sie das ganze Wohnzimmer für sich allein in Anspruch. Sie lernten bei offener Tür mit lauter Stimme ihre Schulaufgaben. Während des Unterrichts brachen sie bei dem geringsten Anlaß in wieherndes Gelächter aus. Sie stellten alberne Fragen und malten den Puppen im Klassenzimmer Schnurrbärte an.

Kit beschwerte sich bei Susy. »Gute Laune ist ja sehr nett, aber man kann auch übertreiben.«

Susy versuchte sich ernsthaft mit dem Mißstand zu beschäftigen, aber ihre Gedanken schweiften immerfort ab. Seit jener Augustnacht, in der sie erkannt zu haben glaubte, daß Bill sie nicht mehr liebte, kreisten ihre Gedanken nur noch um diesen Punkt. Ängstlich beobachtete sie jede Bewegung Bills, jeden Wechsel seines Ausdrucks. Das Krankenhaus, die Schule und die Schülerinnen bedeuteten ihr plötzlich nichts mehr.

Susys Mitarbeiterinnen beobachteten ihre Veränderung mit scharfen Augen. Auch entging es ihnen nicht, daß Bill abends immer länger im Krankenhaus blieb. Aber niemand machte eine Bemerkung darüber — nicht einmal Kit.

Nachdem Susy den ersten Schock überwunden hatte, schlief und aß sie wie gewöhnlich; sie war ja jung und gesund. Doch ihre Arbeit, die ihr früher oft wie ein Spiel vorgekommen war, tat sie mit Anstrengung.

Erst Mitte November, als das Betragen der neuen Klasse nicht mehr auszuhalten war, erwachte sie aus ihrer Lethargie und griff energisch ein. Ihre Methode war ungewöhnlich, aber wirksam. Nachdem sie eine Weile hin und her überlegt hatte, wie sich die überschüssige Kraft der Klasse am besten eindämmen ließe, hörte sie eines Tages zufällig, wie eine Seniorin zu einer anderen sagte: »Wenn ich diese unnützen Dinger in meine Klauen kriegte, sollten sie was erleben!«

Diese Bemerkung brachte Susy auf einen Einfall. Sie hielt in ihrem Büro eine Geheimsitzung mit dem Schülerparlament ab. Die Mitglieder verließen sie mit einem zufriedenen Lächeln. Am nächsten Abend wurde die neue Klasse aufgefordert, zu einer Versammlung der ganzen Schule zu erscheinen.

Susy nahm nicht an dieser Versammlung teil. Joan Dittmar, die Präsidentin des Schülerparlaments, berichtete ihr später ausführlich über den Verlauf. Die neuen Schülerinnen wurden eine nach der anderen aufgerufen und mußten sich anhören, was die übrige Schule von ihnen dachte. Das Urteil war in jedem Fall vernichtend und wurde mit beißendem Spott ausgesprochen. Die beiden anderen Klassen hatten viel zu lachen.

»Schade, daß Sie das nicht miterlebt haben, Fräulein Barden!« sagte Joan. »Als die Gören schließlich aus dem Saal schlichen, hätte man sie allesamt in ein Körbchen fegen können, so klein waren sie geworden.«

Die Medizin wirkte gründlich. Kein Mädchen der neuen Klasse wollte noch einmal vor versammelter Schule heruntergeputzt werden. Alle nahmen sich zusammen, und es kehrte Ruhe und Frieden ein.

Susy fiel in ihre Teilnahmslosigkeit zurück, obwohl sie sich Mühe gab, dagegen anzukämpfen. Sie hatte das Gefühl, als ginge sie dauernd mit einem Plätteisen auf der Brust herum. Selbst daß Marianna nun überhaupt nicht mehr schrieb, ließ sie gleichgültig. Qualvoll langsam vergingen die Herbsttage. Die Schülerinnen kamen von den Ferien zurück. Der theoretische Unterricht begann, die ländliche Fürsorgearbeit schritt weiter voran. Die Seniorinnen begannen in kleinen Gruppen nach New York zu fahren, um dort ihren Fürsorgekurs durchzumachen.

Susy fürchtete sich vor den langen Winterabenden mit Bill, da sie doch nur höfliche Bemerkungen miteinander wechseln würden. Als die Tage kürzer zu werden begannen, lud sie so oft wie möglich Gäste zum Abendessen ein, und zu ihrer Verzweiflung tat Bill das gleiche. In Gegenwart von Fremden bewahrten sie ihre Haltung und unterhielten sich anscheinend ungezwungen und heiter. Sie nahmen alle Einladungen an, die sie bekamen, und wenn sie dann abends über die schneebedeckten Straßen heimfuhren, vermieden sie es sorgsam, über persönliche Dinge zu sprechen.

Susy glaubte, noch niemals einen so langen Winter erlebt zu haben. Die öden, mit Eis und Schnee bedeckten Berge, die schwarzen kahlen Zweige der Bäume, die sich zu dem grauen verhangenen Himmel emporstreckten — alles erschien ihr wie ein Spiegel ihrer trostlosen Stimmung. Was Bill dachte oder empfand, ahnte sie nicht.

Endlich wurde es Frühling. Aber selbst der Anblick von grünem Gras und schwellenden Knospen weckte Susy nicht aus ihrer Starre. Vergebens versuchte sie sich einzureden, daß das Leben lebenswert sei, solange der Himmel blaute und der Wind in den Bäumen sang.

Erst im Mai wurde das quälende Gleichmaß der Tage unterbrochen. Eines Tages beklagte sich Anne bei Susy darüber, daß immer wieder Laken und Kopfkissenbezüge aus dem Schrank verschwänden. Das allein war sonderbar genug, aber viel sonderbarer war es, daß die Wäsche wieder auftauchte, bald jedoch von neuem verschwand und dann wieder zurückkehrte.

Anne hatte schon mit der Wäscherei gesprochen. Dort behauptete man, sie habe mehr Wäschestücke hingeschickt, als auf der Liste standen. Anne erwiderte, das sei unmöglich. Die Mädchen zählten die schmutzige Wäsche, ehe sie sie in die Säcke stopften und durch einen Schacht ins Kellergeschoß warfen. Sie machten zwei Listen von dem Inhalt jedes Sackes. Eine blieb bei dem Sack; die andere bekam Anne, die dann die Gesamtliste aufstellte und sie mit der sauber zurückgelieferten Wäsche verglich. Während bisher niemals auch nur ein einziges Stück gefehlt hatte, stimmten die Zahlen nun plötzlich nicht mehr überein.

Anne ermahnte die Mädchen, aufmerksamer beim Zählen zu sein. Trotzdem fand die Wäscherei nach einigen Tagen wieder mehr Bettwäsche in einem Sack, als auf der beigefügten Liste aufgeführt war, und auch drei Handtücher waren überzählig. Nelli Samuelsen hatte den Sack gepackt. Als sie von Anne zur Rede gestellt wurde, behauptete sie, daß sie sich nie verzähle. Das nächstemal befand sich die überzählige Wäsche in dem Sack eines anderen Mädchens.

Nun wußte sich Anne nicht mehr zu helfen und ging zu Susy. »Eins deiner Mädchen kann wahrscheinlich nicht zählen«, meinte Susy.

»Aber ich kann zählen!« entgegnete Anne aufgebracht. »Die Wäsche wird vor meiner Nase aus dem Schrank genommen.«

»Woher weißt du das?«

»Woher werd ich's wohl wissen? Ich zähle die Wäsche im Schrank, bevor die Mädchen was rausnehmen, und ich zähle das, was sie rausnehmen. Ich zähle, was zurückbleibt, was zur Wäscherei geht und was von dort wiederkommt.«

Noch niemals hatte Susy die gute Anne so aufgeregt gesehen.

»Außerdem zähle ich die Wäsche noch einmal, ehe ich schlafen gehe. Manchmal stimmt die Zahl — manchmal aber auch nicht. Ich bin bald so weit, daß ich im Schlaf zähle.«

Susy fand, die Geschichte sei ein Sturm im Wasserglas, und versuchte Anne zu beruhigen. Schließlich verschwände die Wäsche ja nicht für dauernd, sondern tauche nach einiger Zeit wieder auf.

Doch ein paar Tage nach ihrer Unterredung mit Anne machte man eine recht beunruhigende Entdeckung. Eine Lernschwester war vormittags in ihr Zimmer gegangen, um ihre Uhr zu holen, die sie, wie sie sich zu erinnern glaubte, unter ihrem Kopfkissen liegengelassen hatte. Das Stubenmädchen hatte in der Zwischenzeit das Bett neu bezogen und die Uhr nicht gesehen. Später fand sich die Uhr dann in einer Schürzentasche der Lernschwester. Da man anfangs annahm, daß sie aus Versehen in einen Wäschesack geraten sei, ging Anne selber in den Keller, um danach zu suchen. Als sie nun den Inhalt eines Sackes auf den Boden schüttete, entdeckte sie zu ihrer Bestürzung zwei Laken mit großen Blutflecken. Sie gingen sofort zu Susy. Nelli Samuelsen hatte den Sack gepackt.

»Eine der Schwestern muß sich ziemlich schlimm am Fuß verletzt haben«, sagte Anne aufgeregt. »Die Flecke befinden sich an dem Ende mit dem schmalen Saum, der unten am Fußende des Bettes liegt.«

Susy besah sich die Laken und war recht erschrocken. Wirklich, eine Bewohnerin des Schwesternheims hatte offenbar eine blutende Fußwunde. Aber wer war es? Und warum verheimlichte sie ihre Verletzung? Nelli Samuelsen erklärte auf Susys Frage, daß keine Laken mit Blutflecken in ihrem Sack gewesen seien.

»Vielleicht hat die Verletzte ihre Bettwäsche selber gewechselt«, meinte Susy. »Auch auf der Matratze müßten ja Blutflecke sein. Wir wollen mal nachsehen. Und, Nelli — sprechen Sie bitte zu niemand von der Sache.«

»Nein, Frau Barry.«

Susy und Anne untersuchten alle Matratzen der Tagesschwestern, ohne eine Spur von Blut zu finden. Nachdem die Nachtschwestern dann zum Dienst gegangen waren, untersuchte Anne auch ihre Betten, doch ebenfalls ohne Erfolg.

»Schließt du den Wäscheschrank zu?« fragte Susy.

»Sicher! Früher hab ich's nicht gemacht. Aber jetzt

schließe ich immer zu und trage beide Schlüssel in meiner Schürzentasche bei mir.«

»Dann muß jemand einen Nachschlüssel besitzen. Ich werde Ira bitten, ein neues Schloß anzubringen.«

»Es spukt«, sagte Ira grinsend zu Anne, als er in ihrem Beisein das neue Schloß anbrachte. »Seien Sie vorsichtig! Vielleicht gehn Gespenster in Ihren Laken tanzen.«

Susy erzählte ihren Inspektorinnen von den blutigen Laken, und sie begannen die Schülerinnen unauffällig zu kontrollieren. Ohne etwas davon zu ahnen, wurden die Mädchen beobachtet, wenn sie durch die Korridore gingen, wenn sie den Speisesaal betraten oder ihn verließen. Keine Schwester hinkte; bei keiner zeichnete sich ein verräterischer Verband unter dem Strumpf ab.

Trotz des neuen Schlosses blieb alles beim alten. Nach wie vor verschwand Wäsche und kehrte wieder, und die überzähligen Laken, die sich in den Wäschesäcken fanden, hatten fast immer Blutflecke.

Susy bat Bill, einen dieser Flecke im Laboratorium untersuchen zu lassen. Die Analyse ergab, daß er von mit Eiter vermischtem Blut herrührte. »Soll ich eine offizielle Untersuchung einleiten?« fragte Bill.

»Ach nein, wir wollen noch etwas warten. Ich möchte erst einmal versuchen, die Sache ohne großen Tamtam aufzuklären.«

»Wie du willst! Sag mir Bescheid, wenn ich dir irgendwie helfen kann.«

»Ja. Vielen Dank!«

Unterdessen hatten sich die Schülerinnen, die nichts von der ganzen Aufregung um die Laken ahnten, mit Eifer dem Radsport ergeben. Ein paar Mädchen aus Springdale waren schon früher radgefahren. Als sich dann Joan Dittmar ein altes Fahrrad kaufte und eifrig damit herumfuhr, wurden die anderen Mädchen von ihrer Begeisterung angesteckt, und bald radelte fast die ganze Schule. Schülerinnen, die sich kein Rad kaufen konnten, borgten sich eins. Auf einer Spazierfahrt durch die Berge trafen nun Susy und Kit eines Tages Joan Dittmar und Evelyn Adams, die friedlich nebeneinander radelten.

Als Susy ihre Verwunderung darüber aussprach, sagte Kit: »Wußtest du das nicht? Die beiden sind einfach unzertrennlich, seitdem diese Mode aufgekommen ist. Alice Bolton radelt nicht.«

»O Wunder über Wunder! Ich glaube gar, die Kinder werden erwachsen. Ach, sieh doch nur, Kit, wie herrlich der Ausblick ist!«

Susy hielt den Wagen an, und die Freundinnen schauten schweigend über das Tal hinweg in die blauende Ferne. Nach einer Weile begann Susy wieder einmal über die sonderbare Wäschegeschichte zu sprechen.

»Bis jetzt drehen wir uns immerfort im Kreise. Wir müßten vor allem wissen, wann die Wäsche aus dem Schrank genommen wird.«

»Wie willst du das rausbekommen? Du kannst doch keine Wache danebenstellen. Und wenn wir beide in der Nähe herumlungern, geht der Missetäter bestimmt nicht an den Schrank, der außerdem noch direkt gegenüber Annes Zimmertür steht. Falls ich Wäsche klauen wollte, würde ich es nur tun, wenn die Tür geschlossen ist.«

»Und ich würde es nur wagen, wenn ich genau wüßte, daß Anne nicht in ihrem Zimmer ist. Sie könnte ja hören, wie ich den Schlüssel umdrehe. Dann brauchte sie ihre Tür nur aufzumachen und hätte mich auf frischer Tat ertappt.«

»Was willst du also tun?«

»Ich habe mir folgendes ausgedacht: Anne muß die Laken in Stapeln von je vier Stück anordnen, damit sie mit einem Blick feststellen kann, ob alle da sind.«

»Na und?«

»Sie muß den Schrank jede halbe Stunde revidieren. Dann kann sie feststellen, zu welcher Zeit etwas verschwindet.«

»Aber wenn das nun nachts geschieht?«

»Na, wenn es nicht am Tage passiert, wissen wir jedenfalls, daß es nachts geschieht.«

»Hm. Für Anne ist das keine leichte Aufgabe.«

»Sie wird alles tun, um hinter das Geheimnis zu kommen.«

»Aber sie sitzt doch täglich zwei Stunden am Auskunftspult.«

»Während dieser Zeit müßten wir beide den Schrank beobachten.«

»Du meinst wohl, ich soll es machen. Na gut, ich will kein Spielverderber sein. Laß uns jetzt nach Hause fahren.«

Anne ging bereitwillig auf Susys Vorschlag ein. Am nächsten Morgen ordnete sie die Laken in Stapeln zu vier Stück und sah dann jede halbe Stunde nach, ob noch alle da waren. Zwei Tage lang fehlte nichts. Am dritten Tag um die Mittagszeit rief Anne bei Susy an. »Während ich beim Essen war, sind zwei Laken verschwunden.«

»Kann eines deiner Mädchen sie genommen haben?«

»Unmöglich! Sie waren ebenfalls im Speisesaal.«

»Danke, Anne.«

Als Susy den Hörer auflegte, fand sie Kit an ihrer Seite. »Ich hab alles gehört. Was nun, Sherlock Holmes?«

»Das nächstemal soll der Missetäter seine Laken zu einem Zeitpunkt nehmen, den wir bestimmen.«

»Wie willst du ihn dazu zwingen?«

»Jemand muß den Schrank den ganzen Tag bewachen — außer zur Zeit des ersten Mittagessens, an dem auch Anne immer teilnimmt.«

»Aber ...«

»Paß auf, Kit! Annes Mädchen waren es nicht, also muß es eine Schwester sein. Eine Nachtschwester wird wohl kaum mittags um zwölf aus dem Bett springen, um Wäsche aus dem Schrank zu nehmen, wenn sie es ebensogut nachmittags machen kann. Es muß also eine Tagesschwester sein; und sie muß es entweder während ihrer

Freizeit oder in der Essenspause tun. Verstehst du das?«

»Es ist klar wie Kloßbrühe. Du hast nur vergessen zu sagen, was nun geschehen soll.«

»Ich sagte doch schon, daß jemand den Schrank den ganzen Tag außer zur Zeit des ersten Essens bewachen soll.«

»Aber wer soll das tun?«

»Anne natürlich! Sie wird Kopfschmerzen haben und vom Dienst befreit sein. Aber mittags wird sie sich wieder besser fühlen und zum Essen gehen.«

»Jetzt geht mir ein Licht auf! Sie soll mit ihren Kopfschmerzen bei offener Tür in ihrem Zimmer sitzen und den Schrank im Auge behalten.«

»Ja. Das wird keinem Menschen auffallen. Unsere Lakendiebin wird warten, bis Anne zum Speisesaal gegangen ist. Und dann haben wir sie!«

»Wieso?«

»Na, noch nicht sofort, aber dann haben wir eine Anzahl Verdächtiger, unter denen sie zu suchen ist. Wir sehen auf dem Dienstplan nach, welche Mädchen frei haben, und erkundigen uns, wo sie während des ersten Essens gewesen sind.«

»Und wenn die Täterin Dienst hat?«

»Dann kann sie nur fortgehen, wenn ihre Stationsschwester sie beurlaubt. Und falls sie das erste Essen nicht einnimmt, kann sie auch nicht am zweiten teilnehmen, weil sie ja schon einmal zum Essen beurlaubt worden ist. Wir müssen eine Liste der Schwestern machen, die mittags Dienst haben, und dann feststellen, ob sie im Speisesaal gewesen sind. Stoßen wir dabei auf ein Mädchen, das nicht zu Mittag gegessen hat, dann fragen wir die Stationsschwester, ob sie das betreffende Mädchen zum ersten Essen fortgeschickt hat. Wenn ja, dann ist es die Täterin.«

»Himmel, Susy! Dazu brauchen wir ja eine regelrechte Buchführung! Wir wollen uns lieber in die Arbeit teilen.

Du übernimmst die Dienst-Mädchen, und ich verarzte die Nichtdienst-Mädchen. Wann soll die Sache losgehen?«

»Übermorgen. Die Wäsche verschwindet jeden dritten Tag.«

Tatsächlich verschwanden am übernächsten Tag, während Anne im Speisesaal war, wieder Laken aus dem Wäscheschrank. Kits Liste der dienstfreien Schwestern war schon fertig, als Anne anrief, aber Susy mußte noch das zweite Essen beobachten. Als sie schließlich mit ihrer Liste ins Büro kam, vertieften sich die beiden Freundinnen sogleich aufgeregt in ihre Aufzeichnungen.

Plötzlich stieß Kit einen Pfiff aus. »Evelyn Adams hat Dienst gehabt und weder am ersten noch am zweiten Essen teilgenommen.«

»Evelyn Adams? Das ist doch nicht möglich. Wir wollen die Listen erst zu Ende durchgehen.«

Aber es blieb auf Evelyn Adams sitzen. Keine andere Schwester, die im Dienst gewesen war, hatte das Essen versäumt. Ein paar Schülerinnen, die frei gehabt hatten und nicht zum Essen gegangen waren, hatten eine Fahrt nach Springdale gemacht.

Susy rief die Stationsschwester von Evelyn an und beklagte sich darüber, daß viele Schülerinnen nicht regelmäßig an den Mahlzeiten teilnähmen. Evelyn Adams sei auch darunter. Ob sie heute zu Mittag gegessen habe?

»Ich habe sie jedenfalls zum ersten Essen fortgeschickt«, antwortete die Stationsschwester. »Ob sie auch wirklich gegessen hat, weiß ich natürlich nicht. Soll ich sie fragen?«

»Nein. Ich werde gelegentlich selber mit ihr reden.«

Um drei Uhr hatte Evelyn die Station verlassen; jetzt war es halb vier. Kit und Susy besprachen das überraschende Ergebnis ihrer Detektivarbeit. Susy ging unruhig durchs Zimmer. Plötzlich brach sie mitten im Satz ab und zeigte aus dem Fenster. »Sieh mal, gehen dort oben auf der Straße nicht Evelyn und Joan und schieben ihre Räder?«

Kit konnte gerade noch einen Blick auf die beiden Gestalten werfen, ehe sie hinter ein paar Büschen verschwanden. »Ja, das waren sie. Es handelt sich also offenbar um ein Komplott.«

»Ich hätte mir gleich denken können, daß Joan dahintersteckt. Aber seit der unglücklichen Affäre mit Alice Bolton hat sie sich tadellos benommen. Und Evelyn Adams ist das netteste und anständigste Mädchen der ganzen Schule. Wenn sie Laken stiehlt, hat sie bestimmt gute Gründe dafür. Ich wette meinen letzten Dollar, daß die beiden nichts Schlimmes vorhaben.«

»Das glaub ich auch nicht. Aber jemand muß doch ernstlich verletzt sein. Vielleicht sind die jungen Dinger in eine unangenehme Geschichte verwickelt.«

»Ja, das ist natürlich möglich. Nun, im Augenblick können wir nichts machen. Morgen werde ich mir die beiden mal vornehmen.«

»Jedenfalls hast du rausgekriegt, wer der Wäschedieb ist.«

»Ja, das hab ich.« Susy und Kit sahen noch immer zu der Bergstraße hinauf, aber die Mädchen tauchten nicht wieder auf. Nach einer Weile sagte Susy: »Möchtest du heute mit mir zu den Todds fahren, Kit? Bill hat zu tun.«

»Ja, ich komme gern mit.«

Keiner von ihnen sagte etwas darüber, daß Bill jetzt auffallend oft nachts arbeitete und daß Kit nun schon zum drittenmal an seiner Stelle mit Susy zu den Todds fuhr.

Im Juni sind die Tage lang. Auf der oberen Straße war es noch hell, als Kit und Susy losfuhren, während es unten im Tal schon zu dämmern begann. Kits alter Wagen keuchte mühsam, aber tapfer bergauf. Die Straße war ungepflastert, und am Straßenrand sah man deutlich Spuren von Fahrrädern im Sand.

Plötzlich beugte sich Susy gespannt nach vorn und verfolgte die Spuren. Hie und da waren sie durch Autoräder verwischt, tauchten jedoch immer wieder auf. In der

Nähe eines alten, schon seit langem unbewohnten Hauses verloren sie sich im Gras. Da Susy sie auch hinter dem Haus nicht mehr sah, legte sie ihre Hand auf Kits Arm. »Halte bitte mal an!«

Kit bremste. »Was ist denn los?«

»Komm mit mir zu dem alten Haus!«

»Ich kann doch zurückfahren.«

»Nein. Komm schnell! Und sei leise!«

Sie gingen im Gras und hoben ihre langen Abendkleider hoch. Die Fenster des Hauses waren mit Brettern zugenagelt, aber die beiden oberen fehlten überall. Aus dem Innern drang Stimmengemurmel. Susy ging auf den Zehenspitzen zur Tür. Kit folgte ihr dicht auf den Fersen. Inzwischen war es ziemlich dunkel geworden. Fast wäre Susy über ein Fahrrad gestolpert, das im Gras lag. Ein zweites war gegen einen Fliederbusch gelehnt.

Die Tür stand weit offen. Bevor Susy über die Schwelle trat, hörte sie ein Lachen — Evelyns Lachen. Gleich darauf sah sie ein paar Bekannte — Evelyn, Joan und Ira Prouty, die sie erschrocken anstarrten. Dann fiel ihr Blick auf ein primitives Bett. Die Gestalt, die darauf lag, richtete sich auf.

»Hallo, Susy!« sagte Marianna.

»Danach fuhren war nach Oregon zum Obstpflücken. Aber vor uns waren schon so viele hingefahren, daß wir keine Arbeit mehr kriegten. Deshalb wanderten wir weiter nach Süden.«

»Wieso ›wir‹?« fragte Kit.

»Jimmi und ich. Jimmi war fünfzehn und etwas kränklich. Ich traf ihn auf einem Lastwagen. Wir blieben zusammen, und ich — sorgte ein bißchen für ihn.« Marianna schwieg. Ihre Lippen bebten.

Es war sehr still in dem kahlen Raum, von dessen Wänden der Verputz abblätterte. Nur ein leiser Wind strich ums Haus. Auf einer Kiste stand eine Kerze, deren flackerndes Licht auf die bunte Gesellschaft fiel, die sich hier zusammengefunden hatte. Mariannas Augen, die in dem schmalen blassen Gesicht unnatürlich groß und sehr dunkel aussahen, wanderten langsam von einer zur anderen. Ira, braungebrannt, stark und unerschütterlich wie ein Berg, stand mit gekreuzten Armen gegen die Wand gelehnt. Joan, in Hosen und grauem Pullover mit einem roten Tüchlein um den Hals, hockte auf einer Kiste neben Evelyn, die weiße Shorts und einen weißen Pullover anhatte. Susy, in einem elfenbeinfarbenen Abendkleid, saß auf Mariannas Bett, ihr gegenüber Kit, deren blaues Kleid sich kühl von der grauen Wand abhob.

Endlich brach Susy das Schweigen. »Aber was habt ihr gegessen, wenn ihr kein Geld hattet?«

Marianna lächelte schwach. »Manchmal nichts, aber meistens hatten wir Karnickel.«

»Kaninchen?«

»Ja. Im Westen gibt es schrecklich viele Kaninchen, und oft werden welche von Autos überfahren. Sie haben rosa Ohren und sind ziemlich zäh, schmecken aber ganz gut. Wenn wir in eine Stadt mit einer Eisenbahnstation kamen, arbeitete ich manchmal im Bahnhofsrestaurant. Manchmal«, sie errötete, »gaben uns die Leute auch Geld. Und einmal blieben wir 'ne Weile in einem Lager. Das war schön.«

»Wie war es denn im Süden?«

»Nichts als Wüste. Wir fuhren weiter nach Oklahoma und Missouri — mal mit Privatwagen, mal mit Lastern. Wir schliefen in Scheunen, auf Heuhaufen oder in Gräben. Eine Weile pflückte ich auf einer Farm Äpfel, aber die Arbeit dauerte nicht lange. Dann nahm mich eine Frau auf einem alten Klapperkasten nach Ohio mit.«

»Warst du denn jetzt wieder allein?« fragte Kit. »Wo war Jimmi geblieben?«

Marianna zupfte an ihrem Laken. »Er — er wurde angeschossen.« Sie machte eine kurze Pause und fuhr dann fort: »Ja — ich wollte recht schlau sein. Eines Tages kamen wir an eine Hühnerfarm, und ich dachte, es wär 'ne gute Idee, ein bißchen Geflügel mitzunehmen. Jimmi hatte erst Angst und wollte nicht, aber dann kam er doch mit. Aber die Leute waren auch schlau. Sie hatten am Fenster ein Schießgewehr mit einem Bindfaden festgemacht. Als wir reinkletterten, ging ein Schuß los und traf Jimmi. Ich wurde am Fuß getroffen, aber das merkte ich zuerst gar nicht. Ich nahm Jimmi auf die Arme und schleppte ihn fort, damit uns die Blutspur nicht verriet. Wir versteckten uns unter einer Brücke und blieben dort zwei Tage. Dann kamen ein paar Tippelbrüder, die mir halfen. Sie hielten ein Lastauto an und sagten dem Fahrer, er solle Jimmi in ein Krankenhaus bringen. Aber ich durfte nicht mitfahren, weil die Polizei vielleicht hinter mir her war. Ich — hab Jimmi nicht wiedergesehn.« Mariannas Stimme zitterte.

»Reg dich nicht auf, Marianna!« sagte Ira beruhigend.

Sie sah ihn an. »Schon gut! Ich will nicht mehr darüber sprechen. Ja, so war es. Und da hatte ich genug.«

Die anderen schwiegen erschüttert. Marianna sah Joan und Evelyn an. »Ihr jammert, wenn ihr kein neues Kleid bekommt, wenn ihr Schnupfen habt, oder wenn einer euch kränkt.« Mit einer kindlichen Bewegung rieb sie die Wange an ihrem Kopfkissen.

»Ach, ein Bett!« flüsterte sie selig. »Ein Bett! Für euch ist das gar nichts — aber für mich!« Fast verwundert blickte sie in die Gesichter um sich herum. Dann fuhr sie wie im Selbstgespräch fort: »Ich dachte an die komischsten Dinge, wenn ich so in irgendeinem Wagen über die Straßen fuhr oder nachts im Freien schlief. Ich dachte an Stühle und wie angenehm sie sich dem Rücken anpassen — an Uhren, die in Zimmern ticken — und an Springdale. Ich sah die Wiesen mit ihren Steinmauern vor mir und die Berge mit dem blauen Himmel darüber.«

Sie lachte. »Früher dachte ich, daß ich das Land hier haßte. Aber dort in der Fremde war es anders. Deshalb wollte ich — nach Hause. Aber ich wollte keinem zur Last fallen, sondern nur herkommen und euch sehen und dann wieder fortgehen — nach Winslow oder woandershin, um mir Arbeit zu suchen.«

Susy strich behutsam über die dünnen weißen Hände Mariannas, die unruhig hin und her fuhren.

»Keiner sollte wissen, daß ich hier bin. Ich wollte euch nur ein einziges Mal sehen. Ich hab durch eure Fenster geguckt, Susy. Ich sah dich und Bill zusammen am Tisch sitzen. Dann schlich ich zum Edgett-Heim. Ich dachte, vielleicht sehe ich eins von den Mädchen, die ich kenne. Aber ich ging zu nah ran. Joan sah mein Gesicht am Fenster. Ich wollte fort, konnte aber mit dem kranken Fuß nicht schneller laufen. Der Fuß war ganz geschwollen und tat sehr weh. So holte mich Joan ein.«

»Marianna wollte mir nicht erlauben, Ihnen etwas zu sagen, Fräulein Barden«, erklärte Joan. »Wir stritten uns eine Weile herum, aber es war nichts zu machen.«

»Und während sie sich noch stritten, kam ich vorbei und erkannte Mariannas Stimme«, fiel Evelyn ein. »Damit war ich mit im Bunde.«

»Aber wie sind Sie zu dieser Verschwörerbande gekommen, Ira?« fragte Susy.

Ira veränderte ein wenig seine Stellung. »Die Mädchen wußten nicht, was sie tun sollten, Fräulein Barden. Marianna war stur wie sonstwas. Schließlich sagte sie, sie sollten mich holen. Fräulein Adams kam mit dem Rad nach Springdale runter und sagte mir alles. Aber auf mich wollte Marianna auch nicht hören, bis mir zum Glück dies alte Haus hier einfiel. Hier wollte sie bleiben. Ich brachte sie in meinem Wagen herauf und holte das Bett und die Matratze von mir zu Hause. Fräulein Adams und Fräulein Dittmar besorgten abwechselnd frische Wäsche.«

»Das hab ich gemerkt. Wie haben Sie das nur angestellt?«

Joan lachte etwas verlegen. »Das war ganz einfach, Fräulein Barden. Ira machte uns einen Schlüssel zum Wäscheschrank und ...«

»Ah!« Susy warf Ira einen schnellen Blick zu.

»... und so nahmen wir jeden dritten Tag saubere Wäsche heraus und brachten sie her. Wenn wir zurückkamen, stopften wir die schmutzige Wäsche in irgendeinen Sack.«

»Aber dein Fuß, Marianna?« fragte Susy besorgt. »Er hat doch schlimm geblutet.«

»Woher wissen Sie denn das?« fragte Joan ganz erstaunt.

»Frau Cooney hat die blutbefleckten Laken entdeckt.«

»Ach so! Ja, plötzlich blutete Mariannas Fuß ganz schrecklich. Ich war an dem Tag allein bei ihr und verband sie, so gut ich konnte. Dann holte ich Dr. Cargo. Marianna wollte durchaus nicht, daß Dr. Barry herkäme. Ich wagte es nicht, sie allein zu lassen, und deshalb blieb ich die ganze Nacht bei ihr.«

»Und ich blieb die nächste Nacht bei ihr«, fiel Evelyn ein, ehe Susy etwas erwidern konnte. Was sollte sie schließlich auch sagen? Es wäre widersinnig gewesen, die Mädchen zu schelten, weil sie aus Hilfsbereitschaft und Treue Vorschriften übertreten hatten.

»Aber wie sind Sie dann morgens ins Haus gekommen?« fragte Kit.

»Wir sind über die Mauer geklettert und haben uns gegenseitig reingelassen. Was hätten wir denn sonst tun sollen? Marianna wollte auf keinen Fall, daß wir Ihnen etwas sagen, Fräulein Barden. Und wir konnten sie doch nicht allein lassen.«

»Ich weiß auch nicht, wie ihr anders hättet handeln können.«

»Wir haben es ja nicht zum Spaß gemacht«, sagte Evelyn. »Wir dachten, wenn Sie alles wüßten, würden Sie uns schon verstehen.«

»Ich verstehe euch ja auch.«

»Ich glaube, wir müssen in Zukunft eine Wache an der Mauer aufstellen«, sagte Kit.

Susy lachte. »Dazu ist es nun zu spät. So etwas wird ja auch nicht noch einmal vorkommen.«

»Nein, wahrscheinlich nicht.« Kit stand auf. »Wir müssen Martha anrufen.«

»Übernimm das du, bitte. Ich werde hierbleiben. Fahr zum Krankenhaus zurück und sag Bill, er möchte mit dem Krankenwagen herkommen.«

Marianna richtete sich auf. »Ich will hierbleiben! Es geht mir doch schon ganz gut.«

»Es ist besser, du hörst auf Fräulein Barden«, sagte Ira bestimmt.

Marianna sah ihn an und schwieg. Susy wunderte sich, daß sie plötzlich so gefügig war, sagte aber nichts.

Unabhängigkeitstag

Susy brachte Marianna in ihrem Fremdenzimmer unter und ließ einen Rollstuhl vom Krankenhaus herüberbringen, so daß das Mädchen draußen im Garten umherfahren konnte, wenn das Wetter schön war.

Die Schule brodelte natürlich vor Aufregung. Mariannas Klassenkameradinnen saßen stundenlang bei ihr und ließen sich von ihren Abenteuern erzählen. Auch Ira besuchte Marianna regelmäßig. Nachdem sie etwa eine Woche bei Susy gewohnt hatte, sagte sie eines Tages ganz ruhig: »Ich kann's dir ja ebensogut schon jetzt sagen, Susy — Ira und ich werden heiraten.«

Zuerst war Susy wie vor den Kopf geschlagen. Ira und Marianna? Konnte das gutgehen? Aber nachdem sie ein wenig nachgedacht hatte, befreundete sie sich mit dem Gedanken. Bisher hatte Marianna bei allem versagt, was sie auch unternommen hatte. Und obwohl sie aus ihren Erfahrungen manches gelernt hatte, war sie immer noch halsstarrig und unbedacht. Einmal mußte sie ja zur Vernunft kommen. Sie brauchte einen verständnisvollen und geduldigen Kameraden, der ihr dabei half.

Ira besaß die Unerschütterlichkeit eines Granitblocks und dazu Sinn für Humor. Eigentlich war er auch nicht zu alt für Marianna — dreiunddreißig oder vierunddreißig. Ebenso wie sie liebte er ein möglichst ungebundenes Leben. Niemals würde er mehr erreichen, als er bisher erreicht hatte, nicht weil er unfähig war, sondern weil es ihn nicht reizte. Das aber entsprach genau Mariannas Lebensauffassung, die sich weder aus Geld noch aus anderem Besitz etwas machte und aus einer gesellschaftlichen Stellung schon gar nichts. Vielleicht würde diese Ehe, die Susy anfangs so unsinnig erschienen war, sogar glücklicher werden als ihre eigene, dachte sie ein wenig bitter.

Sie saß nun oft mit Marianna draußen im Schatten der Bäume mit der Aussicht auf die blauenden Berge, über die hin und wieder dunkle Wolkenschatten huschten. Durch lange vertraute Gespräche kamen sich die beiden so nahe wie niemals zuvor, und eines Tages enthüllte Susy bei einer solchen Gelegenheit sogar ihren geheimen Kummer.

Marianna saß wie gewöhnlich in ihrem Rollstuhl und spielte nervös mit den Griffen, so daß der Stuhl vor und zurück ruckte. Susy lag in einer Hängematte, Maxl auf ihrem Schoß.

»Was gedenkst du eigentlich hinsichtlich deiner Stellung im Krankenhaus zu tun?« fragte Marianna plötzlich.

Susy, die zu den Bergen hinübergeschaut hatte, fuhr herum. »Wie meinst du das?« fragte sie erstaunt.

»Du bist doch gar nicht gern Leiterin der Schwesternschule.«

»Wie kommst du denn darauf? Es ist nur ... Ich fühle mich der Stellung nicht recht gewachsen. Mir fehlt die dazu notwendige Erfahrung und Ausbildung.«

»Die Erfahrung gewinnst du ja durch die Arbeit. Und die fehlende Ausbildung könntest du doch nachholen. Warum tust du es nicht?«

»Ja — weil ...« Susy stockte überlegend. »Du hast ganz recht, Marianna«, sagte sie dann, selbst erstaunt über ihre Worte. »Ich liebe meine Arbeit wirklich nicht. Ich tue sie so ordentlich, wie ich kann, aber im Grunde liegt mir Organisieren gar nicht. Das ist mehr etwas für Kit.«

»Bisher ist doch alles ganz gut gegangen.«

»Na ja — so einigermaßen. Weißt du, es ist wie beim Kochen. Man kann es aus Büchern lernen und auch ganz gut machen. Aber eine geborene Köchin braucht kein Buch. Sie hat es im Gefühl, wieviel sie von diesem oder jenem nehmen muß, damit eine schmackhafte Speise daraus wird. Ich werde niemals ohne Buch auskommen.«

»Du gibst dich, glaub ich, lieber mit einzelnen Menschen und ihren Problemen ab, anstatt mit einem großen Institut.«

»Genauso ist es. Als ich beim Schwesterndienst von Henry Street in New York arbeitete, hätte ich um nichts in der Welt mit einer Inspektorin tauschen mögen. Ich liebte es über alles, meinen Schützlingen bei ihren persönlichen Sorgen zu helfen und ihnen zu raten. Aber es ist sinnlos, darüber nachzugrübeln. Jetzt läßt sich doch nichts mehr ändern.«

»Wer weiß? Was möchtest du denn gern tun?«

»Meinen Posten aufgeben.«

»Und zu Hause sitzen? Nein, Susy, du würdest verrückt dabei werden.«

»Ganz bestimmt. So hab ich es auch nicht gemeint. Meinen Beruf möchte ich auf keinen Fall aufgeben. Ich könnte ja der Gemeindeschwester helfen, die Schülerinnen in der Fürsorgearbeit auszubilden, und sie vertreten, wenn sie Urlaub hat oder krank ist. Auch ein paar ihrer Dauerpatienten könnte ich übernehmen. Daneben bliebe mir dann immer noch genug Zeit, mich um den Haushalt zu kümmern.«

»Warum machst du das denn nicht?«

Susy antwortete nicht gleich. »Erstens sind da die Todds«, sagte sie dann. »Als sie das Krankenhaus gründeten, haben sie mir die Schwesternschule anvertraut. Es würde mir wie Fahnenflucht vorkommen, wenn ich meinen Posten plötzlich aufgäbe.«

»Ist das der einzige Grund?«

»Nein ...« Susy sah Marianna nicht an. »Sieh mal, jetzt bin ich immerfort unter Druck. Ich habe keine Zeit, nachzudenken. Und das ist vielleicht ganz gut.«

Der Rollstuhl blieb plötzlich stehen. »Was ist zwischen dir und Bill?« Da Susy schwieg, setzte Marianna hinzu: »Ich frage nicht aus Neugier, sondern weil ich dir helfen will. Und selbst wenn ich dir nicht helfen kann, wird es dir guttun, dich einmal auszusprechen. Wie ich dich kenne, hast du bisher keiner Seele was von deinem Kummer verraten und dich nur immer tiefer in ihn vergraben.«

»Ja, du hast recht.« Susys Stimme war nicht ganz fest.

»Dann erzähl mir jetzt alles, du Dummkopf.«

Stockend erklärte Susy, wie es zwischen ihr und Bill stand. Als sie zu Ende war, dachte Marianna eine Weile schweigend nach.

»Ihr seid beide Idioten«, sagte sie schließlich. »Ihr macht die Augen zu und hofft, daß sich alles von allein bessern wird. So kommt ihr nicht weiter. Aber es ist schwer, die Dinge richtig zu sehen, wenn man sie zu nah vor der Nase hat. Wie lange seid ihr nicht voneinander getrennt gewesen?«

»Seit wir verheiratet sind, bin ich nur zweimal zum Wochenende fortgefahren.«

»Hm. Zwei Menschen wie ihr müßtet doch miteinander fertig werden. Wenn einer von euch ein Ekel wäre, wär's was anderes. Aber ihr seid doch beide anständige Kerle. Glaub mir, Susy, man erkennt am schnellsten, was man an einem Menschen hat, wenn man von ihm getrennt ist.«

»Getrennt? Wie denn?«

»Du solltest mal für eine Weile fortfahren. Ich wette, wenn du zurückkommst, ist alles ganz anders.«

Maxl wimmerte leise, weil Susy seine Ohren drückte. »Aber Marianna, wenn man nicht mehr geliebt wird, kann man nichts machen.«

»Hast du eine Ahnung! Außerdem weißt du doch gar nicht, daß Bill dich nicht mehr liebt.«

»Falls er mich noch liebt, hat er eine sehr sonderbare Art, es zu zeigen.«

»Nun ziehst du schon wieder über ihn her! So kommt ihr niemals zurecht. Paß auf! In zwei Monaten ist Diplomverleihung. Bis dahin läuft in der Schule alles ganz von selber. Nimm Urlaub für die Zeit und fahr irgendwohin.«

»Ich soll zwei Monate von Bill fortgehen?«

»Da siehst du es! Kaum denkst du an eine Trennung, so bist du ihm nicht mehr böse. Bei Bill wird es genauso sein.«

»Ja — vielleicht. Ich muß es mir überlegen.«

»Du wirst sehen, daß ich recht habe. Nach einer Woche kann ich wieder laufen. Dann zieh ich zu Iras Mutter. Sie ist zwar ein alter Drachen, aber das schadet nichts.«

Je länger Susy über Mariannas Vorschlag nachdachte, desto gescheiter erschien er ihr. Es konnte jedenfalls nichts schaden, ihn zu befolgen. Aber vorher mußte sie sich gründlich mit Bill aussprechen. Abends war er jetzt immer so müde. Wann würde es sich am besten machen lassen? In der nächsten Woche war Unabhängigkeitstag, vielleicht paßte es dann. Sie würden allein zu Hause sein. Nina hatte Ausgang, Kit war im Dienst, und Marianna wollte den Tag bei Iras Mutter verbringen — zur Übung, wie sie sagte. Und angeln gehen würde Bill nicht, weil am Feiertag so viele Sonntagsangler unterwegs waren.

Ja, der vierte Juli eignete sich am besten für eine Aussprache. Aber sie mußte taktvoll und großmütig sein. Bisher hatte sie zuviel an sich selber und zuwenig an Bill gedacht. Gewiß war er sehr unglücklich. Sie durfte ihm keine Vorwürfe machen. Was hatte sie ihm denn eigentlich auch vorzuwerfen? »Nichts!« dachte sie verwundert. »Absolut nichts!«

Ihr mißfiel seine Ungeduld; dafür mochte er es nicht, wenn sie zur unrechten Zeit witzelte. Sie haßte sein gelegentliches Betonen männlicher Überlegenheit. Er mochte es nicht, wenn sie ein Thema totredete oder sich über seine Liebhabereien lustig machte. Sie konnte es nicht leiden, wenn er mit der Hand auf die Sessellehne schlug, aber er ... Ach, es gab noch eine Menge solcher Kleinigkeiten.

Das hatte der Vater also mit seinen Worten gemeint, daß es in jeder Ehe eine Zeit gäbe, da Mann und Frau Seiten aneinander entdeckten, die ihnen nicht gefielen. Dann hinge das Glück der Ehe davon ab, ob beide die Eigenschaften, die ihnen gefielen, wichtiger nähmen als diejenigen, die ihnen nicht gefielen.

»Für mich sind die Eigenschaften Bills, die ich liebe, schon lange wichtiger als die, die ich nicht mag«, dachte Susy. »Aber wie ist es bei ihm? Bei ihm kann es nicht so sein, sonst hätte er sich doch mir gegenüber anders verhalten.«

Doch vielleicht lag es nur an ihr? Ja, sicherlich! Sie hätte ihm zeigen müssen, wie sie dachte. Statt dessen hatte sie sich zurückgezogen und geschwiegen. Hätte sie ihm zu verstehen gegeben, wie belanglos ihr die kleinen Reibereien hinterher erschienen waren, dann hätten sie sich wieder einander genähert.

Wenn sie von ihrer Reise zurückkäme und er unterdessen entdeckt hätte, daß er sie noch liebte — wenigstens ein bißchen —, dann würde wieder alles ins alte Gleis kommen. Aber zuerst mußten sie diese schreckliche Trennung durchmachen. Und wenn es nun nichts nützte? Wenn es ihm gefiel, ohne sie zu leben?

Am vierten Juli war das Wetter herrlich. Susy erwachte bei Tagesanbruch aus einem unruhigen Schlaf. Im Traum hatte sie immer wieder versucht, alle ihre Sachen in einen winzigen Koffer zu packen, aber jeder Gegenstand war mit einem Stahldraht an seinem gewohnten Platz befestigt gewesen. Sie stand auf und zog sich leise an. Dann nahm sie den allzu lebhaften Maxl auf den Arm, trug ihn in die Küche hinunter und kochte Kaffee. Bill würde lange schlafen und konnte sich dann selber sein Frühstück zurechtmachen. Sie wollte nicht gern zu Hause sein, wenn er herunterkam. Unmöglich konnte sie ihn mit ihrem Vorschlag überfallen, solange er noch halb verschlafen war. Andererseits würde sie es nicht ertragen können, mit vollem Herzen dazusitzen und zu warten, bis er Kaffee getrunken hatte. Sie wollte einen langen Spaziergang machen. Eine körperliche Ermüdung würde sie seelisch entspannen, so daß sie die geplante Aussprache leichter in die Wege leiten könnte.

Als Susy von ihrem Spaziergang zurückkehrte, war sie

nicht nur müde, sondern auch schmutzig und abgerissen. Maxl hatte sie von oben bis unten bespritzt, als er sich nach einem Moorbad schüttelte. Ein Strumpf war von einer Brombeerranke zerfetzt. Ihr heller Rock hatte einen Grasfleck. Gesicht und Arme waren zerkratzt, die Schuhe mit Schlamm bedeckt. Aber es war ihr gleichgültig, wie sie aussah. Ihre Uhr zeigte zehn Minuten nach elf. Sie war sehr lange fortgewesen. Bill würde gewiß schon auf sein.

Er saß auf den Stufen der Gartentür, und sie setzte sich neben ihn.

»Hast du beim Feuerlöschen geholfen?« fragte er, während er sie belustigt musterte.

»Nein, ich hab nur einen kleinen Spaziergang mit Maxl gemacht.«

»Leider ist kein Kaffee mehr da. Soll ich dir etwas Limonade holen?«

»Nein, vielen Dank!« Susy gab sich innerlich einen Ruck. »Bill!« begann sie tapfer. »Zwischen uns ist seit einiger Zeit nicht alles so, wie es sein sollte.«

»Ja, das stimmt«, gab er vorsichtig zu.

»Ich habe viel darüber nachgedacht.« Susy suchte nach den richtigen Worten. »Wenn zwei Menschen verheiratet sind, und sie entdecken, daß einer von ihnen — sich geändert hat, ist es schwer für beide, wie früher miteinander zu leben.«

Bill biß krampfhaft auf seine Pfeife. »Was willst du damit sagen?« preßte er hervor.

»Ich meine — es wäre vielleicht besser — wenn wir uns — eine Zeitlang nicht sehen. Eine Trennung . . .«

»Trennung!« Aus Bills Gesicht war alle Farbe gewichen.

»Ich meine — wenn wir noch einmal von vorn anfingen . . .«

Susy kam nicht dazu, ihren Satz zu beenden, denn in diesem Augenblick näherten sich Schritte, und eine hohe Frauenstimme rief: »Ach, hier sind sie!«

Gleich darauf tauchte eine dicke Frau mit einem runden Kindergesicht im Türrahmen auf. Ihr Kleid war von oben bis unten mit Rüschen besetzt, die bei jeder Bewegung wippten. Hinter ihr kam ein großer hagerer Mann mit einem verdrießlichen Gesicht. Susy und Bill standen hastig auf.

»Adelaide!« rief Susy. »Georg! Wie geht es euch! Dies hier ist mein Mann.« Dann fügte sie zu Bill gewandt hinzu: »Herr und Frau Widdle sind Bekannte von daheim.«

Automatisch streckte Bill die Hand aus. Seine Schweigsamkeit war so auffallend, daß Susy verlegen zu schwatzen begann.

»Was macht ihr beide denn hier oben in den Bergen? Ich freu mich sehr, euch einmal wiederzusehen. Wollt ihr nicht nach vorn auf die Veranda kommen? Entschuldige bitte meinen Aufzug, Adelaide. Ich war nämlich ...«

»Aber das macht doch nichts, Susy. Auf solche Dinge achte ich überhaupt nicht«, erwiderte Adelaide, deren scharfen Augen nicht die geringste Kleinigkeit entgangen war. »Als wir uns das letztemal sahen — das ist schon ziemlich lange her —, meintest du, es wäre nett, wenn wir uns einmal länger sprechen könnten. Deshalb sagte ich heute morgen zu Georg, wir wollen einmal zu euch hinauffahren und den ganzen Tag bei euch bleiben. Und da sind wir nun! Das ist also dein Mann?«

Bill schien auf den Stufen festgewachsen zu sein. Susy trat ihm auf den Fuß, aber er sah sie nur schweigend an. Ihr blieb nichts übrig, als die Initiative zu ergreifen.

»Komm nach vorn, Adelaide! Bill, bring bitte zwei Liegestühle auf die Veranda.«

»Wie, bitte?« fragte Bill.

Am liebsten hätte Susy ihn angeschrien. Schließlich gingen alle durchs Haus, Bill dicht hinter Susy. In der Diele flüsterte er ihr zu: »Ich muß dich dringend sprechen!«

»Ja — aber zuerst mußt du mit unserem Besuch sprechen«, zischte sie.

Er knurrte etwas Unverständliches. Während Susy ihren Gästen Platz anbot, überlegte sie schnell, was sie ihnen zu Mittag vorsetzen sollte. Nun, da sie unangemeldet gekommen waren, würden sie mit dem vorliebnehmen müssen, was im Hause war. Vielleicht sollte sie ihnen jetzt gleich etwas anbieten, damit sie nachher nicht zu hungrig waren.

»Ich werde Eiskaffee machen und etwas Kuchen holen«, sagte sie liebenswürdig.

Adelaides Augen glitzerten. »Oh, das wäre wundervoll! Was für ein entzückendes Häuschen ihr habt! Aber hast du denn kein Mädchen, Susy? Das scheint mir doch ...«

»Entschuldige mich einen Augenblick!« fiel ihr Susy ins Wort. »Ich bin gleich wieder zurück. Macht es euch nur bequem. Bill wird euch inzwischen unterhalten.«

Aber das tat Bill nicht. Kaum hatte sich die Küchentür hinter Susy geschlossen, als er sie wieder öffnete. »Was meinst du mit ›noch einmal von vorn anfangen‹?« platzte er heraus.

An der Tür erschien Adelaide. »Soll ich dir nicht helfen, Susy? Ach, was für eine süße Küche! Aber ist sie nicht recht klein?«

»Für uns ist sie groß genug«, antwortete Susy. »Bill, geh bitte zu Georg und leiste ihm Gesellschaft. Adelaide und ich werden schon allein fertig.«

Bill blieb nichts anderes übrig, als zu gehen. An der Tür warf er Susy einen beschwörenden Blick zu.

Es verging eine halbe Stunde unter krampfhaftem Geplauder, ehe Susy und Bill wieder allein miteinander sprechen konnten. Einmal trafen sich ihre Blicke in gemeinsamer Qual, und einen Augenblick war es wieder wie in alten Zeiten, als sie sich so gut verstanden hatten. Endlich mußte Bill in die Küche gehen, um neues Eis zu holen. Kaum war er fort, so nahm Susy mit einem gemurmelten »Ich werde noch etwas nachholen« die gefüllte Kuchenplatte vom Tisch und ging ihm nach.

Sie trafen sich im Eßzimmer. Dicht nebeneinander blieben sie stehen und blickten ängstlich zur Verandatür, die halb offenstand.

»Ich meine«, flüsterte Susy, »wenn wir uns mal eine Weile nicht sehen, wird es vielleicht wieder zwischen uns wie früher.«

»Hast du denn nichts mehr für mich übrig?«

»Susy!« rief Adelaide. »Ich möchte dich gern etwas fragen.« Ihre hohen Absätze klapperten näher.

Bill lief zu ihr hinaus. Susy eilte in die Küche. Dort blieb sie mit der Kuchenplatte in den zitternden Händen stehen. Ihr Herz schlug schnell. Was sollte sie Bill auf seine Frage antworten? Wenn sie zugab, daß sie ihn noch immer liebte, machte sie es ihm vielleicht nur noch schwerer, und das wollte sie nicht. Aber lügen durfte man bei einer solch wichtigen Frage auch nicht. Sie würde ihm eben eine Antwort geben, die er sich deuten konnte, wie er wollte. Irgend etwas mußte sie ihm antworten. Er war so aufgeregt und würde sich nicht mehr lange beherrschen können.

Sie ging zur Veranda zurück, stellte die Kuchenplatte, die sie aufzufüllen vergessen hatte, zerstreut auf einen Stuhl und wandte sich zu Bill, der den verdrießlichen Georg zu unterhalten versuchte.

»Entschuldige, daß ich dich unterbreche!« sagte sie laut. »Du hast mich vorhin nach den Reparaturen gefragt, und ich kam nicht dazu, dir zu antworten. Ich wollte dir nur sagen, daß die Reparaturen meiner Meinung nach unbedingt notwendig sind. Nach drei Jahren muß eben mal was repariert werden.«

Bill verstand sofort, was sie meinte. »Findest du wirklich? Freunde von uns, die den gleichen Kummer hatten, haben die Sache doch in Ordnung gebracht, ohne daß gleich alles von Grund auf erneuert wurde.«

»Von was für Reparaturen sprecht ihr?« fragte Adelaide.

»Ach, es handelt sich um Haushaltsdinge«, antwortete Susy leichthin. »Bill fragte mich vorhin danach, als wir in der Küche waren. Verzeih, daß wir jetzt darüber sprechen! Aber du weißt ja selber, wie wichtig solche Sachen manchmal sind. Bill, ich glaube, man kann sich hierbei nicht nach den Erfahrungen anderer Leute richten, sondern muß sich so entscheiden, wie es einen selber am richtigsten dünkt.«

Adelaide sah sie ganz verwundert an, aber Susy ließ ihr keine Zeit, weitere Fragen zu stellen. »Hast du etwas dagegen, wenn ich rasch hinauflaufe und mich umziehe? Ich sehe ja fürchterlich aus!« Sie hoffte im stillen, daß Bill ihr nachkommen könnte.

Aber Adelaide machte ihr einen Strich durch die Rechnung. »Natürlich habe ich nichts dagegen!« zwitscherte sie. »Ich komme mit nach oben. Dann kann ich mir gleich eure Schlafzimmer ansehen.«

Als sie zurückkamen, machten Georg und Bill einen Gang durch den Garten. Susy atmete auf. Adelaides Augen waren so scharf. Wie konnte sie sich bloß mit Bill aussprechen? Sollte das den ganzen Tag so weitergehen?

Aber Bill, der die quälende Spannung nicht länger ertragen konnte, erzwang rücksichtslos eine Möglichkeit, mit Susy zu sprechen. Sie wirtschaftete unruhig mit Adelaide in der Küche umher. Als die beiden Männer durch die Hintertür ins Haus traten, kniete sie gerade vor dem Eisschrank und steckte den Kopf hinein, um zu sehen, was für Vorräte noch vorhanden waren. Ohne darauf zu achten, daß Adelaide nur ein paar Schritte entfernt stand, beugte sich Bill zu ihr hinunter und steckte seinen Kopf, wie von unerträglicher Neugier geplagt, ebenfalls in den Schrank. »Liebst du mich denn gar nicht mehr?« flüsterte er erregt.

»Was ist los?« fragte Adelaide näherkommend, ehe Susy etwas antworten konnte.

Bill zog seinen Kopf aus dem Schrank und ging schweigend aus der Küche, während Susy mit wirbelnden Gedanken auf der Erde knien blieb. Er hatte sie gefragt, ob sie ihn noch liebte? Dasselbe hatte sie ihn ja fragen wollen. Wenn er diese Frage an sie richtete, hatte er nicht aufgehört, sie zu lieben; das war gewiß.

Schwindlig vor Glück sprang Susy auf und umarmte Adelaide. »Ach, Adelaide! Hast du schon jemals solch einen himmlischen Tag erlebt?«

»Aber, mein liebes Kind ...«, stammelte Adelaide ganz verdutzt. »Was ist denn plötzlich in dich gefahren? Hast du dir den Kopf im Eisschrank angestoßen?«

»Bestimmt hab ich mir den Kopf angestoßen! Vor meinen Augen tanzen lauter Sterne.« Ausgelassen wirbelte Susy durch die Küche.

Adelaide zog sich vorsichtig zur Tür zurück. »Ich werde dir den Doktor schicken«, murmelte sie und floh davon.

Als Bill im Laufschritt ankam, drehte sich Susy immer noch, in jeder Hand ein Küchenhandtuch, um sich selber. »Wollen Sie meine Antwort haben, Dr. Barry?« rief sie übermütig. »Ich liebe dich, ich liebe dich wahnsinnig! Ich habe dich immer geliebt und werde dich immer lieben!«

Sein Gesicht leuchtete auf. »Susy! Ist das wahr?«

»Natürlich!«

Seine Antwort sagte Susy mehr, als sie in einer langen Aussprache erfahren hätte. Beide hatten während der ganzen schlimmen Zeit das gleiche gedacht und gelitten, und beide waren zu dem gleichen Schluß gekommen.

»Dann liebst du, was du nicht magst«, rief Bill.

»So ist es. Und du?«

»Ich auch!«

Sie fielen sich in die Arme und küßten sich. Während die Küchenhandtücher, die Susy immer noch festhielt, über Bills Rücken baumelten, walzten sie selig und ineinander versunken durch die kleine Küche. Sie hörten nicht, daß die Tür geöffnet wurde. Adelaide starrte mit großen

Augen auf das glückliche Paar. »Sie sind verrückt geworden«, flüsterte sie und flüchtete zu ihrem verdrießlichen Georg.

Ein neuer Anfang

Der Tag war wie geschaffen für die erste feierliche Diplomverleihung des Springdaler Krankenhauses. Glasklar blaute der Himmel über den Bergen, und der Wald auf den Hängen flammte in allen Herbstfarben. Das Städtchen lag wie ausgestorben neben dem träge dahinfließenden Fluß. Aber auf der Straße flitzten blitzende Wagen den Berg hinauf, und der Wind wehte abgerissene Stimmen und Gelächter über das Tal.

Auf dem großen Rasenplatz hinter dem Krankenhaus waren Stühle aufgestellt, auf denen die Eltern der Schülerinnen und geladene Gäste Platz genommen hatten. Erwartungsvoll sahen sie zu dem Podium hinauf, wo Susy und Bill, Martha und Elias Todd und Vertreter verschiedener Organisationen saßen. Immer wieder aber blieben ihre Blicke auf Susy haften, deren rotes Haar in der Herbstsonne aufleuchtete.

Martha stieß ihren Mann an. »Susy sieht aus, als hätte sie eine Million auf der Straße gefunden.«

Bills Augen strahlten, als er das hörte. Aber Susy bemerkte es nicht. Sie hatte nur ein paar einleitende Worte vor der Rede von Elias Todd zu sprechen und konnte ihren Gedanken daher freien Lauf lassen. Sinnend blickte sie zu den Versammelten hinunter, von denen viele eine wichtige Rolle in ihrem Leben gespielt hatten. In der ersten Reihe saß ihre Freundin Connie, die zu dem feierlichen Tag von Boston herübergekommen war, hinter ihr Anne Cooney und daneben Lot Phinney, der erste Stadtvorsteher und ein alter Verehrer von Susy. Auch die Prices waren da mit Großvater, der nun schon dreiundneunzig war. Susy lächelte, als sie daran dachte, welche Überraschung die Prices erwartete. Obwohl Ella noch ein paar Monate die Schule besuchen mußte, würde sie heute schon ihr Diplom bekommen, und sie stand zusammen mit Joan und Evelyn auf der Ehrenliste der Schule.

Auf der hintersten Stuhlreihe saßen Ira Prouty und Marianna. Er blickte stolz auf den schmalen goldenen Reif an ihrer Hand, während sie Luise Wilmont zunickte, die sich soeben hinsetzte.

Susys Augen wanderten weiter zu den Inspektorinnen, die ein wenig steif auf ihren Stühlen saßen, als das Orchester mit einem Marsch einsetzte. Alle Augen wandten sich zum Edgett-Heim. Aus der dunklen Tür traten die Schülerinnen der ersten Klasse zu zweien in den hellen Sonnenschein hinaus, überquerten den grünen Rasen und setzten sich ernst und gesetzt auf ihre Plätze.

Nun schwieg die Musik. Bill trat vor und hielt eine kurze Ansprache. Susy beobachtete die freudig erregten Gesichter der jungen Mädchen. Sie hatten eine gute Ausbildung erhalten, genauso, wie Susy es sich erträumt hatte; und sie hatten sich gut bewährt. Susy war stolz auf ihre erste Klasse. Als Bill mit seiner Ansprache zu Ende war, trat sie vor, sprach ein paar Worte und setzte sich wieder.

Elias räusperte sich, und die Gesichter der Mädchen nahmen einen ergebenen Ausdruck an. Er sprach fast eine halbe Stunde lang. Danach verlas Bill die Ehrenliste und überreichte den Schülerinnen die Diplome.

Die Versammelten klatschten Beifall. Die Schülerinnen standen auf und gingen — schneller als sie gekommen waren — zum Edgett-Heim zurück. Susy sah ihnen etwas wehmütig nach. Was würde aus ihnen werden? Von einigen wußte sie es. Joan Dittmar wollte als Fürsorgeschwester nach New York gehen. Heute morgen war sie zu Susy ins Büro gekommen, um sich persönlich von ihr zu verabschieden. Sie hatte lässig neben dem Schreibtisch gestanden, den Kopf hoch erhoben. Aber trotz ihrer selbstbewußten Haltung und ihres unbekümmerten Tons war Susy die innere Bewegung des Mädchens nicht entgangen.

»Nun werden Sie Ihr räudiges Schaf los, Fräulein Barden. Und vielleicht ist es nicht ganz so räudig — dank

Ihrer gütigen Hilfe. Ich wollte Ihnen nur sagen ... Ich möchte Ihnen danken — für alles!«

Lächelnd sah Susy der schlanken Gestalt nach, die sich schnell entfernte. Hinter ihr ging Evelyn Adams. Sie wollte als Assistentin der Gemeindeschwester in Springdale bleiben. Eine Schülerin hatte eine Stellung in Wyoming angenommen; zwei andere gingen nach Japan. Ella Price wollte in Boston weiterstudieren und sich einen akademischen Grad erwerben.

Aber was würde aus den übrigen werden? Würden sie ihr Leben reich und lebenswert gestalten oder sich nur treiben lassen? Es lag nun an ihnen; Susy konnte nicht mehr über sie wachen. Energisch nahm sie Marthas Arm und ging mit ihr zum Edgett-Heim. Nachdem man dort Tee getrunken hatte und die letzten Besucher abgefahren waren, schlenderten Bill und Susy langsam heim. Susy schmerzte die Kehle vom vielen Reden. Sie war froh, daß Bill schwieg und daß mit der Dämmerung ein kühles Lüftchen von den Bergen herunterkam.

Als Bill die Haustür öffnete, sagte sie: »Komm bitte mal nach oben. Ich möchte dir etwas zeigen.«

In ihrem Zimmer nahm Susy dann ein Schriftstück vom Schreibtisch und reichte es ihm schweigend. Nachdem er es gelesen hatte, rief er erstaunt: »Aber Susy! Das ist ja — du willst dein Amt niederlegen?«

»Ja. Ist das Gesuch korrekt aufgesetzt?«

»Sicherlich. Aber warum, Susy, warum?«

Sie lehnte sich an ihn und rieb ihr Kinn an seiner Schulter. »Später werde ich wieder arbeiten, aber bis dahin wird eine lange Zeit vergehen.«

»Eine lange Zeit?« fragte er verständnislos.

»Ja, mein Lieber. Unser Sohn wird bestimmt verlangen, daß ich mindestens ein Jahr zu Hause bleibe.«

Erinnerungen

Das große Krankenhaus mit seinen zahlreichen Gebäuden aus roten Ziegelsteinen und grauem Granit, zwischen denen sich weite Rasenflächen mit hohen Ulmen ausbreiteten, lag mitten im Armenviertel der großen Stadt. Rings um seine Mauern brandete der Verkehr. Krankenwagen mit schrillen Signalglocken und Wagen von Ärzten rollten durch das große Eingangstor. Nun fuhr ein Taxi hindurch und hielt vor den breiten Steinstufen des Verwaltungsgebäudes an.

Kit und Susy stiegen aus. Nachdem das Taxi fortgefahren war, blieben sie vor dem Haus stehen und betrachteten es sinnend. Susys Augen blieben an der Drehtür haften. »Ich hoffe, das verflixte Ding hat sich mit den Jahren etwas beruhigt«, sagte sie. »Als ich zum erstenmal herkam, hat es mich buchstäblich ins Haus hineingewirbelt.«

Kit lachte. »Ich war damals so verschüchtert, daß ich die Tür überhaupt nicht bemerkt habe. Mein erster Eindruck waren vier weißgekleidete Inspektorinnen, die mich prüfend ansahen.«

»Daran erinnere ich mich auch noch. Laß uns zuerst zu Fräulein Matthes gehen, Kit. Falls sie nicht in ihrem Zimmer ist, können wir es nachher noch einmal versuchen.«

Langsam stiegen sie die Steinstufen hinauf. »Es hat doch etwas für sich, alt und erfahren zu sein«, meinte Kit. »Die Oberschwestern und Inspektorinnen, denen wir jetzt begegnen werden, waren wahrscheinlich Probeschwestern, als wir hier lernten. He, Susy, so paß doch auf! Kannst du denn noch immer nicht mit der Tür fertig werden?«

Susy hatte der Drehtür einen solchen Schwung gegeben, daß Kit fast die Handtasche aus der Hand gerissen worden wäre. Kopfschüttelnd wartete Kit, bis die Tür sich langsamer drehte, und ging dann ebenfalls hindurch.

Die junge Pförtnerin im Vorraum telefonierte gerade. Als sie die beiden Fremden auf eine Glastür zugehen sah, brach sie ihr Gespräch ab und rief: »Wo wollen Sie denn hin?«

Susy drehte sich um. »Zu Fräulein Matthes. Wir sind frühere Schülerinnen von ihr.«

»Ach so!« Die Pförtnerin nickte und nahm den Hörer wieder auf. Kit und Susy traten in eine hohe Halle, durchquerten sie und steuerten auf eine offene Tür mit der Aufschrift »Schulleitung« zu.

Fräulein Matthes saß vor ihrem mit Papieren bedeckten Schreibtisch und las gerade einen Brief. Auf das Pochen am Türrahmen hin hob sie den Kopf. »Herein!« Als sie ihre Besucherinnen erkannte, stand sie auf und ging ihnen mit einem warmen Lächeln entgegen. »Katharina van Dyke! Und Susanne Barden! Nett, daß Sie sich einmal bei uns sehen lassen! Setzen Sie sich und erzählen Sie mir, wie es Ihnen geht.«

Kit und Susy freuten sich über den herzlichen Empfang, bemerkten jedoch mit leichtem Schreck, daß das Haar ihrer früheren Schulleiterin schneeweiß geworden war.

»Sie heißen jetzt natürlich Frau Barry und nicht mehr Barden«, sagte Fräulein Matthes zu Susy. »Es fällt mir schwer, die Namen verheirateter Schwestern zu behalten, aber Ihren Namen kann ich gar nicht vergessen. Dr. Barry war ja einer unserer besten Ärzte. Von Ihnen habe ich übrigens auch allerlei Gutes gehört.«

»Was denn?« fragte Susy.

»Sie haben doch einen Kurs zur Ausbildung ländlicher Fürsorgeschwestern in Springdale eingerichtet. Wir sind stolz auf Sie. Arbeiten Sie immer noch?«

»Nicht viel«, antwortete Susy etwas kleinlaut. »Von Zeit zu Zeit vertrete ich die Gemeindeschwester. Außerdem springe ich bei Unglücksfällen in der Nachbarschaft ein. Aber da ich drei kleine Kinder zu Hause habe, bleibt mir nicht viel Zeit für andere Dinge übrig.«

»Kinder aufzuziehen ist die schönste und höchste Aufgabe einer Frau«, erwiderte Fräulein Matthes. »Und eine gute Krankenschwester bringt die besten Voraussetzungen für diese Aufgabe mit.«

Susy wußte das selber am besten, freute sich jedoch, daß Fräulein Matthes es sagte. Seitdem sie durch die Drehtür gegangen war, hatte sie ein leises Schuldgefühl gequält. Wieviel Mühe war doch auf ihre Ausbildung verwendet worden! Man hatte sie mit den neuesten Errungenschaften der Wissenschaft bekannt gemacht und ein Handwerk gelehrt, das so alt wie das Mitleid war. Und was tat sie mit all diesen mühsam erworbenen Kenntnissen? Sie zog drei Kinder auf — wahrscheinlich nicht besser und nicht schlechter, als es jede Frau getan hätte, die mit Ach und Krach die Schule durchgemacht hatte. Die Worte von Fräulein Matthes beruhigten sie und gaben ihr das Gefühl, daß ihre Ausbildung doch nicht ganz umsonst gewesen war.

Nun wandte sich die Schulleiterin an Kit. »Und was tun Sie, Fräulein van Dyke?«

»Ich bin jetzt Leiterin der Schwesternschule in Springdale. Aber augenblicklich habe ich Ferien.«

»Wollen Sie nach Kanada zu Ihrer Familie fahren?« fragte Fräulein Matthes.

»Ja. Ich werde nichts tun, als in einer Hängematte liegen und dösen.«

»Da könnte man ja wirklich neidisch werden. Sagen Sie, Frau Barry, Ihr Mann ist doch Leiter des Springdaler Krankenhauses, nicht wahr?«

»Ja, er hat es von Anfang an geleitet. Manches Mal sehnt er sich ein wenig nach seiner Landpraxis zurück. Aber ich bin natürlich sehr glücklich. Seine Dienststunden sind ziemlich regelmäßig, und er hat zwei Assistenzärzte. Ich gehöre zu den wenigen Arztfrauen, die etwas von ihrem Mann haben.«

»Sicherlich helfen Sie ihm viel.«

»Ich weiß nicht recht«, antwortete Susy. »Höchstens als eine Art Fürsorgerin für entlassene Patienten.«

»Wie denn das?« fragte Fräulein Matthes, die an einen Riesenbetrieb gewöhnt war und sich ein Krankenhaus ohne festangestellte Fürsorgerinnen gar nicht vorstellen konnte.

»In der kommenden Woche wird zum Beispiel ein Mann aus dem Krankenhaus entlassen, der nur noch leichte Arbeiten verrichten kann«, erklärte Susy. »Aber sein Lohn darf auch nicht zu klein sein, weil er ja seine Familie erhalten muß. Eine solche Arbeit ist in Springdale schwer zu finden. Nun übernehme ich es, ihn irgendwo unterzubringen, weil ich mehr Zeit dazu habe als mein Mann.«

»Ich verstehe. Meiner Meinung nach sollten Ärzte nur Krankenschwestern heiraten. Natürlich könnten auch andere Frauen solche Aufgaben lösen, aber eine Krankenschwester kann es eben doch besser.«

Nachdem sich die drei noch eine Weile über neue Lehrmethoden unterhalten hatten, warf Kit der Freundin einen Blick zu und zog die Augenbrauen hoch.

Susy stand auf. »Wir wollen Sie nicht länger aufhalten, Fräulein Matthes. Dürfen wir einmal durchs Krankenhaus gehen?«

»Aber natürlich!« Fräulein Matthes stand ebenfalls auf. »Sie müssen sich vor allem die Kinderstation anschauen. Sie ist völlig umgebaut und ganz modern eingerichtet.«

Die Freundinnen verabschiedeten sich und traten in die hohe Halle hinaus, in der die Luft kühl und frisch war. Nachdem sie durch mehrere Gänge gegangen waren, gelangten sie in einen breiten Ziegelkorridor mit großen Fenstern, durch die man auf Gartenanlagen blickte. Hier mußte jeder hindurchgehen, der zu den Krankensälen, zum Wohnhaus der Schwestern, zu den Eßsälen oder zum Operationssaal wollte. Tausendmal, bei Tag und Nacht, waren Kit und Susy durch diesen Ziegelkorridor gegangen, eilig und ängstlich als Probeschwestern, stolz und selbstbewußt mit ihren neuen Hauben, freudig erregt auf dem Weg zur Diplomverleihung. Jetzt blieben sie etwas unentschlossen an einem Fenster stehen, durch das ein paar Sonnenstrahlen fielen. »Wohin wollen wir zuerst gehen?« fragte Kit.

»Laß uns zuerst einmal hinausschauen.«

Sie öffneten eine Tür und traten ins Freie. Der Rasen hatte schon einen grünen Schimmer. Patienten waren jedoch nicht draußen zu sehen; der Frühlingswind wehte noch zu scharf. Kit betrachtete das älteste Haus der Krankenanstalt, ein altes, ehrwürdiges Gebäude mit einem hohen Portal, das auf der anderen Seite der großen Rasenfläche stand. Susy sah mit einem zärtlichen Lächeln zu einem Kiesweg hin.

»Willst du eine Handvoll Kies als Andenken mitnehmen?« spöttelte Kit.

Susy lachte verhalten. »Dort auf dem Weg hat Bill mich in einer Weihnachtsnacht gefragt, ob ich seine Frau werden will. Und ich wußte nicht, was ich ihm antworten sollte.«

»Warum denn nicht?«

»Weil ich jung und dumm war. Komm, wir wollen zu den Operationssälen gehen.«

Sie kehrten ins Haus zurück und setzten ihren Rundgang fort. Auch in der Operationsabteilung wurden sie auf Schritt und Tritt von Erinnerungen verfolgt, aber überall begegneten sie fremden Gesichtern. Bald gingen sie wieder weiter. Nachdem sie in ein paar Krankensäle geguckt und die neuen modernen Stationsküchen bewundert hatten, stiegen sie die Treppe zur Kinderstation hinauf. Obwohl Fräulein Matthes ihnen ja schon gesagt hatte, daß die Station völlig umgebaut war, blieben sie überrascht stehen, als sie die Tür geöffnet hatten.

Früher war hier ein riesiger Saal mit zwei übergroßen Kaminen gewesen. Die kleinen Betten hatten längs der Wand gestanden, und der Fußboden war immer mit alten zerbrochenen Spielsachen bedeckt gewesen. Aber seit neuestem bestand die Station aus zwei Räumen und einer breiten Veranda. Die Wände waren hell gestrichen und mit bunten Märchengestalten bemalt. Die Bettchen waren durch schulterhohe Glaswände voneinander getrennt. Auf weißlackierten Tischchen lag modernes Spielzeug. Eine Klimaanlage sorgte für gute Durchlüftung. Früher war es hier zwar weniger gut gelüftet gewesen, dafür aber warm und gemütlich, und vor den altmodischen Kaminen hatten Schaukelstühle gestanden, in denen man Schmerz, Heimweh und schlechte Träume hatte fortschaukeln können. Voller Stolz zeigte die Stationsschwester den Besucherinnen die blitzblanke Küche, das Laboratorium und die modernen Apparate. Gewiß, das war alles wunderschön. Dennoch dachte Susy ein wenig sehnsüchtig an die alten Kamine zurück, an das Holzfeuer, das immer so anheimelnd gerochen hatte, wenn draußen der Regen gegen die Scheiben schlug, an das Knarren der Schaukelstühle, in das sich helle Kinderstimmen mischten.

Die Stationsschwester ging mit Kit voraus. Susy hörte, wie sie sagte: »Nabelbruchoperation. Er ist völlig apathisch. Wir haben alles nur mögliche mit ihm angestellt, aber er zeigt für nichts Interesse.«

Mitleidig musterte Susy den kleinen Jungen von etwa sechs Jahren, der mürrisch auf die Wand starrte. Sie wäre gern zu ihm hingegangen und hätte ihn getröstet, erinnerte sich aber noch rechtzeitig daran, daß sie hier nicht im Dienst war, und ging zögernd hinter den beiden anderen her. Am Bettchen eines unruhigen Fünfjährigen mit einem Bein im Gipsverband blieb sie stehen und lächelte ihm ermunternd zu. Er lächelte ebenfalls, aber seine Lippen waren trocken vom Fieber, und er fuhr mit dem Handrücken darüber. Als Susy weiterging, brachte eine junge Schwester ihm ein Glas Limonade. Er ergriff es mit beiden Händen und trank gierig.

Im nächsten Bett lag ein kleines Mädchen, den Kopf im

Kissen vergraben. Susy gab es einen Ruck. Sie vergaß Kit und die Stationsschwester; sie vergaß, daß sie nicht im Dienst war. Voller Zärtlichkeit beugte sie sich über die kleine reglose Gestalt. »Was fehlt dir denn?« fragte sie sanft.

Das Mädchen drehte sich auf die Seite. »Ich will zu Mammi!« antwortete es kläglich.

»Ja, ich weiß. Es ist schlimm, von ihr fort zu sein, nicht wahr?«

Das Kind richtete sich auf. »Bist du denn auch eine Mammi?«

»Ja. Ich hab ein kleines Mädchen, das ist sechs Jahre alt, und dann noch zwei Buben — Zwillinge. Sie sind vier und haben rotes Haar.«

»Ich hab noch eine große Schwester. Wie heißt denn dein kleines Mädchen?«

»Bettina. Und wie heißt du?«

»Rosemarie.«

»Das ist ein schöner Name. Du siehst fast genauso wie Bettina aus. Sie hat auch dunkles Haar und Zöpfe — genauso wie du. Und ihre Augen sind auch blau — genauso wie deine.«

»Hast du sie auch allein im Krankenhaus gelassen?«

»Nein. Bettina ist noch niemals krank gewesen. Aber wenn sie krank wäre, müßte ich sie auch allein im Krankenhaus lassen.«

»Warum?«

»Weil Mammis nicht im Krankenhaus bleiben dürfen. Wo sollten sie hier auch essen und schlafen? Außerdem würden sie den Schwestern nur im Wege sein.«

Rosemarie starrte Susy schweigend an. Die Erklärung schien ihr nicht einzuleuchten.

»Deine Mammi ist ebenso traurig wie du«, versicherte ihr Susy mit tröstender Stimme. »Und sie möchte schrecklich gern bei dir sein.«

»Woher weißt du das?«

»Weil ich auch eine Mammi bin. Soll ich dir sagen, was deine Mammi jetzt gerade tut?«

Rosemarie nickte.

»Laß sehen! Es ist fünf Uhr. Sie überlegt jetzt natürlich, was sie zum Abendbrot kochen soll. Und dann denkt sie daran, was du wohl zu essen bekommst und ob es dir auch schmeckt. Am liebsten möchte sie für dich kochen. Und sie guckt gar nicht nach deinem Platz am Tisch, weil sie dann traurig wird. Während sie kocht und den Tisch deckt und ißt und das Geschirr abwäscht, denkt sie immerfort an dich. Und wenn dein Pa oder deine Schwester sie etwas fragen, hört sie zuerst gar nicht, weil ihre Gedanken bei dir sind. Aber wenn sie dann schließlich schlafen geht, fliegt das Stück von ihr, das dir allein gehört, hierher, damit du nachts etwas Schönes träumst. So ist sie eigentlich immer bei dir.«

»Gibt es wirklich ein Stück von Mammi, das nur mir gehört? Kann ich es sehen?«

»Nein, sehen kannst du es nicht, aber es ist trotzdem bei dir.«

Rosemarie seufzte zufrieden und legte sich wieder hin. Susy küßte sie. Erst als sie sich aufrichtete, fiel ihr die tiefe Stille im Saal auf, und sie blickte sich um. Aus jedem Bettchen sahen sie große leuchtende Augen an. Der Fünfjährige mit dem Gipsverband war nicht länger unruhig, und der Junge, der vorhin so apathisch auf die Wand gestarrt hatte, blickte neugierig zu ihr hinüber. Die Stationsschwester und Kit standen reglos an der Tür. Susy ging zu ihnen. Bevor sie den Saal verließ, drehte sie sich noch einmal um. »Auf Wiedersehen, Kinder!« rief sie. »Eßt recht viel zum Abendbrot und denkt immer daran, daß eure Mammi nachts bei euch ist.«

»Auf Wiedersehen!« riefen die Kinder im Chor.

»Das war wunderschön, Frau Barry!« sagte die Stationsschwester draußen auf dem Flur. »Sie sollten eine Kinderstation leiten.«

»Praktisch leitet sie ja schon eine«, erwiderte Kit lachend, »und zwar in ihrem eigenen Haus.«

»Aber es ist eine altmodische«, sagte Susy zufrieden.

Wieder daheim

Susy lag schon in ihrem Schlafwagenbett, als sich der Zug um Mitternacht mit einem Ruck in Bewegung setzte. Sie hatte das Fenster geöffnet und sich vom Schaffner noch eine zweite Decke geben lassen, so daß sie frische Luft bekam und doch nicht zu frieren brauchte. Wohlig aufseufzend, verschränkte sie die Hände hinter dem Kopf und sah auf die vorbeifliegenden Lichter. Ihre Gedanken wanderten zu den Kindern. Sie freute sich auf daheim. Die Ferientage waren schön und erholsam gewesen, aber eigentlich fehlte ihr doch immer etwas, wenn die Kinder nicht bei ihr waren. Zärtlich dachte sie an die rothaarigen sommersprossigen Zwillinge, die sich äußerlich so sehr glichen, im Wesen jedoch ganz verschieden waren. Jonny war ruhig und geduldig, ein eifriger Handwerker und Bastler. Jerry dagegen wanderte meist unruhig umher und stellte oft Dummheiten an. Bettina hatte einen klaren unbestechlichen Verstand, aber ihre Stimmungen wechselten hundertmal am Tag. Sie war empfindsam, voller Zärtlichkeit und oft schwierig.

Kurz vor dem Einschlafen fiel Susy ein, daß ihr Zug um sechs Uhr früh in Springdale eintraf. Armer Bill! Nun, er würde wohl nicht so unvernünftig sein, sie von der Bahn abzuholen. Aber freuen würde sie sich doch, wenn er es täte.

Als sie am nächsten Morgen ausstieg, war kein Bill zu sehen. Der Zug fuhr weiter und ließ sie fröstelnd auf dem Bahnsteig zurück. Der Frühling in den Weißen Bergen ist rauh. Nach ein paar Minuten öffnete sich die Tür des kleinen Stationsgebäudes und ein Mann spähte hinaus. »Hallo, Frau Barry! Eben hat der Doktor angerufen. Ich soll Ihnen sagen, daß er gleich hier sein wird. Kommen Sie doch rein! Im Wartesaal ist geheizt. Der Wind geht einem ja durch Mark und Bein.«

»Danke, Ezra, ich warte lieber draußen«, entgegnete

Susy, die sich vor der stickigen Luft im Wartesaal scheute.

Ezra brummte etwas und verschwand. Susy sah zu den weißen Häusern von Springdale hinunter, hinter denen sich die Berge auftürmten. Genießerisch sog sie die reine Schneeluft ein. Wieder daheim! Nachdem sie dann ein paarmal auf und ab gegangen war und der eisige Wind sie ordentlich durchgepustet hatte, begann sie mit weniger Abscheu an den Wartesaal zu denken. Plötzlich blieb sie lauschend stehen. Motorbrummen näherte sich. Eine Wagentür knallte zu. Gleich darauf erschien Bill auf dem Bahnsteig. Er eilte auf sie zu und schloß sie in seine Arme.

»Warum bist du so früh aufgestanden?« fragte sie.

»Das hat seinen guten Grund. Ich wollte zur Abwechslung einmal nicht alle drei Kinder im Bett haben, ehe ich richtig wach bin. Wenn du zu Hause bist, ist es nicht so schlimm. Dann ...«

»Dann sind sie bei mir.«

»Na ja, dazu bist du ja schließlich da!« Arm in Arm gingen sie zum Wagen.

»Was machen die Kinder, Bill?«

»Oh, sie machen sich. Jerry hat einen Skunk umarmt, Jonny hat sich die Augenlider mit rotem Nagellack angepinselt, und Bettina ist von einem Tier gestochen worden, das nach ihrer Beschreibung groß wie ein Haus war und einen donnerähnlichen Lärm gemacht hat.«

»Wie ist Jerry denn zu dem Skunk gekommen?«

»Das Stinktier hatte sich in einen leeren Mülleimer verkrochen, und da kletterte er zu ihm hinein und umarmte es zärtlich. Aber jetzt riecht er kaum noch.«

»Ach, du lieber Himmel! Bin ich froh, daß ich wieder zu Hause bin.«

»Ich bin auch froh!«

Nachdem sie schweigend durch den Ort gefahren waren, lenkte Bill den Wagen die Bergstraße hinauf.

»Wie geht es Anne?«

»Gut.«

Susy hatte nur aus Anhänglichkeit gefragt und nicht etwa aus Sorge, daß ihre alte Freundin krank sein könnte. Anne besaß eine unverwüstliche Gesundheit. Nach Bettinas Geburt waren Susy und Bill in ein größeres Haus gezogen, und da sie eine Hilfe im Haushalt brauchten, hatte sich Anne erboten, zu ihnen zu kommen. Ihre Stellung im Krankenhaus hatte sie schon seit längerer Zeit aufgegeben, weil ihr die Arbeit zu schwer geworden war. Aber sie fühlte sich ein wenig einsam in ihrem leer gewordenen Häuschen. So vermietete sie es denn und zog zu den Barrys. Sie gehörte seit Jahren zur Familie.

Susy beugte sich vor und sah zu dem weißen Haus hin, dem sie sich näherten. Es war solide gebaut und lag zwischen Ulmen und Ahornbäumen abseits von der Straße. Ein Fahrweg, der mit Berberitzensträuchern eingefaßt war, führte an einer Seite vorbei bis zu einer roten Scheune. Im Garten hinter dem Haus sah man einen Sandhaufen mit einer Karre und ein paar Turngeräten. Dahinter zog sich eine Bergwiese mit großen Felsblöcken zu einem Wäldchen hinauf.

Vor dem Haus lag ein gepflegter Rasenplatz. Die Wohnzimmerfenster blickten über das Tal von Springdale hinweg auf die Kette der Weißen Berge. Aus einem dunklen Wolkengewirr ragte das schneebedeckte Haupt des Mount Washington. Über seine zerklüfteten Hänge glitten blaue Schatten.

Als der Wagen vor der roten Scheune hielt, flog die Küchentür auf, und Anne kam heraus, von den tobenden Kindern umringt. Hinterher trottete Maxl, etwas fett geworden und mit steifen Beinen.

Die Zwillinge stürzten Seite an Seite jauchzend auf Susy zu; Bettina lief mit langen Beinen hinterdrein. »Mammi, Mammi!« schrien alle drei, während Maxl vor Aufregung keuchte. Susy verschwand in einem Wirrwarr von Armen und Beinen und tauchte nach einer Weile völlig zerzaust und naß von Küssen wieder auf.

»Hast du uns was mitgebracht?« fragte Jonny.

»Natürlich! Kommt ins Haus.«

Jerry bekam ein paar Schallplatten, die er sich gewünscht hatte, Jonny einen Kasten mit Handwerkszeug und Bettina einen Puppenkochherd. Die Kinder jubelten über die Sachen, als ob sie noch niemals etwas geschenkt bekommen hätten. Doch schielten sie auch eifersüchtig zu den Geschwistern hin, ob die nicht etwa etwas Besseres bekommen hätten als sie selber. Endlich rannten sie davon, Bettina in die Küche, Jerry ins Wohnzimmer und Jonny zur Scheune. Plötzlich war es sehr still im Zimmer.

Susy, Bill und Anne setzten sich an den Frühstückstisch. Susy erzählte von ihrer Reise, von ihrem Besuch im Krankenhaus und von der neuen Kinderstation.

»Die armen Kleinen!« sagte Bill. »Fräulein Matthes hat ganz recht, Ärzte sollten nur Krankenschwestern heiraten. Aber ich finde, alle Krankenschwestern sollten auch Mütter sein.«

»Gehen Sie da nicht etwas zu weit?« meinte Anne bedächtig. Dann fragte sie Susy: »Hast du Kit noch zur Bahn gebracht?«

»Ja. Es wird mir ganz komisch ohne sie vorkommen.«

»Und mir erst!« sagte Bill. »Hoffentlich verheiratet sie sich nicht in Kanada. Ein paar Monate geht es schon mal mit Frau Landers, aber für immer nicht.« Er stand auf. »Ich muß fort. Um neun hab ich eine Rippenresektion zu machen.«

Susy begleitete ihn zur Haustür. Auf dem Weg zum Wagen drehte er sich noch einmal um. »Ach, das hätte ich fast vergessen! Gestern hat Frau Briscomb angerufen. Sie will dich heute gegen zwei besuchen. Du bist doch zu Hause, nicht wahr?«

»Ja. Was will sie denn von mir?«

»Keine Ahnung! Frag sie doch mal, ob sie nicht einen Arbeitsplatz für Fred Button hat.«

»Du meinst in ihren Gewächshäusern? Aber Bill — die

Frau ist ja ein Eisberg! Ich weiß wirklich nicht, wie ich an sie rankommen soll.«

»Das verstehst du besser als ich«, entgegnete er fröhlich und ging leichten Schrittes davon.

Susy wollte sich sorgfältig überlegen, wie sie die schwierige Frau Briscomb am besten für Fred interessieren könnte. Er mußte möglichst bald Arbeit bekommen, damit seine Frau, die jetzt außer Haus arbeitete, sich wieder den Kindern widmen konnte. Aber obwohl Susy sonst nicht vergeßlich war, vergaß sie im Trubel des Vormittags, daß Frau Briscomb sie besuchen wollte.

Nach ihrer viertägigen Abwesenheit gab es allerlei im Haushalt zu tun. Da Anne ein Großreinemachen plante, wollte Susy vorher die Schränke ausräumen. Zwei Kleider von Bettina mußten verlängert werden, denn das Mädchen wuchs fast zusehends. Auch mußten die Sommersachen der Familie vom Boden geholt und ausgelüftet werden. In Bills Kleiderkammer entdeckte Susy eine völlig verschmutzte Baumwollhose, die er bei der Gartenarbeit zu tragen pflegte. Sie machte den Eindruck, als hätte Bill den Skunk ebenfalls umarmt und sich noch dazu in Kompost und Knochenmehl gewälzt. Mit spitzen Fingern hob Susy die Hose auf und warf sie in die Waschmaschine. Die Kinder, freudig erregt über die Rückkehr der Mutter, riefen immer wieder nach ihr, um ihr zu erzählen, was sie in den letzten Tagen getan hatten oder was sie gerade taten. Überdies mußte Susy noch kochen, denn Anne hatte heute keine Zeit dazu.

Nach dem Essen brachte sie die Zwillinge ins Bett. Bettina, die nachmittags nicht mehr schlief, hatte plötzlich den Einfall, in der Bodenkammer spielen zu wollen, und zog sich mit ihren Puppen und Maxl dorthin zurück. Susy ließ das schmutzige Geschirr stehen und benutzte die ruhige Stunde, um die Gartenstühle zu streichen.

Anstreichen war für Susy ein besonderes Vergnügen. Fröhlich summte sie bei der Arbeit vor sich hin. Wie schön war es doch, wieder daheim zu sein! Ob sie wohl auch so glücklich wäre, wenn sie nicht ein wenig Gewissensbisse hätte, weil sie ihren Beruf vernachlässigte? Sie trat zurück und betrachtete gleichzeitig trotzig und zufrieden den Stuhl, den sie gerade gestrichen hatte. Bei dem frischen Wind würde die Farbe schnell trocknen. Draußen auf der Straße rumpelte ein großer Möbelwagen vorbei und keuchte weiter bergauf. Sicherlich fuhr er zum Haus Irwin, das eine berühmte Malerin namens Mona Stuart gekauft hatte. Susy kannte ihre Bilder nicht und hatte bisher nur durch Anne von der Künstlerin gehört, die nun ihre Nachbarin werden sollte. Was für ein Mensch mochte sie wohl sein? Während Susy so vor sich hin sann, sah sie plötzlich eine grüne Limousine in den Fahrweg einbiegen.

O weh! Hastig warf sie ihren Pinsel in eine Kanne mit Terpentin und flog die Treppe hinauf. Anne wusch gerade die Tür des Fremdenzimmers ab. »Anne! Frau Briscomb ist im Anrollen. Ich hatte ganz vergessen, daß sie kommt. In diesem Aufzug kann ich sie unmöglich empfangen. Ich muß mich rasch umziehen. Bill möchte, daß ich sie überrede, Fred Button bei sich einzustellen.«

»Das tut sie ja doch nicht!«

»Mag sein. Aber ich will wenigstens mein Glück versuchen. Was hab ich schon dabei zu verlieren?«

»Deine Körperwärme. Diese Frau ist kalt wie Eis. Soll ich Tee machen, damit sie etwas auftaut?«

»Ja, bitte!«

Als Anne die Treppe hinunterging, klingelte es schon an der Haustür. Susy rannte ins Badezimmer, streifte ihren Pullover über den Kopf, zog ihre Arbeitshose aus und wischte sich ein paar Farbenkleckse vom Gesicht. Dann lief sie in ihr Zimmer, schlüpfte in ein Kleid und fuhr sich mit dem Kamm durch die Haare. Dabei überlegte sie krampfhaft, wie sie Frau Briscomb dazu bringen könnte, Fred Arbeit zu geben.

Das Unternehmen schien ziemlich hoffnungslos zu sein. Frau Briscomb, eine reiche Witwe, war vor einigen Jahren als Sommergast nach Springdale gekommen. Sie hatte einen großen Besitz oberhalb des Ortes gekauft und widmete sich seitdem hauptsächlich ihrem Garten und großen Treibhäusern, die sie angelegt hatte. Wohl spendete sie reichlich Geld für wohltätige Zwecke, aber noch niemals hatte sie einem Menschen persönlich geholfen. Ihr kühles Wesen schreckte auch jeden davor zurück, sich mit einer Bitte an sie zu wenden.

Sie war ungefähr vierzig Jahre alt, groß und stattlich, hatte dunkles Haar und dunkle Augen, ein schmales Gesicht und eine tiefe Stimme. Selten sah man sie lächeln; niemals verschwand der unnahbare Ausdruck von ihrem Gesicht. Kein Mensch wußte, was sie eigentlich dachte oder empfand.

Als Susy die Treppe hinuntereilte, wußte sie noch immer nicht, wie sie ihre Bitte anbringen sollte. Ein wenig nervös betrat sie das Wohnzimmer. Ihre Besucherin stand am Fenster und sah hinaus. Langsam wandte sie sich um. »Guten Tag, Frau Barry!« begrüßte sie Susy ohne ein Lächeln. »Ich komme doch hoffentlich nicht ungelegen?«

»Aber nein! Ich freue mich sehr über Ihren Besuch. Bitte nehmen Sie Platz.«

»Danke. Sie haben hier eine schöne Aussicht.«

»Ja, das stimmt. Mein Mann und ich waren auf den ersten Blick in dieses Haus verliebt und schwebten lange in Angst, daß jemand es uns vor der Nase wegschnappen könnte. Aber nachdem die Kinder da waren, brauchten wir wirklich ein größeres Haus und so ...« Susy schwatzte und schwatzte, aber jeder Unsinn war erträglicher als das formelle Wesen von Frau Briscomb. Mit unbewegtem Gesicht ließ sie sich auf einem Sessel nieder. Innerlich aufseufzend, setzte sich Susy ihr gegenüber. Wie konnte ein Mensch nur so trocken und unlebendig sein!

Frau Briscomb steuerte ohne Umschweife dem Zweck ihres Besuches zu. Sie wollte mit Susy über den Plan der Springdaler Gemeinde sprechen, eine neue Schule zu bauen. War der Bau wirklich notwendig? Wieviel würde er kosten? Würden sich dadurch nicht die Steuern erhöhen?

Susy war froh, daß sie über ein bestimmtes Thema sprechen konnte, und erklärte ihr die Gründe für den Bauplan.

Frau Briscomb hörte schweigend zu. Als Anne mit dem Tee erschien, nickte sie ihr freundlich zu, sagte jedoch kein Wort. Schließlich fragte sie: »Würden Sie den Bau der Schule auch für notwendig halten, wenn Sie keine Kinder hätten?«

»Gewiß.«

»Ganz bestimmt? Ich möchte gern eine unvoreingenommene Meinung hören.«

Susy hätte am liebsten geschrien: »Gehen Sie zum Teufel!« Statt dessen antwortete sie vorsichtig: »Ich kann Ihnen allerdings nicht beweisen, daß meine Meinung unvoreingenommen ist, falls Sie mir nicht glauben.«

»Hm — ja. Natürlich.«

Die Unterhaltung begann zu stocken. Susy beschloß rücksichtslos zum Angriff überzugehen.

»Frau Briscomb, ich möchte gern mit Ihnen über einen Patienten meines Mannes sprechen, der in den nächsten Tagen aus dem Krankenhaus entlassen wird. Er hat im vergangenen Herbst bei einem Erdrutsch eine Brustquetschung erlitten und kann vorläufig nicht im Freien arbeiten. Auch schwere Arbeiten darf er nicht machen. Nun hat er aber vier Kinder zu Hause. Seine Frau hat im Winter als Haushilfe gearbeitet, um ihre Familie zu ernähren, und mußte die Kinder daher meistens sich selber überlassen. Sie waren früher sehr nett, sind aber nun recht verwildert und stellen allerlei Dummheiten an. Besonders für den ältesten Jungen kann es böse Folgen haben, wenn sich auch weiterhin niemand um ihn kümmert. Man hat ihn schon zweimal beim Stehlen erwischt. Wenn die Mutter zu Hause wäre, könnte sie besser auf die Kinder achtgeben. Sie ist eine ehrliche, anständige Frau und eine gute Mutter.«

»Warum erzählen Sie mir das alles?«

»Weil ich Sie bitten möchte, Fred Button Arbeit in Ihren Gewächshäusern zu geben.«

»Warum sollte ich das wohl tun?« fragte Frau Briscomb ganz erstaunt.

»Erstens ist Fred ein ausgezeichneter Gärtner. Und dann könnte seine Frau zu Hause bei den Kindern bleiben, wenn er wieder den Lebensunterhalt für die Familie verdient. Die Arbeit in einem Treibhaus kann er wohl verrichten, aber schwere Arbeit darf er vorläufig nicht tun; er muß sich noch schonen.«

»Könnte er nicht auf die Kinder aufpassen?«

»Kinder brauchen eine ständige Aufsicht, Verständnis und sehr viel Liebe.«

»Ich sehe nicht ein, warum der Vater ihnen das nicht geben kann.«

»Im großen ganzen schon. Aber Männer können sich nicht so gut in das Wesen eines Kindes versetzen wie Frauen. Außerdem fehlt ihnen die Erfahrung im Umgang mit Kindern.«

Es entstand ein Schweigen. Dann sagte Frau Briscomb ohne eine Miene zu verziehen: »Augenblicklich ist kein Platz bei mir frei. Wenn es einmal der Fall sein sollte, werde ich Ihnen Bescheid geben.«

»Könnten Sie nicht einen Arbeitsplatz für Fred schaffen?«

»Es tut mir leid, Sie enttäuschen zu müssen, Frau Barry. Aber ich kann nicht finden, daß die Situation es von mir fordert, einen Arbeiter einzustellen, den ich nicht brauche.«

»Wie schade! Die Button-Kinder sind im Grunde nicht schlecht und brauchen nur ein richtiges Heim.«

Vielleicht lag es an Susys Hartnäckigkeit, vielleicht machten auch ihre Gründe Eindruck; auf alle Fälle schien

Frau Briscomb zu schwanken. In diesem Augenblick rief Bettina von oben: »Mammi, die Jungens sind wach! Dürfen wir runterkommen?«

Susy glaubte an einen Wink des Himmels. Falls Frau Briscomb wirklich weich zu werden begann, würde der Anblick von gesunden und gepflegten Kindern, rosig von ihrem Nachmittagsschlaf, mehr bewirken als die überzeugendste Rede. Sie sollte Kinder sehen, die alles besaßen, was den Button-Kindern fehlte.

»Ja, kommt nur!« rief sie Bettina zu und sagte dann zu Frau Briscomb: »Ich hoffe, Sie haben nichts dagegen.«

»Aber keineswegs«, murmelte Frau Briscomb, während die Kinder die Treppe herunterpolterten. Die Zwillinge stapften durch die Diele zur Küche, um sich ihre Milch zu holen, aber Bettina kam sofort ins Wohnzimmer.

Susy war sprachlos vor Entsetzen, als sie ihre Tochter sah. Bettinas Gesicht und Hände waren schwarz. Ein Zopf war aufgegangen, und die Haare hingen ihr ins Gesicht. Ihre Trainingshose hatte ein großes Loch am Knie. »Guten Tag«, sagte sie unbefangen zu Frau Briscomb. »Ich war in der Bodenkammer. Dort ist es furchtbar dreckig. Darf ich ein Stück Brot essen, Mammi?«

Endlich hatte Susy ihre Sprache wiedergefunden. »Zuerst wäscht du dir Gesicht und Hände und ziehst eine andere Hose an. Und laß dir von Anne den Zopf flechten, ehe du wiederkommst.«

Bettina, die gewöhnlich folgsam und vernünftig war, jammerte kläglich: »Ach, Mammi, warum kann ich nicht gleich was essen? Ich bin hungrig.«

»Du bist schmutzig. Tu, was ich dir gesagt habe!«

Bettina brach in Tränen aus und verschwand heulend. Susy wäre am liebsten schweigend über den Zwischenfall hinweggegangen, fühlte sich jedoch verpflichtet, etwas zu sagen. »Gewöhnlich sieht meine Tochter nicht so schmutzig aus und benimmt sich auch besser. Sie ...«

Susys Worte gingen in einen Höllenlärm unter. Jonny

kam laut schreiend ins Wohnzimmer geschossen. Seine Schnürsenkel waren offen, und er hatte einen Milchschnurrbart. Hinter ihm folgte Jerry mit offenen Hosen und brüllte: »Haltet den Dieb! Haltet den Dieb!«

Im Eifer des Spiels bemerkten die Zwillinge weder ihre Mutter noch den Besuch. Sie rasten einmal durchs Zimmer, warfen einen Stuhl um und rannten dann wieder hinaus.

»Was ist denn los?« fragte Frau Briscomb. »Hat einer Ihrer Jungen etwas gestohlen?«

Susy war aufgesprungen. »Sie spielen natürlich nur«, erklärte sie mit einem verzerrten Lächeln. »Entschuldigen Sie mich bitte einen Augenblick!« Damit lief sie ins Eßzimmer.

Die Zwillinge wälzten sich auf dem Fußboden und rangen schreiend miteinander. Susy packte jeden mit einer Hand am Kragen und stellte sie auf die Beine.

»Jonny! Jerry! Ich habe Besuch, da dürft ihr nicht solchen Radau machen. Geht in den Garten, wenn ihr nicht leise sein könnt.«

Die beiden Jungen sahen sie mit großen Augen an. »Sei bitte nicht böse, Mammi!« sagte Jerry, und Jonny fügte hinzu: »Wir spielen doch bloß.«

Susys Herz schmolz im Nu. »Nun ja. Aber jetzt seid mal ein Weilchen still.«

»Dürfen wir den Besuch sehen?« fragte Jonny, als handele es sich um ein Tier im Zoo.

Susy zögerte einen Augenblick. Das Betragen der Zwillinge hatte zwar nichts von den Segnungen eines normalen Elternhauses verraten, aber das war kein Grund, sie zu verbannen. Sie angelte einen Schuh unter dem Eßtisch hervor, zog ihn Jonny an, knöpfte Jerrys Hose zu und führte die beiden ins Wohnzimmer.

Fröhlich begrüßten sie Frau Briscomb, die jedoch nur ein schwaches Lächeln zustandebrachte und offenbar nicht recht wußte, was sie mit ihnen anfangen sollte. Susy strich Marmeladenbrote und machte Konversation.

Die Zwillinge waren recht brav und bemühten sich offensichtlich, ruhig zu sein. Aber zwei kleine Jungen, die gerade aus einem erfrischenden Nachmittagsschlaf erwacht sind, bersten vor Energie. Sie trampelten mit den Füßen und hampelten auf ihren Stühlen herum. Jerry summte unaufhörlich vor sich hin, während er auf dem Tisch den Takt dazu schlug, bis Susy seine Hand ergriff und mit ihren Fingern umschloß. Da stand er auf und wanderte auf der Suche nach anderen Zerstreuungen im Zimmer umher. Jonny lehnte sich an den Sessel von Frau Briscomb und starrte sie unverwandt an. Gerade wollte Susy ihn zu sich herüberziehen, als unerwartet laute Orgelmusik ertönte. »Stille Nacht, heilige Nacht!« dröhnte es vom Plattenspieler.

Frau Briscomb fuhr erschrocken zusammen, und Jonny ließ sein Marmeladebrot mit der beschmierten Seite nach unten auf ihren Ärmel fallen.

»Oh, entschuldigen Sie bitte, Frau Briscomb!« rief Susy. »Ich werde ...«

Ihre weiteren Worte ertranken in dem Geplärr des Plattenspielers. »Alles schläft, einsam wacht ...«

»Jerry!« schrie Susy. »Stell sofort den Apparat ab!«

Der Plattenspieler heulte auf und schwieg. Susy versuchte die Zwillinge mit den Augen zu bannen. »Geht jetzt in den Garten und spielt draußen. Und das aber sofort!«

Nachdem sie verschwunden waren, wandte sich Susy zu Frau Briscomb, die mit einer Papierserviette auf ihrem Ärmel herumtupfte. »Bitte lassen Sie mich das tun. Oh, Ihre Hände sind ja auch ganz beschmiert! Kommen Sie lieber ins Badezimmer. Dort können Sie sich waschen.«

Frau Briscomb stand schweigend auf, und Susy führte sie nach oben. Sie hatte das Gefühl, eine Beerdigungsprozession für Fred Buttons letzte Chance zu leiten. Nachdem Frau Briscomb soeben erlebt hatte, wie sich Kinder benahmen, die von ihrer Mutter betreut wurden, würde sie es bestimmt nicht notwendig finden, daß Frau Button zu Hause blieb.

Oben auf dem Flur kam ihnen Bettina entgegen, sauber und ordentlich, jetzt, da es zu spät war.

»Geht ihr ins Badezimmer, Mammi?« fragte sie. »Warum seid ihr nicht unten hingegangen? Ach so, dort sind die Handtücher schmutzig.« Sie sah Frau Briscomb an. »Das Badezimmer unten ist schrecklich alt, und in den Röhren gurgelt es immer ganz furchtbar. Pa sagt, da ist ein toter Diener Sauer drin.«

»Was ist denn das?« fragte Frau Briscomb verwundert.

»Sie meint einen Dinosaurier«, erklärte Susy verlegen.

»Ach so!«

Susy öffnete die Badezimmertür, fuhr jedoch entsetzt zurück und stieß mit der nachfolgenden Frau Briscomb zusammen. »Bettina! Was ist denn das?«

Bettina drängte sich an ihr vorbei durch die Tür. »Ach, es ist Jonnys tote Maus. Er hat sie hier vergessen. Sie stinkt, nicht wahr?«

»Bring sie sofort raus und wirf sie in den Heizofen!«

Als Bettina aus dem Badezimmer herauskam, hielt sie in beiden Händen ein Puppenbettchen, auf dessen winzigem Kopfkissen der Kopf einer offenbar schon seit längerer Zeit verstorbenen Maus ruhte. Ein sauberer Waschlappen deckte sie bis zum Kinn zu. Unbekümmert trug das Mädchen sie die Treppe hinunter.

Susy drehte sich zu ihrem Besuch um und wollte sich entschuldigen. Verdutzt bemerkte sie, daß Frau Briscomb von lautlosem Gelächter geradezu geschüttelt wurde. Einen Augenblick darauf schallte ihr eigenes helles Lachen durch den Korridor. Sie reichte Frau Briscomb ein Handtuch, und diese verschwand im Badezimmer.

Susy wartete draußen. Sie atmete jetzt etwas leichter. Wenn es ihr auch nicht gelungen war, etwas für Fred zu tun, so hatte sie Frau Briscomb doch wenigstens zum Lachen gebracht. Aus dem Badezimmer drang Wasserplätschern. Dann glaubte Susy ein Summen zu hören. Sie lauschte neugierig. Wirklich, Frau Briscomb summte; sie summte eine Melodie, die Susy nicht so bald vergessen würde. »Stille Nacht, heilige Nacht...« Die Stimme wurde von Lachen erstickt.

Als Frau Briscomb herauskam, war ihr Gesicht ernst und ausdruckslos wie immer. »Ich muß jetzt gehen. Es ist recht spät geworden.«

Schweigend gingen sie zusammen nach unten. Frau Briscomb holte ihre Handtasche aus dem Wohnzimmer, und Susy begleitete sie hinaus. An der Haustür blieb Frau Briscomb stehen. »Bestellen Sie bitte Herrn Button, daß er bei mir arbeiten kann, sobald er das Krankenhaus verläßt.«

Susy starrte sie verständnislos an. »Das ist — sehr liebenswürdig von Ihnen. Aber — ich verstehe nicht ganz, wie...«

»Ich habe soeben erlebt, was Kinder unter normalen Umständen anstellen können. Sie haben recht, Kinder brauchen Verständnis und sehr viel Liebe. Ich kenne ausgezeichnete Männer, die führend in ihrem Beruf sind, aber keiner von ihnen würde den Aufgaben einer Mutter gewachsen sein. Eine Mutter ist nicht zu ersetzen.«

Umständlich zog sie ihre Handschuhe an. »Das war ein recht amüsanter Nachmittag, Frau Barry. Wollen Sie und Ihr Mann nicht einmal abends zu mir kommen?«

»Ja, sehr gern«, antwortete Susy aufrichtig. Kopfschüttelnd sah sie Frau Briscomb nach, die mit gemessenen Schritten zu ihrem Wagen ging. »Ich hab meinem Mann also wirklich geholfen. Aber Fräulein Matthes stellt sich das bestimmt ganz anders vor.«

Karla

Ganz plötzlich war der Frühling ausgebrochen. Die Luft duftete nach jungem Grün und Strauchfeuern. Hier und dort tanzten bereits kleine Mückenschwärme; es wurde Zeit, die Gazefenster einzusetzen. Die Doppelfenster hatte Bill schon herausgenommen. Gerade trug er das letzte über seinem Kopf balancierend zum Schuppen. In blauen Baumwollhosen und einem alten Flanellhemd ging er fröhlich und unbekümmert über den feuchten Boden. Der leise Geruch von Äther, der noch an ihm haftete, störte ihn nicht. Heute war Sonnabend; er hatte nachmittags frei, und Susy war wieder daheim. Seine einzige Sorge galt augenblicklich der Frage, wie groß in diesem Jahr der Gemüsegarten werden sollte. Pfeifend betrat er den Schuppen und stellte das Fenster zu den übrigen in eine Ecke. Als er sich umwandte, stand Jonny vor ihm.

»Pa, meine Hosen rutschen.«

»Das seh ich«, sagte der Vater lachend. »Wo ist denn der Knopf?«

»Ich hab ihn verloren.«

»Geh zu Mammi. Und halt die Hosen fest, damit du sie nicht verlierst!«

»Warte! Ich habe deinen Knopf gefunden!« Jerry tauchte triumphierend aus einem Holzverschlag auf. Die Zwillinge liefen zum Haus. Susy holte ihren Nähkorb und nähte den abgerissenen Knopf an, während Jonny vor ihr stand. Nachdem Jerry ihr ein Weilchen zugesehen hatte, begann er unruhig zu werden. »Ich muß ins Badezimmer, Mammi.«

»Dann geh doch!« sagte Susy.

Jerry verschwand. Sie hörte ihn mit dem stampfenden Schritt der Vierjährigen die Treppe hinaufsteigen. Als er oben war, ging er jedoch am Badezimmer vorbei. Schon war ihm etwas anderes eingefallen, und er hatte sein ursprüngliches Vorhaben vergessen.

Aus der Küche war Annes Stimme zu hören. »Tina! Steh mir doch nicht immerfort im Wege!« Dann folgte ein kurzer dumpfer Aufschlag. Kein Zweifel, ein Ei war auf die Erde gefallen. »Da haben wir die Bescherung!«

»Oh, Anne!« rief Bettina unglücklich. »Ich wollte dich bestimmt nicht anstoßen.« Susy wußte, daß ihr Gesicht jetzt unendlich bekümmert aussah.

»Nun, nun, deswegen geht nicht gleich die Welt unter!« sagte Anne beruhigend. »Wir wollen ein neues Ei holen, dann kannst du es aufklopfen.« Sie gingen über den Flur. Man hörte, wie die Kellertür geöffnet und zugeschlagen wurde.

Plötzlich schrie Jerry wie am Spieß. Susy sprang auf, ließ Jonny mit der baumelnden Nadel an der Hose stehen und raste die Treppe hinauf. Schon hörte sie auch Bill rufen: »Susan! Jerry ist auf dem Dach!«

Sie lief auf das offene Fenster zu, neben dem ein Gazefenster stand, und kletterte hinaus, die Augen ängstlich auf Jerrys Kopf am Rande des Daches gerichtet. Er hielt sich an der Dachrinne fest. Ein Bein lag auf der Rinne, das andere hing über einem Abgrund von etwa fünf Metern, unter dem sich die Steinstufen der Hintertür befanden. »Halt dich fest, Jerry!« sagte Susy. »Ich komme.«

Das Dach war nur leicht geneigt, aber die Dachziegel fühlten sich feucht an, und als Susy einen Fuß aufsetzte, glitt sie aus. Kurz entschlossen setzte sie sich hin und schob sich langsam vorwärts. Ihr Herz schlug wie rasend, und in ihre Augen traten Tränen, als sie Jerrys ängstliches Gesicht sah. Vorsichtig rutschte sie über die glitschigen Dachziegel. »Bill!« rief sie. »Wo bist du?«

»Direkt unter ihm. Hab keine Angst! Ich fange ihn auf, falls er fällt.«

Nun waren Jerrys entsetzte Augen schon ganz nah. Susy streckte sich lang aus und packte seine Schulter. Er brach in Tränen aus.

»Sei ruhig, Jerry! Ich halte dich fest.«

»Versuch nicht, ihn hinaufzuziehen!« rief Bill von unten. »Sonst fallt ihr womöglich beide runter. Kannst du ihn festhalten, bis ich eine Leiter geholt habe?«

»Ja. Beeil dich aber!«

Bill rannte davon.

»Mammi, mir ist kalt!« wimmerte Jerry.

»Warte nur, Pa kommt gleich. Du mußt ganz still liegen.«

Plötzlich hörte sie Jonnys Stimme hinter sich am Fenster. »Darf ich auch aufs Dach kommen, Mammi?«

»Nein!« rief Susy streng.

»Warum nicht? Jerry ist doch auch oben.«

»Es geht nicht, Jonny. Ich erkläre es dir später. Jerry, du darfst dich nicht bewegen!«

Kurze Zeit war alles still. Susys Hände begannen zu schmerzen. Wo Bill nur so lange blieb?

»Du drückst mich so, Mammi!« jammerte Jerry.

Susy lockerte ihren Griff ein wenig und blickte ängstlich auf das Rundeisen, das die Dachrinne hielt. Die Schrauben bewegten sich! Was sollte sie nur tun? Vergeblich tastete sie mit den Zehen nach einem Halt. Sie konnte nicht höher hinaufkriechen, ohne Jerry loszulassen. Er hatte seinen Kopf gegen ihren Hals gepreßt und wimmerte leise. Wo Bill nur blieb?

»Kann ich helfen?« fragte eine Mädchenstimme von unten.

Susy, die wie gebannt auf die sich lockernden Schrauben des Rundeisens gestarrt hatte, warf einen Blick hinunter. Dort stand ein fremdes Mädchen von etwa vierzehn Jahren.

»Stell dich auf die Stufen und versuch ihn aufzufangen, falls er fällt«, sagte Susy. »Mein Mann holt eine Leiter. Er wird gleich hier sein.«

Jerry drehte den Kopf, um zu sehen, mit wem Susy sprach. Es knackte verdächtig.

»Lieg still!« schrie Susy und packte ihn fester.

»Ich will auch aufs Dach!« brüllte Jonny.

»Jonny!« rief Susy drohend. »Wenn du nicht sofort nach unten gehst, nehme ich dir deinen Werkzeugkasten fort.«

Jonny schwieg erschrocken. Endlich kam Bill mit der Leiter, warf einen flüchtigen Blick auf das fremde Mädchen und stieg schnell hinauf. Schon erschien sein Kopf vor Susy, und er packte Jerry mit festem Griff. »Laß Mammi los, Jerry.«

Jerry klammerte sich krampfhaft an Bill fest, der ihn vorsichtig hinuntertrug. Als er unten stand, fragte er das Mädchen: »Wie heißt du?«

»Karoline Stuart. Aber man nennt mich Karla.«

»Ich heiße Jerry.« Er schlug einen Purzelbaum.

»Der Schreck hat ihm nicht viel ausgemacht«, sagte Bill halb zu sich und halb zu Susy.

Susy bemerkte plötzlich, daß sie am ganzen Körper zitterte, und kletterte rasch die Leiter hinunter. Bill reichte ihr die Hand. Sie umklammerte sie bebend.

»Nun, nun!« sagte er beruhigend. »Es ist ja vorüber.«

»Aber es war furchtbar! Was machen wir bloß mit Jerry? Ich möchte ihn am liebsten verhauen.«

»Er hat einen gehörigen Schreck bekommen. Schilt ihn tüchtig aus und befiehl ihm, das Fenster zu schließen. Das kann er schon. Ich wette, er klettert nie wieder aufs Dach. Natürlich werde ich jetzt auch das Gazefenster einsetzen.«

»Bring aber erst die Leiter fort, sonst klettert Jonny womöglich noch hinauf, um zu sehen, wo Jerry gewesen ist.« Susy wandte sich zu dem fremden Mädchen um. »Möchtest du nicht ins Haus kommen?«

»Ja, gern. Ich heiße Karla.«

Erst jetzt sah Susy das Mädchen näher an. Es trug Hosen und eine kurze lose Jacke und war auffallend schön. Schimmerndes blondes Haar hing bis zu den Schultern herab und rahmte das feingeschnittene Gesicht ein. Die graugrünen, ein wenig schrägstehenden Augen wurden von langen dunklen Wimpern beschattet.

Jerry starrte Karla hingerissen an. »Ich war auf dem Dach!« prahlte er.

Das war zuviel für Susy, die noch innerlich zitterte. »Du ungezogener Bengel!« schrie sie zornig. »Wie oft habe ich dir gesagt, daß du nicht an ein offenes Fenster gehen sollst! Wenn du das noch einmal tust, kriegst du eine Tracht Prügel. Verstanden?«

Jerry zog den Kopf ein. »Ja, Mammi«, murmelte er kleinlaut.

»Jetzt gehst du nach oben und machst das Fenster zu. Daß du aber sofort wieder herunterkommst!«

»Ja, Mammi.«

An der Küchentür trafen sie Jonny. Karla sah erstaunt von ihm zu Jerry. »Ach, Zwillinge! Wie halten Sie die beiden nur auseinander, Frau Barry?«

»Das weiß ich selber nicht«, antwortete Susy, die sich im stillen wunderte, woher das Mädchen ihren Namen kannte. »Zieh deine Jacke aus, Karla, und komm ins Zimmer. Jerry, geh nach oben und mach das Fenster zu.«

Kaum hatten Susy und Karla sich ins Wohnzimmer gesetzt, kam Bettina hereingestürzt. »Ich bin mit Anne im Keller gewesen, Mammi«, begann sie eifrig zu erzählen. »Wir haben ...«

Sie brach ab und starrte Karla an.

»Mammi und Jerry waren auf dem Dach!« rief Jonny, der es noch immer nicht verwinden konnte, daß man ihn nicht aufs Dach gelassen hatte.

»Warum denn?« fragte Bettina erstaunt.

»Jerry war durchs Fenster geklettert und wäre beinahe heruntergefallen«, erklärte Susy. »Tina, dies hier ist Karla.«

Karla lächelte Bettina zu, und plötzlich sagte Jonny: »Du siehst schön aus, Karla.«

Das Lächeln verschwand von Karlas Gesicht. »Weißt du, was?« sagte sie ablenkend. »Ich kann hübsche Boote schnitzen, die richtig segeln.«

»Du siehst schön aus«, wiederholte Jonny, den die Segelboote im Augenblick nicht interessierten.

Karla wandte sich von ihm ab. Plötzlich war ihr Gesicht so herb und verschlossen, daß Susy erschrak. Sie stand auf und ging in die Küche, um eine Erfrischung zu holen. Was mochte dem Kind fehlen? Die meisten Mädchen quälten sich in dem Alter mit Zweifeln wegen ihres Aussehens. Aber Karla war so auffallend schön, daß sie es selber wissen mußte. Was war mit ihr los? Warum diese Empfindlichkeit?

Als Susy mit Milch und Kuchen ins Zimmer zurückkehrte, war auch Jerry wieder da, und Karla erzählte den Kindern eine Geschichte. Alle aßen und tranken mit Appetit. Susy freute sich an Karlas junger Schönheit inmitten ihrer fröhlichen und gesunden Kinder.

Endlich lehnte sich Karla gesättigt zurück. »Ich bin zum erstenmal in den Weißen Bergen«, sagte sie. »Es ist wunderschön hier.«

Susy fragte sie, ob sie in Springdale zu Besuch sei.

»Nein, wir sind hierhergezogen. Wir wohnen in dem Haus weit oben mit den großen Weiden davor.«

»In Haus Irwin?«

»Ja, Mutter hat es gekauft.«

»Deine Mutter ist — Mona Stuart?« fragte Susy erstaunt. Sie hatte gehört, daß die Künstlerin nicht mehr jung sei und vor vielen Jahren ihren Mann verloren habe. Von einer Tochter hatte niemand etwas gesagt. »Ich wußte gar nicht ...« Susy stockte etwas verlegen.

»Sie wußten nichts von mir?« Karla lachte. »Mutter hat gewiß ganz vergessen, mich zu erwähnen. Das sieht ihr ähnlich.«

Susy meinte, Haus Irwin sei sehr hübsch.

»Ja, es ist entzückend. Mutter hat nichts daran geändert. Den Schuppen hat sie sich als Atelier einrichten lassen. Ich freu mich sehr, daß Sie unsere Nachbarn sind. Ärzte und Krankenschwestern finde ich fabelhaft.«

Susy lächelte. »Woher weißt du denn, daß ich Krankenschwester bin?«

»Mutter hat Haus Irwin durch die Vermittlung von Herrn Phinney gekauft. Sie fragte ihn, wer neben uns wohnt, weil sie sich nicht gern stören läßt, auch wenn sie nicht arbeitet. Herr Phinney sagte, hier oben wohne nur noch Dr. Barry mit seiner Familie. Frau Barry sei früher Krankenschwester gewesen, und es seien nette Leute. Darauf sagte Mutter, es sei ihr gleichgültig, was ihre Nachbarn machten, solange sie sie nicht belästigten. Viele Leute drängen sich nämlich an sie heran, weil sie berühmt ist. Herr Phinney antwortete ihr: ›Hier wird sich kein Mensch nach Ihnen umsehen, ob Sie nun gestreift oder gefleckt rumlaufen. Wenn Sie Angst haben, von Ihren Nachbarn gestört zu werden, siedeln Sie sich lieber woanders an.‹ Mutter hat Nell nachher alles erzählt und sich halbtot dabei gelacht.«

Susy schmunzelte. Das war echt Lot Phinney! Er machte nicht viel Federlesens mit Leuten aus der Stadt.

»Als ich hörte, daß Sie Krankenschwester sind, wollte ich Sie gern kennenlernen.« Karla machte eine Pause und fügte dann nachdenklich hinzu: »Sie werden das sicherlich verstehen. Ärzte und Krankenschwestern sind anders als andere Menschen und denken nur an das, was wirklich wichtig ist.«

Susy wußte nicht recht, wie sie sich diese Bemerkung deuten sollte. Sie ging darüber hinweg und fragte: »Wer ist denn Nell?«

»Unsere Wirtschafterin. Sie hat mich von klein an aufgezogen und ....« Karla wurde von Jerry unterbrochen, der bisher schweigend dagesessen hatte. »Fein, daß du hergekommen bist!« sagte er.

Karla strahlte. »Ich freue mich auch darüber.«

»Ich seh dich gern an.«

»So?«

Karla wandte sich von ihm ab.

Susy zögerte ein wenig, dann fragte sie vorsichtig: »Hast du etwas dagegen, schön zu sein, Karla?«

Karlas Unterlippe zitterte. »Ich hasse es!« preßte sie hervor. »Es ist — wie ein Fluch!«

»Aber warum denn, Karla? Die meisten Mädchen gäben viel darum, so wie du auszusehen.«

»Aber ich hasse es! Kein Mensch fragt danach, ob ich nett bin — oder unterhaltend — oder interessant — oder sonstwas! Ich bin überhaupt kein lebendiges Wesen, sondern nur ein Bild. Alle sehen nur mein Äußeres.«

»Das kann ich gar nicht glauben«, entgegnete Susy mit einem besorgten Blick auf ihre erstarrten Kinder. »Stehst du deiner Mutter manchmal Modell?«

»Jetzt nicht mehr. Sie sagt, sie habe mein ganzes Wesen in dem Bild ›Mädchen mit Weidenkätzchen‹ ausgeschöpft. Das ist es ja eben! Die Leute sehen in mir immer nur Mutters Modell — sogar die Mädchen in der Schule. Keine mochte mich leiden.«

»Wirklich nicht?«

»Sie können es mir glauben! Als wir in Mexiko waren, ging es ganz gut. Aber dann zogen wir nach New York. Mutter wußte nicht recht, was sie mit mir anfangen sollte, und schickte mich auf den Rat einer Freundin zu Fenchley. Dort war es einfach gräßlich.«

»Wieso denn, Karla?«

»Die Mädchen lachten hinter meinem Rücken über mich. Aber ich merkte es natürlich. Und sie nannten mich ›die schöne Mieze‹. Ich hasse Mädchen!«

Susy wußte, daß Fenchley ein modernes New Yorker Internat war, in dem sich hauptsächlich Millionärstöchter befanden. Die snobistische Jugend bekämpfte natürlich jeden Außenseiter. Und da die Mädchen Karla sicherlich heimlich wegen ihres Aussehens beneideten, hatten sie sich über sie lustig gemacht.

»Und wie kommst du mit Jungen zurecht?«

Karla zuckte die Achseln. »Ich hab bisher nur wenige

Jungen kennengelernt — auf den Tanzgesellschaften, zu denen Nell mich geschickt hat. Sie starrten mich nur immer an oder redeten dummes Zeug. Ich finde Jungen furchtbar langweilig.«

»Du mußt sie erst einmal richtig kennenlernen; dann wirst du das nicht mehr sagen. Wirst du in Springdale zur Schule gehen?«

»Ja. Hier wird es ebenso sein wie in Fenchley.«

»Das glaube ich kaum. Springdale ist ein Erholungsort; man ist hier an Fremde gewöhnt. Die Mädchen regen sich nicht gleich auf, wenn sie ein neues Gesicht sehen. Sie haben auch gar keine Zeit dazu, sich über andere den Kopf zu zerbrechen. Zu Hause müssen sie im Haushalt helfen, und in der Schule müssen sie lernen. Wenn du nett zu ihnen bist, werden sie dich mit Freuden aufnehmen. Bist du abweisend, so werden sie dich in Ruhe lassen.«

»Mehr will ich ja gar nicht. Ach, ich wünschte, ich hätte strähniges Haar, eine platte Nase und vorstehende Zähne.«

»Du würdest unglücklich sein.«

Bettina hatte der Unterhaltung gespannt zugehört. »Ich finde dich nett, Karla«, sagte sie nun. »Und ich werde auch niemals zu dir sagen, daß du schön bist.«

Karla lachte und stand auf. »Ich muß gehen. Nell hat gesagt, ich dürfe nicht zu lange bleiben. Es war wundervoll bei Ihnen, Frau Barry. Darf ich wieder einmal herkommen? Ich bin — ein bißchen allein zu Hause.«

»Du kannst jederzeit kommen«, antwortete Susy warm. »Sag mal — möchtest du nicht ein paar Mädchen und Jungen aus der Nachbarschaft kennenlernen?«

»Nein, lieber nicht! Vielen Dank!«

Susy begleitete Karla zur Tür. Nachdenklich blickte sie dem sonderbaren Mädchen nach, das langsam heimschlenderte.

Ein gemütlicher Sonntagvormittag

Abends — die Kinder lagen längst im Bett — tranken die Barrys und Anne nach dem Essen eine Tasse Kaffee im Wohnzimmer — eine Gewohnheit, die Anne zwar mißbilligte, aber unendlich genoß.

»Der Platz zum Essen ist am Eßtisch«, sagte sie, sich bequem zurücklehnend. »Dort soll man auch zu Ende essen und nicht hinterher beim Kaffee im Wohnzimmer sitzen, während einen das schmutzige Geschirr vorwurfsvoll anstarrt.«

»Hier können dich die schmutzigen Teller doch nicht sehen«, wandte Susy ein. »Außerdem soll man sich nicht von Geschirr tyrannisieren lassen.«

»Eigentlich hast du recht. Laß es warten!«

Die beiden Frauen saßen auf der Couch vor dem Kamin. Susy hatte ein Kleid mit einem weiten, schwingenden Rock an, dessen blaßblaue Farbe ihre Haut besonders zart erscheinen ließ. Neben Annes stämmiger Gestalt wirkte sie wie ein zarter Schmetterling.

Bill hatte seinen Sessel etwas zurückgeschoben und blickte sinnend ins Feuer. Er sah müde aus, fand Susy. Aber Ärzte sahen eigentlich immer müde aus. Es war ein anstrengender Beruf, auch für Bill, der als Leiter des Krankenhauses ziemlich regelmäßige Dienststunden hatte. Nun, trotz Jerrys Streich war es ein ruhiger Nachmittag gewesen. Und morgen war Sonntag. Falls Bill nicht fortgerufen wurde, konnte er lange schlafen und sich tagsüber erholen.

Susy beobachtete ihn verstohlen und fragte sich, was er wohl dachte. Das konnte sie noch immer nicht erraten — nach all den Jahren ihrer Ehe — oder doch nur selten. Er war ganz anders im Wesen als sie, so ruhig und gründlich, während sie lebendig und praktisch das Leben nahm, wie es sich bot.

»Eine gute Ehe wird mit der Zeit immer besser«, dachte

Susy. »Anfangs glaubte ich, daß nur die Liebe eine Rolle spielt. Aber es gehört doch noch sehr viel mehr dazu. Die ersten Jahre waren gar nicht leicht. Wir mußten uns erst aneinander gewöhnen. Dann gab es einen toten Punkt, und ich wußte nicht mehr, wohin ich gehörte. Erst danach wuchsen wir richtig zusammen.«

Bill zog seine langen Beine an. »Was war nur heute nachmittag in Jerry gefahren? Wir haben den Kindern doch oft genug verboten, an ein offenes Fenster zu gehen.«

Susy antwortete nicht sofort. »Ich weiß nicht recht«, sagte sie schließlich. »Wahrscheinlich hatte er es vergessen. Er ist mit seinen Gedanken oft woanders.«

»Ja, das stimmt«, fiel Anne ein. »Manchmal hört er gar nicht, was man zu ihm sagt.«

»Jonny und Tina hören immer, was man sagt, es sei denn, sie wollen mit Absicht nicht hören«, erwiderte Bill. »Aber Jerry schwebt meistens irgendwo in den Wolken.«

»Wie kommt das nur?« fragte Susy. »Es muß doch eine Erklärung dafür geben.«

»Hm — ja. Zwischen dem vierten und fünften Lebensjahr machen Kinder eine schwierige Entwicklung durch. Manche greift das mehr an als andere. Wenn das der Grund für Jerrys Zerstreutheit ist, wird sie sich mit der Zeit geben. Ist der Grund ein anderer, so wird er sich früher oder später herausstellen.«

Susy seufzte. »Bis dahin werde ich wohl in einer Nervenheilanstalt sein.«

»Ich schreib dir dann, was es war«, versprach ihr Bill lachend. »Übrigens — wer war eigentlich das aufregende junge Mädchen heute nachmittag? Ich muß sie schon mal irgendwo gesehen haben.«

»Sie ist die Tochter unserer neuen Nachbarin Mona Stuart.«

»Die Tochter von Mona Stuart? Jetzt weiß ich auch, warum sie mir so bekannt vorkam. Sie muß für das Bild ›Mädchen mit Weidenkätzchen‹ Modell gestanden haben.«

»Ja, das stimmt. Sag aber um Himmels willen nichts davon zu ihr. Sie hat einen Komplex deswegen.«

»Das ist ja komisch!« rief Anne. »Im Klub haben neulich alle über die Malerin gesprochen — besonders Nettie Littlefield —, aber keiner schien zu wissen, daß sie eine Tochter hat.«

»Daß Nettie Littlefield das nicht wußte, wundert mich besonders«, erwiderte Bill spöttisch. »Sie weiß doch sonst immer alles.«

Anne kicherte. »Nettie ist nicht neugierig; sie interessiert sich nur für andere Leute.«

»Aber ich bin neugierig!« rief Susy. »Was hat man sich im Klub über Mona Stuart erzählt?«

»Nicht gerade Schmeichelhaftes. Nach Netties Beschreibung muß ein Bär liebenswürdiger sein als diese Frau.«

»Hat sie den schon jemand gesehen?«

»Ja, sicher. Amos Littlefield hat doch die Zimmermanns- und Malerarbeiten in Haus Irwin gemacht. Nun kam Frau Stuart manchmal von Boston rüber, um sich die Arbeiten anzusehen. Als sie das erstemal kam, kannte Amos sie noch nicht.«

»Wie sieht sie denn aus?«

»Amos sagt, sie ist klein und hat schwarzes Haar, das sie in einem altmodischen Knoten oben auf dem Kopf trägt. Ihre rabenschwarzen Augen sollen einen förmlich durchbohren, und sie hat immer einen weißen Kittel an, so einen, wie Bill ihn im Krankenhaus trägt — bloß voller Farbflecke.«

»Na ja, Farbflecke gehen eben nicht raus.«

»Amos hielt sie zuerst für die Haushälterin. Er sagt, sie habe so ausgesehen, als täten ihr die Füße weh. Aber dann fuhr sie plötzlich auf ihn los und bellte wie ein Fuchs: ›Nehmen Sie das Brett da fort! Wenn ich neunundzwanzigeinhalb Zentimeter sage, meine ich auch neunundzwanzigeinhalb Zentimeter. Das Brett ist einen halben Zentimeter zu schmal!‹ Amos sagt, er hat noch niemals eine Frau mit solch einem Augenmaß gesehen. Er wußte nicht recht, was er antworten sollte, und murmelte etwas von dem Hausbesitzer. Da schrie sie: ›Ich bin der Hausbesitzer! Wenn Sie nicht tun, was ich Ihnen sage, fliegen Sie raus!‹ Also mußte Amos das Brett wieder fortnehmen. Als sie das nächste Mal kam, strich er gerade die Rahmen von dem großen Fenster, das sie im Schuppen hat einsetzen lassen. Sie kam keuchend durch die Tür gestampft und sagte: ›Können Sie die Fenster nicht streichen, ohne daß alle Farbe über die Scheiben kleckert?‹ Amos antwortete bloß: ›Nee, das kann ich nur, wenn ich mich dazu entschließe.‹ Sie sah ihn böse an und keifte: ›Dann entschließen Sie sich gefälligst!‹ Da wickelte Amos seinen Pinsel ein und ging weg.«

»Ach, du lieber Himmel!« rief Susy. »Die Frau scheint ja furchtbar arrogant zu sein.«

»Vergiß nicht, daß sie eine berühmte Künstlerin ist«, entgegnete Bill. »Wahrscheinlich ist die Arroganz bei ihr nur Notwehr.«

»Notwehr? Wer verfolgt sie denn?«

»Jedermann. Sie muß alles aufbieten, um ihren Schöpfertrieb nicht von der Außenwelt ablenken zu lassen. Je berühmter ein Mensch ist, desto mehr Leute wollen etwas von ihm. Sie kann nur in Ruhe arbeiten, wenn sie eine Mauer um sich errichtet.«

»Aber Bill — denk doch an ihr armes Kind!«

»Mit ihrer Tochter wird sie ja wohl anders umgehen.« Bill gähnte und stand auf. »Ich geh ins Bett. Ihr werdet wahrscheinlich auch ohne mich auskommen. Wenn das Wetter schön bleibt, kann ich morgen den ganzen Gemüsegarten umgraben.«

»Es bleibt bestimmt schön«, sagte Anne.

Sie hatte recht. Als Susy schlafen ging und ihr Fenster öffnete, war der Himmel sternenklar. Als sie dann später automatisch aufwachte und ins Kinderzimmer ging, um zu sehen, ob die Zwillinge sich auch nicht bloßgestrampelt hätten, hörte sie den Nachtwind leise in den Dachrinnen säuseln und sah im Mondlicht ein paar vereinzelte Wolken um die Berge schweben. Bei Sonnenaufgang lösten sich die Wolken dann auf, so daß die schneebedeckten Gipfel in den reinen blauen Himmel hinaufragten; und als die Familie am Frühstückstisch saß, war es schon recht warm geworden.

Bill und die Kinder gingen sofort nach dem Frühstück in den Garten. Susy und Anne räumten den Tisch ab.

»Kommst du mit zur Kirche, Susy?« fragte Anne

»Nein, heute nicht. Ich möchte Bill die Kinder ein wenig vom Hals halten. Soll ich dich hinfahren?«

»Danke, das ist nicht nötig. Ich werde mich bald auf den Weg machen. Dann können die Todds mich mitnehmen, wenn ich sie treffe. Gönn dir nur ein wenig Ruhe, Susy. Es gibt heute nicht viel zu tun.«

Nachdem Anne gegangen war, hielt Susy nach ihrer Familie Ausschau. Bill steckte den Gemüsegarten ab. Die Kinder spielten im Sandhaufen. Sie schienen glücklich und beschäftigt zu sein und keine Neigung zu haben, den Vater zu stören.

Beruhigt ging Susy nach oben, öffnete die Fenster und ließ die frische reine Bergluft in die Zimmer. Das Läuten der Kirchenglocken schallte vom Tal herauf. Jerry sang mit und traf genau den richtigen Ton. Sein feines Stimmchen kam Susy wie die Stimme des Frühlings selber vor.

Bettina kam die Treppe herauf. Ihre Nase war gelb von Blütenstaub, und aus ihrer Spielhose rann Sand. »Kann ich dir helfen, Mammi?«

»Ja, natürlich.«

Sie machten zusammen die Betten. Susy beobachtete lächelnd, wie sorgsam Bettina die Laken feststeckte. Ihre Zöpfe schwangen bei jeder Bewegung. »Wie schön, daß ich eine Tochter habe!« dachte Susy. Als sie mit den Betten fertig waren, machten sie das Badezimmer sauber.

»Ist sonst noch was zu tun?« fragte Bettina.

»Nein. Lauf jetzt wieder in den Garten, Tina. Und vielen Dank für die Hilfe!«

»Gern geschehen!« Die Zöpfe flogen, als Bettina sich umdrehte und davonlief.

Susy wusch ein Paar Socken von Bill aus und hängte sie auf eine Leine neben dem Schuppen. Plötzlich tauchte Jonny aus der Schuppentür auf und rannte auf sie zu, ein merkwürdiges Gebilde in den Händen. Seine zerzausten roten Locken leuchteten in der Sonne; seine blauen Augen strahlten.

»Mammi, Mammi!« schrie er. »Ich hab dies hier für dich gemacht. Es ist ein schöner Türaufhalter für dein Zimmer. Wenn du ihn an die Tür stellst, kann sie nicht zubumsen.«

»Wie wundervoll, Jonny! Das hab ich mir schon immer gewünscht.« Susy küßte Jonny auf den sandigen Kopf und bewunderte seine Erfindung. Der »Türaufhalter« war ein aus Latten zusammengenagelter wackliger Käfig, der von spitzen Nägeln starrte und einen Stein umschloß.

Jonny glühte vor Stolz und Freude. »Ich mach dir alles, was du willst, einfach alles!« beteuerte er und sprang davon.

Susy sah ihm zärtlich nach, während sie sich den Sand vom Mund wischte. Eine Weile stand sie reglos da, den »Türaufhalter« in der Hand. Ein sanfter Wind strich über ihr Gesicht. Die Sonne lag warm auf ihren Schultern. Aus der Scheune ertönte eifriges Hämmern, ein Zeichen dafür, daß Jonny glücklich war. Bettina und Jerry waren damit beschäftigt, eine Karre mit Sand zu beladen. Bills Spaten stieß hin und wieder an einen Stein; das gab einen hellen Klang zu dem dumpfen Aufschlagen der Erde. Der Frühlingsmorgen strahlte Ruhe und Frieden aus.

Plötzlich hatte Susy keine Lust mehr, Hausarbeiten zu machen. Nein, heute wollte sie einmal etwas für sich selber tun — irgend etwas Törichtes, Nutzloses — nur so zum Spaß. Sie lachte leise auf. Ja, das war das Richtige!

Sie würde sich einmal in aller Ruhe mit der Pflege ihres Teints beschäftigen. Fühlte sich ihr Gesicht nicht schon ganz trocken und runzlig an? Dagegen mußte etwas getan werden.

Fröhlich lief sie ins Haus und ging nach oben. Nachdem sie Jonnys Türaufhalter an ihre Schlafzimmertür gestellt hatte, zog sie ihre Bluse aus und ging ins Badezimmer. Gerade band sie sich ein Handtuch um den Kopf, da rief Bill etwas ärgerlich von unten: »Susy! Wo ist denn mein Schraubenzieher?«

»Liegt er nicht auf dem Wandbrett im Flur?«

»Nein. Sorge bitte dafür, daß Jonny nicht immer an mein Handwerkszeug geht.«

»Moment, ich komme!« Susy zog ihre Bluse an und lief hinunter. Der Schraubenzieher fand sich weder im Haus noch in der Scheune. Schließlich entdeckte Bill ihn im Holzschuppen unter einem Sack. »Ach, richtig, ich habe ihn gestern hier gebraucht«, sagte er etwas kleinlaut.

Susy erwiderte nichts und ging gutmütig lachend nach oben. Sie zog noch einmal ihre Bluse aus, band sich wieder ein Handtuch ums Haar und legte ein anderes um die Schultern. Ihre Schönheitsmittel standen auf dem obersten Brett des Badezimmerschrankes außer Reichweite der wißbegierigen Zwillinge. Sie musterte die Dosen und Fläschchen und suchte nach einer Reinigungscreme. Da leuchteten ihre Augen auf. Dort stand ja immer noch, fein in Zellophan verpackt, die teure Dose mit der Verschönerungspaste, die sie von Boston mitgebracht und dann ganz vergessen hatte. Sie wickelte die Dose aus und öffnete sie. An dem hohen Preis gemessen, war sie ziemlich klein, aber die Paste darin fühlte sich kühl und vielversprechend an und duftete angenehm.

Susy legte heiße Tücher auf ihr Gesicht, bis es krebsrot war, und tupfte es danach gerade vorsichtig mit einem Handtuch ab, als es an der Haustür klingelte. »Wer ist da?« rief sie durchs Fenster.

»Hier ist Ira Prouty. Ich bringe etwas von Marianna.«

»Einen Augenblick! Ich komme sofort.« Susy nahm die Handtücher ab, zog ihre Bluse an und lief nach unten.

Ira überreichte ihr ein selbstgebackenes Brot von Marianna, die ausgezeichnet zu backen verstand.

»Danke, Ira! Das ist wirklich reizend. Wie geht es dem Baby?«

»Es ist puppenlustig. Marianna läßt fragen, ob Sie schon etwas von Kit gehört haben.«

»Nein, bis jetzt noch nicht. Ich rufe Sie an, sobald ein Brief kommt. Zu schade, daß ihr so weit weg von uns wohnt! Man sieht euch ja gar nicht mehr.«

»Ja, das ist wahr. Aber seitdem wir mit der Landwirtschaft angefangen haben, kommen wir schlecht von zu Hause weg. Na, ich muß weiter. Auf Wiedersehn!«

Nachdem er gegangen war, lief Susy wieder nach oben und bereitete sich zum drittenmal zu ihrer Schönheitskur vor. Sie setzte sich auf den Rand der Badewanne und studierte die Gebrauchsanweisung für die kostbare Paste.

»Splendids parfümierter Gesichtsschnee entfernt den Staubschleier von Ihrer Haut, der Ihr wahres Selbst verbirgt. Tragen Sie die Paste gleichmäßig auf, lassen Sie sie gut trocknen und spülen Sie das Gesicht dann mit lauwarmem Wasser ab. Eine hübschere, jüngere Frau wird zum Vorschein kommen, nachdem die Paste entfernt ist — mit einem Wort, Ihr wahres Selbst.«

»Himmel!« rief Susy lachend. »Da gibt es kein Zögern.« Freigiebig schmierte sie sich den ganzen Inhalt der Dose ins Gesicht, so daß die Paste es schließlich wie eine Maske bedeckte. Dann betrachtete sie ihre phantastische Erscheinung im Spiegel. Sie sah wie ein großes gefährliches Insekt aus, fand sie. Wenn die Kinder jetzt heraufkämen, würden sie sich vor ihr erschrecken. Plötzlich schrillte die Haustürklingel. Susy riß entsetzt den Mund auf. Er bildete ein großes rotes O in der graugelben Masse. »Wer ist da?« rief sie durchs Fenster.

»Ist Frau Barry zu Hause?« fragte eine fremde Frauenstimme.

»Ja, ich bin hier. Was wünschen Sie?«

»Ich hätte gern mit Ihnen gesprochen — über Karla.«

Karlas Mutter! Susy mußte hinuntergehen. Aber es würde ein wenig dauern, bis sie wieder menschlich aussah. »Ich komme gleich!« rief sie. »Bitte setzen Sie sich unterdessen ins Wohnzimmer.«

Sie hörte, wie die Haustür geöffnet und wieder geschlossen wurde. Etwas zögernd spülte sie den kostbaren Gesichtsschnee ab und sah ihn wehmütig mit dem Wasser ablaufen. Nun, vielleicht würde er dem Abflußrohr guttun. Rasch riß sie die Handtücher herunter, zog die Bluse über, ergriff eine Puderdose und puderte sich, während sie die Treppe hinunterlief.

Im Wohnzimmer wartete nicht Karlas Mutter, wie Susy erwartet hatte. Als sie eintrat, erhob sich eine Frau mittleren Alters mit einem netten offenen Gesicht aus einem Sessel. Sie hatte keinen Hut auf und trug ein einfaches graues Kleid. »Ich bin Frau Stuarts Wirtschafterin Nell«, stellte sie sich vor. »Hoffentlich störe ich nicht.«

»Aber nein!« log Susy. »Ich freue mich, daß Sie gekommen sind. Karla hat mir von Ihnen erzählt. Bitte setzen Sie sich.«

Nell setzte sich mit ruhiger Würde. »Ich will Sie nicht lange aufhalten, Frau Barry. Aber Karla spricht fast nur noch von Ihnen, seitdem sie hiergewesen ist. Sie schließt sich sonst nur schwer an, und da dachte ich, ich müßte mit Ihnen über sie sprechen. Ich mache mir oft Sorgen um Karla.«

Während sie sprach, musterte sie Susy unauffällig. Offenbar war sie gekommen, um zu sehen, was für Leute diese Barrys waren. Susy fand das sehr vernünftig, fragte sich jedoch, warum Karlas Mutter nicht selber gekommen sei.

Nell beantwortete ihre unausgesprochene Frage. »Ich

habe Karla von klein an aufgezogen, Frau Barry, und war schon lange vor ihrer Geburt bei ihrer Mutter. Frau Stuart ist nicht wie andere Menschen, müssen Sie wissen. Wenn sie arbeitet, bemerkt sie nichts von ihrer Umwelt, und sie arbeitet meistens. Deshalb kümmere ich mich um Karla.«

Plötzlich ertönten die hellen Stimmen der drei Kinder. Aus der Küche drang das Tappen nackter Füße und das Klappern von Geschirr. Der Eisschrank wurde geöffnet und zugeschlagen.

Nell horchte lächelnd auf die Geräusche. »Karla hat mir erzählt, daß Sie drei Kinder haben.«

»Es hört sich an, als wäre es ein halbes Dutzend, nicht wahr?«

»Es hört sich gut an, Frau Barry. In unserem Haus ist es zu still. Ich würde gern Kinderfüße durch meine Küche laufen hören.«

»Das Vergnügen werden Sie bald haben. Die Kinder sind begeistert von Karla.«

Nells Lächeln verschwand. Sie spielte verlegen mit einem Knopf an ihrem Kleid und sagte dann: »Frau Stuart hat nicht gern Besuch, und Kinder stören sie.«

»Nun ja, das kann ich verstehen.« Susy lauschte auf den Lärm, der aus der Küche drang. Nun gingen die Kinder wieder in den Garten. Die Hintertür fiel krachend ins Schloß; aus der Küche antwortete ein dumpfer Knall.

»Das war der Geranientopf«, sagte Susy trocken.

Nell lachte. »Es wird Karla guttun, in Ihrem Haus zu verkehren.« Dann wurde sie ernst. »Ich habe mein Bestes für Karla getan, Frau Barry. Aber jetzt weiß ich nicht mehr weiter.«

Susy nickte ihr ermutigend zu und wartete.

»Das Kind hat niemals ein richtiges Heim gehabt wie dies hier, wo immer was los ist und keiner sich über Lärm beklagt. Nun hat sie sich ein paar verschrobene Ideen in den Kopf gesetzt. Wahrscheinlich hat sie Ihnen davon erzählt. Als sie von hier zurückkam, war sie ganz verwandelt, ausgelassen und lebhaft, wie ein junges Mädchen in ihrem Alter sein soll. Und da dachte ich — wenn Sie ihr erlaubten, öfters herzukommen... Sie könnten ihr die dummen Einbildungen vielleicht ausreden. Karla gibt viel darauf, was Sie sagen.«

»Sie soll nur herkommen, sooft sie Lust hat. Ich will ihr gern helfen, wenn ich kann. Das arme Ding leidet ja an einem Komplex. Was sagt Karlas Mutter denn dazu?«

»Frau Stuart weiß kaum etwas von ihrem Kind. Karla liebt ihre Mutter, erzählt ihr aber nichts von sich.«

»Das ist schlimm«, sagte Susy offen.

»Ja, sicherlich. Aber Frau Stuart kann nichts dafür. Sie meint es gut mit Karla und weiß nur nicht, was ihr nottut.«

»Könnten Sie nicht einmal mit ihr sprechen?«

Nell seufzte. »Ich habe schon oft mit ihr gesprochen. Sie sieht mich nur immer unglücklich an und sagt, daß sie nichts tun kann.«

»Ob ich mit ihr sprechen soll, wenn ich Karla besser kenne?«

»Nein, das möchte ich nicht raten. Es hätte gar keinen Zweck.« Nell stand auf. »Ich danke Ihnen, daß Sie sich Karlas annehmen wollen.«

»Das tu ich doch gern!« Die beiden schüttelten sich die Hände.

Als Nell fort war, ging Susy in die Küche. Während sie die Scherben des Blumentopfes zusammenfegte und die Geranienpflanze in einen anderen Topf umsetzte, überdachte sie das soeben geführte Gespräch mit Nell.

Nach einer Weile kam Bettina in die Küche. Verwundert starrte sie Susy an. »Mammi, was hängt denn da an deinem Ohr?«

Susy faßte nach ihrem Ohr und hielt ein Stückchen trokkener Paste in der Hand. Nell mußte sich sehr darüber gewundert haben, hatte sich jedoch nicht das geringste anmerken lassen. »Dieses Stück Gesichtsschnee, meine liebe Tina, hat das wahre Selbst meines Ohres enthüllt«, erklärte Susy ihrer Tochter lächelnd.

»Was ist ein wahres Selbst, Mammi?«

»Das weiß ich leider selbst nicht.«

Die Arzttochter

Karla kam nun oft zu den Barrys. Sie erzählte den Kindern lange Geschichten und brachte ihnen allerlei Spiele bei. Sie half Anne beim Abwaschen, badete den entrüsteten Maxl und machte Botengänge für Susy. Oft bat sie Susy, ihr von dem Leben im Krankenhaus oder von ihrer Tätigkeit als Fürsorgeschwester zu erzählen.

»Es muß schön sein, Sie als Mutter zu haben«, sagte sie eines Tages. »Immer, wenn ich denke, jetzt werden Sie wütend auf Ihre Kinder sein, lachen Sie bloß. Sie tun, als machten Kinder nur Spaß.«

Susy lachte. »Sie machen ja auch Spaß — obwohl ich manchmal Lust verspüre, sie allesamt in einen tiefen Brunnen zu versenken.«

Karla blieb ernst. »Sie sind ganz anders als alle übrigen Menschen, die ich kenne, Frau Barry. Und Sie haben so wunderbare Dinge erlebt!«

»Mein Leben ist doch ganz gewöhnlich verlaufen«, entgegnete Susy erstaunt. »Ich bin Krankenschwester gewesen, und dann habe ich mich verheiratet und Kinder bekommen. Was ist denn daran Wunderbares?«

»Ich möchte auch so leben wie Sie. Würden Sie mir bitte Unterricht in Erster Hilfe geben — falls es Ihnen nicht zu viel Mühe macht?«

»Ja, das will ich gern tun. Jeder Mensch sollte wissen, wie ein Verband gemacht wird, und was man bei Unglücksfällen zuerst tun muß.«

Schon am nächsten Tag begann Susy mit dem Unterricht. Karla gab sich große Mühe, einmal, weil sie gern von Susy gelobt werden wollte, und dann auch, weil es ihr Freude machte. Aus der ganzen Nachbarschaft kamen die Leute mit kleineren Verletzungen zu Susy. Karla sah interessiert zu, wie Susy sie behandelte, reichte ihr Gaze, Bandagen und Antiseptika oder half ihr beim Verbinden. Die Tätigkeit tat ihr gut; sie verlor ihre Hemmungen.

Indessen hatte Susy auch eigene Sorgen. Als Babys waren die Zwillinge stets gesund und munter gewesen und völlig in der Beschäftigung mit ihren Fingern, Zehen und Milchflaschen aufgegangen. Später hatten sie sich ebenso intensiv für Schaukeln, Dreiräder und Schokolade begeistert.

Aber jetzt begann sich Jerry immer rätselhafter zu benehmen. Er war launisch und unruhig, und an einem Regentag führte er sich so sonderbar auf, daß Susy überhaupt nicht mehr aus ihm klug wurde.

In der Nacht hatte es geregnet und gestürmt, und die Bergstraße lag voller großer abgebrochener Äste, so daß Bill zu Fuß zum Krankenhaus gehen mußte. Da auch der Schulomnibus nicht fuhr, blieb Bettina zu Hause. Anne wachte morgens steif vor Rheumatismus auf. Susy verordnete ihr Bettruhe, schickte die Kinder zum Spielen in die Bodenkammer und begann zu bügeln.

Nach etwa zwanzig Minunten kam Jerry nach unten, spielte seine sämtlichen Schallplatten ein paarmal hintereinander ab und schlenderte dann in die Küche. Trübselig sah er zu, wie die Regentropfen die Fensterscheibe hinunterliefen.

Susy sah vom Bügelbrett auf und musterte die kleine schmächtige Gestalt. »Woran denkst du, Jerry?« fragte sie mitleidig.

»An den Regen.«

»Meinst du den Regen, der überall auf die Erde fällt, oder meinst du die silbernen Tropfen, die gegen die Fenster schlagen?«

»Ich weiß nicht.« Nachdem Jerry eine Weile schweigend aus dem Fenster gestarrt hatte, drehte er sich plötzlich um. »Mammi, macht Silber Musik?«

Susy, die schon oft ähnliche Fragen beantwortet hatte, stockte nur einen Augenblick. »Ja, Silber macht Musik. Ich werde es dir zeigen.«

Sie stellte das Bügeleisen hin und ging, von dem neugierigen Jerry gefolgt, ins Eßzimmer. Dort zog sie eine Schublade der Anrichte auf, nahm eine silberne Gabel heraus und schlug damit gegen den Tisch. »Horch mal!« sagte sie, während sie Jerry die Gabel ans Ohr hielt.

Er lauschte entzückt. »Noch einmal, Mammi!«

Nachdem sie die Gabel noch einmal hatte erklingen lassen, riß er sie ihr aus der Hand. »Laß mich mal!«

Er schlug die Gabel ans Holz und lauschte hingerissen. »Darf ich jetzt eine andere probieren?«

»Ja, du darfst«, sagte Susy nach kurzem Zögern. »Aber nur die Gabeln machen Musik, die Löffel und die Messer nicht. Und schlag nicht zu stark auf.«

Froh, daß er eine Beschäftigung gefunden hatte, ging sie zu ihrem Bügeleisen zurück. Eine Weile hörte sie ihn im Eßzimmer hantieren. Gerade hängte sie eine gebügelte Bluse über einen Stuhl, da kam er ganz aufgeregt in die Küche gerannt und fuchtelte mit einer zweizinkigen Gabel vor ihrem Gesicht herum. »Mammi, Mammi, dies ist die richtige!« rief er und schlug sie gegen den Abwaschtisch. Susy beugte sich hinunter und horchte auf das silberne Klingen. »Es hört sich hübsch an«, sagte sie lächelnd.

Jerry aber beachtete sie gar nicht, sondern lief zum Fenster und stand eine Weile ganz still. Dann schlug er die Gabel auf das Fensterbrett und hielt sie ans Ohr. »Bing-bong!« sang er. »Bing-bong!«

»Ach, das ist ja die Kirchenglocke!« sagte Susy.

»Nein — *ich* bin die Kirchenglocke!« schrie er aufgebracht.

»Na gut! Deshalb brauchst du doch nicht so zu schreien.«

Er sah sie zerstreut an und ging ins Wohnzimmer. Susy hörte ihn in kurzen Abständen klopfen. Als das Trommeln der Regentropfen nach einer Weile nachließ, warf sie einen Blick aus dem Fenster, um zu sehen, ob die Kinder ins Freie gehen könnten. Aber der Himmel war noch immer grau verhangen, und es nieselte sacht. Ein wenig seufzend trug sie die gebügelte Wäsche nach oben, um sie fortzulegen. Auf der obersten Treppenstufe saß Jerry, zu einem kleinen Häufchen zusammengekauert, die zweizinkige Gabel krampfhaft in der Hand, und sah sie ganz verzweifelt an.

»Aber Jerry, was hast du denn?« fragte sie erschrocken.

Er brach in Tränen aus. »Mammi, ich kann keinen Regen machen!«

Susy legte die Wäsche auf die Treppe und umarmte ihn. »Natürlich kannst du das nicht. Gott macht den Regen — nicht ein kleiner Junge wie du.«

»Aber ich will Regen machen!« schluchzte Jerry. »Ich will machen, daß er fällt — und alles. Aber es ist einfach nichts da.«

»Ich versteh dich nicht, Jerry. Was willst du eigentlich?«

»Ich weiß nicht.«

»Wenn du es nicht weißt, kann ich dir auch nicht helfen.«

Er starrte sie aus tränenfeuchten Augen an. »Na gut — dann nicht.«

Susy küßte ihn, hob die Wäsche auf und ging weiter. Als sie zurückkam, saß er nicht mehr auf der Treppe. Sie hörte ihn ruhelos durchs Haus wandern und traurig vor sich hin summen. Es tat ihr weh, daß sie ihm nicht helfen konnte. In seinen Worten »na gut, dann nicht!« hatte solch ein schmerzlich bitterer Verzicht gelegen. Mit Schrecken mußte sie erkennen, daß sie ihr eigenes Kind nicht verstand. Sie nahm sich vor, abends mit Bill über die Sache zu sprechen. Doch es sollte nicht dazu kommen.

Nach dem Mittagessen legte Susy die Zwillinge schlafen. Anne hatte es nicht länger im Bett ausgehalten und war schon wieder in der Küche, als das Telefon läutete.

»Guten Tag, Frau Barry!« meldete sich eine Frau, deren Bauernhof auf derselben Talseite wie das Barrysche Haus lag. »Ich hab gehört, daß Sie sich für alte Möbel interessieren. Nun hab ich hier eine alte bemalte Kommode von meiner Urgroßmutter, die wir nicht gebrauchen können, weil sie zu klein ist. Sie steht schon wer weiß wie lange auf dem Boden. Wollen Sie mal herkommen und sie anschauen?«

»Ja, gern«, antwortete Susy.

»Können Sie heute nachmittag kommen? An unserm Ende sollen die Straßen frei sein. Ich will morgen zu Verwandten fahren, da könnte ich das Geld gut brauchen.«

»Ja, ich kann jetzt gleich kommen.«

Die Zeit paßte gut. Anne war auf, die Zwillinge würden noch eine Stunde schlafen, und Bettina begleitete die Mutter gern auf solchen Fahrten. Sie liebte es, fremde Wohnungen kennenzulernen, Möbel anzuschauen und der Unterhaltung Erwachsener zuzuhören. Auch kam jetzt die Sonne hinter den Wolken hervor. Der Nachmittag würde gewiß schön werden.

Susy zog sich um, und nachdem auch Bettina sauber und ordentlich angezogen war, gingen sie zum Wagenschuppen. Maxl trottete hinter ihnen her. Als er jedoch sah, daß sie die Rücksitze aus dem Auto herausnahmen, um Platz für die Kommode zu machen, die Susy kaufen wollte, kehrte er entrüstet um und watschelte mit hängenden Ohren zum Haus zurück.

»Maxl ist böse«, sagte Bettina, als der Wagen vom Fahrweg der Barrys in die Straße einbog. »Jetzt wird er wieder den ganzen Tag beleidigt in seinem Korb liegen.«

»Ja. Wenn wir zurückkommen, wird er bestimmt kein Wort mit uns sprechen.« Susy blickte auf die kleine Gestalt an ihrer Seite. Wie lieb war doch das kleine Gesicht mit der durchsichtigen Haut, den blauen Augen, dem süßen Mund und der lustigen kleinen Nase, die sich noch nicht zu einer bestimmten Form entschlossen hatte!

»Tina ist empfindsam, aber nicht weich«, dachte Susy. »Das Kinn deutet auf Energie hin. Sie wird sich ihr Leben schon zimmern.«

»Mammi, ich freu mich so!« Bettina strahlte die Mutter glückselig an.

»Ich freu mich auch«, antwortete Susy, von einer Welle der Zärtlichkeit überflutet.

»Was werden wir denn kaufen?«

»Eine Kommode — ein sehr altes Stück. Wir müssen sie aber erst anschauen; sie steht in einer Bodenkammer.«

»Oh, wie herrlich!« rief Bettina begeistert. Sie verstand es wundervoll, sich zu freuen, obwohl sie sich auch recht ausgiebig einem Kummer hingeben konnte. Alles in allem war sie bei jeder Unternehmung ein guter vergnüglicher Kamerad.

Mutter und Tochter plauderten glücklich miteinander, bis sie in einen holprigen Landweg einbogen und Susy aufmerksamer fahren mußte. Nach kurzer Zeit hielt sie den Wagen an, denn ein dicker Ast versperrte den Weg. Vergebens versuchte sie ihn fortzuziehen. Schließlich fuhr sie langsam darüber hinweg. Bettina quiekte vor Vergnügen, als der Wagen in die Höhe hopste.

Bald darauf erreichten sie das einsam gelegene Farmhaus. Bettina war entzückt über den Bodenraum, der mit staubigen alten Koffern und Fäßchen voll bunter getrockneter Bohnen vollgestopft war und durch den sich wie Girlanden lange Schnüre mit getrockneten Äpfeln zogen. Nur ungern ging sie wieder hinunter, als sich der schweigsame Bauer die alte Kommode auf den Rücken lud, um sie zum Wagen zu bringen. Schließlich setzte sie sich jedoch wieder vergnügt neben Susy. Nachdem sie ein Stück gefahren waren, fragte sie die Mutter, ob sie nach hinten gehen und die hübschen Blumen auf der Kommode anschauen dürfe.

Susy erlaubte es ihr. »Sei aber vorsichtig, damit du dir nicht weh tust! Dieser Weg ist ziemlich holprig.«

Bettina zwängte sich nach hinten und bewunderte mit entzückten Ausrufen die neuerworbene Kommode. »Sie fühlt sich so herrlich glatt an, Mammi! Und die süßen Blumen! Auch die Schubladengriffe sind ganz wunderschön.«

Die Griffe waren aus Messing und saßen an durchbrochenen Beschlägen. Susy konnte sich nicht umsehen, weil sie auf den Weg achten mußte. Als sie sich dem großen Ast näherten, sagte sie: »Setz dich hin, Tina, und halt dich gut fest!«

»Ja, Mammi.«

Susy hatte gemeint, Bettina solle sich auf den Boden des Wagens setzen. Es kam ihr nicht in den Sinn, daß sich das Mädchen als geeigneten Sitz für den kommenden Stoß die Kommode auswählen könnte. Die Vorderräder rollten ohne große Erschütterung über den Ast, aber obwohl Susy sehr langsam und vorsichtig fuhr, sprang der hintere Teil des Wagens heftig in die Höhe. Es gab einen Bums. Bettina schrie auf. »Mammi! Ich bin hingefallen!«

Susy hielt an und sah sich um. Die Mittelschublade der Kommode stand offen. »Mein Bein!« rief Bettina wehklagend, während sie sich aufrichtete. Dann schrie sie entsetzt: »Es blutet, Mammi!«

Wirklich floß Blut aus Bettinas linkem Bein und bildete schnell einen kleinen See. Hastig kletterte Susy in den hinteren Teil des Wagens. Sobald sie das verletzte Bein sah, wurde ihr Schreck jedoch von praktischen Überlegungen verdrängt. Die zackige Wunde befand sich auf der inneren Seite dicht unterhalb des Knies. Eine Schlagader war nicht durchschnitten; das Blut spritzte nicht ruckweise, sondern floß gleichmäßig. Als Susy das Bein mit ihren Händen umklammerte, ließ das Bluten nach, bis es schließlich ganz aufhörte. Aber sie konnte das Bein nicht ständig halten, sie mußte eine Art Aderpresse herstellen.

»Hab keine Angst!« beruhigte sie Bettina, die sie mit großen erschrockenen Augen ansah. »Tut es sehr weh?«

»Nein. Aber das Blut!«

»Blut ist doch nichts Schlimmes! Außerdem hat es jetzt aufgehört zu bluten. Willst du mir helfen und tun, was ich dir sage?«

»Ja, Mammi.«

»Kriech mal ein bißchen weiter und lehn dich an die Wagenwand. Ja, so ist's gut! Nun halte dein Bein, genauso wie ich es tue, mit beiden Händen fest.«

Bettina griff mit ihren dicken Händen neben Susys Händen um das Bein.

»So ist's fein! Nun drück zu, so fest du kannst. Ganz fest! Ich werde etwas suchen, was wir um das Bein binden können, damit du es nicht immer zu halten brauchst. Jetzt wollen wir mal sehen, wie es geht.«

Sie ließ das Bein los, und sofort fing das Blut wieder an zu fließen. Bettina wimmerte leise.

»Drück fester zu!« befahl Susy. »Ganz, ganz fest!«

Das Blut versiegte, und Bettina sah stolz zu ihrer Mutter auf.

»Fabelhaft!« sagte Susy. »Das hätte selbst Karla nicht besser machen können. Laß das Bein nicht los, auch wenn es wieder zu bluten anfängt!«

»Ja, Mammi.«

Susy überlegte rasch. Der Stoff von ihrem und von Bettinas Kleid war zu stark, als daß sie einen Streifen davon hätte abreißen können. Ein Gummischlauch befand sich nicht im Wagen. Ihr Taschentuch war zu klein und der Henkel ihrer Tasche zu kurz.

Suchend blickte sie sich um, und plötzlich erhellte sich ihr Gesicht. »Ich bin gleich wieder zurück, Tina!« Rasch kletterte sie aus dem Wagen, sprang über den Graben an der Wegseite und riß ein Büschel Gras von der Böschung ab. Dann drehte sie es und band es probeweise um ihren Knöchel. Ja, das Gras hielt! Nun brauchte sie nur noch einen Stock. Sie rannte zu dem großen Ast, brach einen Zweig ab und eilte zu Bettina zurück. »Halt noch einen Augenblick fest, Tina!« Sie band das Grasband um Bettinas Bein, steckte den Stock in den Knoten und drehte ihn.

»Das tut weh, Mammi!« schrie Bettina.

»Ich weiß, aber daran ist nichts zu ändern. Halt den Stock fest, damit er sich nicht zurückdreht.« Susy hob Bettina auf den Vordersitz. »Nun sitz still und halt dein Bein schön gerade. Ich werde so schnell wie möglich nach Hause fahren und Pa anrufen.«

Der Wagen hopste vom Landweg auf die Straße. Susy trat auf das Gaspedal, ein Auge auf Bettinas Bein gerichtet. Man würde die Wunde gründlich säubern und nähen müssen. Hoffentlich konnte Bettina die Graspresse halten, bis sie daheim waren. Das arme Ding weinte leise vor sich hin.

»Woran hast du dich eigentlich verletzt, Tina?« fragte Susy.

»Ich weiß es nicht, Mammi. Mein Bein tut weh. Dieses Grasding schnürt entsetzlich!«

»Ich kann es jetzt nicht abnehmen, Tina. Wir sind ja bald zu Hause. Denk daran, daß du eine Arzttochter bist, und nimm dich zusammen!«

Bettina streckte das Kinn vor und hielt von nun an schweigend und tapfer den Stock fest. Mit polizeiwidriger Schnelligkeit fuhr Susy heim. Als sie schließlich in den Fahrweg zu ihrem Haus einbog, hielt die Graspresse immer noch. Bettina beklagte sich mit keinem Wort, obwohl der Druck sehr schmerzhaft sein mußte.

Susy trug sie ins Haus. Die Zwillinge, die gerade aufgestanden waren, liefen aufgeregt hinter ihr her. Behutsam legte sie ihr Kind auf die Couch im Wohnzimmer. Anne fragte nicht viel, sondern holte sofort Susys Schwesterntasche von oben und wartete dann auf weitere Anweisungen. Anfangs wollte Susy die Zwillinge hinausschicken, aber als sie sah, daß es Bettina ablenkte, von ihren Brüdern bewundert zu werden, ließ sie sie im Zimmer, während sie die Graspresse durch eine Druckbandage ersetzte. Dann rief sie Bill im Krankenhaus an und erzählte ihm, was geschehen war. »Die Wunde ist ungefähr fünf Zentimeter lang und geht fast bis zum Knochen. Außerdem ist sie gezackt und voll Schmutz.«

»Ach, du lieber Himmel! Das arme Kind! Und du

kannst sie nicht ins Krankenhaus bringen; die Straße hierher ist noch immer unpassierbar. Wir werden wohl eine Narkose machen müssen.«

»Ganz bestimmt. Es ist keine Kleinigkeit.«

»Ich kann unmöglich einen Narkoseapparat zu uns raufschleppen. Wir werden Äther nehmen müssen. Ich weiß nicht, ob Novocain ...«

»Nein, für Novocain wird es zu lange dauern. Tina war sehr brav. Oh, Bill, nie wieder fahre ich ohne meine Schwesterntasche fort!«

»Nun mach dir nicht unnötig Vorwürfe. Ich komme so schnell wie möglich.«

»Gut. Aber bring nicht etwa eine von den greulichen Masken mit. Ich werde einen Ätherzylinder zurechtbasteln. Und beeil dich bitte!«

»Ja, natürlich. Mach dir keine Sorgen. Und sag Tina, daß ich sie liebhabe.«

Susy legte auf und ging zu Bettina zurück. »Paß auf, Tina! Wir müssen dein Bein behandeln, damit die Wunde gut heilt. Vorher gebe ich dir etwas zu riechen, davon wirst du einschlafen. Der Geruch wird dir nicht gefallen, aber dafür wirst du auch gar keine Schmerzen haben und ...«

»Ach, ich bekomme eine Narkose — wie im Krankenhaus?« rief Bettina strahlend.

»Ja, genau wie im Krankenhaus«, antwortete Susy verdutzt. »Pa läßt dir übrigens sagen, daß er dich liebhat.«

»Das weiß ich doch!«

»Was du nicht sagst!« Susy lächelte Bettina zu und lief nach oben. Sie suchte ein Stück Pappe, eine alte Windel, etwas Gaze und ein paar Sicherheitsnadeln zusammen, ging mit den Sachen ins Wohnzimmer zurück und setzte sich neben Bettina auf die Couch. Die Druckbandage begann sich rot zu färben, wie sie besorgt bemerkte. Sie rollte die Pappe zu einem Zylinder zusammen, drückte ihn etwas flach und belegte ihn außen und innen mit der

Windel. Dann verstopfte sie ein Ende des Zylinders mit Gaze und steckte sie an der Pappe fest. Auf diese Weise hatte sie in kurzer Zeit den altvertrauten Ätherzylinder ihrer Lehrjahre hergestellt, den sie noch immer jeder Maske vorzog. Bettina und die Zwillinge hatten ihr neugierig zugesehen. Aber als sie Bettina fragte, ob sie ihr den Zylinder probeweise aufs Gesicht stellen solle, wehrte das Mädchen ängstlich ab.

»Das ist auch gar nicht nötig«, sagte Susy beruhigend. »Ich werde das Ding sowieso nicht dicht an deine Nase halten, sondern weit weg, so daß du alles sehen kannst.«

»Wie heißt das Zeug, das ich einatmen muß, Mammi?«

»Es heißt Äther und sieht wie Wasser aus.«

»Äther? Du sagst doch immer, daß Pa nach Äther riecht. Den Geruch finde ich nicht schlimm.«

»Vielleicht magst du ihn zuerst doch nicht. Aber nach einer Minute hast du dich bestimmt daran gewöhnt.«

»Was wird Pa denn mit meinem Bein machen?«

Susy zögerte mit der Antwort. Keinem Menschen ist der Gedanke angenehm, daß sein Fleisch zusammengenäht werden soll. Aber sie hatte Bettina bisher immer die Wahrheit gesagt und wollte sie auch jetzt nicht belügen.

»Er wird — die Wunde — schließen, indem er ...«

»Du meinst, er wird sie nähen? Wird er einen Nylonfaden nehmen? Er sagte doch neulich ...«

»Ich weiß nicht, was für einen Faden er nehmen wird.« Susy fragte sich, etwas aus der Fassung gebracht, was Bettina wohl außerdem noch von der Unterhaltung ihrer Eltern aufgeschnappt hätte, war jedoch nicht allzu begierig, es zu erfahren.

»Ich werde mal nachsehen, ob Pa kommt.« Sie ging zum Fenster und sah hinaus. Da Bill noch nicht zu sehen war, drehte sie sich um und sagte zu den Zwillingen, die noch immer wie gebannt auf Bettinas verbundenes Bein starrten: »Zieht euch an und geht in den Garten, bis ich euch rufe. Laßt euch aber von Anne Gummistiefel anziehen.«

»Warum dürfen wir nicht hierbleiben?« fragte Jonny. »Ich möchte Pa helfen.«

»Wenn du größer bist, kannst du ihm helfen, Jonny. Jetzt wünsche ich, daß ihr hinausgeht.« Susys Ton war fest, und die Zwillinge gehorchten ohne weitere Widerrede.

Kaum waren sie fort, da kam auch schon Bill mit seiner Tasche durch die Hintertür ins Haus. »Wir werden Sie brauchen, Anne«, hörte Susy ihn sagen. »Bitte machen Sie den Küchentisch frei, legen Sie eine wollene Decke auf und breiten Sie ein sauberes Laken darüber. Und daneben stellen Sie einen kleinen Tisch. Dann tun Sie nur, was Susy Ihnen sagt. Haben Sie Angst?«

»Ein bißchen. Aber wenn Sie und Susy nicht bange sind, wo es doch Ihr eigenes Kind ist, werd ich's ja auch aushalten.«

»Susy und ich sind an so etwas gewöhnt. Trotzdem ist mir gar nicht wohl zumute, das können Sie mir glauben.«

Bill kam ins Wohnzimmer. Bettina streckte ihm die Arme entgegen. »O Pa, ich dachte, du kommst überhaupt nicht mehr! Aber ich war sehr tapfer, nicht wahr, Mammi?« Dann fügte sie genau in Susys Tonfall hinzu: »Ich bin ja auch eine Arzttochter!«

Bill sah auf das liebliche Gesichtchen hinunter. »Das ist prächtig! Aber wie kann eine Arzttochter sich so schlimm verletzen?«

»Ich konnte doch nichts dafür.«

»Nein, ich weiß es, es war die böse Kommode. Ich hab sie mir eben angesehen. Der Beschlag der mittleren Schublade ist nach außen gebogen, und das Ding ist ziemlich scharf. Morgen werde ich es in Ordnung bringen. Aber jetzt kommst du erst mal dran.«

Nur einen Augenblick flackerte etwas Angst in Bettinas Augen auf. Dann sagte sie tapfer: »Ja, Paps.«

Susy folgte Bill in die Küche hinaus. Er zog eine Ätherflasche aus seiner Manteltasche und gab sie ihr. »Fang nur schon an! Ich wasche mich inzwischen.«

Susy stach mit einer Nadel zwei kleine Löcher in den weichen Verschluß der Ätherflasche. »Ich werde Bettina auf der Couch betäuben. Dort wird es ihr weniger schrecklich sein.«

Bill nickte. Susy ging ins Wohnzimmer zurück und legte Bettina flach hin, während sie immerfort mit ihr sprach. Dann setzte sie sich hinter ihren Kopf und ließ ein paar Tropfen Äther in die Gaze des Zylinders fallen, den sie ein Stück von Bettinas Gesicht entfernt hielt.

Bettina schnüffelte mißtrauisch. »Atme ganz ruhig, Tina!« Anne kam leise ins Zimmer, setzte sich neben das Kind und hielt seine Hände. Wieder ließ Susy ein paar Tropfen auf die Gaze fallen und näherte den Zylinder Bettinas Nase.

»Es ist kalt«, sagte Bettina überrascht.

»Nun mach die Augen zu und atme ganz tief.«

Bettina gehorchte, und Susy ließ mehr Äther aus der Flasche tropfen. Sie ging sehr langsam vor, um das Mädchen nicht zu ängstigen. Nach ein paar Minuten sah Bettina auf. »Mir ist schwindlig, Mammi.«

»Das ist gut. Du machst es fein, Tina! Pa wird stolz auf dich sein. Paß auf, in einer Minute bist du eingeschlafen.«

Nachdem sie noch eine Weile gewartet hatte, legte Susy ihrem Kind ein Taschentuch über die Augen, um sie vor den Ätherdämpfen zu schützen, und senkte den Zylinder tiefer.

Bettinas Atem ging ein wenig schneller, aber sie bewegte sich nicht. Aus der Küche hörte man Wasserplätschern. Susy lauschte auf Bettinas Atem und goß noch mehr Äther in den Zylinder. Schließlich lüpfte sie ein Ende des Taschentuchs und zog Bettinas Lid in die Höhe. Nur widerstrebend blickte sie in das starre blaue Auge ihres Kindes, um festzustellen, ob die Pupille sich verengt hatte. Aber es mußte ja sein.

»Sie ist soweit, Bill!« rief Susy.

»Ich bin bereit«, antwortete er.

Während Susy den Zylinder über Bettinas Gesicht hielt, hob Anne den schlaffen kleinen Körper hoch, trug ihn in die Küche und legte ihn behutsam auf den Tisch.

Bill wartete schon. Er hatte seine Jacke ausgezogen und sich die Hemdsärmel aufgekrempelt. Auf einem kleinen Tischchen, das mit einem Handtuch bedeckt war, hatte er seine Instrumente ausgebreitet.

Einen Augenblick horchte er auf Bettinas Atem. Dann sagte er zu Anne: »Schneiden Sie bitte den Verband durch. Nein, nicht mit dieser Schere! Nehmen Sie die Küchenschere.«

Nachdem Anne die Druckbandage aufgeschnitten hatte, begann sofort wieder das Blut zu fließen. Bill klammerte die zerschnittene Vene fest und säuberte die Wunde. Draußen jauchzten die Zwillinge beim Spiel; Maxl kratzte unruhig an der Tür.

Bill nahm ein stumpfnasiges Instrument mit einem langen Griff in die Hand, befestigte eine Nadel daran und zog die Muskeln innerhalb der Wunde zusammen. Dann glättete er die unregelmäßig zerschnittene Haut und begann sie sorgfältig zusammenzunähen.

Susy stellte den Zylinder fort. Als Bill den letzten Stich getan hatte und nach dem Verband griff, begann Bettina sich zu rühren.

Lächelnd sah er auf. »Gute Arbeit!« Dann trug er Bettina nach oben und legte sie in ihr Bett. Susy, die ihm auf den Fersen gefolgt war, sank auf einen Stuhl. »Die Arzttochter hat sich gut gehalten«, murmelte sie. »Aber die Arztfrau ist am Ende ihrer Kraft.« Bill wischte sich mit dem nackten Arm über die Stirn. »Und der Arzt ebenfalls.«

Frau Barry ist sehr liebenswürdig

»Das gefällt mir nicht!« sagte Susy, die am Küchenfenster stand und in den Garten hinaussah. Anne schloß die Tür des Bratofens und ging zu ihr hin. Über ihr Gesicht huschte ein Lächeln. Unter einem in voller Blüte stehenden Apfelbaum stand Karla und half den Barry-Kindern auf die untersten Äste hinauf. Alle vier lachten ausgelassen; ihre Gesichter strahlten mit dem schönen Frühlingsmorgen um die Wette.

»Was gefällt dir daran nicht?« fragte Anne verwundert. »Sie werden schon nicht runterpurzeln. Und wenn auch, der Boden ist weich wie ein Schwamm.«

»Ich meine nicht Bettina und die Zwillinge, sondern Karla. Sie ist vierzehn Jahre alt, und ihre einzigen Freunde sind Erwachsene oder Kinder von vier bis sechs.«

»Du mußt Geduld haben, Susy. Sie ist in einem schwierigen Alter.«

»Ja, ich weiß. Aber es ist noch mehr als das. Sie leidet an einem Komplex. Wenn sie sich nicht bald mit Kindern ihres Alters anfreundet, wird sie sich nicht gesund und normal entwickeln.«

»Ja, es ist sonderbar mit ihr. Tom Bingham, der den Stuarts die Milch bringt, hat neulich zu seiner Mutter gesagt, Karla sei sehr hübsch, aber sowie man sie anspräche, erstarre sie zu einer Salzsäule.«

»Da siehst du es!«

»Hast du schon einmal mit ihr gesprochen?«

»Sie meidet eine Aussprache wie die Pest. Und ich möchte nicht gewaltsam vorgehen.« Susy kratzte mit dem Fingernagel an einem Fleck auf der Fensterscheibe. Dann sah sie Anne an. »Vielleicht sollte ich doch gewaltsam vorgehen.«

»Was willst du tun?«

»Ich werde für Karla einen Tanztee mit jungen Leuten arrangieren.«

Anne machte ein bedenkliches Gesicht. »Das kommt mir so vor, als wolltest du sie ins Meer werfen, um ihr das Schwimmen beizubringen.«

»Höchstens in einen Teich, Anne. Außerdem werde ich ihr die Hand reichen. Es soll nur eine kleine Gesellschaft mit den nettesten Kindern der Nachbarschaft sein. Und ich werde ihnen vorher sagen, daß Karla schüchtern ist.«

»Sie ist ja gar nicht schüchtern, sondern nur durch ihr Aussehen gehemmt.«

»Das kann ich den Kindern unmöglich erklären. Wenn sie hören, daß Karla schüchtern ist, werden sie ihre Eigenarten damit erklären.«

»Karla wird nicht kommen, fürchte ich.«

»Ich werde sie schon überreden.« Susy war recht zuversichtlich. Da sie niemals lange damit zögerte, einen Entschluß in die Tat umzusetzen, ging sie sogleich in den Garten hinaus und zog Karla beiseite. Sie setzten sich auf den Rasen, und Susy erzählte, was sie vorhatte.

Karla erblaßte; ihre grauen Augen verdunkelten sich. »Das ist sehr liebenswürdig von Ihnen Frau Barry«, stammelte sie. »Aber ich — —« Da ihr keine höfliche Form der Ablehnung einfiel, platzte sie heraus: »Bitte, tun Sie das nicht! Ich hasse Tanzgesellschaften!«

»Bist du denn schon mal auf einer gewesen?«

»Ja, im letzten Winter. Nell wollte durchaus, daß ich hinging. Es war fürchterlich! Die Mädchen kicherten und flüsterten hinter meinem Rücken. Als ich dann zum Tanzen aufgefordert wurde, war ich ganz garstig zu den Jungen, so daß sie mich nicht mehr aufforderten. Und da saß ich nun. Auch mein Kleid war eine Katastrophe.«

»Was war denn mit deinem Kleid nicht in Ordnung?«

»Die Farbe. Alle anderen Mädchen hatten rosa oder hellblaue oder weiße Kleider an. Aber Mutter meinte, ich sollte nicht wie ein Bonbon rumlaufen, und kaufte mir einen grünlichen Stoff. Eins der Mädchen sagte, ich sähe aus, als hätte man mich in Spinat getaucht.«

Susy verwünschte die Ungeschicklichkeit von Mona Stuart. Bestimmt hatte Karla wundervoll in dem grünen Kleid ausgesehen. Aber selbst eine weltfremde Künstlerin mußte doch fühlen, daß es peinlich für ein junges unsicheres Mädchen war, aus dem Rahmen zu fallen.

»Wenn du nicht tanzen magst, werde ich natürlich keine Tanzgesellschaft veranstalten«, sagte sie nachgebend. »Weißt du, was? Wir wollen ein Picknick am See machen. Dann brauchst du nur Hosen und eine Bluse oder einen Pullover anzuziehen. Das tragen hier alle Mädchen.«

»Ein Picknick wäre natürlich nett«, entgegnete Karla immer noch unglücklich. »Aber könnten nicht nur Sie und die Kinder dabei sein?«

»Nein, Karla. Du mußt versuchen, auch mit Gleichaltrigen gut Freund zu sein. Oder willst du eine langweilige Transuse werden?«

»Nein«, brummte Karla mißmutig.

»Na siehst du! Später wirst du mit den Mädchen und Jungen in der Schule zusammentreffen. Es wird viel leichter für dich sein, wenn du sie schon vorher kennst.«

Karla begann sichtlich zu schwanken, und Susy fügte schnell hinzu: »Bettina und die Zwillinge werden natürlich auch mitkommen.«

»Nun ja . . .«

»Das ist recht! Ich werde deiner Mutter ein Briefchen schreiben.«

»Wozu denn? Mutter ist das völlig gleichgültig. Ich werde es Nell sagen.«

»Nein, ich schreibe lieber an deine Mutter. Welchen Tag wollen wir wählen? Vielleicht den dreiundzwanzigsten? Dann sind schon Ferien.«

»Mir ist's gleich.« Karla war durchaus nicht begeistert. Aber ehe sie noch etwas einwenden konnte, ging Susy ins Haus, setzte sich an ihren Schreibtisch und überlegte, was sie Frau Stuart schreiben sollte. Falls die Künstlerin ebenso empfindlich wie abweisend war, würde sie es vielleicht übelnehmen, wenn ein Fremder tat, was eigentlich ihre Pflicht gewesen wäre. Susy beschloß, ihren Brief möglichst unpersönlich zu halten.

»Sehr geehrte Frau Stuart«, schrieb sie. »Am kommenden Donnerstag veranstalte ich für einige Kinder aus der Nachbarschaft ein Picknick. Wir würden uns freuen, wenn Karla dabeisein könnte. Mit freundlichen Grüßen Ihre Susanne Barry.« Bevor Susy den Brief in den Umschlag steckte, las sie ihn noch einmal durch, Ja, das klang unverbindlich und harmlos und konnte niemand kränken.

Schon am nächsten Tag brachte Karla eine Antwort mit. »Sehr geehrte Frau Barry! Sie sind sehr liebenswürdig. Karla wird gern kommen. Mona Stuart.«

»Mutter schreibt sonst nie an jemand«, sagte Karla. »Als sie Ihren Brief gelesen hatte, sagte sie: › Ja, es ist gut.‹ Aber Nell brachte ihr Feder und Papier und bestand darauf, daß sie eine Antwort schrieb. Mutter brummte schrecklich, tat es dann aber doch.«

Susy war zufrieden. Jetzt brauchte sie nur noch die Gäste einzuladen und für gute Unterhaltung zu sorgen. Das Picknick selber machte ihr kein Kopfzerbrechen. Ein Ausflug zum See mit kaltem Fleisch, Butterbroten, Kuchen und Limonade und einem Feuer am Strand hatte noch niemals seine Wirkung auf die Jugend verfehlt. Schwieriger war die Auswahl der Teilnehmer.

In der Springdaler Schule gab zur Zeit ein Mädchen namens Amalie Rand den Ton an. Ihre Eltern hatten sie zu ihrem Kummer aus einer New Yorker Schule herausgenommen und zu Verwandten nach Springdale geschickt, weil sie eine längere Reise nach Italien machten. Amalie war sehr hübsch, immer nach der neuesten Mode gekleidet und alles andere als schüchtern. Ihre Eltern schienen sich nicht viel darum zu kümmern, was sie tat. Sie erzählte ihren Klassenkameradinnen oft von Kabaretts, luxuriösen Lokalen und sogar Nachtbars, die sie in New York besucht hatte. Ihre Schilderungen kamen der Springdaler Jugend wie Märchen aus Tausendundeiner Nacht vor. Amalie war schnell zum Mittelpunkt der Schule geworden und hatte sich im Laufe des Winters zur unumschränkten Herrscherin aller jugendlichen Herzen gemacht.

»Aber zu meinem Picknick werde ich sie nicht einladen«, sagte sich Susy. »Sie würde Karla völlig verschüchtern. Ich werde erst einmal mit Dexter und Margret sprechen.«

Dexter und Margret Bonney waren die beiden ältesten von sechs Geschwistern. Beide hatten ein natürliches, liebenswürdiges Wesen und waren in der Schule allgemein beliebt.

Die Bonneys wohnten, nicht weit von den Barrys entfernt, ein Stück weiter talwärts. Als Susy nachmittags bei ihnen eintraf, fand sie die Garage leer. Frau Bonney war also fortgefahren. Doch aus dem Haus drang Musik und Stimmengewirr.

Dexter öffnete Susy die Tür. Er war ein hübscher blonder Junge mit blauen Augen und einem netten offenen Gesicht. »Ach, Frau Barry! Was für ein netter Besuch!« Hastig rückte er seinen Schlips zurecht und rief über die Schulter ins Zimmer hinein: »Stellt mal das Radio leiser, Kinder! Hier ist Frau Barry.« Er führte Susy in das große Wohnzimmer, das voller Kinder, Stiefel, Jacken, Baseballhandschuhen und Spielzeug war. Margret saß auf der Couch und gab einem Baby mit einer Hand die Flasche, während sie in der anderen den Telefonhörer hielt.

»Ich würde gern am Freitag abend gehen«, sagte sie, »aber Tom kann nicht mitkommen. Lieber krieche ich auf Händen und Füßen, als daß ich mich von diesem eingebildeten Red mitnehmen lasse. Er tut sich wer weiß wie — —« Sie brach ab. »Guten Tag, Frau Barry! Emmy, ich rufe dich nachher noch einmal an. Gerade ist Frau Barry gekommen. Außerdem muß Baby endlich aufhören zu trinken.«

Geschickt warf sie ein Handtuch über die Schulter, legte das Baby darauf und klopfte es auf den Rücken.

Gleichzeitig machte sie für Susy einen Platz neben sich frei. »Bitte setzen Sie sich, Frau Barry. Nett, daß Sie uns besuchen! Mutter ist fortgefahren, wird aber bald zurückkommen.«

Susy klemmte sich zwischen einen Stapel Schulbücher und eine Reiseschreibmaschine. »Ich möchte dich und Dexter bitten, mir einen Gefallen zu tun.«

»Jederzeit zu Ihren Diensten!« rief Dexter.

»Was ist es denn?« fragte Margret.

Susy erzählte den beiden von ihrem Plan.

»Prima!« rief Dexter begeistert. »Karla Stuart will ich schon lange kennenlernen. Ich hab sie einmal unten im Ort gesehen und war nachher drei Tage lang blind.«

»Ich möchte sie auch gern kennenlernen.« Margret wischte dem Baby den Mund ab und gab ihm wieder die Flasche. »Wen wollen Sie sonst noch einladen, Frau Barry?«

»Deswegen komme ich ja gerade zu euch. Karla ist sehr schüchtern und hat Angst vor Fremden. Es darf niemand dabeisein, der sie einschüchtern könnte. Wen schlagt ihr vor?«

»Vor allem müssen Sie Tom Bingham einladen«, sagte Dexter augenzwinkernd. »Er ist Margrets H. F.«

»Was ist denn H. F.?« fragte Susy, während Margret errötete und ihrem Bruder einen wütenden Blick zuwarf.

»Herzensfreund«, erklärte sie. »Aber das ist ja Unsinn! Übrigens — Winnie Carter ist Dexters H. F. Sie müßte also auch dabeisein.«

»Gut, also Tom und Winnie«, sagte Susy. »Nun brauchen wir nur noch einen Jungen.«

»Wie wäre es mit Howard Phinney?« schlug Margret vor.

»Howard!« rief Dexter ganz entrüstet. »Das hat keinen Sinn. Er befindet sich im Bann der Glitzernden Schlange.«

»Er meint Amalie Rand«, erklärte Margret. »Dexter kann sie nicht leiden.«

Dexter zuckte verächtlich die Achseln. »Sie ist ein dummes albernes Gör, das angibt wie 'ne Tüte Mücken. Aber alle fallen auf sie rein. Margret und Winnie sind die einzigen Mädchen aus der Schule, die ihr nicht alles nachmachen.«

Margret lachte und klopfte das Baby wieder ein bißchen auf den Rücken. »Möchtest du mich vielleicht in dem engen schwarzen Kleid sehen, das sie neulich in der Tanzstunde anhatte?«

Margret war vernünftig genug, an ihrem Stil festzuhalten. Als Titelbild einer Modezeitschrift für die Jugend hätte sie sich mit ihren runden roten Backen wohl kaum geeignet, aber in den weiten Röcken und puffärmligen Blusen, die sie meistens trug, sah sie lieb und nett aus.

»Howard ist ganz in Ordnung«, fuhr sie fort. »Auf alle Fälle ist er nicht mehr von Amalie hingerissen als alle anderen Jungen. Und er kann sehr witzig sein. Vielleicht gefällt er Karla, wenn sie den ersten Schreck überwunden hat.«

Susy lachte verständnisvoll. Howard war kaum vierzehn, aber riesengroß. Er hatte dunkles lockiges Haar und lebhafte braune Augen. »Nun gut, laden wir also noch Howard ein! Dann sind es sechs; das ist genug für den Anfang.«

Als Susy nach Hause fuhr, dachte sie: »Wie nett alle diese Kinder sind! So liebenswürdig, gut erzogen und vernünftig! Sie müssen Karla einfach gefallen. Und wenn sie sich mit Margret anfreundet, wird sie nicht nur viel Vergnügen haben, sondern auch manches lernen. Nun brauchen wir nur noch schönes Wetter. Dann wird schon alles gutgehen.«

Das Picknick

Susy lag mit fest geschlossenen Augen auf dem Rücken. »Bill!« bat sie schmeichelnd. »Sieh doch mal nach, wie das Wetter ist!«

»Was ist los?« fragte Bill schlaftrunken.

»Sieh bitte nach, wie das Wetter ist.«

Brummend stützte sich Bill auf den Ellenbogen und spähte aus dem Fenster. »Das Wetter ist schön. Warum siehst du nicht selber nach?«

»Ich wollte vorbereitet sein, falls es regnet.«

»Du bist zuviel mit Kindern zusammen und wirst schon selber zum Kind«, sagte Bill, während er sich wieder hinlegte. »Es ist Zeit, daß du mal wieder unter Erwachsene kommst.«

Susy öffnete die Augen und sah aus dem Fenster. Golden strahlte die Sonne von einem klaren blauen Himmel herab. Kein Blatt der Ahornbäume regte sich, und über den fernen Bergen schwebte nicht das kleinste Wölkchen. »Gott sei Dank! Nun wird alles gutgehen.«

Bill sah sie mit einem sonderbaren Blick an. »Hoffentlich!«

»Das klingt ja so bedenklich. Was meinst du . . .«

Die Tür flog auf, und die Kinder stürmten ins Zimmer. Während die Zwillinge auf Bills Bett kletterten, kuschelte sich Bettina neben Susy. »Das Wetter ist herrlich«, sagte sie strahlend. »Anne meint, es wird sehr heiß werden. Mammi, ich freu mich schrecklich! Glaubst du, daß Karla sich auch freut?«

»Ich denke, ja.« Susy wartete vergeblich darauf, daß Bill ihr seine Zweifel näher erklärte. Er war zu sehr damit beschäftigt, sich die Zwillinge vom Hals zu halten. Später fand sie dann keine Gelegenheit mehr, ihn zu fragen. Sie hatte mit den Kindern zu tun, und er mußte gleich nach dem Frühstück zum Krankenhaus fahren. Unruhig dachte sie darüber nach, was er mit seinem skeptischen »hoffentlich!« gemeint haben könnte. Ihr war zumute, als hätte jemand einen Eimer kaltes Wasser über sie gegossen und wäre dann fortgegangen, ohne ihr zu erklären, warum er das getan hatte. Falls Bill an dem guten Ausgang ihres Planes zweifelte, hätte er es doch früher sagen können!

Nun, jetzt war sowieso nichts mehr zu ändern. Sie begann die Picknickkörbe zu packen und war bald so sehr darin vertieft, daß sie alles andere darüber vergaß. Überrascht sah sie auf, als Karla an der Küchentür erschien. »Himmel! Ist es schon so spät?«

»Ich bin etwas früher gekommen. Bin ich — richtig angezogen, Frau Barry?« Karla hatte einfache dunkelblaue Hosen mit einem breiten roten Gürtel und eine weiße Hemdbluse an. Dazu trug sie ein seidenes Kopftuch mit feinen farbigen Streifen, über das unregelmäßig kleine silberne Glöckchen verstreut waren.

»Natürlich bist du richtig angezogen«, antwortete Susy. »Das Tuch ist ja entzückend.«

»Meinen Sie, daß ich es tragen kann? Ich habe es geschenkt bekommen und liebe es sehr. Sieht es auch nicht — zu auffällig aus?«

»Aber nein! Komm, hilf mir ein bißchen beim Einpacken.«

»Natürlich — gern.«

»Wir werden ein Feuer am See machen!« rief Jerry aufgeregt.

»Und Anne hat Apfeltaschen gebacken«, fiel Bettina ein.

Die freudige Erregung der Kinder übertrug sich auch auf Karla, und fröhlich half sie dabei, die Körbe in dem Wagen zu verstauen.

Plötzlich schrie Jonny: »Da kommen Winnie, Tom und Howard!«

Sofort wurde Karla steif wie ein Brett, und ihr Gesicht verschloß sich, als sei eine Tür zugeschlagen. Einen qualvollen und flehenden Blick warf sie Susy noch zu, dann wurde ihr Gesicht starr und maskenhaft.

Winnie Carter sah zwischen den beiden großen Jungen sehr klein und zierlich aus. Sie hatte weiches lockeres Haar, ein kurzes Näschen und die großen blauen Augen einer Perserkatze. Obwohl sie ebenfalls Hosen und eine einfache Hemdbluse trug, machte sie einen zarten und zerbrechlichen Eindruck. In Wirklichkeit war sie jedoch, wie ihre Freunde wußten, ein ziemlich zähes, nüchtern rechnendes Mädchen, das stets gute Noten in Mathematik bekam und mit Gewinn Eier zu verkaufen verstand.

Sie schüttelte Karla herzlich die Hand. »Ich freue mich, daß du nach Springdale gekommen bist. Hoffentlich gefällt es dir hier.«

»Guten Tag«, sagte Karla.

Nun trat Howard vor. »Ich heiße Howard Phinney. Tom Bingham kennst du ja schon, nicht wahr?«

Howard und Tom waren kräftige, braungebrannte Farmersöhne mit der selbstsicheren Haltung von Jungen, die zwischen Tieren und Pflanzen aufgewachsen sind. Aber Karlas Schönheit überwältigte sie. Wenn sie auch nicht »Donnerwetter!« riefen oder einen Pfiff ausstießen, so starrten sie das Mädchen doch mit großen, erstaunten Augen an.

»Guten Tag«, sagte Karla.

Darauf entstand ein Schweigen. Zum Glück erschienen nun die Bonneys und wurden ebenfalls vorgestellt. Dexter lächelte liebenswürdig. Margret, die ein rotes Kopftuch trug, ging sogleich strahlend auf Karla zu. »Ich freu mich, dich kennenzulernen. Frau Barry hat mir erzählt, daß sie dir Unterricht in Erster Hilfe gibt.«

»Ja, das ist richtig«, sagte Karla so steif, daß ein weniger gut erzogenes Mädchen kein Wort mehr mit ihr gesprochen hätte. Aber die gutmütige Margret nahm den kühlen Empfang nicht weiter übel. Susy hatte ja gesagt, daß Karla schüchtern wäre; das erklärte alles.

»Es muß Spaß machen, Erste Hilfe zu lernen«, fuhr sie unbekümmert fort. »Frau Barry hat Dexter fabelhaft geschient, als er sich vor zwei Jahren den Arm gebrochen hatte. Und als unser Baby ankam, hat sie mir gezeigt, wie man es füttert und pflegt. Nun mache ich es ganz allein, und das ist nur gut, denn Mutter ist schrecklich altmodisch.«

Jetzt taute Karla ein wenig auf. »Wie wundervoll!« rief sie. »Badest du das Baby auch?«

»Natürlich! Das ist nicht weiter schwer. Komm doch mal am Spätnachmittag herüber, dann zeig ich es dir.«

»Ja, das will ich gern tun.«

Susy fand den Anfang vielversprechend und forderte die Gesellschaft zum Einsteigen auf. Ihr Plan schien eigentlich schon gelungen zu sein. Wenn sie zurückkehrten, würde Karla gewiß Freunde gewonnen und ihre dummen Einbildungen vergessen haben.

Während sie vergnügt die Straße hinunterfuhr, dachte Susy, wie herrlich es doch sei, mit einer Ladung lustig schwatzender junger Menschen einen Ausflug zu machen und auch die eigenen Kinder dabeizuhaben. Sie hörte, wie Bettina von dem Wassermolch erzählte, den sie eines Tages gefunden und heimgebracht hatten. »Wir haben ihn in eine Kaffeekanne gesetzt und Moos und Blätter hineingetan. Er heißt Schleich.«

»Scheich?« fragte Dexter erstaunt.

»Nein, Schleich!« rief Jonny. »Weil er immer so schleicht.«

Margret schwärmte von ihrem französischen Lehrer.

»Du solltest auf französisch über ihn sprechen«, meinte Howard. »Er ist três — três sowieso.«

»Três joli«, fiel Winnie ein. Ich weiß bloß nicht, ob man von Männern joli sagen kann.«

»Três sowieso oder sonstwas«, brummte Tom. »Mir hat er eine Vier in Französisch gegeben.«

»Ich finde ihn nett«, beharrte Margret. »Er ist in Paris geboren.«

»Es hat keinen Sinn, daß du ihm nachläufst«, sagte

Winnie. »Fräulein Elder ist schon dabei, ihn sich zu angeln. Du mußt schon mit unserer Gesellschaft vorlieb nehmen.«

»Na ja, ein Spatz in der Hand ist besser als 'ne Taube aus dem Dach.«

Die Jungen schrien entrüstet, und alle lachten. Susy fürchtete, daß Karla sich bei den Schulgesprächen langweilen könnte, und blickte prüfend in den Rückspiegel. Aber Karla hörte nicht nur interessiert zu, sondern lächelte sogar ein wenig. Und als der See wie ein blauer Strich in der Ferne aufleuchtete, beugte sie sich ebenso gespannt vor wie die anderen.

Das Wasser des Sees glitzerte in der Sonne. Er war nicht so tiefblau wie die von Quellen gespeisten Bergseen. Sein klares Wasser floß aus einigen Bächen zusammen, und da er ziemlich flach war, wurde er schnell warm. In einer kleinen Bucht, die von hohen Rottannen eingerahmt war, stand ein Holzhäuschen, das im Herbst als Jagdhütte und im Sommer als Badekabine benützt wurde.

Karla sprang aus dem Wagen und reichte Bettina die Hand.

»Wie gefällt dir der See?« fragte Bettina.

»Er ist wunderbar!«

»Hoffentlich ist das Wasser nicht zu kalt«, sagte Winnie. »Howard und Dexter haben hier schon in der vorigen Woche gebadet und behaupteten, es sei gar nicht kalt. Aber sie würden das auch sagen, wenn noch Eisstücke drauf schwämmen.«

»Auf alle Fälle ist es herrlich klar — fast wie in einem Schwimmbassin«, meinte Karla. Heiter und angeregt half sie den anderen, die Sachen aus dem Wagen zu laden und sie auf einen großen flachen Stein neben der Feuerstelle zu legen. Und als die Mädchen zur Badekabine gingen, um sich umzuziehen, ging sie ohne Zögern mit. Sie schwatzte zwar nicht soviel wie Winnie und Margret, sprach aber natürlich und ohne Hemmungen.

Susy war sehr zufrieden. Warum hatte sie nicht schon längst daran gedacht, ein Picknick am See zu veranstalten? Karla brauchte nur einen energischen Schubs. Unter diesen Gedanken zog Susy den Kindern Badeanzüge an und schickte sie zu dem sandigen Strand hinunter.

Karla und Margret kamen zusammen aus der Badekabine. Margret trug einen zweiteiligen Badeanzug mit einem Blumenmuster. Sie sah hübsch und nett aus, wurde aber völlig durch Karla ausgestochen, die einen einfachen grünen Schwimmanzug mit dem eingestickten Abzeichen eines Sportklubs trug. Tom und Howard hatten Margret zu gern, um eine Bemerkung darüber zu machen, aber Brüder sind erbarmungslos.

»Meine Schwester hat einen neuen Badeanzug an und findet sich wer weiß wie hübsch darin«, sagte Dexter. »Aber Sie, Mademoiselle, sind — sind . . .«

»Belle!« fiel Margret ein. »Mademoiselle ist sehr belle.«

Die anderen nahmen den Reim auf und sangen ausgelassen: »Mademoiselle ist sehr belle. Mademoiselle ist sehr belle.«

Sie waren voll harmlosen Frohsinns und dachten gar nicht daran, sich über Karla lustig zu machen. Eigentlich hätte Margret gekränkt sein können, weil ihr neuer Badeanzug keinen Eindruck machte, aber sie lachte nur. Karla stimmte jedoch nicht in das allgemeine Gelächter mit ein. Sie erbleichte und wurde steif wie ein Stock. Susy hätte sie ohrfeigen mögen.

»Was ist belle, Mammi?« fragte Bettina.

»Es ist französisch und heißt schön.«

»Karla ist ja auch schön«, sagte Jerry und griff nach ihrer Hand.

Sie machte sich sanft von ihm los und sagte, ohne jemand anzusehen: »Wir wollen ins Wasser gehen.«

In der Mitte der Bucht lag ein Floß, und alle schwammen darauf zu. Aber auf halbem Weg machte Karla kehrt und schwamm zurück. »Wollen Sie nicht auch baden, Frau

Barry?« fragte sie höflich. »Ich werde auf die Kinder aufpassen.«

»Karla!« sagte Susy, ohne auf das Angebot einzugehen. »Sei doch nicht so furchtbar empfindlich! Es war ja nur ein Scherz — und ein gutgemeintes Kompliment.«

Karla, die bis zur Taille im Wasser stand, antwortete nicht, sondern starrte düster zu den fernen Bergen hinüber.

»Ich verstehe sehr gut, wie dir zumute ist«, fuhr Susy fort. »Aber woher sollen die andern das wissen? Und wie sollen sie dich nett finden, wenn du so ablehnend bist?«

»Ich werde mir Mühe geben, freundlicher zu sein«, versprach Karla. »Aber jetzt lassen Sie mich bitte ein bißchen bei den Kindern und gehen Sie inzwischen ins Wasser. Es ist wundervoll.«

Nach kurzem Zögern gab Susy nach. Es würde Karla guttun, ein wenig zur Besinnung zu kommen. Außerdem lockte es Susy, in den See hinauszuschwimmen. Mütter von kleinen Kindern haben ja selten Gelegenheit, ihre Schwimmkünste auszuüben, weil sie immer aufpassen müssen, daß die kleine Gesellschaft sich nicht zu weit in das für sie noch gefährliche Element wagt.

Mit kräftigen Stößen schwamm Susy hinaus. Das Wasser war angenehm kühl, aber nicht zu kalt. Nach einer Weile legte sie sich auf den Rücken und stieß sich mit den Beinen vorwärts. »Es ist eine Schande!« dachte sie, während sie zu ein paar Sommerwölkchen hinaufblickte, die über den blauen Himmel segelten. »Ich sollte in der Tracht stecken und Krankenbesuche machen. Statt dessen picknicke ich mit jungen Leuten, überlasse meine Kinder der Aufsicht eines jungen Mädchens und aale mich hier im Wasser.«

Erfrischt und angeregt kehrte sie schließlich zurück. Sie fand Karla mit den Kindern im flachen Wasser. Howard Phinney hatte sich zu ihr gesellt, und die beiden versuchten den Zwillingen das Schwimmen beizubringen.

»Das ist lieb von euch«, sagte Susy, während sie ihre Badekappe abstreifte und ihr flachgedrücktes Haar lockerte.

»Die andern tauchen vom Floß aus«, entgegnete Karla. »Aber Howard findet es vernünftiger, Kindern beizubringen, wie man nicht ertrinkt.« Sie hatte Howard nicht vertrieben und gab sich Mühe, nett und freundlich zu sein; aber natürlich hatte die Gegenwart der Kinder ihr dabei geholfen.

»Ich muß den Unterricht leider abbrechen«, sagte Susy. »Die Kinder sehen schon ein bißchen blau aus. Und dann wollen wir etwas essen.«

»Das ist eine gute Idee«, meinte Howard. »Sie brauchen sich um nichts zu kümmern, Frau Barry. Karla und ich werden alles vorbereiten.«

»Das ist fein«, sagte Susy, ohne Karlas Zögern zu beachten.

Gehorsam platschte Karla aus dem Wasser. Als die anderen sahen, daß Vorbereitungen zum Essen getroffen wurden, kamen sie ebenfalls ans Ufer. Während Susy die Kinder anzog, machten sich dann alle irgendwie nützlich. Dexter und Tom sammelten Holz und machten Feuer. Die Mädchen hatten Strandanzüge angezogen, packten die Körbe aus und bestrichen Brote mit Butter. Howard briet Fleischstückchen über dem Feuer. Karla, der die langen Haare feucht auf die Schultern hingen, half ihm dabei und verteilte belegte Brote an die hungrigen Kinder.

Howard war offenbar hingerissen von Karla, gab ihr jedoch nur Anweisungen oder lächelte ihr hin und wieder zu. Sie tat folgsam, was er sagte. Später aß sie mit Appetit, und obwohl sie mehr zuhörte als sprach, schien sie sich ganz wohl zu fühlen. Sie hatte auch keinen Grund, sich zu beklagen. Winnie und Margret flüsterten nicht hinter ihrem Rücken, und die Jungen benahmen sich trotz aller Bewunderung zurückhaltend und unaufdringlich.

Nach dem Essen holte Dexter einen großen Ball aus

dem Wagen, und eine Weile wurde voll Eifer damit gespielt. Susy atmete gerade wieder auf, da ertönte plötzlich Pferdegetrappel, und in einer Staubwolke erschien Amalie Rand.

»Hallo!« rief sie, ihr Pferd zügelnd. »Was ist denn hier los? Ein Picknick?«

»Hallo, Amalie!« grüßte Susy kühl. »Wie geht's?«

»Ich komme vor Durst um. Und Zentaur ist schweißgebadet. Dürfen wir uns hier ein wenig erfrischen?«

»Natürlich!« antwortete Susy innerlich tobend.

Amalie schwang sich leicht aus dem Sattel und band ihr Pferd an einen Baum. Ihr Reitstil unterschied sich auffallend von dem der ländlichen Jugend, die ohne Sattel auf Bauernpferden zu reiten pflegte, und statt der bequemen Hosen, die man hier gewöhnlich trug, hatte sie einen eleganten Reitanzug an. Ihr Auftreten erheischte Beachtung und Huldigung.

Howard holte ihr eine Flasche Coca-Cola. Sie warf ihm einen dankbaren, doch wohl abgemessenen Blick zu, sagte, daß er ihr das Leben gerettet habe, und machte sich dann wie selbstverständlich zum Mittelpunkt der Gesellschaft.

»Ah, Karoline Stuart!« sagte sie etwas von oben herab zu Karla. »Bist du nicht früher in der Fenchley-Schule gewesen? Du kennst doch Lisa Willard und Cass Lattimore, nicht wahr?«

»Ja, sie waren in meiner Klasse.«

»Sie haben mir von dir erzählt. Sie waren schrecklich stolz darauf, mit Mona Stuarts Tochter in einer Klasse zu sein.«

Karla schwieg, und Amalie schwatzte weiter. »Wir haben die Bilder deiner Mutter in Kunstgeschichte besprochen. Ich erinnere mich noch gut an das Porträt von dir.«

»Deine Mutter hat dich gemalt?« rief Margret bewundern. »Wie sieht das Bild aus?«

Karla hatte die Lippen aufeinandergepreßt. Amalie antwortete für sie. »Es ist wunderschön und heißt ›Mädchen mit Weidenkätzchen‹. Lisa und Cass sagten mir, du seiest in Wirklichkeit viel hübscher. Und das stimmt auch. Aber ich hatte dich mir größer vorgestellt.« Amalie lachte. »Es ist komisch, jemand kennenzulernen, den man zuerst auf einer Filmleinwand gesehen hat.«

Alle starrten Karla wie ein Wundertier an. Susy überlegte verzweifelt, wie sie der Unterhaltung eine andere Wendung geben könnte, ohne Amalie in den See zu werfen.

»Wir haben also ein richtiges Modell in unserer Mitte!« sagte Howard voller Bewunderung.

Amalies Augen funkelten boshaft. »Modell zu sein, ist nicht jedermanns Sache«, meinte sie spitz. »Du liebst New York wohl sehr, Karla.«

»Ich hasse New York!«

Amalie lächelte süß. »Vielleicht hast du dort nicht die richtigen Leute gekannt. Da deine Mutter Künstlerin ist, hat sie sicherlich recht — sonderbare Freunde.«

Nun mischte sich Dexter ein, der bisher schweigend zugehört hatte. »Es gibt jetzt auch in Springdale recht sonderbare Leute«, sagte er mit Betonung.

»Das finde ich auch.« Amalie sah spöttisch zu Karla hin. Karla erbleichte.

»Wollen wir Verstecken spielen, Karla?« fragte Jonny.

»Ja, komm!« Von nun an sprach Karla nur noch mit den Kindern. Selbst als Amalie, sehr zufrieden mit sich, fortgeritten war, taute sie nicht mehr auf. Sie half den anderen, die Körbe in den Wagen zu tragen, zog sich jedoch erst um, nachdem Winnie und Margret die Kabine verlassen hatten. Auf dem Heimweg sprach sie kein einziges Wort.

Zuerst setzte Susy die Bonneys ab. »Komm doch mal herüber, wenn ich das Baby bade, Karla«, sagte Margret freundlich beim Abschied.

Karla nickte steif. »Vielleicht«, antwortete sie in abweisendem Ton.

Nun verlor selbst Margret die Geduld. »Wie du willst!« sagte sie kühl, und dann zu Susy: »Vielen Dank für den schönen Tag, Frau Barry!«

»Es war wirklich herrlich«, fiel Dexter ein. »Auf Wiedersehen, Karla!«

»Auf Wiedersehen.«

Susy unterdrückte ihren Ärger und schwieg. Nachdem sie auch die anderen nach Hause gebracht hatte, bemerkte sie Tränen in Karlas Augen. »Karla!« sagte sie sanft.

»Ich habe mich scheußlich benommen!« stieß das Mädchen hervor. »Aber ich kann nichts dafür. So ist es immer. Alle sehen nur mein Gesicht, sonst nichts.«

»Es ging doch ganz gut, bis Amalie Rand auftauchte. Sie war sehr ungezogen, und ich kann gut verstehen, daß du ihr böse bist. Aber die anderen konnten doch nichts dafür. Winnie oder Margret hätte dasselbe passieren können.«

»Nein, Frau Barry, Amalie hat mich nur meines Aussehens wegen angegriffen. Und wäre sie nicht gekommen, dann hätte einer von den andern es getan. So ist es immer! Immer!«

»Unsinn!« entgegnete Susy. Sie hätte gern noch mehr gesagt. Aber sie waren vor Haus Irwin angelangt, und die Kinder waren müde von Sonne, Wasser und frischer Luft.

Als Karla ausstieg, sagte sie schüchtern: »Darf ich trotzdem — weiter zu Ihnen kommen?«

»Aber natürlich, Karla!«

Zu Hause überließ Susy die Kinder der getreuen Anne, ging ins Wohnzimmer und sank erschöpft in einen Sessel. Bill lag auf der Couch, rauchte eine Pfeife und las die Zeitung. »Na, wie war es?« fragte er.

»Es war entsetzlich!« Susy schilderte ihm den Verlauf des Nachmittags.

Bill nickte. »Das habe ich erwartet.«

»Warum hast du das nicht früher gesagt?« rief Susy vorwurfsvoll.

Er zuckte die Achseln. »Ich hätte mich ja auch täuschen können. Schließlich kennst du Karla besser als ich.«

»Aber warum hast du erwartet, daß es schiefgehen wird?«

»Weil du statt der Ursache die Symptome der Krankheit bekämpfen wolltest. Karla bildet sich ein, daß ihre Mutter sich nur als Modell für sie interessiert, und glaubt, ihr Aussehen sei schuld daran. Sie ist so sehr von dieser Einbildung besessen, daß sie nun auch allen anderen Menschen mißtraut — besonders natürlich jungen Menschen in ihrem Alter, die viel auf Äußerlichkeiten geben und ohne Zurückhaltung darüber sprechen.«

»Aber ...«

»Glaub mir, Susy, Karla wird immer das Gefühl haben, daß die Leute nur ihr Äußeres sehen. Das wirst du ihr nicht ausreden können.«

»Was ist denn deiner Meinung nach zu tun?«

»Bring eine Verständigung zwischen ihr und ihrer Mutter zustande, wenn du kannst. Sobald Karla fühlt, daß ihre Mutter sie liebt, wird dieser ganze Spuk um ihr Aussehen verschwinden.«

»Aber wie soll ich das machen? Ich habe ja noch kein Wort mit Frau Stuart gesprochen.«

Bill lachte. »Wie du das machen sollst, weiß ich nicht. Ich bin hier der Theoretiker. In der Praxis bist du geschickter als ich.«

Bettina läuft davon

Eines Morgens wollte Bettina ihr Frühstück nicht essen. Der Grund war nicht etwa Appetitlosigkeit. Darüber hätte man hinweggehen können, denn der Appetit von Kindern wechselt, und kein Kind verhungert, wenn es einmal eine Mahlzeit ausläßt. Aber Bettina war durchaus nicht passiv, sondern widerborstig und schlecht gelaunt. Sie sah das von Sonne durchflutete Eßzimmer mit dem hübsch gedeckten Tisch und mit der ganzen Familie drum herum in einem dicken grauen Nebel. Weder das gütige Gesicht der Mutter noch der gesunde Appetit der Zwillinge vermochten ihr trübes Weltbild aufzuhellen.

»Iß deine Haferflocken, Tina«, sagte Bill ruhig.

»Ich will keine Haferflocken!« mäkelte Bettina.

»Möchtest du ein Ei essen?« fragte Susy.

»Nein, danke! Ich will auch keine Milch — und auch keinen Orangensaft.«

»Wenn du nichts essen möchtest, gehst du wohl am besten in dein Zimmer«, sagte Bill.

»Ich will nicht, ich will nicht . . .«

»Nun ist's aber genug!« rief Susy streng. Entweder du ißt dein Frühstück, oder du bist still.«

Bettina sagte nichts mehr, bot jedoch einen erbarmungswürdigen Anblick. Mit vorgeschobener Unterlippe hockte sie zusammengesunken auf ihrem Stuhl und starrte mißmutig vor sich hin.

Als Bill sich später von Susy verabschiedete, sagte er: »O je, das wird ein schlimmer Tag! Ich möchte nicht in deiner Haut stecken.«

»Ja, die Männer haben es gut. Du gehst in dein schönes friedliches Krankenhaus und überläßt mich Tinas Launen. Ich hoffe nur, daß sich einmal etwas Gutes aus ihrem Temperament entwickelt. Du mußt ein gräßliches Kind gewesen sein, Bill. Von mir hat sie das nicht.«

»Wahrscheinlich!« sagte Bill lachend und küßte sie. Als

sie ins Haus zurückkehrte, bauten die Zwillinge ein Gehege für eine mottenzerfressene Stoffrobbe, die sie mit beharrlicher Verachtung für Phantasienamen »Robbie« nannten. Bettina hockte wie ein Häufchen Unglück auf den Stufen vor der Hintertür.

»Warum gehst du nicht in den Garten und schaukelst?« rief Susy ihr zu.

»Ich hab keine Lust zu schaukeln.«

»Möchtest du Maxl etwas zu fressen bringen?«

»Nein.«

»Willst du Anne beim Pastetenbacken helfen?«

»Nein.«

»Was möchtest du denn gern tun?«

Bettinas Gesicht hellte sich auf. »Ich möchte meine Kleider in der Waschmaschine waschen.«

»Aber das kannst du nicht!« entgegnete Susy verzweifelt.

»Warum nicht?«

»Du könntest dich verletzen. Sogar Erwachsene klemmen sich an der Waschmaschine die Finger, wenn sie nicht damit umzugehen verstehen.«

Bettina brach in Tränen aus. »Ich darf niemals tun, was mir Spaß macht!« schluchzte sie. »Niemals bekomme ich, was ich mir wünsche! Ich laufe davon und komme nie wieder zurück.« Wütend stand sie auf und lief die Treppe hinauf.

»Tina nimmt jeden Kummer so schrecklich schwer«, sagte Susy zu Anne. »Wenn ich nur wüßte, was ihr eigentlich fehlt! Mit der Schule kann es nichts zu tun haben. Es sind ja Ferien.«

»Vielleicht ist das der ganze Kummer«, meinte Anne. »Tina langweilt sich. Ich hab auch als Kind solche Zeiten gehabt. In dem Augenblick, wo ich spielen durfte, was ich wollte, wußte ich nicht mehr, was ich mit mir anfangen sollte. Wenn Tina schon besser lesen könnte, würde sie sich vielleicht ein Buch vornehmen.«

»Ich glaube, du hast recht. Nun, ich werde sie erst mal eine Weile allein lassen, damit sie sich beruhigt. Und dann werde ich etwas Nettes mit ihr unternehmen. Wir könnten zum Beispiel einen Ausflug zum Echosee oder zum Verlorenen Fluß machen. Eigentlich wollte ich ja heute die Tapete im Fremdenzimmer abreißen, aber das kann ich ebensogut ein andermal machen.«

»Du bist eine gute Mutter, Susy. Die meisten Frauen würden sich nicht lange mit den Launen einer Sechsjährigen aufhalten.«

Susy lachte. »Mag sein, daß Tina grundlos jammert, aber sie jammert doch! Ich kann mich unmöglich mit alten Tapeten abgeben, wenn mein Kind unglücklich ist — wie albern auch der Grund sein mag.«

»Das meine ich ja . . .« Anne brach ab und sah aus dem Küchenfenster. »Sieh da, Tina scheint sich selber helfen zu wollen.«

Susy drehte sich rasch um und sah Bettina mit fliegenden Zöpfen den Pfad am Fuß der Bergwiese entlanglaufen. Mitleidig folgte sie ihr mit den Augen. »Mein gutes Dummerchen läuft wirklich davon — und noch dazu voller Wut!«

»Laß sie ihre Wut nur austoben; das ist das beste.«

»Ja. Doch will ich ihr lieber nachgehen und aufpassen, daß ihr nichts passiert.«

Susy wartete noch ein wenig und ging dann hinter Bettina her, die wild entschlossen zu sein schien, sich ihren eigenen Weg durch diese böse Welt zu bahnen. Noch kein einziges Mal war sie stehengeblieben, um Blumen zu pflücken oder Grashüpfer zu fangen. Aber allmählich begann sie langsamer zu gehen. Susy hielt sich hinter den Ahornbäumen verborgen, die am Rand der Wiese standen. Sie hoffte, daß Bettina bald, durch ihr Abenteuer verwandelt, nach Hause zurückkehren, ihren grausamen Eltern vergeben und den Rest des Tages zufrieden verbringen würde.

Wirklich schien die kleine Ausreißerin sich schon etwas beruhigt zu haben. Sie fing an, Gänseblümchen zu pflükken, und als sie einen dicken Strauß beisammen hatte, sah sie sich suchend um. Anscheinend wollte sie sich irgendwo hinsetzen und einen Kranz flechten — eine Kunst, die sie erst kürzlich erlernt hatte. Schon wollte Susy zum Haus zurückkehren, da legte das Kind plötzlich die Blumen ins Gras und lief weiter.

Der Pfad führte durch ein Zedernwäldchen zu einem Feld hinter Mona Stuarts Atelier, dessen Dach bereits zu sehen war, schlängelte sich dann durch ein Gewirr von Wacholderbüschen und Farnen, überquerte einen Bach und endete schließlich auf der Autostraße. Susy glaubte, daß Bettina nicht über den Bach hinausgehen, sondern am Wasser verweilen werde, und beeilte sich daher nicht, obwohl Bettina bald in dem Zedernwäldchen verschwand. Die Sonne brannte heiß auf ihre Schultern, und sie war froh, als sie ebenfalls in den Schatten der Bäume trat. Weit vor sich sah sie Bettina schon auf dem Feld hinter Mona Stuarts Atelier. Anstatt aber dem Pfad weiter zu folgen, bog sie plötzlich ab und ging auf die offene Ateliertür zu.

Erschrocken begann Susy zu laufen. Sie wollte Bettina nicht gern rufen und hoffte, sie noch zu erreichen, ehe sie das Heiligtum der Malerin betrat. Aber es war schon zu spät. Sie erlebte es nicht mit, wie ihre Tochter eine der berühmtesten Künstlerinnen Amerikas kennenlernte.

Das Atelier war leer. Erstaunt sah sich Bettina in dem großen hellen Raum um, an dessen Wänden viele Bilder aufgereiht standen. Dann erblickte sie das Bild auf der Staffelei. Es stellte eine blühende Wiese im Sonnenschein dar. Die lichten Farben funkelten in einer fast überirdischen Leuchtkraft.

Bettina starrte hingerissen auf das Bild, als Mona Stuart hereinkam. »Was machst du denn hier, Kleine?« fragte sie.

»Ich bin von zu Hause weggelaufen«, antwortete Bettina, die Augen unverwandt auf das Bild gerichtet.

»Hier kannst du aber nicht bleiben. Lauf woandershin.«

Bettina drehte sich zu ihr um. »Ich wollte nur mal sehen, wie es hier ist.«

»Entweder du gehst jetzt woandershin oder nach Hause«, sagte Mona Stuart scharf. »Aber sofort!«

Bettina starrte sie mit großen Augen an. »Du bist aber unhöflich!«

»Unhöflich?«

»Ja. Mammi sagt, so etwas darf man nicht sagen. Zu uns kommen manchmal schreckliche Leute, aber ich sage niemals zu ihnen, daß sie fortgehen sollen.«

Frau Stuart hustete. »Ich wollte nicht unhöflich sein. Was willst du denn hier sehen?«

»Zuerst wollte ich nur sehen, was hier drin ist, aber jetzt möchte ich dieses Bild ansehen.«

»Warum denn?«

»Weil es ganz wunderschön ist«, antwortete Bettina ernst. »Auf dem Bild ist mehr Sonnenschein als draußen.«

Mona Stuart sah Bettina verdutzt an. »Hm. Möchtest du noch ein paar andere Bilder sehen?«

Susy hörte diese Frage, als sie zögernd vor der Tür stehenblieb. Sie sah Bettinas verzücktes Gesichtchen zu der Künstlerin emporgewandt, ohne daß die beiden sie bemerkten. Da Bettinas Einbruch in das Atelier offenbar nicht übel aufgenommen wurde, zog sie sich leise zurück, um nicht zu stören. Sie wollte draußen warten, bis Bettina herauskam, und setzte sich unter einen Fliederbusch.

Bettina durfte nun alle Bilder betrachten, die Mona Stuart im Herbst ausstellen wollte — eine Gunst, die die Künstlerin erst kürzlich dem Kunstkritiker einer New Yorker Zeitung und dem Herausgeber einer Kunstzeitschrift versagt hatte.

Es war eine erfolgreiche Vorschau. Mona Stuarts Bilder waren bei aller künstlerischer Vollendung von großartiger Einfachheit, und Bettina fand in jedem etwas, was sie entzückte. Die Feinheiten entgingen ihr natürlich. Aber die leuchtenden Farben und die schwungvollen Linien, die selbst den einfachsten Studien Leben und Bewegung verliehen, bezauberten sie. »Das ist wunderschön!« rief sie vor einem Blumenstilleben, und vor einem halbvollendeten Bild des Springdaler Tals: »Wie der Wind darin weht!«

Mona Stuart hörte sich diese Bemerkungen schweigend an. Als Bettina einmal äußerte: »Ich mag die Häuser nicht; sie sind so traurig«, nickte sie. Nachdem sie die letzte Leinwand auf ihren Platz zurückgestellt hatte, sagte sie plötzlich: »Bist du nicht Bettina Barry?«

»Ja, das bin ich. Und du bist Karlas Mutter. Aber eigentlich bist du keine richtige Mutter. Du kümmerst dich ja gar nicht um Karla.«

Nach kurzem Zögern antwortete Mona Stuart: »Karla ist viel älter als du. Man braucht sich nicht mehr um sie zu kümmern.«

»Aber sie sagt, als sie klein war, hast du es auch nicht getan. Warum nicht?«

»Weil Nell das besser versteht. Ich muß Bilder malen und habe für nichts anderes Zeit.«

Bettina sah nachdenklich umher. »Ja, das ist wahr. Aber Mammi sagt immer, sich um seine Kinder zu kümmern, ist das Wichtigste auf der Welt.«

Susy hörte der Unterhaltung gespannt zu. Wie oft hatte sie selber mit Bettina ähnliche Gespräche geführt und war schließlich ebenso von ihr in die Enge getrieben worden! Ob Bettina wohl einmal Rechtsanwältin wurde?

»Kinder versorgen ist eine Sache, die man gut machen muß«, erwiderte die Malerin nun. »Deine Mutter macht es bestimmt sehr gut. Aber Nell kann es besser als ich.«

»Das glaub ich nicht. Nell ist doch keine Mutter.«

»Karla ist bestimmt mit ihr zufrieden.«

»Nein, sie ist nicht zufrieden«, erwiderte Bettina unerbittlich. »Sie mag Nell gern, aber sie ist traurig, weil sie keine richtige Mutter hat. Am liebsten möchte sie meine Mammi als Mutter haben. Wir haben eine . . .«

Susy trat durch die Tür. »Tina, wie kannst du hier einfach einbrechen!« rief sie tadelnd. Dann wandte sie sich zu Mona Stuart. »Entschuldigen Sie bitte diesen Überfall! Ich werde dafür sorgen, daß es nicht wieder vorkommt.«

»Aber das macht doch nichts«, entgegnete die Malerin. »Sie haben sich Karlas so nett angenommen, Frau Barry. Hoffentlich fällt sie Ihnen nicht zur Last.«

»Aber ganz im Gegenteil — sie hilft mir viel. Wir haben Karla alle sehr gern. Tina, sag jetzt auf Wiedersehen und komm nach Hause!«

»Auf Wiedersehen!« sagte Bettina folgsam zu Mona Stuart. »Es war sehr nett bei Ihnen.« Dann blickte sie zu Susy auf. »Umarme mich bitte, Mammi.«

Susy kniete nieder, und Bettina flog in ihre geöffneten Arme. »Mammi, ich wollte fortlaufen«, bekannte sie reuig. »Aber nun bleib ich bei dir. Freust du dich?«

»Ja, ich freue mich sehr. Warum wolltest du denn fortlaufen? Warst du böse auf mich?«

Nachdenklich betrachtete Bettina einen Knopf an Susys Kleid, während Mona Stuart die beiden gespannt beobachtete. »Auf dich war ich eigentlich nicht böse«, sagte sie schließlich stirnrunzelnd und offenbar um eine ehrliche und genaue Antwort bemüht. »Ich wachte ganz böse auf, aber nicht über etwas Bestimmtes. Es war in mir drin, weißt du. Komisch, nicht wahr?«

»Nun, so sonderbar ist das nicht«, erwiderte Susy. »Jeder Mensch hat manchmal so ein Gefühl. Es ist ganz scheußlich. Wurde es besser, als du fortliefst?«

»O ja! Und dann hab ich diese schönen, schönen Bilder gesehen. Und Karlas Mutter war sehr lieb zu mir. Und dann bist du gekommen. Jetzt ist alles wieder gut.«

Nachdem Mutter und Tochter sich innig umarmt hatten, sagte Susy zu Mona Stuart: »Entschuldigen Sie bitte, daß wir Ihnen hier eine Familienszene vorspielen.«

»Wie? Ach, das macht doch nichts.« Die Malerin sah plötzlich müde und abgespannt aus.

Als Susy mit Bettina das Atelier verlassen hatte, wollte sie dem kleinen Ausreißer eigentlich noch einen Vortrag darüber halten, daß man nicht einfach zu Fremden laufen dürfe, wenn man nicht eingeladen sei, und daß man sich nicht in die Angelegenheiten anderer Leute einmischen solle. Doch ehe sie beginnen konnte, rief Bettina: »Ach, da kommt Karla! Sicherlich ist sie bei uns gewesen.«

Karla kam mit langen Beinen über das Feld gelaufen, ihr kurzer Rock ein gelber Strich auf dem sommerlichen Grün. »Frau Barry!« rief sie schon von weitem. »Ich hab Sie überall gesucht.« Mit ein paar Sprüngen stand sie neben den beiden, drückte Bettina an sich und schlang einen Arm um Susys Taille. »Seid ihr im Atelier gewesen? Habt ihr mit Mutter gesprochen?«

»Nur ganz kurz. Bettina hatte sie überfallen. Wir gehen jetzt nach Hause.«

»Ich komme mit. Werden Sie mir heute zeigen, wie man das Bett eines Kranken macht, ohne daß er aufzustehen braucht?«

»Ja, gern.« Susy nahm Bettina an die Hand und legte einen Arm um Karlas Schulter. »Kommt, Kinder, wir wollen uns Eiscreme machen! Und nachmittags borgen wir uns Ira Proutys Boot aus und segeln alle zusammen auf dem See.«

Bettina jubelte, und Karla rief begeistert: »Frau Barry, Sie sind einfach wundervoll!«

Lachend und schwatzend gingen die drei durch die sommerliche Welt. Keiner von ihnen kam auf den Gedanken, sich umzudrehen. So sahen sie nicht, daß Mona Stuart in der Tür ihres Ateliers stand und ihnen mit einem sonderbaren Ausdruck nachblickte.

Beruf und Kinder

Am nächsten Morgen rief Fräulein Layton, die Gemeindeschwester von Springdale, an und bat Susy, sie zu vertreten, da sie ganz plötzlich von einer Kehlkopfentzündung befallen sei.

»Wie kommen Sie denn jetzt im Sommer zu einer Kehlkopfentzündung?« fragte Susy.

»Ich weiß auch nicht«, krächzte Fräulein Layton. »Entschuldigen Sie bitte, daß ich so kurz vorher anrufe! Hoffentlich haben Sie nichts anderes vor.«

»Jedenfalls nichts Wichtiges. Ich arbeite gern mal wieder in meinem Beruf.«

»Es ist ja auch nur für einen Tag. Morgen wird's schon wieder besser mit mir sein.«

»Schon gut! Machen Sie sich keine Sorgen.«

»Gott sei Dank ist im Augenblick nicht viel zu tun. Frau Ventress hat sich beim Kochen einen Fuß verbrüht und ist zu verbinden. Der Kleine von Jim Barnes liegt mit Rheumafieber. Bei Martha Todds Mädchen muß der Gipsverband abgenommen werden. Fräulein Haller bekommt eine Spritze gegen ihre Gelenksentzündung; ihre Flasche steht in dem Medizinschrank in meinem Büro.« Fräulein Laytons Stimme sank zu einem Flüsterton herab, während sie die übrigen Patienten aufzählte.

Nachdem Susy sich alles notiert hatte, kehrte sie, munter vor sich hin summend, zum Frühstückstisch zurück.

»Das alte Schlachtroß hört die Trompeten blasen«, kicherte Bill. »Ist die Layton krank?«

»Ja, sie ist stockheiser.«

»Viele Besuche?«

»Es geht. Denk nur, Fräulein Haller hat's schon wieder gepackt. Dr. Rail behandelt sie jetzt mit einer Injektionskur. Hoffentlich hilft ihr das was! Wovon mag die Arme nur leben? Mit Gelenksentzündung kann sie keinen Musikunterricht geben.«

»Ich glaube, die Todds unterstützen sie.«

»Die gute Martha! Ein Segen, daß sie Elias geheiratet hat! Sie wendet das Geld wenigstens richtig an. Und er hat sich in der Ehe sehr zu seinem Vorteil verändert. Weißt du noch, was für ein Ölgötze er früher war?«

Susy hatte ganz vergessen, daß die Kinder am Tisch saßen. Plötzlich fragte Jonny: »Was ist ein Ölgötze, Mammi?«

Bill verschwand hinter seiner Serviette.

»Frag deinen Vater«, antwortete Susy hinterlistig.

»Was ist ein Ölgötze, Pa?«

Bill warf Susy einen drohenden Blick zu, räusperte sich und sagte: »Ein Ölgötze? Weißt du, das ist — so nennt man jemand, der sich nicht besonders wohl fühlt.«

»So leicht kommst du nicht davon!« murmelte Susy vor sich hin.

Sie hatte recht, denn sogleich fragte Bettina: »Wieso denn, Pa? War Onkel Elias krank?«

»Ja — ein wenig. Aber du darfst nicht mit ihm darüber sprechen. Er mag das nicht.«

»Was fehlte ihm denn?«

Nach kurzem Überlegen sagte Bill schnell: »Megalomanie infolge exzessiver lokaler Prominenz.«

»Ach!« Bettina schwieg betroffen.

Bill stand auf. »Mich legst du nicht so leicht rein!« flüsterte er Susy zu, die sich nur mit Mühe das Lachen verbeißen konnte. Als er fort war, lief sie nach oben und zog ihre blaue Tracht an. Bettina sah ihr bewundernd und ehrfurchtsvoll zu.

»Was sollen wir nur ohne dich anfangen, Mammi?« fragte sie bekümmert. »Es ist schrecklich, wenn du nicht da bist.«

»Ich muß aber gehen, Tina. Gewiß kommt Karla später herüber.«

»Aber ich bin nicht gern zu Hause, wenn du fort bist.«

»Dann geh mit den Jungen zu den Bonneys. Dort seid

ihr ja immer so gern. Vielleicht geht Karla mit euch mit.«

»Ach ja!« rief Bettina schnell getröstet. »Ob Margret mich wohl das Baby halten läßt? Warum haben wir eigentlich kein Baby, Mammi? Ich würde den ganzen Tag darauf aufpassen.«

Susy umarmte sie lächelnd. Dann sah sie nach, ob ihre Schwesterntasche alles enthielt, was sie brauchte, sagte Anne, daß die Kinder zu den Bonneys gehen sollten, küßte die drei betrübten Gesichter und ging, von Maxl gefolgt, aus dem Haus.

Gerade hatte sie den Wagen aus dem Schuppen gefahren, da sah sie Mona Stuart in ihrem weißen Malerkittel auf sich zukommen. Was wollte die Künstlerin von ihr — und noch dazu so früh am Morgen?

Mona Stuart steckte den Kopf durch das offene Wagenfenster und sagte ohne jede Einleitung: »Ich möchte gern mit Ihnen über Karla sprechen, Frau Barry. Wenn Sie jetzt keine Zeit haben, komme ich ein andermal wieder.«

Susy erklärte, daß sie die Gemeindeschwester vertrete und zum Krankenhaus fahren müsse, um ein Medikament zu holen. »Wollen Sie mitkommen? Ich bringe Sie dann nachher wieder zurück.«

»Ja, vielen Dank!« Mona Stuart stieg ohne Umstände in den Wagen und nahm schweigend neben Susy Platz. Erst als sie auf der Straße waren und talwärts fuhren, begann sie: »Ihr kleines Mädchen hat gestern Dinge zu mir gesagt, die mir eine schlaflose Nacht bereitet haben. Sie behauptet, daß Karla unglücklich sei, und daß ich schuld daran hätte. Sind Sie auch der Meinung?«

Susy versuchte nicht, taktvoll auszuweichen. Die offene Frage der Künstlerin verlangte eine offene Antwort. »Karla ist nicht im eigentlichen Sinne des Wortes unglücklich, Frau Stuart. Sie ist nur unsicher und leidet unter falschen Vorstellungen.«

»Ist es ernst?«

»Ja.«

»Bin ich schuld daran?«

Susy zögerte mit der Antwort, da sie ja bisher nur eine Seite gehört hatte. »Leider weiß ich nicht genug, um diese Frage beantworten zu können.«

»Aber was ist denn eigentlich los?«

»Karla ist von der Einbildung besessen, daß ihre Schönheit eine Scheidewand zwischen ihr und der übrigen Welt sei«, antwortete Susy nach gründlichem Überlegen, da sie wohl wußte, wie verantwortungsvoll und gefährlich es ist, sich mit den Angelegenheiten anderer Menschen abzugeben. »Sie glaubt, alle Leute interessieren sich nur für ihr Äußeres und nicht für ihr Wesen. Mein Mann meint, die Ursache dafür liege in dem Gefühl, nichts für ihre Mutter zu bedeuten, von Ihnen nicht geliebt zu werden.«

Mona Stuart schwieg eine Weile. Dann sagte sie rauh: »Ich bin Ihnen dankbar, daß Sie nicht lange wie die Katze um den heißen Brei rumgegangen sind. Ich liebe Karla, und sie bedeutet sehr viel für mich.«

»Vielleicht haben Sie ihr das nicht deutlich genug gezeigt. Da Sie völlig in Ihrer Arbeit aufgehen, sind Sie gewiß oft abwesend, und Karla hält Sie irrtümlich für abweisend. Kinder müssen spüren, daß man auf sie eingeht, daß man ihre Gefühle kennt und berücksichtigt.«

»Aber ich habe keine Ahnung von Karlas Gefühlen! Mir fehlt jedes Talent, mit Menschen umzugehen. Gestern habe ich Sie mit Ihrer kleinen Tochter und mit Karla beobachtet und verstehe schon, was sie meinen. Aber ich kann das einfach nicht.«

»O weh!« rief Susy unwillkürlich.

»So ist es nun einmal. Wenn Karlas Vater noch lebte, wäre vieles anders. Er hatte das gleiche Verständnis für Menschen wie Sie. Leider ist er zwei Monate vor Karlas Geburt gestorben. Ich wußte überhaupt nichts mit ihr anzufangen und glaubte sie am besten bei Nell aufgehoben.«

»Warum sprechen Sie nicht einmal mit Nell? Sie weiß bestimmt am besten, wie Sie Karla helfen können.«

»Hm. Vielleicht haben Sie recht.«

Nachdem sie eine Weile schweigend gefahren waren, sagte Mona Stuart: »Ich möchte zu Fuß zurückgehen und mir die Sache durch den Kopf gehen lassen. Wollen Sie mich bitte hier absetzen?«

»Gern.« Susy hielt den Wagen an. Die Künstlerin stieg aus und ging mit gesenktem Kopf zurück. Sie hatte Susy nicht aufgefordert, sie zu besuchen, ja nicht mit einem einzigen Wort angedeutet, daß sie sich wiedersehen würden. Das war natürlich kein böser Wille. Nein, sie hatte einfach nicht daran gedacht.

Susy fuhr weiter. Unter anderen Umständen hätte sie noch länger über die Malerin und ihre Tochter nachgedacht. Aber heute hatte sie beruflich zu tun. Jahrelange Gewohnheit leitete ihre Gedanken in altvertraute Bahnen, und sie begann ihren Tagesablauf einzuteilen. Da sie Mona Stuart nicht zurückbringen brauchte, wollte sie zuerst die Patienten im Ort besuchen. Wenn sie vormittags damit fertig wurde, konnte sie zu Hause etwas essen. Für den Nachmittag blieben dann nur noch das Mädchen der Todds und Fräulein Haller übrig, die beide auf ihrer Seite des Tales wohnten.

Unter diesen Überlegungen bog sie in die Straße ein, die zum Krankenhaus hinaufführte. Sie war nicht mehr dort gewesen, seitdem Kit auf Urlaub gegangen war. Es fiel ihr schwer, sich das Krankenhaus ohne die Freundin vorzustellen, von der bisweilen kurze muntere Briefe kamen, in denen jedoch nichts von einer Rückkehr stand. Susy war jetzt nicht mehr so vertraut mit dem Stab des Krankenhauses wie früher. Alte Freunde, die früher oft bei ihr zu Gast gewesen waren, hatten Fremden Platz gemacht. In ihrer Eigenschaft als Frau des Krankenhausleiters lud sie wohl einmal diesen oder jenen zum Tee oder zum Abendessen ein, aber sonst sah man sich selten.

Der Kies knirschte, als Susy vor dem Verwaltungsgebäude bremste. Leichtfüßig lief sie die Stufen hinauf und öffnete die Tür, aus der ihr der vertraute Krankenhausgeruch entgegenkam.

»Guten Tag, Gerty!« rief sie der Telefonistin in der Halle zu.

»Frau Barry! Wieder mal auf Tour? Es ist 'ne Weile her seit dem letzten Mal.«

»Finden Sie? Ich habe Fräulein Layton doch im November vertreten. Was macht denn Ihre Mutter?«

»Krach — wie gewöhnlich«, antwortete Gerty, deren Mutter als unverträglich bekannt war.

Können Sie sie nicht mal eine Weile zu Ihrer Schwester schicken?«

»Wenn ich ihr das vorschlage, fährt sie bestimmt nicht. Hier liegt nichts für Sie vor, Frau Barry.«

Nachdenklich ging Susy zu Fräulein Laytons Büro, um die Medizinflasche für Frau Haller zu holen. Es war wirklich eine Weile her, seitdem sie als Krankenschwester tätig gewesen war. Tat sie unrecht daran, ihren Beruf zu vernachlässigen? »Es hat keinen Sinn, darüber nachzugrübeln, da ich ja gar nichts dagegen tun will«, murmelte sie vor sich hin.

Außerdem hatte sie jetzt zu tun und durfte keine Zeit vertrödeln. Als sie wieder in ihren Wagen stieg, bereitete sie sich auf die Begegnung mit der zwei Zentner schweren Frau Ventress vor, deren Redestrom nicht aufzuhalten war, wenn er einmal begonnen hatte.

Während sie ihr dann den kranken Fuß verband, fand sie tatsächlich keine Gelegenheit, auch nur ein einziges Wort zu äußern. Das Doppelkinn der dicken Frau wabbelte, und sie redete und redete.

»Ach, die liebe Frau Barry! Wie in alten Zeiten, als Sie noch die Runde machten! Und Sie haben noch immer Ihre leichte Hand ... obwohl jede Hand ...! Verzeihen Sie, daß ich zusammenzucke! Aber meine Nerven sind nicht mehr so gut wie früher. Ich war allerdings immer sehr empfindlich — hab nie richtige Kraft in den Knochen gehabt. Erst neulich sagte ich zu meinem Mann, ich hab Frau Barry ja ewig nicht gesehen. Aber drei Kinder sind keine Kleinigkeit für 'ne Frau. Au! Der Fuß sieht schlimm aus, nicht wahr? Ach, keiner von uns wird jemals vergessen, wie Sie früher immer überall rumgefahren sind und die armen Leute gepflegt haben. Ich sage immer ...« Der Redestrom verfolgte Susy noch, als sie mit einer Tüte voller Kekse für die Kinder zum Wagen ging.

Bei Jim Barnes wurde sie ebenso freudig, wenn auch weniger geschwätzig, empfangen. Während sie den kleinen fieberheißen Jungen wusch, erzählte sie ihm lustige Geschichten von den Zwillingen, so daß er laut auflachte. Schließlich ging sie mit zwei Dutzend Maiskolben beschenkt und von den guten Wünschen der Mutter begleitet aus dem Haus. »Gott weiß, daß ich Ihnen gern mehr geben würde, Frau Barry. Ted hat nicht so gelacht wie heute, seitdem er krank ist. Wir vermissen Sie sehr, Frau Barry. Alle Leute hier herum vermissen Sie.«

Als Susy ihre Besuche in Springdale erledigt hatte und zurückfuhr, lagen die verschiedensten Dinge hinten im Wagen — ein selbstgebackenes Brot, ein Körbchen mit Himbeeren, frische Eier, ein gerupftes Hühnchen und eine Flasche Holundersaft. Mitten in dem Durcheinander saß Maxl und machte ein gekränktes Gesicht.

Susy war müde und niedergeschlagen. »Ich weiß nicht recht«, dachte sie unzufrieden. »Bisher glaubte ich immer, daß ich mein Bestes tue. Aber vielleicht stimmt das gar nicht. Ich sollte mich mehr meinem Beruf widmen. Die Zwillinge sind jetzt schon groß und brauchen mich nicht mehr so nötig.«

Als sie in den Weg zu ihrem Haus einbog, hielt sie nach den Kindern Ausschau, sah sie jedoch nicht. Nun, sie saßen gewiß beim Essen. Langsam schlenderte sie durch den Garten, knipste eine verwelkte Margeritenblüte ab und ging zur Küchentür, um einen Korb für die Sachen im Wagen zu holen. Sie fand Anne am Herd beschäftigt.

»Wo sind die Kinder, Anne? Ist Karla gekommen?«

»Ja, sie war hier, ist aber nur ein paar Minuten geblieben, da sie nicht zu den Bonneys gehen wollte. Tina und Jonny essen dort zu Mittag. Jerry ist oben. Er wollte nicht mitgehen.«

»Warum denn nicht?«

»Ach, nachdem du fortgegangen warst, wanderte er durch alle Zimmer und schlug immerfort mit einer Gabel gegen die Möbel. Tina wollte ihm das verbieten, und da kriegte er einen Wutanfall. Ich versuchte ihn zu beruhigen, aber ohne viel Erfolg. Schließlich sind die beiden andern dann ohne ihn zu den Bonneys gegangen.«

»Was macht Jerry jetzt?«

»Er ist stiller geworden, aber es ist keine friedliche Stille. Ich dachte bisher immer, ich werd mit jedem Kind fertig. Doch bei Jerry versagt all meine Kunst.«

Susy ging nach oben. Jerry hockte in einer Ecke des Kinderzimmers, drehte die Räder eines kleinen Spielautos und schlug im Takt zu einer traurigen Melodie, die er vor sich hin summte, den Kopf gegen die Wand.

»Hallo, Jerry!« sagte Susy munter.

Jerry starrte sie böse an. Plötzlich zuckte es in seinem tränenfeuchten Gesichtchen. Er schleuderte das Auto durchs Zimmer und begann aus vollem Hals zu brüllen.

»Oh!« stöhnte Susy innerlich. »Ein neues Publikum! Ich hätte lieber unten bleiben und interessante Geräusche machen sollen.« Aber nun war es zu spät. Sie kniete nieder und nahm den kleinen Jungen in die Arme. »Jerry, was ist denn?« fragte sie sanft.

Er wurde dunkelrot, riß sich von ihr los und rollte schreiend unter sein Bett.

Mit einem brüllenden Jungen, der unterm Bett liegt, kann man unmöglich zärtlich sein. »Sei still, Jerry!« rief Susy streng. »Und sag mir endlich, was dir fehlt.«

Die einzige Antwort waren trommelnde Absätze und noch lauteres Heulen.

»Jerry!«

Das Heulen hielt an.

»Was tu ich nur?« dachte Susy verzweifelt. »Bettina kann man mit Vernunftgründen zureden, und Jonny läßt man am besten in Ruhe. Aber mit Jerry ist einfach nicht fertig zu werden.« Sie griff unters Bett und zog ihn trotz seines Gezappels hervor.

»Jerry! Jerry!« Sie drückte ihn an sich, um ihm ein Gefühl der Wärme und Sicherheit zu geben, doch er strebte heftig von ihr fort. Sollte sie das unfehlbare Mittel gegen Hysterie — kaltes Wasser — anwenden? Nein, sie brachte es nicht übers Herz, kaltes Wasser in Jerrys Gesichtchen zu gießen, obwohl das vielleicht geholfen hätte. Er war übermüdet und gereizt.

Schließlich hob sie ihn ungeachtet seiner strampelnden Beine hoch und legte ihn aufs Bett. Da er nicht aufzustehen versuchte, zog sie eine leichte Decke über ihn. Immer noch schluchzte er, aber als sie sich zu ihm hinunterbeugte, um ihn zu küssen, schlang er die Arme um ihren Hals und klammerte sich an sie. Der Wutanfall würde wie immer enden; Jerry würde erschöpft in einen tiefen Schlaf fallen und danach wieder der artigste Junge der Welt sein.

Langsam ging Susy nach unten. Wie hatte sie nur noch vor einer Stunde glauben können, daß ihre Kinder sie nicht mehr brauchten?

Eine überraschende Entdeckung

Susy und Anne setzten sich auf die hintere Veranda. Über der Bergwiese hinter dem Haus flimmerte die Luft. In den Weißen Bergen kann es im Hochsommer ebenso heiß sein wie überall, und heute war ein besonders heißer Tag. Die Hitze und die Sorge um Jerry quälten Susy, so daß sie nicht einmal die saftigen Himbeeren mit Sahne, die Anne aufgetischt hatte, richtig genießen konnte. Doch nachdem sie ein Glas eisgekühlten Tee getrunken hatte, begann sie sich wohler zu fühlen. Gerade wollte sie Anne sagen, daß sie Jerry Limonade geben solle, wenn er aufwachte, da hörte sie ihn durch die Küche tapsen. Wie dumm! Er hätte mehr als eine halbe Stunde Schlaf nötig gehabt.

Mit zerzausten Haaren erschien er an der Tür und blinzelte in die Sonne. Dann ging er zu Susy hin und lehnte sich an ihre Knie. Sie küßte sein erhitztes Gesicht. »Oh, bist du heiß! Zieh mal die dicke Hose aus. Und bei der Hitze kannst du doch barfuß laufen!«

Sofort streifte sich Jerry alles vom Leib, was er anhatte, und kletterte nackt und rosig auf Susys Schoß.

»Möchtest du Himbeeren haben?« fragte sie.

»Ja.«

»Was ja?«

»Ja, bitte.«

Anne stand auf. »Ich werde ihm ein Schüsselchen voll holen und auch einen nassen Waschlappen mitbringen.«

Nachdem Susy ihm Gesicht und Hände abgewischt hatte, aß Jerry bedächtig seine Himbeeren und trank ein Glas Milch dazu. Er sah noch müde aus, aber Susy wußte, daß er jetzt nicht mehr schlafen würde. Ob sie ihn nicht mitnehmen sollte? Die Todds würden sich über seinen Besuch freuen, und Fräulein Haller war an Kinder gewöhnt. Außerdem würde ihm die Abwechslung guttun; und Anne konnte einmal einen ruhigen Nachmittag genießen.

Anne war mit Susys Vorhaben einverstanden. »Ja, nimm ihn mit. Bei den Todds gibt es mal wieder junge Hunde, wie ich gehört habe. Das ist was für Kinder.«

»Möchtest du mitkommen, Jerry?« fragte Susy.

Jerry, dessen Augen bei dem Wort »Hunde« aufgeleuchtet hatten, nickte begeistert. Susy zog ihm einen Sonnenanzug an und guckte prüfend auf seine Fingernägel. Dann fuhren sie los.

Es fuhr sich sehr angenehm, denn die Straße lag zum größten Teil im Schatten. Bald begann Jerry zu singen. »Kommt ein Vogel geflogen — —« Er sang alle Strophen durch, fing dann wieder von vorn an und sang immerfort dasselbe Lied, bis sie bei den Todds anlangten. Obwohl Susy nach den ersten zehn Minuten zur Abwechslung gern etwas anderes gehört hätte, war sie doch froh, daß sie ihn mitgenommen hatte.

In dem großen alten Haus der Todds war es herrlich kühl. Martha, lebhaft und energisch wie immer, nahm Jerry sogleich an die Hand und führte ihn zum Hundezwinger. Lächelnd sah Susy den beiden nach. Jerrys rote Locken leuchteten in der Sonne. In seinem sommersprossigen Gesicht, das zu Martha emporgewandt war, malte sich freudige Erwartung. Sein Kummer war bereits wieder vergessen.

Susy stieg zur Mädchenkammer hinauf. »Nun, Helge«, sagte sie zu dem rotbäckigen jungen Mädchen, das auf dem Bett lag, »willst du mir versprechen, nie mehr von der Leiter zu fallen, wenn ich den Gipsverband jetzt abnehme?«

»Das verspreche ich Ihnen gern, Frau Barry«, antwortete das Mädchen lachend. »Ob ich das Versprechen aber halten kann?«

Nachdem Susy und Jerry noch etwas eisgekühlte Limonade getrunken hatten, verabschiedeten sie sich von den Todds und fuhren weiter. Jerry saß neben Susy und genoß den kühlenden Fahrtwind. Er schwatzte unaufhörlich von den jungen Hunden, die er Morio, Dorio, Florio und Korio getauft hatte. Susy hörte ihm etwas müde, aber glücklich zu.

Das kleine Häuschen von Fräulein Haller lag halb verborgen hinter Fliederbüschen und Azaleen. Hohe Stockrosen rahmten den Weg zur Haustür ein.

»Möchtest du im Wagen bleiben oder im Garten spielen, Jerry?« fragte Susy.

»Ich möchte im Garten spielen.« Schmeichelnd fügte Jerry hinzu: »Ich werde auch nicht auf die Straße laufen oder Blumen abpflücken.«

»Na gut.« Während Jerry den Garten zu durchforschen begann, ging Susy zur Haustür und klopfte an.

»Herein!« rief Fräulein Haller.

Susy trat in ein großes gemütliches Wohnzimmer mit geblümten Vorhängen an den Fenstern und bunten Flikkenteppichen auf dem Fußboden. An einer Wand stand ein Klavier. Die alte Dame saß im Rollstuhl, die geschwollenen Hände, die einst so flink und geschickt gewesen waren, untätig im Schoß. Die Krankheit war ein letzter harter Schlag in ihrem Leben, das fast nur aus Enttäuschungen bestanden hatte. In jungen Jahren war sie eine vielversprechende Pianistin gewesen, hatte jedoch nach dem Tod ihres Vaters eine künstlerische Karriere aufgeben müssen, um ihre Mutter zu unterstützen, indem sie gelangweilten Kindern Klavierunterricht erteilte. Nun konnte sie auch das nicht mehr tun.

»Susy! Das ist die schönste Überraschung seit langem!« Das schmale durchfurchte Gesicht der alten Dame leuchtete freudig auf. Dann erspähte sie Jerrys roten Kopf durchs Fenster. »Ach, Sie haben die Zwillinge mitgebracht! Dürfen sie nicht hereinkommen? Ich hab sie ja wer weiß wie lange nicht gesehen.«

»Nur Jerry ist mitgekommen.« Sie machte sich im stillen Vorwürfe, daß sie Fräulein Haller nicht öfters besucht hatte. Sie ging zur Tür und rief Jerry. Er kam sogleich.

»Guten Tag, Jerry«, begrüßte ihn Fräulein Haller. »Nett, daß du mich besuchen kommst!«

Nachdem Jerry einen Gruß gemurmelt hatte, sah er sich etwas verloren im Zimmer um. Sein Blick blieb an dem Klavier hängen. »Was ist das für ein Ding?«

»Es ist ein Klavier«, antwortete Fräulein Haller erstaunt. »Hast du denn noch niemals eins gesehen?«

»Nein. Was macht man damit?«

»Musik.«

»Wie denn?«

»Jerry ist ein Kind des technischen Zeitalters«, sagte Susy lachend. »Er kennt nur Musik, die vom Plattenspieler oder aus dem Radioapparat kommt.«

»Haben Sie denn kein Klavier zu Hause?« fragte Fräulein Haller ganz entsetzt.

»Nein. Was sollten wir auch damit? Bill hat wohl früher ein wenig gespielt, aber seit seiner Studienzeit keine Taste mehr angerührt. Ich habe als Kind zwei Jahre lang pflichteifrig geübt und konnte schließlich doch nur den ›Fröhlichen Landmann‹ spielen. Ich spielte ihn so lange, bis mein Vater meinte, er könne billiger ins Irrenhaus kommen. Auch in unserer Nachbarschaft hat niemand ein Klavier; daher ist es ganz neu für Jerry.«

»Wie macht man die Musik damit?« fragte Jerry.

Susy ging ans Klavier, öffnete es und schlug ein paar Tasten an. Jerry war entzückt. »Darf ich es einmal machen?«

»Natürlich darfst du«, sagte Fräulein Haller freundlich. Als sie Susys bedenkliche Miene sah, fügte sie hinzu: »Keine Sorge, Susy! Das Klavier ist Kummer gewohnt.«

Eifrig kletterte Jerry auf den Klavierschemel und begann nach ein paar vorsichtigen Versuchen mit aller Macht auf die Tasten zu schlagen.

»Wo soll ich Ihnen die Spritze geben?« fragte Susy mit erhobener Stimme, um den Lärm zu übertönen.

»In meinem Schlafzimmer. Es liegt neben der Küche. Mutter hat mein altes Schlafzimmer oben bezogen.«

»Wie geht es Ihrer Mutter?«

»Sie hat sich gerade etwas hingelegt. Es ist erstaunlich, wie rüstig sie mit ihren dreiundachtzig noch ist. Sie versorgt mich besser, als es jedes junge Mädchen tun könnte.«

Frau Haller fuhr den Stuhl selber aus dem Zimmer, während sie sprach, und lehnte es ab, sich von Susy helfen zu lassen. »Ich tue so viel wie möglich selber«, erklärte sie. »Eigentlich kann ich auch ganz gut gehen, aber wenn ich einen schlechten Tag habe, komme ich mit dem Stuhl besser vorwärts.«

Susys Instrument war bereits steril. Nachdem sie Fräulein Haller die Spritze gegeben hatte, setzten sich die beiden aufs Bett und plauderten miteinander, während Jerry nebenan das Klavier bearbeitete.

»Zuerst hat er alle weißen Tasten angeschlagen«, sagte Fräulein Haller lauschend. »Und jetzt geht er die schwarzen durch. Das machen fast alle Kinder.« Nach kurzem Schweigen fragte sie: »Glauben Sie, daß diese Spritzen mir helfen werden? Aus dem Doktor ist keine klare Antwort herauszubekommen.«

Susy berichtete ihr von den unerklärlichen Erfolgen und von den ebenso unerklärlichen Mißerfolgen der Kur. Mehr konnte sie auch nicht dazu sagen. Schließlich half sie Fräulein Haller wieder in den Rollstuhl, und sie kehrten ins Wohnzimmer zurück. Jerry saß immer noch am Klavier und spielte.

»Komm, mein Junge«, sagte Susy. »Wir müssen nach Hause fahren.«

»Ach nein, Mammi. Bitte noch nicht!«

An jedem anderen Tag wäre Susy festgeblieben, doch heute sagte sie bittend zu Fräulein Haller: »Haben Sie etwas dagegen, wenn er noch ein paar Minuten spielt?«

»Aber nein! Ich höre ihn gern. Sie glauben gar nicht, wie sehr ich die Kinder vermisse — besonders die kleineren. Übrigens — bei den Bonneys ist ja wieder ein Baby angekommen. Das ist eine glückliche Familie.«

Nachdem sie sich eine Weile über Neuigkeiten aus Springdale unterhalten hatten, bemerkte Susy, daß Fräulein Haller immer mehr auf Jerrys Klavierspiel achtete. Gewiß ging ihr der Lärm allmählich auf die Nerven. »Jetzt müssen wir aber wirklich gehen«, sagte sie.

Fräulein Haller schien sie nicht gehört zu haben.

»Wir müssen jetzt gehen«, wiederholte Susy etwas lauter. »Es war sehr nett bei Ihnen, und ich hoffe ...«

»Schsch!« Fräulein Haller lauschte mit wachsendem Erstaunen und fuhr ihren Stuhl schließlich zum Klavier.

Susy folgte ihr verdutzt.

Jerry schlug mit einem Finger einzelne Tasten an, zuerst das mittlere C, dann die dritte und dann die fünfte Taste und darauf alle fünf Töne hintereinander von oben herunter, bis er wieder auf dem C landete. Er spielte rhythmisch, und in Susy regte sich eine unklare Erinnerung. Nannte man das nicht Akkord oder so ähnlich? Sie hörte die Stimme ihrer alten Klavierlehrerin mit hoffnungsloser Geduld sagen: »Spiel den Akkord wie eine kleine Melodie, Susy. Hopp, hopp, hopp! Pferdchen, lauf Galopp!« Aber davon konnte Jerry ja nichts wissen.

»Warte, Jerry!« Fräulein Haller spielte mit ihren geschwollenen Fingern dieselbe Tonfolge, ohne jedoch am Schluß das C anzuschlagen. »Warum hast du nicht hier aufgehört?«

»Weil das nicht richtig ist.«

»Warum ist es nicht richtig?«

»Es muß doch zurückgehen, wo es hergekommen ist«, antwortete Jerry ungeduldig.

»Stimmt!« Fräulein Haller sah ihn aufmerksam an. »Sieh einmal, diese schwarzen und weißen Dinger sind Tasten. Aber wir nennen sie Töne. Jedes Lied hat nun einen Grundton, bei dem es am glücklichsten ist. Er ist wie ein Nest für kleine Vögel. Sie fliegen davon aus, kommen aber zum Schluß immer wieder zurück. Welches Lied kennst du?«

»Kommt ein Vogel geflogen.«

Fräulein Haller spielte das Lied mit einem Finger.

»Laß mich! Laß mich!« rief Jerry. Er spielte die Melodie, ohne zu stocken.

Fräulein Hallers Augen leuchteten auf. Sie schlug das D neben dem mittleren C an. »Nun versuch es von hier aus.«

Er begann, stockte und keuchte — ein Zeichen dafür, daß er ärgerlich wurde.

»Manchmal mußt du auch schwarze Tasten nehmen«, sagte Fräulein Haller.

Er suchte umher und spielte die Melodie schließlich fehlerfrei.

»Nun fang woanders an.«

Susy hörte belustigt zu, wie Jerry dasselbe Lied von einem Ende der Klaviatur bis zum anderen spielte. Oft tastete er unsicher umher, aber immer erklang die Melodie rein und unverkennbar.

»Er hat den Grundton jeder Tonart gefunden«, sagte Fräulein Haller.

Susy nickte zufrieden. Sie verstand zu wenig von Musik, als daß sie der Feststellung größere Bedeutung beigelegt hätte. Fräulein Haller hielt Jerry offenbar für recht gelehrig. Nun ließ sie ihn »Hänschen klein« spielen. Zu Susys Überraschung wurde Jerry nicht ungeduldig, sondern spielte völlig hingegeben.

»Jerry!« sagte sie schließlich. »Es ist sehr lieb von Fräulein Haller, daß sie sich mit dir abgibt, aber wir müssen jetzt wirklich ...«

»Einen Augenblick, Susy!« fiel Fräulein Haller ihr ins Wort. »Was hast du noch auf dem Klavier entdeckt, als wir draußen waren, Jerry?«

»Manche Töne lieben sich — zum Beispiel diese.« Jerry schlug mit seinen beiden Zeigefingern auf E und C. »Und dann« — seine Stimme klang ganz aufgeregt — »hab ich noch was Schöneres gefunden, das Schönste von allem! Mammi sagte, ich könnte es nicht, aber ich kann es doch!« Er schlug abwechselnd F und G an, so schnell er konnte. »Der Regen!« rief er triumphierend. »Ich kann Regen machen!«

Fräulein Haller spielte den Triller leise, obwohl sie vor Schmerz das Gesicht verzog. »Ja, ja!« schrie Jerry. »Hörst du es, Mammi?«

Susy lachte. »Jetzt weiß ich endlich, was du damals gemeint hast. Ich dachte, du wolltest den Regen vom Himmel fallen lassen.«

»Nein, nein, es war die Musik!« Während Jerry versunken weiterspielte, erzählte Susy der alten Dame von dem Regen, den Kirchenglocken und der silbernen Gabel. »Er suchte also etwas, womit er das Geräusch des Regens nachmachen konnte. Aber warum trommelte er nicht einfach mit den Fingern auf dem Tisch?«

»Weil er den Regen als Musik und nicht nur als Rhythmus hörte.«

»Ach so! Jedenfalls geriet er in eine fürchterliche Laune.«

»Das kann ich mir vorstellen. Leidet er oft unter Stimmungen?«

»Ja, aber sonst haben sie niemals eine bestimmte Ursache.«

»Nun, ich glaube, sie haben eine ganz bestimmte Ursache! Darf ich Ihnen einen Rat geben, Susy? Kaufen Sie Jerry ein Klavier.«

»Ein Klavier? Er ist doch erst vier Jahre alt.«

»Das ist ja gerade das Erstaunliche. Ich habe schon oft von solchen Fällen gehört, aber noch niemals einen miterlebt. Jerry ist außerordentlich musikalisch. Ach, das ist gar kein Ausdruck — er ist ein wahres Wunder!«

Susy starrte sie ungläubig an. »Er hat doch nur einzelne Töne mit einem Finger gespielt, nachdem Sie es ihm vorgemacht hatten. Das können fast alle Kinder.«

Fräulein Haller schüttelte den Kopf. »Nein, Susy, es war viel, viel mehr. Ein älteres Kind mit einem guten Gehör könnte dasselbe tun, wenn man ihm ein wenig Zeit ließe. Aber mit vier Jahren sofort die richtigen Töne finden — das kann nur ein geborener Musiker. Jerry hat einen untrüglichen Instinkt für den Grundton und Akkorde in jeder Tonart. Bedenken Sie, daß er noch nie vorher ein Klavier gesehen hat! So klein er ist, hat er schon alle Harmonie im Kopf.«

Susy sah verwirrt auf Jerry hinunter. »Ich weiß gar nicht, was ich dazu sagen soll. Glauben Sie, daß ihn das gequält hat — daß seine Unruhe und seine Launen daher kamen?«

»Ganz bestimmt!«

»Ich bin froh, daß ich endlich die Ursache kenne. Aber was sollen wir nun mit Jerry machen?«

»Kaufen Sie ihm ein Klavier und lassen Sie sein musikalisches Talent sich entwickeln.«

Nach einigem Überlegen sagte Susy: »Ich will ihn natürlich nicht hemmen, möchte ihn aber auch nicht antreiben. Er ist noch zu klein, um stundenlang zu üben oder über theoretischen Studien zu schwitzen. Ich möchte, daß er normal und glücklich aufwächst und seine Kindheit nicht am Klavier vertrauert.«

»Das ist auch gar nicht nötig. Im Augenblick braucht er nur ein Instrument und ein wenig Anleitung, wie ich sie ihm soeben gegeben habe. Wenn er zu viel Zeit am Klavier verbringt, schicken Sie ihn einfach ins Freie.«

Susy war etwas beruhigt, konnte die Überraschung aber noch immer nicht recht fassen. Kopfschüttelnd betrachtete sie Jerrys Köpfchen mit den roten Locken. Ihr kleiner Junge sollte ein so großes Talent haben? Sie mußte sofort nach Hause fahren und mit Bill darüber sprechen.

Bill setzte sich, den tropfenden Gartenschlauch in der Hand, auf die Stufen vor der Verandatür. »Willst du mich verulken?«

»Aber nein!« Susy setzte sich neben ihn.

»Das ist ja unglaublich! Doch Fräulein Haller muß es ja wissen.« Kopfschüttelnd sah er zum Sandhaufen hinüber, wo die Kinder spielten. »Dieser verflixte kleine Bursche! Woher hat er das nur?«

»Von mir jedenfalls nicht. Aber da er so musikalisch ist, braucht er natürlich ein Klavier.«

»Muß ich nach Boston fahren und ihm einen Konzertflügel kaufen — falls ich das nötige Kleingeld dazu auftreiben kann?«

»Es genügt, wenn wir in Winslow ein Piano leihen.«

»Ich werde die Rechnungen über die Leihgebühr aufbewahren und mir das Geld von Jerry zurückgeben lassen, wenn er berühmt ist. Bekommt er jetzt einen schwarzen Samtanzug mit einem Spitzenkragen?«

»Er würde sich mit Händen und Füßen sträuben, so etwas anzuziehen.«

»Aber die Haare müssen wir ihm lang wachsen lassen. Nur gut, daß er keine Dauerwellen braucht!«

Sie lachten und beobachteten dann eine Weile schweigend ihre Kinder. Plötzlich sagte Susy: »Wenn sie alt genug sind, um zu heiraten, werden sie eine Menge von mir zu hören bekommen.«

»Zum Beispiel?«

»Daß es sehr lange dauert, bis aus einer Heirat eine gute Ehe wird, daß man einander anfangs oft auf die Nerven geht . . .«

»Meinst du den Forellenbarsch?«

»Ja, ich meine den Forellenbarsch.«

Wieder lachten sie, als sie an ihren ersten Ehestreit zurückdachten.

»Heute können wir einander gar nicht mehr so mißverstehen wie damals«, meinte Susy. Dann fragte sie: »Quäle ich dich eigentlich sehr oft?«

»Das kann man wohl sagen!«

»Nimmst du mir das übel?«

»Aber nein!«

»Mit dir geht's mir ebenso. So muß es in einer guten Ehe auch sein. Die meisten jungen Leute heiraten in einem rosigen Nebel voll romantischer Vorstellungen von ewiger Liebe und fallen aus allen Wolken, wenn der Nebel sich verzieht.«

»Es ist nun einmal so, daß man erst nach jahrelangem Zusammenleben dahinterkommt, worin der wahre Wert der Ehe besteht.«

»Ja, es ist ein langer, mühevoller Weg, aber die Mühe wird reichlich belohnt.« Sie lächelte ihm zu. »Jetzt muß ich die Kinder baden.«

Er stand mit ihr zusammen auf, nahm sie in die Arme und küßte sie. Als sie ins Haus ging, sah er ihr zärtlich nach.

Am nächsten Tag fuhr Bill nach Winslow, um ein Klavier zu mieten. Susy brachte Jerry, der ihr keine Ruhe ließ, wieder zu Fräulein Haller. Die alte Dame wollte ihn vormittags bei sich behalten und versprach anzurufen, sobald er müde wurde. Jonny gefiel es gar nicht, daß sein Zwillingsbruder ihn verließ. Alle Bemühungen, ihn aufzuheitern, schlugen fehl, bis Karla auftauchte.

»Wo bist du gestern gewesen, Karla?« fragte Susy.

»Ach, ich hatte einfach keine Lust, zu den Bonneys zu gehen.«

»Warum besuchst du Margret nicht einmal? Sie ist so ein nettes Mädchen.«

»Das glaub ich schon, aber ich möchte lieber nicht hingehen. Ich hab schon Kummer genug.«

Susy warf ihr einen prüfenden Blick zu. Dann schickte sie die Kinder in die Küche, um Coca-Cola und Strohhalme zu holen. Sie wollte Karla Gelegenheit geben, ihr Herz auszuschütten.

Aber Karla bemerkte nichts davon. »Wie war es gestern auf Ihrer Runde?« fragte sie.

Susy erzählte ihr, wie Fräulein Haller Jerrys Musiktalent entdeckt hatte. Karla hörte mit großen Augen zu. »Wie wundervoll!« rief sie schließlich. »Sicherlich sind Sie sehr stolz auf ihn.«

»Ein bißchen schon — aber ich finde es auch beunruhigend. Sprich bitte mit niemand über diese Entdeckung. Je weniger man davon hermacht, desto besser ist es — besonders für Jerry.«

Karla nickte. Dann stieß sie plötzlich leidenschaftlich hervor: »Sie sind wundervoll, Frau Barry! Immer denken Sie an andere, niemals an sich selber.«

Ehe Susy etwas erwidern konnte, kamen die Kinder mit Flaschen, Strohhalmen und Keksen ins Zimmer, und Karla eilte ihnen entgegen. Gewiß hatte es einen Zusammenstoß mit ihrer Mutter gegeben. Susy kam jedoch nicht mehr dazu, sie allein zu sprechen. Die Kinder bestürmten Karla, mit ihnen zu dem Birkenwäldchen hinter der Bergwiese zu gehen. Sie warf Susy einen scheuen, um Vergebung bittenden Blick zu und lief mit ihnen davon.

Susy ging in die Küche und half Anne beim Einmachen von Blaubeeren. Gerade stellte sie zwei Gläser in den großen Einkochtopf, da ertönten draußen Schritte. Als sie sich umdrehte, sah sie Nell an der Tür.

»Guten Morgen, Frau Barry! Guten Morgen, Frau Cooney! Darf ich einen Moment hereinkommen?«

»Ja, kommen Sie nur, Nell«, sagte Susy freundlich. »Was gibt es denn, daß Sie sich bei der Hitze auf den Weg gemacht haben?«

»Frau Stuart schickt mich und läßt fragen, ob Sie morgen mit den Kindern zum Tee kommen wollen. Sie bittet um Entschuldigung, weil sie nicht selber angerufen hat, aber sie steckt zu sehr in der Arbeit.«

Susy glaubte nicht recht, daß Mona Stuart von einer Entschuldigung gesprochen hatte. Gewiß hatte Nell das von sich aus hinzugefügt. »Vielen Dank, Nell«, sagte sie. »Wir kommen sehr gern. Nun ruhen Sie sich aber ein wenig aus, ehe Sie zurückgehen. Wir wollen uns draußen hinsetzen und eine Tasse Tee trinken. Willst du nicht mitkommen, Anne?«

»Nein, ich möchte jetzt nicht fortgehen. Wenn ich einmal bei einer Arbeit bin, unterbreche ich sie nicht gern.«

Susy stellte zwei Gläser und eine Kanne mit eisgekühltem Tee auf ein Tablett und führte Nell zu einem Platz unter den Ulmen, wo zwei Liegestühle und ein Tischchen standen.

»Ah!« Behaglich streckte sie sich auf ihrem Stuhl aus und hielt ihr Gesicht dem Wind entgegen, der von den Bergen herunterkam. »Karla und die Kinder sind trotz der Hitze zu dem Birkenwäldchen hinaufgegangen. Wahrscheinlich bemerken sie gar nicht, daß es heiß ist. Wie finden Sie Karla übrigens? Ich hab mir alle Mühe gegeben, ihr zu helfen, aber leider nicht viel erreicht.«

»O doch, Frau Barry. Im ganzen ist sie glücklicher, als ich sie jemals gesehen habe. Nur — gerade jetzt — — Um Ihnen die Wahrheit zu sagen, Frau Stuart bringt sie ganz durcheinander.«

»Wie denn das?«

»Sie hat mir von dem Gespräch mit Ihnen erzählt. Es war gut, daß Sie offen zu ihr gesprochen haben. Nun versucht sie, Karla näherzukommen, aber sie fängt es ganz verkehrt an. Gestern hat sie ihr immerfort Fragen gestellt, eine nach der andern — wie ein Polizist.«

»Ach, du lieber Himmel! Und Karla?«

»Karla war ganz erschrocken und verwirrt. Ich sagte Frau Stuart, daß sie das Kind nicht so überfallen dürfe, doch sie sah mich nur verständnislos an. Da habe ich ihr vorgeschlagen, Sie zum Tee einzuladen.«

Susy nickte. »Das habe ich mir beinahe gedacht.«

»Ich sagte zu ihr: Frau Mona, sagte ich, wenn Sie Karla zeigen wollen, daß Sie sie gern haben, dann laden Sie ihre Freunde ein. Bitten Sie Frau Barry und ihre Kinder zum Tee und seien Sie nett zu ihnen. Das wird Karla freuen.«

»Wie lieb von Ihnen, Nell! Weiß Karla von der Einladung?«

»Nein. Sie war schon fort, als mir der Einfall kam.«

»Das war ein guter Einfall.« Einen Augenblick sah Susy schweigend auf das blinkende Eis in ihrem Teeglas. Dann sagte sie langsam: »Nell, könnten Sie Karla nicht sagen, daß ihre Mutter sie aufrichtig liebt?«

»Sie würde mir nicht glauben, Frau Barry. Frau Mona hat sie zu lange vernachlässigt, und Karla ist dadurch zu sehr verletzt worden. Außerdem ist sie im falschen Alter.«

»Im falschen Alter? Ach so, Sie meinen, wenn sie jünger wäre, könnte man sie leichter lenken, und wenn sie älter wäre, würde sie ihre Mutter besser verstehen.«

»Ja, das meine ich. Mit Worten ist jetzt nicht viel bei Karla auszurichten.« Nell trank ihren Tee aus. »Aber jetzt will ich lieber zurückgehen. Wenn Frau Mona arbeitet, kann das Haus über ihrem Kopf abbrennen, ohne daß sie es bemerkt. Vielen Dank für die Erfrischung, Frau Barry!«

Langsam schlenderte Susy zum Haus zurück. Es war unerträglich schwül und drückend. Ein Gewitter lag in der Luft.

Nachmittag kam Bill mit der Nachricht heim, daß das Klavier in zwei Tagen eintreffen werde. Kaum hatte Susy ihm von Frau Stuarts Einladung erzählt, da brach das Gewitter los. Es gab ein hastiges Hin und Her. Die Fenster mußten geschlossen werden; die Kinder kamen ins Haus gestürzt; und Jonny konnte nur mit Mühe davon abgebracht werden, einen Frosch ins Zimmer zu bringen.

Über all dem Trubel hatte Susy die Einladung von Mona Stuart vergessen. Erst am nächsten Morgen erinnerte sie sich wieder daran und erzählte den Kindern, daß sie eingeladen waren. Sie freuten sich sehr — besonders

Bettina, die sich schon als gute Bekannte der Künstlerin fühlte.

»Du mußt dein weißes Kleid anziehen, Mammi«, sagte sie bestimmt.

»Gut, Tina. Sonst noch irgendwelche Wünsche?«

»Nein, das ist alles.«

Mit Rücksicht auf Bettinas helles Kleidchen und die fleckenlosen marineblauen Shorts und weißen Hemden der Zwillinge gingen sie diesmal nicht durch die Wiesen, sondern nahmen den Weg über die Straße.

»Die Bilder werden dir gefallen, Mammi«, sagte Bettina.

»Du darfst nicht von den Bildern sprechen oder etwa darum bitten, sie anschauen zu dürfen, Tina.«

»Warum denn nicht? Frau Stuart hat mir die Bilder doch schon gezeigt.«

»Ja, aber vielleicht möchte sie sie heute nicht zeigen.«

Bettina kam nicht mehr dazu, etwas zu erwidern, denn schon standen sie vor der Haustür mit dem altmodischen Türklopfer.

Karla öffnete ihnen. Sie hatte ein lichtgrünes Leinenkleid an, das ihr sehr gut stand, und begrüßte ihre Freunde aufs herzlichste. Doch bald wurde sie zusehends befangener und bat Susy mit steifer Höflichkeit ins Wohnzimmer. »Bitte treten Sie ein. Meine Mutter wird auch gleich kommen.«

Das Wohnzimmer hatte eine helle Tapete und war mit einfachen Mahagonimöbeln, ein paar Polstersesseln und einer Couch ausgestattet. Auf dem Kamin stand eine merkwürdig geformte Figur aus grünem Porzellan. Die Bilder an den Wänden stellten ein Gewirr von Linien und Farben dar, aus dem nur hin und wieder ein Bein, ein Arm oder ein Auge zu erkennen war. Unter der Zeichnung eines Tänzers entdeckte Susy den ihr bekannten Namenszug Picassos.

Jonny stellte sich vor den Kamin und starrte wie gebannt auf die grüne Figur. »Was ist denn das?« fragte er schließlich ratlos.

»Das ist eine abstrakte Keramik«, antwortete Karla. »Sie heißt ›Der Kampf des Menschen‹.«

»Es sieht wie grüne Spiegeleier aus«, sagte Jonny mit lauter Stimme.

»Das finde ich auch. Aber Mutter mag es — weiß der Himmel, warum.«

»Nett, daß Sie gekommen sind!« sagte Frau Stuart, ins Zimmer tretend. Sofort erstarrte Karla, und ihr Gesicht nahm einen unsicheren Ausdruck an.

»Vielen Dank für Ihre liebenswürdige Einladung!« Susy schüttelte der Künstlerin die Hand. »Bettina kennen Sie ja schon. Dies hier sind meine Söhne Jonny und Jerry.«

»Guten Tag«, sagten die Zwillinge im Chor.

»Guten Tag.« Frau Stuart sah sie etwas ratlos an. Nach kurzem Schweigen erinnerte sie sich an ihre gesellschaftlichen Pflichten. »Bitte nehmen Sie Platz, Frau Barry. Nell wird sogleich den Tee bringen.«

Schon trat auch Nell mit einem großen Tablett ins Zimmer. Sie erwiderte Susys Gruß mit einem freundlichen Lächeln. Für Bettina und die Zwillinge war ein Extratisch gedeckt. Karla wies ihnen mit dem ihr eigenen Geschick im Umgang mit Kindern ihre Plätze an. Susy hoffte, daß Mona Stuart eine freundliche Bemerkung darüber zu Karla machen werde, aber sie schwieg. Schließlich setzte sich Karla neben Susy auf die Couch.

»Karla ist mir in diesem Sommer eine große Hilfe gewesen«, sagte Susy. »Sie versteht es wunderbar, mit Kindern umzugehen.«

Mona Stuart blickte von ihrem Teller auf. Als sie Susys Blick auf sich gerichtet sah, machte sie ein Gesicht wie ein ertapptes Mädchen, das in der Geographiestunde Märchen gelesen hat. »Das ist schön!« antwortete sie hastig. »Das freut mich! Karla hat mir erzählt, daß Sie ihr Unterricht in Krankenpflege erteilen.«

»Ja. Sie ist sehr begabt dafür und hat schon eine Menge gelernt.«

»Da gratuliere ich, Karla!« rief Mona Stuart mit krampfhafter Scherzhaftigkeit. »Ich wette, du kannst schon mit geschlossenen Augen ein Bein einrenken.«

»Ach, Mutter, ich lerne doch ganz andere Sachen«, erwiderte Karla gequält.

Susy kam ihr zu Hilfe und sprach über die Vorzüge und Grenzen der häuslichen Krankenpflege. »Jedenfalls versteht Karla es schon sehr gut, Verbände zu machen«, schloß sie. »Sie kann eine Aderpresse anlegen ...«

»Was ist denn das?« fragte Mona Stuart interessiert.

Karla errötete. »Das mußt du doch wissen, Mutter. Man legt sie an, um das Blut abzuschnüren, wenn eine Ader verletzt ist.«

»Ach so. Vielleicht zeigst du mir einmal bei Gelegenheit, wie es gemacht wird.«

»Das interessiert dich ja doch nicht!« erwiderte Karla abweisend.

Susy hatte Mitleid mit der Malerin, die sich offensichtlich Mühe um Karla gab. Zu dumm, daß das Mädchen so schwierig war! Taktvoll wechselte Susy das Thema und sprach von der großen Hitze.

»Ich fahre so oft wie möglich mit den Kindern zum See. Sind Sie auch viel draußen?«

»Nein«, antwortete Mona Stuart. »Ich kann nicht schwimmen und mache mir daher nicht viel aus Wasser. Aber Karla schwimmt, glaube ich, ganz gut.«

»Karla schwimmt fabelhaft!« warf Bettina ein. »Sie hat schon einen Silberpokal gewonnen.«

»Ach ja, natürlich«, sagte die Malerin hastig. »Ich erinnere mich.«

»Ich kann auch schwimmen«, fuhr Bettina fort, »aber die Jungen können überhaupt nicht schwimmen. Einmal ist Jerry ins Wasser gefallen und sofort untergegangen. Pa mußte ihn wieder herausfischen.«

»Ich wäre auch allein rausgekommen«, erwiderte Jerry gekränkt. »Dexter Bonney hat mich einmal zum Floß mitgenommen. Und dann tauchte er sogar!«

»Bonney?« fragte Frau Stuart. »Sind das nicht die Kinder, die wir neulich in Springdale getroffen haben, Karla?«

»Ja.« Karla starrte auf die grüne Keramik. »Sie waren bei Frau Barrys Picknick.«

»Sie haben ein ganz süßes Baby«, erzählte Bettina. »Es fängt gerade an zu kriechen. Gestern ist es auf dem Rasen gekrochen und hat Brunnenkresse gegessen.«

»Ist ihm davon nicht schlecht geworden?« fragte Mona Stuart, die sich offenbar viel leichter mit Bettina als mit Karla unterhalten konnte.

»Es hat ihm bestimmt nicht geschadet«, sagte Susy. »Als Bettina sieben Monate alt war, kroch sie eines Tages in den Garten und aß die Hundeschüssel leer. Ich war ganz entsetzt, aber mein Mann lachte nur und sagte, wenn es dem Hund nichts schadete, würde es dem Kind auch nichts schaden.«

Alle lachten, und die Spannung wich. Dann sagte Mona Stuart: »Als Karla noch klein war, hatte ich immer Angst, sie könnte an meine Farben gehen.«

Es war eine harmlose Bemerkung, aber Karlas Lippen kräuselten sich höhnisch. Susy erriet, was sie dachte, nämlich, daß ihrer Mutter die kostbaren Farben mehr am Herzen lägen als ihr Kind. Sie atmete auf, als sie nach Hause gehen konnte. Es war ein anstrengender und unerfreulicher Besuch gewesen.

»Nord, Süd, Ost, West, daheim ist best«, sagte sie später zu Bill. »Das nächste Mal bleib ich zu Hause und häkele Spitzen um die Servietten.«

»Welches nächste Mal?« fragte Bill. »Das nächste Mal, da du zum Tee eingeladen wirst? Das nächste Mal, da jemand neurotisch ist? Das nächste Mal, da jemand Bilder malt?«

»Das nächste Mal, da jemand meinen Seelenfrieden oder

den der Kinder stören will. Die zweite Hälfte des Sommers wollen wir ruhig und friedlich verleben.«

Die Ruhe dauerte genau eine Woche lang — bis sich nämlich Jonny unsterblich verliebte.

Das Klavier traf ein und wurde ins Kinderzimmer gestellt. Vorher hatte Susy den kleinen Musikanten noch zweimal zu Fräulein Haller gebracht. Erstaunt und erfreut bemerkte sie, wie sehr er sich verändert hatte. Er summte immer noch vor sich hin und spielte mit Ausdauer die Schallplatten, die Fräulein Haller ihm gegeben hatte, aber seine nervöse Unruhe und seine Launen waren wie weggeblasen.

Kaum war das Klavier aufgestellt, so setzte er sich davor und spielte zu Susys Überraschung kleine Melodien, die er mit zwei Fingern der linken Hand begleitete, weil sein Mittelfinger noch nicht stark genug war, wie er ihr erklärte. Er übte, um ihn zu kräftigen. Er spielte Tonleitern; er spielte Akkorde und löste sie auf, bis Susy ihn ins Freie schickte. Die Eltern hörten seinem Spiel erstaunt, bewundernd und stolz zu. Anne rief nur immer wieder: »Ihr himmlischen Sterne!« Bettina und Jonny versuchten natürlich auch ihre Künste auf dem neuen Instrument und schlugen eine Weile mit viel Kraftaufwand auf die Tasten, verloren jedoch bald das Interesse daran.

Jonny fühlte sich verlassen, wenn Jerry Klavier spielte. Zum Glück gab sich Karla große Mühe, ihn zu trösten und zu unterhalten. Sie half ihm bei seinen kindlichen Konstruktionen. Sie lehrte ihn, einen kleinen Damm in den Bach zu bauen, der durch die Bergwiese floß. Sie machte weite Spaziergänge mit ihm, Bettina und Maxl und erzählte den Kindern Geschichten, die sie zum größten Teil selber erdachte.

Susy hatte seit dem Teebesuch nichts mehr von Mona Stuart gehört. Karla erwähnte den Nachmittag niemals und sprach nur beiläufig von ihrer Mutter. Die meiste Zeit verbrachte sie bei den Barrys.

Eines Tages mußte Susy nach Springdale hinunterfahren, um Einkäufe zu machen, und wollte die Kinder mitnehmen. Jerry saß wieder einmal an seinem geliebten Klavier. Als Susy ins Kinderzimmer trat, spielte er gerade eine süße kleine Melodie, die sie noch nie vorher gehört hatte.

»Das klingt hübsch, Jerry«, sagte sie. »Was ist es?«

»Es ist nichts Bestimmtes«, antwortete Jerry, ohne den Kopf zu wenden. »Es fiel mir nur so ein.«

»Willst du nach Springdale mitkommen?«

»Ach nein, ich möchte lieber hierbleiben. Bring mir einen Luftballon mit, ja?«

Susy versprach es ihm und ging in den Garten, ahnungslos, daß ihr Sohn soeben sein erstes Musikstück komponiert hatte.

Die anderen Kinder saßen im Schatten einer Ulme auf dem Rasen. Bettina flocht einen Kranz aus Wiesenblumen. Karla erzählte Jonny eine Geschichte.

»Jimmi ging also weinend nach Hause, weil man ihn ganz vergessen hatte und er als einziger von der Gesellschaft bei dem Prinzen kein Geschenk bekommen hatte. Er hatte einen weiten Weg zu gehen, und je mehr er weinte, desto trauriger wurde er. Aber dann — ganz plötzlich — sah er ihn!« Karla machte eine Pause.

»Wen sah er?« fragte Jonny gespannt.

»Einen kleinen Baum, nicht größer als du selbst. An dem wuchs alles mögliche Spielzeug — Luftballons und Autos und Sandformen und was man sich nur denken kann. Als Jimmi näher kam, entdeckte er ein Schildchen an dem Baum, darauf stand: ›Pflege mich gut, dann werde ich dich belohnen.‹ Jimmi freute sich sehr. Er grub den Baum sorgsam aus, trug ihn nach Hause und pflanzte ihn in seinen Garten. Und weißt du, was dann geschah?«

»Ja!« rief Jonny. »Er pflückte alle Spielsachen ab.«

»Natürlich! Aber der Baum wuchs und wuchs und trug immer neues Spielzeug — und alles gehörte Jimmi ganz allein. Da vergaß er die Gesellschaft bei dem Prinzen und war immer fröhlich.«

Jonny seufzte zufrieden. Dann fragte er: »Glaubst du, wir könnten auch einen Spielzeugbaum finden?«

»Natürlich nicht!« erwiderte Bettina mit der Überheblichkeit der älteren Schwester. »Es ist doch nur eine Geschichte! Aber sie ist wunderschön, Karla.«

»Das finde ich auch«, sagte Susy, die unbemerkt näher gekommen war. »Ich fahre nach Springdale, Kinder. Wer kommt mit?«

Bettina und Jonny sprangen sofort begeistert auf, aber Karla blieb sitzen und schüttelte den Kopf. »Ich bin nicht gern in Springdale.«

»Warum denn nicht?«

»Ach, ich weiß nicht — — Ich bin lieber hier.« Nachdem Susy mit den beiden Kindern fortgegangen war, ließ sich Karla auf den Rücken fallen und starrte träumerisch zu den weißen Augustwolken hinauf, die langsam über den blauen Himmel segelten.

Susys Einkaufsliste war ziemlich lang. Sie nahm Bettina und Jonny mit in den Laden, kaufte jedem eine Eiswaffel und wandte sich dann dem Ladentisch zu. Auch als ihre Kinder noch kleiner gewesen waren, hatte sie sie immer zum Einkaufen mitgenommen. Sie wußten, daß sie nichts anfassen durften, und gaben sich Mühe, den Erwachsenen nicht im Wege zu sein.

Nach einer Weile hörte Susy hinter sich eine Frau sagen: »Sehen Sie sich bloß die beiden Kleinen an! Sind sie nicht goldig?« Rasch wandte sie sich um. Bettina stand in ihrer Nähe und betrachtete begehrlich die appetitlichen bunten Bilder auf einigen Keksdosen. Auf der anderen Seite des Ladens entdeckte Susy den roten Schopf von Jonny. Neben ihm stand ein kleines Mädchen in einem rosa Kleidchen mit großen blauen Augen und hellblonden Locken. Sie streichelte ihn zärtlich und sagte ernst. »Du bist aber lieb.«

»Du bist — auch lieb«, stammelte Jonny überrascht.

Die beiden Kinder sahen sich in unaussprechlichem

Glück an. Im Laden war es still geworden; niemand lachte.

»Ich heiße Linde«, sagte das Mädchen. »Wie heißt du?«

»Jonny.«

»Willst du zu mir spielen kommen, Jonny?«

»Ja! Wo wohnst du denn?«

»Ich muß Mammi fragen.« Linde sah sich suchend um und rief: »Mammi, wo wohnen wir?«

»Montgomery-Weg«, antwortete eine helle Stimme neben Susy. Neugierig wandte Susy den Kopf und blickte in die belustigten Augen einer jungen Frau in Shorts und Bluse — dem üblichen Sommeranzug von Feriengästen.

Susy lächelte ihr zu. »Darf mein Sohn Ihre Tochter besuchen? Wir wohnen auch am Montgomery-Weg.«

»Ach, das ist Ihr Junge! Ich würde mich freuen, wenn er käme. Linde ist hier etwas einsam. In unserer Nachbarschaft wohnen keine Kinder in ihrem Alter. Wir haben eins von den Sommerhäuschen gemietet, die zum Hotel Kahlschlag gehören, und wollen noch eine Woche hierbleiben. Übrigens — ich heiße Leila Murray.«

»Ich heiße Susanne Barry. Wir wohnen oben in dem weißen Haus gleich hinter der letzten Wegbiegung.«

Sie schüttelten sich die Hände und machten aus, daß sie sich am nächsten Tag telefonisch verabreden wollten. Aber als sie Linde und Jonny zu trennen versuchten, stießen sie auf heftigen Widerstand. Linde brach in Tränen aus, und der sonst so vernünftige Jonny schrie verzweifelt: »Nein, nein!« Erst nachdem die Mütter den Kindern versprochen hatten, daß Jonny jeden Vormittag bei Linde spielen dürfe und sie ihn nachmittags besuchen solle, willigten sie in eine vorläufige Trennung.

Abends, als Susys Kinder im Bett lagen, erzählte sie Bill, daß Jonny sich unsterblich verliebt hatte. »Es war einfach süß. Auf dem Heimweg sprach er nur von Linde. Na, morgen werden sie sich schon in den Haaren liegen.«

»Wer weiß? Es kommt öfters vor, daß Kinder in diesem

Alter von einer heftigen Liebe ergriffen werden. Sie erfahren dann zum erstenmal, daß sie auch außerhalb der Familie Zuneigung finden, und das erschüttert sie natürlich. Man läßt die beiden am besten in Ruhe.«

Von nun an sahen sich die Kinder täglich. »Nichts vermag sie zu trennen«, sagte Susy nach drei Tagen zu Bill. »Immer gehen sie Hand in Hand oder Arm in Arm. Es ist einfach rührend anzusehen, wie Jonny der Kleinen über Stufen oder Steine hilft. Ich hätte nie gedacht, daß er so ritterlich sein kann.«

»Warum nicht? Sieh dir seinen Vater an!«

»Deshalb wundere ich mich ja gerade. Übrigens schenkt Jonny ihr alle seine Spielsachen. Zum Glück macht sie sich nichts aus Hämmern und Sägen und vergißt, sie mit nach Hause zu nehmen. Der arme Jerry ist völlig abgehängt. Aber Bettina ist ganz Mutter und behandelt Linde wie ihr Kind.«

Indessen gingen die Ferien der Murrays ihrem Ende zu. Am letzten Tag brachte Frau Murray ihr Töchterchen wie gewöhnlich zu den Barrys. Susy lud sie ein, den Nachmittag bei ihr zu verbringen, und Frau Murray nahm die Einladung gern an.

»Den größten Teil habe ich schon gepackt«, sagte sie, während sie sich in einen Korbsessel fallen ließ. »Außerdem ist mein Mann noch einmal angeln gegangen und wird nicht so bald heimkommen. Himmel, ich verstehe wirklich nicht, wie Linde die Zwillinge auseinanderhält! Aber sie verwechselt sie nie.«

»Das Auge der Liebe!« meinte Susy lächelnd.

Alle Kinder spielten auf dem Sandhaufen. Linde hockte dicht neben Jonny. Während Jerry sich von ihr abgewandt hatte, strich Bettina ihr mütterlich die Locken aus der Stirn. Plötzlich stand Jonny auf, nahm Linde an die Hand und stapfte mit ihr zum Haus.

»Mammi!« rief er mit großen erschrockenen Augen. »Linde sagt, sie fährt morgen fort. Ist das wahr?«

»Ja, Jonny. Ihr Vater und ihre Mutter müssen in die Stadt zurück, weil ihre Ferien zu Ende sind. Das hab ich dir doch schon ein paarmal gesagt.«

»Warum kann Linde nicht bei uns bleiben?«

»Weil sie ohne Mammi unglücklich sein würde.«

»Aber ich bin doch hier!«

»Es geht nicht, Jonny. Sie muß fortfahren.«

In Jonnys Gesicht begann es zu zucken. Er drehte sich um und rannte ums Haus herum, so daß man ihn nicht mehr sehen konnte. Linde, klein und zierlich in ihrem gelben Strandanzug, lief ihm nach. »Jonny, Jonny!« rief sie und begann ebenfalls zu weinen.

Die beiden Mütter sahen sich hilflos an. »Was nun?« fragte Leila Murray. »Sollen wir ihnen nachgehen?«

»Nein. Ich glaube, wir lassen sie lieber allein.«

Ungefähr zehn Minuten später sahen sie die beiden Kinder Hand in Hand die Bergwiese hinaufklettern.

»Jonny!« rief Susy. »Komm einmal her.«

Zögernd drehten die Kinder um und kamen langsam zurück.

»Was willst du, Mammi?« fragte Jonny, der jetzt wieder ganz fröhlich aussah.

»Hör mal — Linde ist noch zu klein, um dort oben herumzuklettern. Könnt ihr nicht im Garten spielen?«

»Wir wollen ja gar nicht spielen. Ich will einen Spielzeugbaum für Linde suchen. Dann kann sie ihn mitnehmen, und die Spielsachen daran sind alle von mir.«

»Aber Jonny! Es gibt doch gar keinen Spielzeugbaum! Das ist doch nur ein Märchen.«

Jonny schüttelte eigensinnig den Kopf. Im Grunde wußte er sehr gut, daß der Spielzeugbaum nicht existierte. Aber von dem Wunsch beseelt, Linde etwas Wunderbares, märchenhaft Schönes zu schenken, wollte er daran glauben. In seinem großen Kummer trieb es ihn, alles für sie zu tun, was in seinen Kräften stand. Was machte es schon aus, wenn er den Baum nicht fand? Die Hauptsache war, daß er ihn suchte. »Vielleicht ist über Nacht einer gewachsen«, sagte er. »Ich muß nachsehen.«

»Wohin will er denn gehen?« fragte Leila Murray.

»Zu dem Birkenwäldchen hinter der Wiese. Die Kinder spielen oft dort oben. Es ist ganz ungefährlich, und sie können uns hören, wenn wir sie rufen. Aber der Anstieg ist zu beschwerlich für Linde. Sie ist nicht an solche Kletterpartien gewöhnt.«

»Ach, lassen Sie die Kinder nur gehen. Ein wenig Bewegung wird Linde nichts schaden.«

»Nun gut, wenn Sie nichts dagegen haben... Aber ich will Linde lieber einen Trainingsanzug von Jonny anziehen, damit ihr im Wald nicht Arme und Beine zerkratzt werden.«

Linde sah sehr drollig in dem Anzug aus, der ihr viel zu groß war. Schließlich machte sich das kindliche Liebespaar mit einer Tüte voller Kuchen auf den Weg. Die Mütter sahen den beiden nach. Die kleinen Gestalten wurden immer kleiner und verschwanden schließlich zwischen den Birken.

»Wenn ich das geahnt hätte, wäre ich vorher hinaufgegangen und hätte ein Bäumchen mit Spielzeug behängt«, sagte Susy. »Es tut mir richtig weh, daß die Kinder sich trennen müssen.«

Frau Murray nickte. »Wissen Sie, was? Ich werde meinen Mann dieses Jahr auch im Herbst begleiten, wenn er zur Jagd herkommt. Dann haben die Kinder doch etwas, worauf sie sich freuen können, und es ist keine Trennung für immer.«

Susy brachte Tee und Butterbrote heraus. Nachdem die jungen Frauen noch eine Weile über die beiden Kinder gesprochen hatten, wandte sich das Gespräch allgemeinen Problemen der Kindererziehung zu. Leila Murray war weder besonders intelligent noch gebildet, aber herzensgut und liebenswürdig. Auch besaß sie gesunden Menschenverstand und ein unverbildetes Urteil. Ihre Unterhaltung, dachte Susy bei sich, wäre in einem modernen Roman wahrscheinlich bespöttelt und von gedankenlosen Menschen belächelt worden, obwohl sie Fragen behandelten, die seit ewigen Zeiten wichtig und wesentlich waren. Ohne ihre Kinder hätten Leila und Susy sich kaum etwas zu sagen gehabt. So aber teilten sie eine reiche Welt von Erfahrungen, Interessen und Hoffnungen miteinander.

Nach einiger Zeit wurden sie durch Jerry unterbrochen. Er und Bettina waren so vertieft in den Bau ihrer Sandburg gewesen, daß sie das Fehlen von Linde und Jonny zuerst gar nicht bemerkt hatten. Aber plötzlich vermißte Jerry seinen Zwillingsbruder; er kam herbeigelaufen und fragte nach ihm.

Frau Murray sah auf ihre Uhr. »Himmel, es ist ja gleich fünf! Wir müssen nach Haus. Morgen haben wir eine lange Fahrt vor uns. Linde soll früh ins Bett.«

Susy stand auf und holte eine große altmodische Glocke aus der Küche. »Dies heißt ›sofort kommen!‹«, erklärte sie lächelnd und bimmelte heftig. Da keine Antwort kam, läutete sie noch einmal. Als sich die Kinder aber auch dann noch nicht meldeten, wurde sie ärgerlich. »Liebe ist gut und schön, aber daß ich deshalb den Berg raufkraxeln muß, finde ich unerhört.«

»Den Kindern wird doch nichts passiert sein?« meinte Leila besorgt.

»Ach wo! Was sollte ihnen denn passieren? Dort oben gibt es weder Straßen noch Autos, noch Wasser — außer ein paar kleinen Bächen — und auch keine Höhlen. Außerdem gehen die Kinder niemals über das Birkenwäldchen hinaus.« Susy läutete noch einmal, doch wieder ohne Erfolg.

»Warte, mein Bürschchen!« rief sie drohend. »Ich werde hinauflaufen und die beiden holen, Frau Murray! Nein, Jerry, du bleibst hier! Frau Murray hat nicht viel Zeit, und allein komme ich schneller vorwärts. Geh wieder zum Sandhaufen. Ich bin bald zurück.«

»Ich möchte mitkommen«, sagte Frau Murray.

Sie ließen den maulenden Jerry zurück, durchquerten den Gemüsegarten und kletterten den Hügel hinauf. Susy war daran gewöhnt. Aber Frau Murray begann bald zu keuchen, und als sie das Birkenwäldchen erreicht hatten, sank sie japsend auf einen Felsblock.

»Jonny! Linde!« rief Susy.

Alles blieb still. Nur die Birkenblätter raschelten im Wind. Plötzlich war es Susy, als griffe eine kalte Hand nach ihrem Herzen. Doch energisch schüttelte sie alle furchtsamen Gedanken von sich ab. Selbst wenn die Kinder das Wäldchen verlassen hatten, konnten sie nicht weit gekommen sein.

Leila stand auf. Sie sah sehr bleich aus. »Vielleicht sind sie eingeschlafen«, sagte sie leise. »Dann werden sie uns nicht hören. Linde schläft immer sehr fest.«

»Jonny auch.« Susy glaubte jedoch nicht, daß Jonny eingeschlafen wäre. Falls Linde schlief, würde er neben ihr sitzen und sie bewachen. Sie klammerte sich an dieses friedliche Bild und versuchte die Angst zu unterdrücken, die sie von neuem ergriff. Mit klopfendem Herzen sah sie sich um. Wacholderbüsche, hohe Farne und Sumach versperrten die Sicht nach der einen Seite; auf der anderen standen dichte Heidelbeerbüsche und vereinzelte Felsblöcke. Jonny kletterte gern, wie alle Jungen. Wenn nun Linde, erschöpft von der ungewohnten Anstrengung, eingeschlafen und Jonny unterdessen aus Langeweile auf einen dieser ziemlich hohen Blöcke gestiegen war? Womöglich hatte er das Gleichgewicht verloren und war gestürzt! Susy schauderte bei der Vorstellung.

»Wir wollen das Wäldchen durchsuchen«, sagte sie, verwundert, daß ihre trockenen Lippen noch Worte formen konnten. »Gehen Sie dort hinunter. Ich werde diese Seite absuchen. Und rufen Sie nur immerfort, damit die Kinder aufwachen, falls wir sie übersehen.«

Rufend durchstreiften die beiden Frauen das Wäldchen.

»Jonny! Linde!« hallte es durch die Stille. Dünn kam das Echo von einer entfernten Bergwand zurück. Doch von den Kindern kam keine Antwort. Abgebrochene Äste und heruntergetretenes Farnkraut ließen erkennen, daß sie durch das Wäldchen gegangen waren, aber jetzt befanden sie sich nicht mehr dort. In dem dahinterliegenden Nadelwald konnte man nicht sehen, welchen Weg sie genommen hatten. Der trockene Waldboden war glatt und hart und zeigte keine Spuren. An einigen Stellen waren die Tannennadeln auseinandergetreten, aber das konnten auch Tiere getan haben.

Susy und Leila gingen so weit in den Tannenwald hinein, bis sie befürchten mußten, sich zu verirren. Sie blieben nun dicht beieinander. Ihre Stimmen waren heiser vom vielen Rufen, und sie wagten sich nicht anzusehen. Susys Herz schlug wie rasend; ihr Mund war trocken. Wenn die Frauen nicht die Namen ihrer Kinder riefen, sprachen sie miteinander. Sie sprachen unaufhörlich vernünftige Worte, um die Schreckensbilder zu verscheuchen, die sich ihnen aufdrängten.

Endlich blieb Susy stehen. »Es hat keinen Zweck, weiterzugehen. Wir verlieren nur unnötig Zeit. Allzuweit können die Kinder ja nicht gelaufen sein. Wir wollen zurückgehen und Hilfe holen.«

Sofort drehte Leila sich um und begann blindlings zurückzulaufen. Susy unterdrückte ihre eigene Angst und ergriff sie am Arm. »Nicht laufen! Sie müssen Ihre Kräfte sparen, sonst brechen Sie auf halbem Weg zusammen.«

Leila sah sie mit einem wilden Blick an, doch als Susy ihren Griff nur noch verstärkte, lächelte sie schwach und murmelte: »Ja, Sie haben recht.«

Susy wußte später nicht mehr, welchen Weg sie gegangen waren und wie lange es gedauert hatte, bis sie die vertraute Klinke der Haustür in ihrer Hand fühlte. Wie im Traum sprach sie mit Anne, telefonierte sie mit Bill. Dann rief sie die Polizei an.

Als Bill eintraf, lief Susy ihm entgegen und umschlang ihn zitternd. »Nun, nun, wir werden sie schon finden«, sagte er tröstend, obwohl er ebenso bleich wie sie aussah. Kurz darauf fuhr ein Motorrad mit einem Polizisten vor. Der große freundliche Mann strömte eine beruhigende Sicherheit aus, und Susy beantwortete seine Fragen mit fester Stimme. Das Geräusch des Motorrades hatte auch Leila aus dem Haus gerufen. Ihre Augen waren gerötet. Sie hielt Lindes kleinen gelben Strandanzug in der Hand und drückte ihn an sich. Sofort nach ihrer Rückkehr hatte sie im Hotel Kahlschlag angerufen. Ihr Mann war noch nicht vom Angeln heimgekommen. Sie hatte hinterlassen, er möge bei den Barrys anrufen. Bisher hatte er sich noch nicht gemeldet, und so kam sie sich recht verlassen vor.

Nachdem der Polizist sich den Tatbestand notiert hatte, klappte er sein Notizbuch zu. »Keine Sorge! Wir finden die Ausreißer schon«, sagte er zuversichtlich. »Kleine Kinder laufen niemals sehr weit. Kann ich bei Ihnen telefonieren, Doktor?«

Etwas ruhiger folgten Leila und Susy den beiden Männern ins Haus. Hätten sie gewußt, daß die Kinder unverletzt waren, so wären sie fast unbekümmert gewesen. Aber sie wußten es ja nicht; immer wieder drängten sich ihnen die schrecklichsten Vorstellungen auf, was den Kleinen zugestoßen sein könnte. Sie vermochten nicht lange auf einem Platz sitzenzubleiben. Unruhig wanderten sie durchs Haus und fanden sich schließlich immer wieder bei Anne ein, deren unerschütterliche Ruhe und Zuversicht ihnen wohltat.

»Die Polizei findet die Kinder bestimmt«, sagte sie. »Es ist ja noch eine Stunde vor Sonnenuntergang, und auch nachher bleibt es noch eine Weile hell. Außerdem sind die Nächte jetzt warm, und am Himmel zeigt sich kein Wölkchen. Die beiden werden sich irgendwo zusammenrollen und schlafen. Sie sind ja vernünftig angezogen, und etwas zu essen haben sie auch.«

»Aber sie werden durstig sein«, meinte Leila.

»Kein Gedanke! Dort oben gibt es genug Quellen, aus denen sie trinken können.«

Anna hatte auch den guten Einfall, Bettina und Jerry zu den Todds zu schicken und sie dort übernachten zu lassen. Susy wollte anfangs nichts davon wissen, gab aber schließlich nach. Die Aufregung, die das Haus erfüllte, würde die Kinder nur unnötig beunruhigen; der Lärm der Motorräder und Autos würde sie nicht schlafen lassen. Nein, es war wirklich besser, sie fortzubringen. Außerdem bedeutete es immer ein besonderes Fest für sie, bei den Todds zu übernachten. Natürlich mußte Susy ihnen erklären, was geschehen war. »Jonny und Linde sind so weit in den Wald gegangen, daß sie nicht mehr zurückfinden. Aber Pa wird sie holen.«

Anne hatte die Kinder gebadet, während Susy die Fragen des Polizisten beantwortete. Später sorgte sie dafür, daß sie im Kinderzimmer blieben, bis der Wagen der Todds eintraf. Beim Abschied umarmte Susy sie innig und küßte sie zärtlich.

Kaum waren sie abgefahren, da trafen auch schon ein paar Polizeiwagen ein. Bald wimmelte es vor dem Haus von uniformierten Männern. In einem Lastwagen befanden sich Seile, Äxte, Scheinwerfer, Essen und heißer Kaffee für die Polizisten und ein Radio-Sende- und Empfangsgerät. Ein Mann sollte bei dem Apparat zurückbleiben.

Die Frauen standen vor dem Haus und beobachteten die Anstalten hoffnungsvoll. »Ihr himmlischen Sterne!« rief Anne. »Die müßten ja ein Pfennigstück in den Wäldern finden.«

Aber Susy wünschte, die Männer würden sich beeilen. Sie hatte Leila nicht gesagt, daß es Bären und Wildkatzen in den Bergen gab — von Schlangen ganz zu schweigen. Worauf warteten die Polizisten denn noch? Sie waren in Gruppen eingeteilt und schienen marschbereit zu sein.

Ein paar Minuten später, als die letzten kostbaren Sonnenstrahlen hinter den Bergen verschwanden, sah Susy, worauf sie gewartet hatten. Mit großer Geschwindigkeit bog noch ein Polizeiwagen in die Anfahrt der Barrys ein und hielt hinter dem letzten Wagen. Ihm entstieg ein Polizist mit zwei großen Hunden, die wild an ihrer Leine zerrten. Die Frauen schraken unwillkürlich zurück. Doch dann freuten sie sich. Die Hunde würden die Kinder bestimmt schnell aufspüren.

»Susy, bring rasch ein paar Kleidungsstücke der Kinder her!« rief Bill. »Die Tiere müssen ihren Geruch in die Nase bekommen.«

Leila hielt immer noch Lindes Strandanzug in der Hand und reichte ihn dem Polizisten. Susy lief ins Haus und holte Jonnys Mäntelchen.

Fünf Minuten später waren die Polizisten fort, und der Platz vor dem Haus füllte sich mit Nachbarn und Fremden, die Neugier oder Anteilnahme hergezogen hatte. Auch zwei Pfadfinder fanden sich ein und kündigten an, daß noch mehr folgen würden.

Susy und Leila gingen ins Haus. Da hörte Susy Karlas erregte Stimme aus der Küche. »Anne! Ich hab von dem schrecklichen Unglück gehört. Die arme Frau Barry! Wie kam Jonny nur darauf, einfach davonzulaufen?«

»Er wollte einen Spielzeugbaum suchen.«

»Einen Spielzeugbaum? Aber dann bin ich ja schuld daran. Ich habe ihm von dem Baum erzählt. Wo ist Frau Barry? Ich muß mit ihr sprechen.«

»Das geht jetzt nicht, Karla!« erwiderte Anne bestimmt. Frau Barry ist nicht in der Verfassung, sich auch noch deine Kindereien anzuhören. Geh nach Hause! Wir können dich hier nicht brauchen!«

Einen Augenblick war alles still. Dann schlug die Hintertür zu. Arme Karla! Aber Susy war Anne dankbar, daß sie sie fortgeschickt hatte. Sie fühlte sich wie betäubt. Eiskalte Furcht hielt ihr Herz umklammert. »Jonny, Jonny!« schrie es mit jedem Herzschlag in ihr. Ermattet sank sie schließlich auf die Couch im Wohnzimmer, sprang jedoch sofort wieder auf, als sie draußen Rufe hörte. Neue Pfadfinder waren eingetroffen, um sich an der Suche zu beteiligen.

Leila war leichenblaß; ihre Augen hatten allen Glanz verloren. Susy wünschte, ihr Mann würde kommen. Aber als der große starke Mann dann endlich eintraf, zitterte er so sehr, daß es Leila war, die ihn trösten mußte.

Die Stunden schlichen dahin. Während Susy wartete und immerfort nach draußen horchte, kam ihr jede Minute wie eine Ewigkeit vor. Um Mitternacht ging sie hinaus und sprach eine Weile mit dem Polizisten, der bei dem Funkapparat zurückgeblieben war. Sie fragte ihn nach seinem Dienst, nach den Arbeitsmethoden der Polizei, nach allem, war ihr nur einfiel. Plötzlich hörte sie schwere Schritte, Keuchen und Schnüffeln. Gleich darauf tauchte der Mann mit den Hunden aus der Dunkelheit auf.

»Was ist passiert?« Susys Stimme klang heiser.

Der Polizist wischte sich mit dem Ärmel über die Stirn. »Die Hunde haben die Fährte verloren«, antwortete er bedrückt.

»Wie konnte das geschehen?«

»Die Kinder sind im Zickzack den Berg runtergegangen, und da war eine sumpfige Stelle — nicht sehr tief —, aber die Forstverwaltung hatte dort DDT gestreut. Wenn ich das gewußt hätte, wäre ich nicht so nah herangegangen. DDT nimmt den Hunden vorübergehend den Geruchssinn. Es tut mir leid, Frau Barry. Doch man wird die Kinder bald finden, glauben Sie mir! Neben einer Quelle haben wir die leere Kuchentüte gefunden. Der Doktor läßt Ihnen sagen, Sie sollen sich nicht ängstigen. Er wird Ihnen den Jungen bald bringen.«

Susy nickte nur, unfähig, etwas zu sagen, und ging langsam zum Haus zurück. Wenn sie wenigstens weinen könnte, damit dieser entsetzliche Druck in der Kehle wich! O Bill, lieber Bill! Aber jetzt mußte sie zu Leila und Al gehen und ihnen erzählen, was sie erfahren hatte.

Gegen drei Uhr schlief Susy in einem Sessel auf der Veranda ein. Es war ein unruhiger Schlaf voll quälender Träume, aber dennoch eine kleine Entspannung. Als sie erwachte, schimmerte bereits das erste Tageslicht über den Bergen. Draußen standen noch immer die Polizeiwagen; die Scheinwerfer des Lastwagens waren jetzt abgeschaltet. Auf der Couch im Wohnzimmer lag Al Murray und schlief, den Kopf in Leilas Schoß. Leila starrte mit offenen Augen vor sich hin. In der Küche saß Anne auf ihrem Schaukelstuhl und schaukelte sacht. Gerade hob sie ihre Hand zum Lichtschalter, um das Licht auszuknipsen, als sie lauschend innehielt. Dann sprang sie auf. »Susy, Susy! Die Glocke!«

»Was für eine Glocke?« fragte Susy.

»Unsere große Glocke! Hörst du sie nicht? Bill hat sie mitgenommen und wollte sie läuten, sobald die Kinder gefunden sind.«

»Leila!« schrie Susy. »Die Kinder sind gefunden!« Ohne auf die anderen zu warten, rannte sie dem Läuten der Glocke entgegen. Schließlich sah sie in dem fahlen Dämmerlicht einen Pfadfinder auf sich zukommen, die Glocke beim Laufen schwingend. Es war Dexter Bonney.

»Dexter!« keuchte sie. »Sind sie gesund?«

»Klar! Sie kommen gleich hinter mir.«

Es war eine lange Prozession, die nun den Berg herabkam, an der Spitze Bill mit Jonny im Arm, hinter ihm ein Polizist mit Linde, deren goldenes Köpfchen an seiner breiten Schulter ruhte. Dahinter kamen einzeln und zu zweit etwa zwanzig Polizisten. Den Schluß bildeten ein paar müde durch das taufrische Gras stolpernde Pfadfinder.

»Mammi, Mammi!« rief Jonny. Im nächsten Augenblick lag er gesund und wohlbehalten in ihren Armen. Sein Gesicht war ganz verschmiert von Schmutz, Tränen und Heidelbeersaft, aber er lächelte. Über seinem zerzausten roten Schopf trafen sich die Augen von Susy und Bill in einem langen innigen Blick.

Als Linde ihre Eltern auf sich zulaufen sah, hob sie ihr blondes Köpfchen, streckte die Arme aus und sagte: »Mammi, meine Füße sind naß.«

Verirrung und Versöhnung

Die Kinder waren erschöpfter, als es anfangs geschienen hatte. Leila beschloß, noch einen Tag in Springdale zu bleiben und dann mit dem Zug nach Hause zu fahren; ihr Mann wollte mit dem Wagen vorausfahren. Susy und Bill boten ihr das Fremdenzimmer an, aber sie lehnte dankend ab. Linde werde in ihrem gewohnten Bett ruhiger schlafen, meinte sie. Bill bestrich die Insektenstiche der Kinder mit lindernder Salbe. Nachdem die Murrays seinen Bericht über die Expedition und Jonnys Erzählung mit angehört hatten, fuhren sie mit der schlafenden Linde zu ihrem Häuschen.

Als sie fort waren, wurde auch Jonny ins Bett gesteckt. Er behauptete zwar, überhaupt nicht müde zu sein, aber unter seinen Augen lagen dunkle Schatten, und sobald Susy ihn zugedeckt hatte, fielen ihm die Lider zu.

Sein Bericht über die Erlebnisse der Nacht war recht unvollständig gewesen. Ein Vierjähriger achtet nicht auf Dinge, die einem Erwachsenen wichtig erscheinen. Dennoch wurde aus seiner Erzählung klar, wie es gekommen war, daß die Kinder sich verirrt hatten. Eifrig nach dem Spielzeugbaum ausschauend und überzeugt, daß sie ihn jeden Augenblick finden würden, waren sie durch das Birkenwäldchen gestreift, bis sie zu den Fichten kamen. Da hatte Linde plötzlich gerufen: »Dort ist er, Jonny! Siehst du die Kerzen?« Und aufgeregt war sie in den dunklen Wald hineingelaufen. Was sie gesehen hatte, wußte niemand. Bill meinte, der Glimmer eines Granitfelsens sei vielleicht im Sonnenlicht aufgeblitzt. In ihrer Phantasie hatte sie den Spielzeugbaum wohl mit dem Weihnachtsbaum in Verbindung gebracht und nach etwas Glitzerndem ausgeschaut.

Jonny, dem es streng verboten war, das Birkenwäldchen zu verlassen, hatte Linde zugerufen, sie solle zurückkommen. Da sie aber nicht auf ihn hörte, sondern immer tiefer in den Wald hineinrannte, lief er ihr schließlich nach. Das lockende Licht war zwar verschwunden, dennoch glaubten die Kinder, daß der Spielzeugbaun nun ganz nahe sein müsse. Sie vergaßen die Zeit und achteten nicht mehr auf den Weg.

»Wir konnten den Baum nicht finden«, erzählte Jonny. »Linde fing an zu weinen und wollte nach Hause, aber ich fand das Birkenwäldchen nicht mehr. Nie wieder geh ich in diesen schrecklichen Wald.«

Hinter den Birken war der Boden ein Stück eben. Dann stieg der Berg nach Süden zu steil an, während er nach Südwesten zu sachte in ein meilenweites Gebiet von dichtbewaldeten Tälern und Hügeln abfiel. Das Haus aber lag im Norden.

»Gewohnheit oder Instinkt müssen Jonny bewogen haben, bergab zu gehen«, sagte Bill. »Die Hunde zeigten uns, daß die Kinder im Kreise gegangen waren, wie alle Menschen, die sich verirrt haben. Aber sobald ihr Weg sie bergauf zu führen begann, schwenkten sie ab und gingen wieder bergab.«

Die sumpfige Stelle, an der die Hunde die Fährte verloren hatten, war mit Gras bewachsen und nicht sogleich als Sumpf zu erkennen gewesen. Die Kinder waren hindurchgeplatscht und dahinter auf ein paar Felsen gestoßen, die noch warm von der Sonne waren. Sie hatten sich in einem Felsspalt verkrochen, sich dicht aneinandergekuschelt und waren eingeschlafen. Erst beim Morgengrauen wurden sie gefunden. Die Polizisten waren ein paarmal ganz nahe an ihrem Versteck vorbeigegangen, ohne sie zu sehen. Und die Kinder hatten so fest geschlafen, daß sie kein Rufen hörten. Erst als Jonny aufwachte und aus der Felsspalte kroch, entdeckte ihn einer der Männer.

Nun, jetzt war alles vorüber. Susy aber fühlte sich wie zerschlagen und vermochte keinen klaren Gedanken zu fassen. Bill sah sie scharf an, als er ins Badezimmer ging, um ein heißes Bad zu nehmen. »Du solltest auch ins Bett gehen, Susy.«

»Ich kann jetzt unmöglich schlafen. Vielleicht etwas später.« Susy ging in die Küche.

»Wie wär's mit einer Tasse Kaffee, etwas Toast und einem Ei?« fragte Anne. »Du hast ja keinen Bissen gegessen, seitdem Jonny verschwunden war.«

Susy nickte, ging zum Fenster und sah hinaus. Es war jetzt fast acht Uhr, aber noch immer kamen Leute vom Berg herunter, die sich an der Suche beteiligt hatten. »Die Ärmsten haben ihren Schlaf für uns geopfert«, sagte Susy.

»Nötig war es wohl kaum«, meinte Anne. »Die meisten Menschen handeln doch recht fahrig und unüberlegt. Auch Karla ist die ganze Nacht draußen gewesen.«

Susy fuhr herum. »Woher weißt du das?«

»Dexter erzählte mir, daß sie mit den Pfadfindern mitgegangen ist. Sie hat die Jungens wohl überredet, sie mitzunehmen, weil sie so viel von Erster Hilfe versteht. Vor einer Stunde hab ich Frau Stuart angerufen, damit sie sich keine Sorgen macht. Aber sie wußte nicht einmal, daß Karla fortgegangen war.«

»Nun, bei den Pfadfindern war Karla ja gut aufgehoben. Jetzt wird sie wohl schon zu Hause sein.«

»Sicherlich. Soll ich Martha anrufen und ihr sagen, daß sie Bettina und Jerry vormittags noch bei sich behalten möchte? Du brauchst jetzt Ruhe, Susy.«

»Unsinn! Die Kinder können kommen, wann Martha sie schicken will.« Susys Stimme war fest, aber ihre Hände zitterten, so daß sie Kaffee vergoß.

Ohne zu widersprechen, beschloß Anne bei sich, die Kinder erst später kommen zu lassen. Sie stellte zwei weichgekochte Eier und frisch geröstetes Weißbrot vor Susy hin. »Iß jetzt!« sagte sie wie zu einem Kind.

In diesem Augenblick erschien Mona Stuart an der Tür. »Guten Morgen!« Verzeihen Sie die Störung, Frau Barry. Sie sind gewiß ganz erschöpft. Aber Karla ist noch nicht nach Hause gekommen, und ich dachte... Nein, bleiben Sie bitte sitzen und frühstücken Sie in Ruhe. Ich bin froh, daß Jonny nichts passiert ist.« Sie setzte sich in Annes Schaukelstuhl.

»Karla ist auch nichts passiert«, versicherte ihr Anne. »Noch sind nicht alle Pfadfinder zurück. Möchten Sie eine Tasse Kaffee haben?«

»Ja, vielen Dank!«

»Es tut mir leid, daß Sie sich um Karla sorgen mußten«, sagte Susy, mühsam nach Worten suchend. »Sie ist fortgerannt, weil sie sich einbildete, daß sie an Jonnys Verschwinden schuld sei.« Susy erzählte der Künstlerin die Geschichte von dem Spielzeugbaum.

Mona Stuart hörte erstaunt zu. »Karla hätte mir doch wenigstens ein Wort sagen können!« rief sie schließlich.

»Junge Menschen sind oft gedankenlos«, entgegnete Anne. »Wenn sie etwas bewegt, vergessen sie alles andere. Vielleicht wollten die Jungen auch nicht auf sie warten, bis sie Ihnen Bescheid gesagt hatte. Sie müssen Geduld mit Karla haben, Frau Stuart. Sie hat es doch gut gemeint. Gewiß wird sie übermüdet sein, wenn sie zurückkommt.«

Das Gesicht der Malerin wurde weich. »Ja, Sie haben recht.«

Gerade war Susy mit ihrem Frühstück fertig, da kamen die letzten Pfadfinder über die Wiese. Karla war bei ihnen. Frau Stuart stand auf und ging ihr entgegen.

Karla rannte zerzaust und schmutzig, aber mit einem glücklichen Gesicht auf sie zu. »Wir haben schon gehört!« rief sie von weitem. »Oh, Frau Barry, ich bin ja so froh! — Ach, du bist es, Mutter!«

»Karla, warum hast du mir nichts davon gesagt, daß du nachts fortgegangen bist!« sagte Mona Stuart mit mildem Vorwurf. »Ich hätte dich bestimmt nicht zurückgehalten, wenn ich gewußt hätte, was dich bewegte.«

»Das glaube ich!« erwiderte Karla erregt. »Aber du

hättest niemals verstanden, was mich bewegte — und wenn ich es dir zehn Jahre lang erklärt hätte! Du hättest nur gedacht, daß ich dumm bin.«

Susy wagte sich nicht in die Auseinandersetzung einzumischen, obwohl sie es gern getan hätte. Karla war übermüdet und reizbar. Schon zeigten sich gefahrdrohende Sturmzeichen. Ihr soeben noch gerötetes Gesicht war leichenblaß geworden; ihre Lippen zitterten, und sie krampfte die Hände ineinander.

Doch Mona Stuart achtete nicht darauf. »Ich hätte bestimmt nicht gedacht, daß du dumm bist«, entgegnete sie. »Auf alle Fälle hättest du nicht einfach davonlaufen dürfen. Ich wußte ja nicht einmal, daß du fort warst, als Frau Cooney mich heute morgen anrief. Ich hab mich fast zu Tode geängstigt.«

Nun brach der Sturm los. »Du hast dich geängstigt?« rief Karla höhnisch. »Du wußtest ja nicht einmal, daß ich fort war; das hast du ja eben selber gesagt. Du und ängstigen! Das ist ja lachhaft! Sieh dir Frau Barry an! Sie hat bestimmt die ganze Nacht kein Auge zugemacht. Frau Barry liebt ihre Kinder wirklich!« Entsetzt über das, was sie gesagt hatte, warf sich Karla in einen Korbsessel und verbarg das Gesicht laut weinend in den Händen.

Mona Stuart schossen Tränen in die Augen. Wortlos drehte sie sich um und ging mit zuckenden Schultern durch die Küche ins Wohnzimmer. Karla, die nichts davon bemerkt hatte, schluchzte hysterisch.

Anne wollte zu ihr hinausgehen, aber Susy hielt sie zurück. »Laß! Ich werde ihr den Kopf zurechtsetzen.«

»Du hast in dieser Nacht schon genug durchgemacht«, wandte Anne ein.

»Darauf kommt es nun auch nicht mehr an.« Einen Augenblick blieb Susy an der Tür stehen und blickte auf die zusammengesunkene Gestalt in dem Korbsessel. Auch ihre eigenen Nerven waren aufs höchste gespannt; sie mußte achtgeben, daß sie nicht die Selbstbeherrschung verlor.

Schließlich ging sie entschlossen auf Karla zu und packte sie an der Schulter. »Hör sofort auf zu heulen!«

Karla hob den Kopf und sah sie erschrocken an.

»Karla Stuart, wenn du mein Kind wärst, würde ich dich jetzt übers Knie legen und gehörig verhauen. Nein, ich will kein Wort von dir hören! Du bist ein albernes, selbstsüchtiges, kleines Mädchen, das nichts außer sich selber kennt.«

Karla erstarrte, während Susy fortfuhr: »Du hast eine gütige Mutter, die dich von Herzen liebt. Den ganzen Sommer hindurch hat sie versucht, es dir zu zeigen. Aber du warst viel zu sehr mit deinem eingebildeten Kummer beschäftigt, um es zu bemerken. Du hast sie zu Tode erschreckt und dann auch noch schwer gekränkt.«

»Ich — hab — sie — gekränkt? Sie macht sich doch gar nichts aus mir.«

»Sie sitzt im Wohnzimmer und weint.«

»Mutter — weint? Oh, nein!« Karla sprang auf und lief zum Wohnzimmer. »Mutter!« hörte Susy sie rufen. »Liebe Mutter, verzeih!«

Nach einer Weile ging Susy auf Zehenspitzen zur Tür und spähte ins Zimmer. Mona Stuart in dem fleckigen Malerkittel saß in einem Sessel und hielt ihr schönes, langbeiniges und tränenüberströmtes Kind auf dem Schoß. Unbeholfen strich sie Karla, die den Kopf an ihre Schulter lehnte, über die schmutzige Wange und summte leise ein Wiegenlied.

Susy wandte sich um, fiel Anne in die Arme und brach in Tränen aus.

Susy ist noch nicht zufrieden

»Hallo!« meldete sich Susy am Telefon.

»Hier Winslower Zeitung, Lokalnachrichten!« sagte eine weibliche Stimme. »Haben Sie irgendwelche Neuigkeiten für mich, Frau Barry?«

Susy wußte, daß die junge Journalistin fünfundzwanzig Cents für eine Zeile erhielt und daß sie das Geld nötig brauchte. »Leider nein«, antwortete sie bedauernd. »Wenn die Pfirsiche reif sind, werde ich ein paar Leute einladen, aber in dieser Woche gibt es eigentlich nichts Nennenswertes.« Doch als sie durch die offene Tür in den Garten blickte, hatte sie plötzlich einen Einfall. »Halt, warten Sie mal! Ich hab gerade ein paar Gäste zum Tee. Interessiert Sie das?«

»Gewiß! Sagen Sie mir bitte, wer anwesend ist.«

Nachdem Susy die Namen genannt hatte, legte sie schmunzelnd den Hörer auf. In der nächsten Nummer der »Winslower Nachrichten« würde nun folgende Notiz stehen: »Frau Susanne Barry, geborene Barden, Springdale, Montgomery-Weg, gab am Dienstag in ihrem Hause einen Tee. Anwesend waren . . .« Und es würde die volle Wahrheit sein. Nur mangelte es der Szene im Garten an der gelassenen Anmut, die man mit der Vorstellung eines Nachmittagstees verbindet.

An dem äußeren Rahmen war allerdings nichts auszusetzen. Über dem Garten lag flimmerndes Sonnenlicht Hin und wieder löste sich ein gelbes Blatt von den Ulmen und schwebte auf die Erde hinab, während die Ahornbäume noch mit ihrem vollen grünen Blätterschmuck prunkten. In den Blumenbeeten leuchteten Ringelblumen und Zinnien, flammten stolze scharlachrote Gladiolen. Das Haus erstrahlte heiter und weiß; Türen und Fenster waren weit geöffnet, um die warme Luft einzulassen. Auf dem Rasen hatte man blaue Stühle um einen weißen Tisch gestellt, auf dem ein Milchkrug, eine

Kanne mit eisgekühltem Tee und Platten mit Kuchen und Keksen standen. Aber Haus und Garten bildeten nicht den Hintergrund für das leichte Geplauder eines Nachmittagstees, sondern hallten von einem wahren Höllenlärm wider.

Jonny, Jerry und die drei mittleren Bonneys spielten ein wildes Greifspiel, das hauptsächlich darin bestand, daß sie über den Rasen rannten und kreischten. Cathy Bonney, mit ihren acht Monaten schon recht selbständig, saß in einer Zinnienstaude, schmierte sich einen eingeweichten Zwieback übers Gesicht und kaute nachdenklich an einer roten Blüte. Bettina saß auf der Schaukel und sang aus voller Kehle, während sie sich hoch durch die Luft schwang. Ihre Zöpfe flogen; ihr Gesicht strahlte vor Glückseligkeit. Susy stand neben dem Sandhaufen und beobachtete sie, als plötzlich ein Rasenmäher so dicht an ihr vorbeisurrte, daß sie erschrocken zur Seite sprang.

»Bill Barry, bist du nicht schon ein bißchen zu alt für solche Scherze?«

»Ich wollte nur das blöde Lächeln von deinem Gesicht vertreiben.« Düster blickte er auf den Rasen. »Es ist mir unverständlich, warum hier nur Wegerich und Sauerampfer wächst. Was geschieht eigentlich mit dem teuren Grassamen, den ich kaufe? Ich muß doch einmal ...« Er zuckte zusammen. Aus dem offenen Fenster des Wohnzimmers schallte ohrenbetäubende Musik, die sowohl Bettinas Gesang als auch das Kreischen der spielenden Jungen übertönte.

»Frau aus St. Louis!« schmetterte eine Männerstimme zu den fernen Bergen hinüber. »Mit deinem Ring aus Brillanten ...«

»Gütiger Himmel!« rief Bill. »Wird das alte Lied immer noch gesungen?«

»Es ist eine nagelneue Aufnahme«, antwortete Susy. »Howard hat mir erklärt, daß eine wundervolle Passage einer Klarinette darin vorkommt.«

Schaudernd verzog sich Bill mit seinem Rasenmäher in die äußerste Ecke des Gartens, während Susy zufrieden lächelte. Endlich hatte sie es erreicht; Karla war von ihrem Komplex befreit. Es war nicht plötzlich gekommen, aber doch viel schneller, als sie gehofft hatte.

Vor acht Tagen hatte der Plattenspieler von Howard Phinney infolge von Überbeanspruchung den Dienst versagt, und das ausgerechnet in dem Augenblick, als er ein paar neue Platten geschenkt bekommen hatte. Daraufhin war eine Gruppe von Jugendlichen bei Susy erschienen und hatte darum gebeten, ihren Plattenspieler benutzen zu dürfen. Susy erlaubte es. Sogleich richteten sich die Kinder im Wohnzimmer ein, legten »Hänsel und Gretel« und »Eine kleine Nachtmusik« beiseite und spielten die neuen Platten.

Als Karla auf ihrem Weg zu den Barrys moderne Tanzmusik hörte, kam sie erstaunt nähergelaufen und riß neugierig die Tür auf. Ganz verdattert blieb sie auf der Schwelle stehen. Winnie und Dexter tanzten. Howard stand neben dem Plattenspieler und erklärte zwei fremden Jungen ein paar schwierige Tanzschritte. Margret saß mit einem Jungen, den Karla ebenfalls nicht kannte, auf der Couch und kitzelte das Baby, das sie auf dem Schoß hielt, an den Zehen.

»Hallo, Karla!« rief sie munter. »Howards Apparat ist kaputt, und Frau Barry hat uns erlaubt, daß wir seine neuen Platten bei ihr spielen.«

Susy, die in der Küche Limonade zurechtmachte, hielt in ihrer Arbeit inne und horchte gespannt. Sie hörte Karla sagen: »Oh, Carl Ladshead! Ich hab ihn oft im Radio gehört.«

»Hast du ihn auch gestern abend gehört?« fragte Howard.

»Ja, das war herrlich. Habt ihr die Platte auch?«

»Nein. Aber hör mal diese!« Er legte eine neue Platte

auf, und wieder ertönte das rhythmische Jaulen und Quieken, das die Liebhaber moderner Tanzmusik so entzückt.

Als das Stück zu Ende war, sagte der Junge, der neben Margret saß, zu Karla: »Bist du nicht in der Nacht bei uns gewesen, als wir Jonny suchten?«

»Ja, das war ich. Ach, jetzt erkenne ich dich erst wieder! Damals war es so dunkel, und ihr hattet alle gleiche Uniformen an.«

»Er heißt Jack Williams«, stellte Margret den Jungen vor. »Und die beiden andern sind Freddie und Frank Blair. Alle übrigen kennst du ja — außer Cathy natürlich. Sag schön guten Tag, Cathy!«

»Guh!« machte das Baby.

»Guh, Fräulein Bonney!« sagte Karla. Alle lachten, und das Konzert wurde fortgesetzt.

Susy atmete tief auf. »Bill hatte recht«, sagte sie zu Anne. »Seitdem Karla mit ihrer Mutter einig ist, kommt sie auch mit allen anderen Menschen aus.«

»Ja, es sieht wirklich so aus.«

Als Susy die Gesellschaft dann mit Limonade bewirtete, machte Karla ganz von sich aus einen Vorschlag. »Ich habe eine Menge Platten zu Hause, die wir auch gern spielen möchten, Frau Barry. Aber jetzt ist keine Zeit mehr, sie zu holen, weil Dexter und Howard fort müssen. Könnte ich sie vielleicht morgen herbringen?«

»Aber natürlich!«

Das war der Anfang. Ein paar Tage später erzählte Karla, daß sie mit Howard ins Kino gehen wolle.

»Er ist riesig nett«, sagte sie, »und hat mich bestimmt nicht meines Aussehens wegen zum Mitkommen aufgefordert. Er hat mich doch in der Nacht gesehen, als wir Jonny suchten. Da war ich furchtbar schmutzig, und die Haare hingen mir strähnig ins Gesicht. Ich sah einfach grauenhaft aus!«

»Ja, Howard ist ein netter Junge«, antwortete Susy.

»Ich glaube, er spricht gern mit dir über Jazzmusik, weil du so viel davon verstehst. Aber heute abend brauchst du nicht grauenhaft auszusehen. Zieh dein grünes Leinenkleid an.«

»Das hat Mutter auch gesagt!« Karla glühte vor Glück. Susy erriet, daß auch Mona Stuart Fortschritte machte.

»Ach, und noch etwas, Frau Barry! Bisher hab ich mich doch nie geschminkt, aber alle anderen Mädchen tun es — wenigstens abends. Soll ich es auch tun?«

Susy betrachtete Karlas Gesicht. War es nicht ein Jammer um die schönen Farben und die zarte Haut? Doch heutzutage war sogar den Vierzehnjährigen bei festlichen Anlässen etwas Lippenstift gestattet, wenn auch kein Puder oder Rouge. Und Anpassung war für Karla jetzt das Wichtigste.

»Nimm ein wenig Lippenstift«, sagte sie. »Ich hab noch einen, den ich nicht gebrauchen kann, weil er zu hell ist; der wird für dich passen.«

»Zeigen Sie mir bitte, wie man ihn benutzt«, bat Karla. »Ich möchte mich nicht gern blamieren.«

Als Bill nach Hause kam, erzählte Susy ihm von dem Gespräch. »Ich komme mir wie Pygmalion vor. Bitte geh heute abend mit mir ins Kino. Ich möchte gern sehen, wie die Geschichte weitergeht.«

»Im Kino kannst du doch nichts sehen«, wandte Bill ein.

»Sie gehen bestimmt hinterher in die Eisdiele. Das machen die jungen Leute immer.«

»O Himmel!« stöhnte Bill. »Muß ich meine Freizeit künftig mit Jugendlichen verbringen?«

»Nur heute abend, mein Herz.«

Zum Glück lief an diesem Abend ein Film, der Bill interessierte. Hinterher lockte Susy ihn in die Eisdiele. Er suchte die dunkelste Ecke aus. »Du kannst deine Schützlinge meinetwegen anstarren, aber ich will mich nicht von ihnen anstarren lassen.«

»Sie werden dich überhaupt nicht sehen«, entgegnete Susy. »Du bist ihnen viel zu alt.«

In diesem Augenblick traten Karla und Howard in das Lokal und setzten sich in die Nähe des Musikautomaten. Karla sah reizend in ihrem grünen Kleid aus. Um den Hals trug sie das schöne Tuch mit den silbernen Glöckchen. Sie bemerkte Susy und Bill nicht und unterhielt sich angeregt mit Howard über den Film, den sie gesehen hatten. Doch kaum waren ein paar Minuten vergangen, da tat sich die Tür auf, und Amalie Rand trat ein.

Susy stöhnte leise. Es war wichtig, daß Karlas erste Verabredung glücklich verlief, und Amalies Augen blitzten böse auf, als sie sie mit Howard zusammen sah. Allerdings war sie in Begleitung eines älteren Jungen von städtischem Aussehen und hatte vielleicht im Augenblick kein allzu großes Interesse an ihren Springdaler Freunden. Doch schien es Susy beunruhigend zu sein, daß sie das gleiche Seidentuch wie Karla, nur mit goldenen statt silbernen Glöckchen, trug. Während das Tuch wie geschaffen für Karla war, paßte es nicht zu dem etwas gewöhnlichen brünetten Typ Amalies.

Sie steuerte sogleich auf Howard zu. »Hallo, Howard! Wo hast du denn so lange gesteckt? Ich hab dich ja ewig nicht gesehen. Dies ist Herr Carling — Derrick Carling. Er wohnt im Hotel Kahlschlag.« Dann wandte sie sich zu Karla. »Und dies ist — Fräulein Stuart. Verzeihung — leider hab ich deinen Vornamen vergessen.«

Derrick Carling, der Karla vom ersten Augenblick an wie verzaubert angestarrt hatte, streckte ihr die Hand entgegen. »Ich freue mich, Sie kennenzulernen, Fräulein Stuart.«

»Setzt euch«, sagte Howard. »Hier ist Platz genug.«

Karla war offenbar ein wenig verwirrt, rückte jedoch bereitwillig zur Seite.

»Ich hab zu Derrick gesagt, er müßte unbedingt mal

mit mir in euer altmodisches Kino hier gehen«, plapperte Amalie, während sie und ihr Begleiter sich setzten. »Er findet es ganz unmöglich, nicht wahr, Derrick?«

»Aber nein!« erwiderte Derrick ein wenig unbehaglich. »Ich finde es sehr nett.«

Amalie beachtete ihn nicht, sondern beugte sich über den Tisch und sagte zu Karla: »Jetzt ist mir auch dein Vorname eingefallen — Karla. Sicherlich hab ich ihn vergessen, weil ich dich nirgends sehe. Du gehst wohl nicht viel aus?«

Den beiden Jungen entging die Spitze nicht. Sie sahen sich an und scharrten verlegen mit den Füßen.

»Verzeih mir eine Frage!« fuhr Amalie ohne Atempause fort. »Wie kommst du zu diesem Tuch?« Dabei deutete sie auf das Tuch mit den silbernen Glöckchen.

»Ich habe es geschenkt bekommen«, antwortete Karla.

»Aber das Muster ist doch ganz neu! Meine Mutter hat mir mein Tuch aus Paris geschickt. Sie hatte es dort auf der Modenschau von Clarice gesehen.« Aus Amalies Stimme klang echter Kummer.

Karla lag jeder modische Ehrgeiz fern. Doch erinnerte sie sich, wie sie Susy später erzählte, an die Mädchen der Fenchley-Schule, die stets eifrig bemüht gewesen waren, nach der allerneuesten Mode gekleidet zu sein.

»Ich besitze das Tuch schon über ein Jahr«, sagte sie gleichmütig. »Meine Mutter ist mit Clarice befreundet. Clarice wollte eigentlich ein Kleid für mich entwerfen, nachdem Mutter sie gemalt hatte. Da Mutter dagegen war, hat sie dann dieses Tuch für mich gemacht. Später fragte sie mich, ob ich damit einverstanden sei, daß sie noch ein paar zum Verkauf anfertigen ließe.«

Amalie war sprachlos.

»Ich finde das Tuch sehr schick«, sagte Howard.

»Es kann auf verschiedene Weise getragen werden«, erklärte Klara. »Clarice hat mir gezeigt, wie man es um den Kopf bindet, daß die Glöckchen richtig zur Geltung kommen. Ich will es dir gern gelegentlich zeigen, Amalie.«

»Danke! Das ist nicht notwendig. Komm, Derrick, wir wollen gehen. Die Luft in dieser Bude ist einfach scheußlich.« Ohne sich zu verabschieden, lief Amalie davon und zog den widerstrebenden Derrick hinter sich her.

»Was ist denn plötzlich in Amalie gefahren?« fragte Howard verwundert.

»Ich weiß nicht«, log Karla.

»Ach, laß sie laufen! Komm, wir wollen tanzen.« Er steckte ein Geldstück in den Musikautomaten.

Bill stieß Susy an. »Müssen wir noch länger hier sitzen?«

»Nein, jetzt können wir gehen. Der letzte Drachen ist erschlagen. Mach bloß nicht so ein überlegenes Gesicht! Du hast ebenso gespannt zugehört wie ich.«

Bill räusperte sich und stand auf.

Das war vor einer Woche gewesen, und nun war Karla schon so vertraut mit der Springdaler Jugend, als hätte sie ihr Leben lang hier gewohnt. Ein paar Nachmittage der Woche verbrachte sie bei den Bonneys; an anderen Tagen gingen alle zusammen schwimmen oder sie kamen, wie heute, zu Susy.

Susy genoß den Lärm um sie her. »Wie halten Sie das bloß aus?« sagte plötzlich eine Stimme neben ihr. Es war Mona Stuart.

»Was halte ich aus?«

Mona Stuart machte eine Armbewegung, die Bettina auf der Schaukel, die Jungen auf dem Rasen, das lärmspeiende Haus und den Rasenmäher umfaßte.

»Ich weiß auch nicht«, antwortete Susy. »Man gewöhnt sich daran. Offen gesagt, ich liebe es.«

Die Malerin sah Susy bewundernd an. »Sie sind ein erstaunlicher Mensch, Frau Barry. Ist Karla hier?«

»Ja. Sie finden sie im Wohnzimmer.«

»Ob es ratsam ist, daß ich hineingehe? Ich möchte einmal sehen, was sie eigentlich so glücklich macht. Sie ist völlig verändert.«

»Sie wissen doch genau, was Karla glücklich macht.«

Mona Stuart lächelte. »Nun ja, den tieferen Grund kenne ich wohl. Aber ich möchte doch auch die äußeren Dinge kennenlernen, die zu ihrem Glück beitragen.«

»So kommen Sie hinein!«

Als sie sich der Wohnzimmertüre näherten, wurde Mona Stuart jedoch nachdenklich. »Was soll ich zu den jungen Leuten sagen?« fragte sie unruhig.

»Sagen Sie irgend etwas, was Ihnen gerade einfällt. Die Kinder sind alle sehr nett. Obwohl sie Lärm wie eine ganze Menagerie machen, beißen sie nicht.«

Susy öffnete die Tür. Karla, die neben Howard gesessen hatte, sprang auf. »Mutter, du kommst hierher?«

Howard stellte den Plattenspieler ab, und die jungen Menschen starrten die Künstlerin ehrfurchtsvoll an.

»Dies ist Margret Bonney«, stellte Karla vor. »Und dies ist Dexter und ...

»Ach, spielt nur weiter«, sagte Mona Stuart. »Ich wollte auch ein wenig zuhören.«

»Setzen Sie sich doch«, forderte Susy sie auf. »Ich werde ein paar Erfrischungen holen.«

Mona Stuart nahm in dem angebotenen Sessel Platz. Karla setzte sich ihr zu Füßen und lehnte sich etwas scheu, aber stolz an ihre Knie. Howard, bestrebt, seine Beziehungen zu ihr zu festigen, kam näher und begann eine Unterhaltung mit der Künstlerin. Als Susy mit dem Tee ins Zimmer kam, hörte sie, wie er sagte: »Ich hab mal ein Buch über einen Maler gelesen. Er war wohl nicht ganz richtig im Kopf, denn er schnitt sich ein Ohr ab und schickte es an einen Freund.«

»Keine Sorge!« erwiderte Mona Stuart. »Ich werde niemand ein Ohr von mir schicken.«

Einen Augenblick sah Howard sie unsicher an. Dann brach er in lautes Gelächter aus. Offenbar hielt er Karlas Mutter für sehr witzig. Lachend wiederholte er den anderen, was sie gesagt hatte, und schließlich lachte Mona Stuart mit den anderen mit. Es schien ihr zu gefallen, als humorvoll zu gelten, und sie fragte Howard, was er noch von Künstlern wüßte.

Er erzählte, wie auf der Farm seines Vaters einmal Feuer ausgebrochen war. Während er und sein Vater sich verzweifelt bemühten, das Feuer zu löschen, erschien eine Frau mit einem Skizzenbuch und zeichnete die Szene, die, wie sie später sagte, »äußerst malerisch« gewesen sei. Mona Stuarts Gelächter über diese Geschichte übertönte fast noch das von Howard.

»Warum kommt ihr nicht mal in mein Haus und spielt eure Platten auf Karlas Plattenspieler?« fragte sie.

Susy sah, wie Karlas Gesicht aufleuchtete. Unauffällig ging sie aus dem Zimmer, um Bill zu suchen. Sie hatte ihm etwas Wichtiges zu sagen.

Die Haustür war geschlossen. Susy lächelte über die menschliche Unvernunft. Im Winter mußte man die Kinder immer daran erinnern, die Tür zuzumachen; im Sommer taten sie es pflichteifrig. Als sie die Tür öffnete, stieß sie mit jemand zusammen, der gerade hinein wollte. »Donnerwetter, das war mein Kinn!« rief eine vertraute Stimme.

Susy trat zurück und rieb sich ihre Wange. »Kit!« rief sie erstaunt.

Kit lachte. »Hast du mein Telegramm nicht bekommen?«

»Nein. Hast du überhaupt eins geschickt?«

»Aha, ich bin ertappt! Aber ich dachte wirklich, ich hätte telegrafiert.« Erstarrt lauschte sie auf den Höllenlärm, der Haus und Garten durchdrang. »Was ist denn hier los? Ich wollte eine Familie Barry besuchen, die als einigermaßen respektabel gilt, scheine aber in ein anrüchiges Hotel geraten zu sein.«

»Hotel! Dies ist ein Zwischending zwischen Ambulatorium und Jugendheim. Hast du meine Briefe nicht gelesen? O Kit, ich bin ja so froh, daß du wieder da bist! Bill wollte schon Trauer um dich anlegen. Seine Zusammenarbeit mit Frau Landers ist nicht die beste.«

»Könnt ihr mich für eine Woche bei euch aufnehmen?«

»Das muß ich mir erst überlegen. Ich möchte nicht gern, daß meine Kinder unter schlechten Einfluß geraten. Ach, Tina hat dich entdeckt!«

»Tante Kit, Tante Kit!« schrie Bettina, sprang von der Schaukel und kam über den Rasen gelaufen.

»Tante Kit! Tante Kit!« Die Zwillinge, die sie gehört hatten, rasten hinter ihr her. Alle drei stürzten sich zugleich auf Kit. »Ach, du lieber Himmel!« rief sie, den Hut auf einem Ohr, nachdem sie sich endlich befreit hatte. »Wer will ein Geschenk haben?«

»Ich! Ich! Ich!«

»Kommt nach oben! Ich möchte mich gern umziehen, ehe ich dem Radau im Wohnzimmer entgegentrete. Dasselbe Zimmer wie immer, Susy?«

»Natürlich. Geht nur schon voraus; ich komme in ein paar Minuten nach. Ich hab eine Neuigkeit für dich, Kit. Aber zuerst muß ich mit Bill sprechen.«

Leise vor sich hin summend, lief Susy in den Garten. Bill hatte den Rasen zu Ende gemäht und befand sich in der Scheune.

»Bill!« rief Susy schon an der Tür. »Kit ist zurück!«

»Gott sei Dank! Wo ist sie?«

»Oben mit den Kindern.«

»Fein!« Etwas zerstreut guckte Bill in ein paar leere Futtertröge. »Sag mal — weißt du vielleicht, wo der Sack mit Kalk geblieben ist, den ich im Frühjahr gekauft habe? Unter den Ahornbäumen hat sich eine Menge Moos angesiedelt, und . . .«

»Nein, ich weiß nicht, wo der Kalk ist. Ich muß dir etwas sagen, Bill.«

»So sag's doch! Himmel, bin ich froh, daß ich die Landers nicht mehr zu sehen brauche! Aber ich hab den Sack doch hier irgendwo hingelegt. Ich möchte den Kalk streuen, ehe der Herbstregen einsetzt, damit . . .«

»Bill Barry! Hör endlich mit deinem Kalk auf!«

Bill sah sie erstaunt an. »Was ist denn los?«

»Ich habe dir etwas Wichtiges zu sagen — und zwar sofort!«

Er zog sie auf den Rand eines Futtertrogs. »Also, erzähl Papa, was du auf dem Herzen hast.«

Susy antwortete nicht sofort. Jetzt, da Bill bereit war, zuzuhören, wußte sie plötzlich nicht recht, wie sie anfangen sollte.

»Du weißt, daß ich Verschwendung hasse«, begann sie endlich.

»Gewiß.«

»Nun habe ich seit langem das Gefühl, daß ich nicht so viel tue, wie ich tun könnte. Mir ist, als verschwendete ich mich selber.«

»Aber Susy!«

»Unterbrich mich nicht! Ich meine — die ganze schöne Ausbildung, die ich genossen habe — die vielen Jahre des Lernens und Studierens . . . Ich habe oft das Gefühl, als opferte ich das alles meinem persönlichen Glück.«

»Verzeih, wenn ich zu widersprechen wage. Schließlich handelt es sich ja nicht nur um dein Glück, sondern auch um meins und um das unserer Kinder.«

»Ja, ja, ich weiß. Dennoch hat mich der Gedanke den ganzen Sommer über gequält.«

»Du quälst dich mit Hirngespinsten«, entgegnete Bill. »Die meisten Menschen könnten mehr tun, als sie tatsächlich tun. Aber man soll nicht mehr tun als das, was man gut tun kann. In unserem Haus leben glückliche Menschen, weil du da bist und nach deinem Stil lebst. Du hast in diesem Sommer Krankenpflege in der Nachbarschaft ausgeübt. Du hast Karla von einer gefährlichen Neurose geheilt und eine berühmte Künstlerin davor bewahrt, menschenscheu und voller Bitterkeit zu werden.«

»All das konnte ich nur mit deiner Hilfe tun.«

»Das ist gleichgültig. Du hast Talent, mit Menschen umzugehen, und dieses Talent ist durch deine Ausbildung entwickelt worden. Unsere Kinder werden glückliche, normale und nützliche Menschen werden, weil sie dich zur Mutter haben.«

Susy rieb ihre Wange an seiner Schulter. »Danke, Doktor! In diesem Punkt hast du mich beruhigt. Aber da ist noch etwas anderes. Sag mal — wünscht du dir nicht manchmal ein ruhigeres Leben?«

»Ja, aber ich glaube, es wäre gar nicht gut für mich. Warum fragst du?«

»Weil es nach ein paar Monaten noch unruhiger in unserm Haus werden wird.«

»Wieso?«

»Nächtliches Geschrei«, erklärte Susy. »Füttern um zwei Uhr nachts. Das Strampeln kleiner Füßchen.«

»Susy!« Bill sprang auf. »Du willst doch nicht etwa sagen . . .«

»Nun, wir haben drei gesunde Kinder. Warum sollten wir nicht ein viertes haben? Platz ist genug in unserm Haus, und ich habe noch nicht die Absicht, mich zur Ruhe zu setzen.«

Bills Gesicht glühte vor Freude. Er ergriff Susys Hände und zog sie an sich. »Bist du denn niemals zufrieden?«

»Nein«, sagte Susy lächelnd.

Wolkenloser Himmel

Dieser Freitag schien wie jeder andere Tag im Juli zu sein. Weiße unschuldige Sommerwolken schwebten über den Gipfel des Mount Washington. Die Luft summte von Insekten. Von den bewaldeten Berghängen wehte ein leichter erfrischender Wind herab und brachte einen würzigen Tannenduft mit. Die Natur schien allen Menschen zuzurufen: »Freut euch des Lebens!« Wer sollte an einem solchen Tag an kommendes Unheil denken?

Susy, in weißen Shorts und grüner Bluse, das kupferrote Haar aus dem Gesicht gekämmt, die Haut trotz Wind und Sonne zart und ungebräunt, stand auf den Stufen der hinteren Veranda und blickte halb zärtlich, halb belustigt in den Garten. Die Zwillinge tummelten sich mit Maxl auf dem Rasen. Bettina saß auf der Schaukel und schwang mit fliegenden Zöpfen hoch durch die Luft. Aus der Scheune kam die tiefe Stimme von Bill, der »Old Man River« sang, während er sein Angelgerät zusammensuchte. Als ein Quieken aus dem Haus ertönte, ging Susy lächelnd hinein. Ihr Jüngstes lag, offenbar in bester Laune, in Annes Schoß, die auf dem Schaukelstuhl in der Küche saß. Das Gesicht des Babys war unglaublich beschmiert. Mund und Kinn verschwanden unter einer roten Masse, die Wangen schienen mit Lehm bespritzt zu sein, und von einer Augenbraue tropfte es rot herab.

»Du lieber Gott!« rief Susy. »Sie sieht ja aus, als hätte sie einen Autounfall gehabt. Ist wenigstens etwas von der Leber und den roten Rüben auch in ihren Mund gelangt?«

»Sogar das meiste. Aber sie kann es nicht erwarten, bis der Löffel ihren Mund erreicht, sondern kommt ihm immer entgegen, so daß es öfters Zusammenstöße gibt.« Anne wischte einen Spritzer von roten Rüben aus dem Haar des Babys. »Sie ist ganz dein Ebenbild, Susy.«

Susy betrachtete den rotgoldenen Haarschopf auf dem

Kopf ihrer Tochter. »Mag sein! Aber bei einem Baby von vier Monaten läßt sich schwer sagen, was daraus wird.« Sie drehte sich um, da sie Bills Schritte hörte. »Nun? Bist du schon startbereit?«

»Ja.« Er ging zu dem Baby und lachte es an. Seine große Gestalt mit den breiten Schultern wirkte gewaltig gegen das winzige Geschöpf. »He, du Knirps!« sagte er zärtlich.

Das Baby streckte ihm begeistert glucksend die winzigen Händchen entgegen, die ebenso rot vom Rübensaft waren wie das Gesicht.

Bill wich zurück. »Nein, danke! Ich hab schon einen Schnurrbart und brauche keine Extradekoration.« Er kitzelte die Kleine am Bauch. Sie quiekte entzückt. Dann schloß sie die Augen und war mit einem Ruck eingeschlafen — voller Wärme, Essen und Zufriedenheit.

»Donnerwetter!« sagte ihr Vater bewundernd. »Das ist ein Talent, um das ich dich beneide.«

Susy sah ihn prüfend an. »Warum? Schläfst du nicht gut?«

»O doch! Aber ich bin trotzdem immer müde.«

»Im letzten Monat war es doch verhältnismäßig ruhig im Krankenhaus.«

»Ja, das stimmt. Aber ich hab ja nebenbei noch meine Praxis.« Er ging zum Ausguß, drehte den Wasserhahn auf, nahm ein Stück Waschseife und bürstete sich die Hände. Seine Bewegungen waren so typisch die eines Chirurgen, der sich vor der Operation wäscht, daß Susy unwillkürlich lächelte.

Anne stand mit dem schlafenden Baby im Arm auf. »Ich werde sie zu Bett bringen«, sagte sie und ging leise aus der Küche.

Susy lehnte sich gegen den Abwaschtisch und musterte Bill mit dem Blick der erfahrenen Krankenschwester. Er sah elend aus. »Sag mal, könntest du nicht mehr als zwei Tage Urlaub nehmen?«

»Unmöglich! Am Montag um acht hab ich eine Operation vor.« Er spülte die Seife von den Händen ab und sah sich suchend um.

»Du bist zu Hause, mein Herz«, erinnerte ihn Susy spöttisch, während sie ihm ein Handtuch reichte.

Bill lachte. »Das merke ich. Die Respektlosigkeit, mit der ich hier behandelt werde . . .«

»Tut dir sehr gut! Ärzte werden im Krankenhaus immer zu sehr verwöhnt. Da heißt es stets ›Ja, Herr Doktor‹ und ›Gewiß, Herr Doktor!‹«

»Oder auch ›Bitte, Doktor, könnte der Verband nicht später gemacht werden? Wir sind gerade dabei, das Essen auszugeben!‹ oder ›Aber Doktor, die Punkturzange ist doch noch im Sterilisationszimmer!‹ oder ›O Doktor, wie soll ich bei dem Betrieb mit zwei Schwestern auf der Station auskommen?‹«

»Ach ja, ich weiß!« Susy hängte das Handtuch wieder an seinen Platz. »Bist du Sonntag abend zum Essen zurück?«

Bill überlegte. »Ich weiß noch nicht recht. Wenn die Fische beißen, kommen wir bestimmt später. Wenn nicht, werden wir wohl zum Essen wieder da sein — falls Ira nicht was anderes vorhat. Aber allzu spät wird es bestimmt nicht. Was wirst du denn machen?«

»Ach, nichts Besonderes. Kit hat frei und kommt zum Wochenende rüber. Wann hat Ira gesagt, daß er dich abholen will?«

Bill sah aus dem Fenster. »Da ist er schon.«

»Hast du auch alles, was du brauchst? Genug zu essen? Zahnbürste? Kleider zum Wechseln?«

»Tischwäsche? Silber? Abendanzug?« Lachend umschlang er Susy, küßte sie und war fort, ehe sie etwas erwidern konnte.

Als sie aus der Tür trat, ging er bereits mit großen Schritten über den Rasen. Die Kinder liefen hinter ihm her. »Sei vorsichtig!« rief sie ihm nach und winkte Ira zu, der den Wagen belud. Sie sah den Davonfahrenden nach, bis sie verschwunden waren.

Kaum war der Motorlärm verstummt, da hörte sie ein dumpfes Grollen von Westen her und drehte sich um. Über dem Horizont wuchs eine große silberumrandete Wolke in Form eines Ambosses empor, aus der eine lange weiße Fahne wehte. Ein wenig erschrocken ging Susy ins Haus. Das sah nach einem Gewitter aus. Hoffentlich waren Bill und Ira in ihrer Hütte, ehe es losging.

Nicht lange danach brach das Unwetter los. Sturm sauste in den Bäumen. Blauschwarze Wolken verdunkelten die Sonne. Grelle Blitze zuckten durch die Luft, der Donner krachte, und es goß in Strömen. Immer wieder wanderten Susys Gedanken zu den beiden Männern. Hoffentlich befanden sie sich schon in der kleinen Hütte, die sie am Ufer eines Wildbaches erbaut hatten! Sie war bequem eingerichtet und ließ sich gut heizen. Falls die Männer durchnäßt ankämen, würden sie ihre Sachen schnell trocknen können. Aber eigentlich hätten sie noch vor Ausbruch des Gewitters dort angelangt sein müssen. Sie hatten nur etwa fünfzehn Kilometer zu fahren, mußten dann allerdings noch eine gute Stunde zu Fuß durch den Wald gehen. Einmal hatte Susy sie begleitet, aber es hatte ihr gar nicht gefallen. Während sie das Badewasser für die Kinder einließ, dachte sie schaudernd an Bills Lieblingsplatz zum Angeln, einen reißenden Strudel mit gefährlichen Felsspitzen, die aus dem schäumenden Wasser ragten.

»Ich verstehe nicht, daß die Männer solche Tortouren auf sich nehmen, nur um ein paar elende Fische zu fangen«, sagte sie am nächsten Tag zu Kit. »Zuerst arbeiten sie sich meilenweit durch Brombeergestrüpp — noch dazu mit schwerem Gepäck auf dem Rücken —, und wenn sie dann den ganzen Tag im eiskalten Wasser rumgeplanscht haben und fast von Moskitos aufgefressen sind, müssen sie auch noch Essen kochen.«

»Angeln ist nun mal Bills Leidenschaft. Das kann ich sehr gut verstehen. Ich angle auch gern.«

»Ihr seid beide verrückt.«

Die Unterhaltung erstarb, und es entstand ein wohltuendes Schweigen, wie es nur zwischen altvertrauten Freunden möglich ist. Susy musterte Kit, die sich in einem Liegestuhl ausgestreckt hatte. Die Freundin hatte sich in all den Jahren, seitdem sie sich kannten, kaum verändert. Und wie elegant sie selbst in dem einfachen Kleid wirkt! Kit sah immer gut angezogen aus, was sie auch anhaben mochte. Obgleich die Kinder vorhin mit ihr herumgetobt hatten, war sie weder zerzaust noch unordentlich. Ihre Nasenspitze strebte heiter und neugierig nach oben. Unter ihren hochgezogenen Augenbrauen sahen ihre braunen Augen ein wenig spöttisch in die Welt. Es war nett, Kit um sich zu haben.

Susy lehnte sich zurück und sah zu dem wolkenlosen Himmel auf.

»Hoffentlich sind Bill und Ira gestern noch vor dem Gewitter zur Hütte gekommen!«

»Was ist denn nur mit dir los, Susy?« entgegnete Kit. »Das sagst du jetzt mindestens zum zehnten Mal. Du machst dir doch sonst nicht unnötig Sorgen. Bill wird nicht gleich aufweichen, wenn er ein wenig naß wird.«

»Nein, natürlich nicht. Ich weiß auch nicht, warum ich diesmal so unruhig bin. Hör mal, schreit da nicht das Baby?«

»Ja, ich werde es herholen.«

»Als Kit gegangen war, schloß Susy die Augen und überlegte, wie sie den Tag verbringen sollten. Sie könnten draußen auf dem Rasen zu Mittag essen, das würde den Kindern Spaß machen. Am Nachmittag könnten sie dann in den Wald gehen und Beeren pflücken. Für die Kinder würde es ein Abenteuer sein. Kit bewegte sich gern im Freien; und sie selber liebte den Duft des sommerlichen Waldes. Auch bereitete es ihr eine eigenartige

Befriedigung, aus dem Reichtum der Natur etwas für die Speisekammer zu ernten. Das Wasser lief ihr im Mund zusammen, als sie an Blaubeerkuchen und rote Grütze dachte.

Sie hörte, wie Kit mit dem Baby sprach. Obwohl Bill fehlte, war es ein schönes Wochenende. Später dachte Susy noch oft an diese beiden Tage zurück. In ihrem harmonischen Wechsel von Tätigkeit und Ruhe, Gespräch und Schweigen waren sie bezeichnend für einen glücklichen Abschnitt ihres Lebens.

Drohendes Unheil

Das Telefon klingelte mit eigensinniger Beharrlichkeit, wie es in ländlichen Gemeinden notwendig ist, weil die Leute oft nicht in der Nähe sind und erst vom Boden herunter, aus dem Keller herauf oder aus dem Garten hereinkommen müssen. Susy quälte sich gerade damit ab, ein kaltes Roastbeef in den Kühlschrank zu praktizieren. Kit war oben und las den Kindern vor dem Einschlafen etwas vor, und Anne war zu Nachbarn gegangen. Schließlich schubste Susy die widerspenstige Schüssel mit dem Braten auf den Tisch und lief in die Diele. Warum riefen die Leute bloß immer im ungeeignetsten Augenblick an? Sie riß den Hörer ans Ohr und meldete sich mit einer formellen Höflichkeit, die ihr selber peinlich heuchlerisch vorkam.

Am Apparat war Marianna. »Guten Tag, Susy«, sagte sie. »Ist Ira bei euch?«

»Nein«, antwortete Susy überascht. »Bill meinte, er würde nicht vor dem Dunkelwerden zurück sein.«

»Aber Ira wollte zurück sein! Er sollte es auch. Wir haben fünfzehn Kühe zu melken. Freitag und Sonnabend hat der Junge von Wilkins es gemacht, aber heute kann er nicht kommen, und sonst ist kein Mensch hier. Das weiß Ira. Er hat gesagt, er wird bestimmt zum Melken zurück sein. Ich kann es nicht machen. Hab meine Hand vor ein paar Tagen in der Tür vom Eisschrank geklemmt.«

»Ach, wie dumm! Ist es sehr schlimm?«

»Es geht! Die Finger sind ein bißchen platt. Hör mal, Susy, wenn Ira sagt, daß er was tun wird, dann tut er's auch. Es muß etwas passiert sein.«

Susy war immer etwas unruhig, wenn Bill sich auf einem Angelausflug befand. Nun durchfuhr sie plötzlich ein heißer Schreck, den sie jedoch sogleich mit Vernunftgründen zu unterdrücken suchte.

»Was soll denn passiert sein, Marianna? Vielleicht haben sie eine Reifenpanne oder sind später fortgegangen.«

»'ne Reifenpanne zu reparieren dauert keine Ewigkeit. Und Ira geht bestimmt nicht spät weg, wenn er weiß, daß fünfzehn Kühe auf ihn warten.«

»Vielleicht ist der Wagen nicht angesprungen«, meinte Susy. Die beiden Männer waren in Iras altem Lastwagen gefahren, der seine Tücken hatte.

Marianna war jedoch nicht zu beruhigen. »Wenn die alte Karre nicht angesprungen wär, hätte Ira mich angerufen. Sie lassen sie ja immer bei den Corners stehen.«

Susy beschlich ein banges Gefühl. »Mein Gott, Marianna!« sagte sie etwas gereizt. »Sie können sich aus mancherlei Gründen verspäten, selbst wenn Ira die feste Absicht hatte, zeitig nach Hause zu fahren.«

»Weshalb zum Beispiel?«

»Vielleicht sind sie weiter von der Hütte fortgegangen, als sie ursprünglich wollten. Bill traue ich das ohne weiteres zu. Da sie niemals zusammen angeln, müßte dann Ira auf ihn warten. Oder der Wagen ist auf der Heimfahrt an einer einsamen Stelle stehengeblieben. Wagen tun so was gerne. Es gibt viele Gründe...«

»Sicher! Vielleicht hat sich auch einer von ihnen ein Bein gebrochen oder ist vom Strudel mitgerissen worden...«

»Unsinn! Wenn einer verunglückt wäre, würde der andere zu den Corners gehen und telefonieren. Mach dir keine Sorgen, Marianna!«

»Leicht gesagt! Und was tu ich mit den brüllenden Kühen? Soll ich mal eine ans Telefon holen? Dann kannst du ihr erklären, warum sie nicht gemolken wird.«

Susy lachte. »Nein, danke! Kühe haben nichts für mich übrig und glauben mir bestimmt nicht. Weißt du, was? Ich werde dir jemand zum Melken schicken. Wenn Bill und Ira bei Dunkelwerden immer noch nicht zurück sind, wollen wir überlegen, was weiter zu tun ist.«

»Hm — ja. Vielen Dank! Auf Wiedersehn!«

Susy rief ein paar umliegende Farmer an und machte schließlich zwei junge Leute ausfindig, die zu der einsam gelegenen Farm der Proutys fahren wollten, um die Kühe zu melken. Dann gingen sie ins Wohnzimmer und kuschelten sich in einen Sessel am Fenster. Aber die glückliche Wochenendstimmung war verflogen. Vergeblich versuchte sie das Gefühl des Wohlbefindens zurückzurufen, während sie zum Himmel emporsah. Die Angst in ihr wurde immer größer. Der große Rasenplatz hinter dem Haus lag noch im hellen Tageslicht, aber Büsche und Bäume wurden bereits schattenhaft und unwirklich. Susys Augen trübten sich. Was konnte nur passiert sein? Etwas mußte ja passiert sein, sonst wäre Ira längst zu Hause.

Je mehr die Dunkelheit zunahm, um so mehr wuchs auch Susys Furcht; und als Kit schließlich herunterkam, war sie fest überzeugt, daß etwas Schlimmes geschehen war.

»Die kleine Bande ist zur Ruhe gebracht«, sagte Kit, während sie ins Zimmer trat. »Aber was ist denn mit dir los? Du siehst ja wie eine Müllgrube im Regen aus.«

Susy erzählte ihr von dem Telefongespräch mit Marianna.

Kit lachte sie aus. »Du wirst dir doch nicht von Marianna Angst einjagen lassen!«

»Ach, weißt du, ich hab diese Angelausflüge nie gemocht. Warum sind die Männer nur so versessen auf Anstrengungen und Gefahren?«

»Ohne das wären sie stocklangweilig. Es tut ihnen gut.«

»Trotzdem — ich mag es nicht.«

»Ach, geh! Ich wette, in zehn Minuten sind Bill und Ira wohlbehalten hier.«

Zehn Minuten vergingen — fünfzehn Minuten — eine halbe Stunde, aber noch immer waren die Männer nicht zurück. Susy bemühte sich, die Ruhe zu bewahren. Als schließlich nur noch ein ganz schwacher Schein am Himmel zu sehen war, legte sie das Buch, in dem sie gar nicht gelesen hatte, auf den Tisch und stand auf. »Ich werde Lot Phinney anrufen«, sagte sie kurz, und diesmal nickte Kit nur.

Es erleichterte Susy ein wenig, die heisere Stimme des ersten Stadtverordneten von Springdale, der ein alter Freund von ihr war, am Telefon zu hören. »Wer ist dort?« fragte er mürrisch.

»Hier ist Susanne Barry. Ich mache mir Sorgen um Bill und dachte, Sie würden wohl am besten wissen, was zu tun ist.« Sie erklärte ihm die Sachlage.

»Hm«, machte Lot nach kurzer Pause. »Das sieht Ira wirklich nicht ähnlich. Ich werd mal Big Corner anrufen und fragen, ob sein Wagen noch da ist. Wenn nicht, ist's ja gut. Wenn ja, kann Bige oder sein Sohn zur Hütte reiten und nachsehen, was los ist. Ich ruf Sie sofort an, sobald ich was höre.«

Susy bedankte sich und ging ins Wohnzimmer zurück. Nach einer ihr endlos erscheinenden Viertelstunde rief Lot wieder an. »Der Wagen steht noch bei Corners«, berichtete er. »Bige reitet sofort zur Hütte. Ich werde Marianna Bescheid geben.«

»Wann kann Bige zurück sein?« Susy war überrascht, daß ihre Stimme nicht zitterte.

»In einer Stunde, vielleicht auch eher.«

Susy legte auf. Sie spürte weder die eisige Kälte ihrer Hände noch die Trockenheit in ihrem Mund und wunderte sich nur, daß sie überhaupt nichts fühlte und Kit mit ruhiger alltäglicher Stimme erzählen konnte, was Lot gesagt hatte.

Nach einem Blick in Susys wachsbleiches Gesicht unterließ es Kit, eine Vermutung auszusprechen. Schweigend wuschen die Freundinnen das Geschirr ab und wickelten dann das Baby um. Es tröstete sie ein wenig, die dicken strampelnden Beinchen der Kleinen zu sehen und ihr schläfriges Quarren zu hören. Kit rief Marianna an und machte ihr den Vorschlag, sie und ihr Baby zu den Barrys zu holen, aber Marianna wollte lieber zu Hause bleiben.

Als Anne heimkam, erklärte ihr Kit, wie die Dinge standen. Diesmal fand Anne keine zuversichtlichen Worte, sondern sagte nur: »Wenn man das Schlimmste erwartet, kann man nur angenehm enttäuscht werden. Wo ist denn Susy?«

»Auf der Veranda.«

Susy ging unruhig auf und ab. »Tut mir leid, daß ich so zapplig bin«, sagte sie zu Kit. »Du mußt ja das Gefühl haben, mit einem Leoparden zusammen eingesperrt zu sein.« Sie lächelte schwach. Da läutete das Telefon, besonders dringlich, wie es allen vorkam. Susy flog zur Diele. Kit und Anne wechselten einen besorgten Blick.

Lot Phinney war am Aparat. »Bige ist zurück«, sagte er kurz, nachdem Susy sich gemeldet hatte. »Die beiden sind noch in der Hütte. Verunglückt ist keiner. Bill ist krank.«

»Krank? Was fehlt ihm denn?«

»Lungenentzündung. Jedenfalls hat er das zu Ira gesagt.«

»Lungenentzündung!« Susy sank auf einen Stuhl neben dem Telefon. Sie war erschrocken, aber auch gleichzeitig erleichtert.

»Warum hat Ira uns bloß nicht Bescheid gesagt?«

»Er hatte Angst, den Doktor allein zu lassen. Der Doktor scheint — nicht ganz bei Besinnung zu sein. Er phantasiert und will nicht stilliegen.«

»Ach so! Wir müssen ihn sofort herholen. Lungenentzündung ist leicht zu behandeln, falls sie nicht zu heftig ist. Hat er Schmerzen?«

»Es scheint so. Er wirft sich immerfort hin und her und kann weder stilliegen noch schlafen. Auch fällt ihm das Atmen schwer.«

»Lobärpneumonie«, sagte Susy automatisch. »Ich werde das Krankenhaus anrufen.«

»Wollen Sie nicht lieber den Krankenwagen der Polizei bestellen? Bill ist schwer. Vier Mann werden bestimmt nötig sein, um ihn durch den Wald zu tragen. Soll ich die Polizei anrufen?«

»Ja, bitte. Sie möchten zuerst Dr. Mason vom Krankenhaus abholen und danach mich. Und sie sollen für alle Fälle Sauerstoff mitnehmen.«

»Sie brauchen doch nicht mitzufahren, Susy! Die Polizisten werden den Doktor schon sachgemäß transportieren.«

»Ich fahre trotzdem mit!«

Susys Ton war so bestimmt, daß Lot nicht widersprach. »Nun gut, wie Sie wollen! Ich werde jetzt die Polizei anrufen. Auf Wiedersehn!« Er hängte ab, ehe Susy ihm danken konnte.

Als sie sich umdrehte, sah sie Kit und Anne in der Tür stehen. »Wir haben alles gehört«, sagte Kit. »Gut, daß es nichts Schlimmeres ist!«

Susy nickte. Sie dachte jetzt nur noch daran, was getan werden mußte, und rief Dr. Mason im Krankenhaus an.

»Ich mache mich sofort bereit«, sagte er, nachdem er alles erfahren hatte. »Dr. Barry wird ein paar Spritzen brauchen, ehe wir ihn fortbringen. Ich werde dafür sorgen, daß ein Zimmer für ihn zurechtgemacht wird.«

»Ach — ich dachte ... Könnte er nicht zu Hause liegen?«

»Davon möchte ich abraten. Er wird Injektionen brauchen und vielleicht auch Sauerstoff. Außerdem würde es — etwas merkwürdig aussehen, wenn er nicht in seinem eigenen Krankenhaus läge.«

»Ja, natürlich, Sie haben recht. Daran hatte ich gar nicht gedacht. Aber auf alle Fälle will ich seine Nachtschwester sein. Sagen Sie der Inspektorin bitte Bescheid.«

»Gewiß. Bis nachher!«

Als Susy aufstand, kam Kit schon mit ihrer Gemeindeschwesterntracht auf dem Arm die Treppe herunter. »Ich werde deine Tracht ins Krankenhaus bringen. Sie ist zwar nicht vorschriftsmäßig, aber immer noch besser als Shorts.«

»Trink einen Schluck Kaffee!« sagte Anne.

Susy trank den Kaffee im Stehen, griff nach ihrem Mantel und lief hinaus. »Ruft bitte Marianna an!« rief sie über ihre Schulter zurück. Draußen blitzten schon die roten Lichter des Krankenwagens auf und kamen auf das Haus zu.

Nichts Ernsthaftes?

Während Susy und Ira hinter der langsam durch die dunkle Nacht schwankenden Trage hergingen, berichtete Ira, was geschehen war. Zwei Tage später erzählte er ihr dann auf der Sonnenveranda vor Bills Zimmer im Krankenhaus noch Einzelheiten.

Das Unheil hatte mit dem Gewitter am Freitag begonnen. »Wir waren kaum 'ne Viertelstunde unterwegs, als es losbrach. Der Regen schüttete nur so, und wir wurden beide quatschnaß. Bill war schon anfangs furchtbar müde. Sonst machte er den Weg immer mächtig flott, aber diesmal kam er gar nicht vom Fleck. Vielleicht war er da schon krank. Meinen Sie nicht auch?«

»Ich weiß es nicht. Er ist eigentlich schon seit Monaten dauernd müde.«

»Jedenfalls klapperten ihm die Zähne, lange bevor wir ankamen. Und dann war es schrecklich kalt und feucht in der Hütte. Ich machte schnell Feuer und kochte Kaffee. Als er was getrunken hatte, ging's ihm besser.«

Auch am nächsten Tag schien sich Bill ganz wohl gefühlt zu haben. Er war sogar besonders guter Laune gewesen. Die Männer hatten sich Butterbrote zurechtgemacht und waren dann jeder seine eigenen Wege gegangen. Erst abends hatten sie sich, beide mit guten Fängen, wieder in der Hütte getroffen.

»Er war ganz vergnügt«, erzählte Ira, »obwohl er wieder quatschnaß geworden war. Gegen Mittag war er nämlich von einem Felsen gerutscht und ins Wasser gefallen. Er schimpfte ein bißchen, weil seine Butterbrote dabei ganz aufgeweicht waren, und aß tüchtig.«

»In nassen Kleidern?«

»Aber nein! Er zog einen Overall von mir an, den ich beim vorigen Mal in der Hütte gelassen hatte. Er war ihm viel zu klein, aber wenigstens trocken.«

Nach dem Essen wurde Bill dann wieder sehr müde.

Die Männer gingen früh zu Bett, und er schlief auch sofort ein. Gegen Mitternacht weckte er Ira dadurch, daß er mit sich selber sprach. Trotzdem er zwei Decken hatte, zitterte er vor Kälte. Ira gab ihm noch seine eigenen Decken und steckte ihm eine Wärmeflasche ins Bett.

»Sobald ich die Lampe ansteckte und in der Hütte rumwirtschaftete, kam er zu sich und sprach ganz vernünftig mit mir. Aber nach dem Schüttelfrost wurde ihm unerträglich heiß, und das Atmen fiel ihm schwer. Er sagte gleich zu mir, daß es Lungenentzündung sei. Hoffentlich hab ich alles richtig gemacht!«

»Niemand hätte es besser machen können«, sagte Susy warm.

»Aber plötzlich stand er auf und ging in eine Ecke. Er sagte, dort stände eine Gestalt mit einer Kapuze auf dem Kopf und ohne Gesicht, die ihn immerfort anstarrte. Und er wollte sie fortjagen.« Ira sah Susy, die sehr blaß geworden war, besorgt an. »Soll ich Ihnen wirklich alles erzählen? Jetzt ist es doch vorbei, und es geht ihm gut.«

»Ja, erzählen Sie weiter«, antwortete Susy bestimmt. »Ich will alles wissen.«

Erst nachdem Ira die Laterne in die dunkle Ecke gestellt hatte, war Bill wieder ins Bett gegangen. »Aber nach fünf Minuten bildete er sich plötzlich ein, der Wald brenne. Er behauptete, die Hütte sei voll Rauch, und wollte durchaus ins Freie. Ich konnte ihn unmöglich allein lassen.«

»Nein, das konnten Sie wirklich nicht. O Gott, wenn ich das nur geahnt hätte! Und natürlich war keine Aspirintablette in der Hütte.«

»Doch, es waren Tabletten da, und ich gab sie ihm auch. Aber sie nützten überhaupt nichts. Ebensogut hätte ich ihm Baumharz geben können.«

»Sicherlich haben die Tabletten verhindert, daß sein Fieber noch mehr stieg. Und gegen die Schmerzen haben sie bestimmt geholfen.«

»Glauben Sie? Es war sonderbar mit ihm, einmal benahm er sich wie ein Irrer, und dann sprach er plötzlich wieder ganz vernünftig. Er sah selber ein, daß ich nicht von ihm fortgehen konnte, um zu telefonieren. Aber er meinte, das mache nichts. Wenn wir Sonntag abend nicht auftauchten, würden Sie Himmel und Hölle in Bewegung setzen. Er sagte, Sie seien eine vernünftige Frau und man könne sich unbedingt auf Sie verlassen.«

»Hat er das wirklich gesagt?« Susy hielt nur mit Mühe die Tränen zurück. »Aber jede andere Frau hätte doch ebenso wie ich gehandelt.«

»Ich weiß nicht recht. Viele wären bestimmt nur rumgerannt und hätten geheult. Na ja — also Bill sagte, ich solle ihm dauernd Wasser zu trinken geben, ob er es nun wolle oder nicht. Das hab ich dann den ganzen Sonntag über gemacht. Ein wahres Wunder, daß er nicht davongeschwommen ist!«

»Das war sehr gut, Ira. Ich kann gar nicht sagen, wie dankbar ich Ihnen bin — für alles!«

»Ach, Unsinn!« Ira errötete. »Wird er bald gesund werden? Er scheint noch sehr schwach zu sein und spuckt dauernd so ein braunes Zeug aus.«

»Das ist typisch für Lobärpneumonie und hat nichts Schlimmes zu bedeuten. Er braucht jetzt keine Extraschwester mehr. Heute ist meine letzte Nachtwache. Die Temperatur wird nachmittags zwar immer noch ansteigen, aber auch das wird bald aufhören.«

Ira hielt sehr viel von Susys medizinischen Kenntnissen und verließ sie recht beruhigt. Aber das Fieber wollte nicht aufhören. Bill hätte längst schon so weit gesundet sein müssen, daß er nach Hause fahren konnte; dennoch behielt man ihn weiter im Krankenhaus. Eines Tages, als Susy ihn besuchen kam, sah sie einen Isoliermantel und eine Maske an der Tür hängen. Überrascht starrte sie die Sachen an. »Was soll das heißen?«

»Setz dich hin«, sagte Bill sanft. »Nein, nicht an mein

Bett dort drüben auf den Stuhl. Du darfst mich auch nicht küssen.«

Sie wurde leichenblaß und setzte sich schweigend.

»Ich habe Tb«, erklärte er. »Nicht schlimm, nur ein ganz kleiner Herd. Es muß schon lange in mir geschlummert haben; deshalb war ich auch immer so furchtbar müde. Da ich keinen Husten hatte und daran gewöhnt bin, müde zu sein, achtete ich nicht weiter darauf. Vielleicht hätte ich mich erholt, ohne etwas von der Geschichte zu ahnen, wenn es nicht durch die Lungenentzündung aufgebrochen wäre.«

»Bill — ist es wirklich — Tuberkulose?«

»Ja, aber es ist nichts Ernsthaftes. Du kannst mir glauben. Ich werde — für einige Zeit in ein Sanatorium gehen müssen — ungefähr sechs bis acht Monate. Aber du brauchst dich wirklich nicht zu ängstigen.«

Susy war wie erstarrt. Zwar wußte sie, daß er die Wahrheit sprach. Wenn er sagte, daß es nichts Ernsthaftes sei, dann war es auch nichts Ernsthaftes. Wenn er sagte, daß es nicht länger als sechs bis acht Monate dauern werde, so stimmte das auch. Natürlich konnte er der Kinder wegen nicht zu Hause liegen. Aber wie sollte sie nur eine so lange Zeit ohne ihn leben?

Reglos saß sie eine Weile da und starrte aus dem Fenster, während sie mit den Tränen kämpfte. Auf keinen Fall durfte sie ihn auch noch durch Klagen beunruhigen. Es fiel ihr nicht leicht, ihrer Aufregung Herr zu werden, doch nach einer Weile hatte sie sich wieder in der Hand. »Du machst Geschichten, Doktor!« sagte sie lächelnd.

Kit sah von ihrem Schreibtisch auf. »Du bist nicht lange geblieben.«

»Nein.« Susy sank erschöpft auf einen Stuhl. »Er hat die ganze Zeit über geredet. Dabei weiß er doch genau, daß ihn das zu sehr anstrengt. Warum sind Männer bloß so unvernünftig, wenn sie krank sind?«

»Sie sind empört und verbittert, daß ihnen so etwas zustoßen kann.«

»Wahrscheinlich. Zuerst war ich ganz entsetzt, als ich hörte, daß das Sanatorium, in das er kommen soll, nur einmal im Monat Besuch gestattet. Aber jetzt sehe ich den Grund dafür ein. Wenn die Patienten öfter Besuch bekämen, würden sie immer wieder Rückfälle erleiden.« Bedrückt starrte Susy aus dem Fenster, und Kit wandte ihre Aufmerksamkeit den Papieren zu.

Nach einer Weile wurde die Stille durch helle Stimmen und Gelächter unterbrochen, die vom Tennisplatz her durch das offene Fenster drangen. Susy dachte an die Zeit zurück, da sie Leiterin der Schwesternschule gewesen war und hier gewirkt hatte. Ihre Augen wanderten durch das hübsche Büro mit den hellen Wänden und dem Mahagonischreibtisch. Aber sie beneidete Kit nicht. Der Posten hatte ihr niemals so recht behagt, doch war sie stets bemüht gewesen, ihre Arbeit gewissenhaft zu verrichten.

»Kit!« sagte sie plötzlich unvermittelt. »Bin ich nicht gesund und intelligent?«

Kit warf ihr einen abschätzenden Blick zu. »Gesund bist du ganz bestimmt«, meinte sie dann. »Und für ganz dumm halte ich dich eigentlich auch nicht, obwohl ich manchmal glaube . . .«

»Hör mal, Kit! Findest du es richtig, daß ich während Bills Krankheit zu Hause herumsitze und von unserm Bankguthaben lebe?«

»Warum nicht?« entgegnete Kit mit lachendem Gesicht. »Jeder Mensch würde das für eine recht angenehme Lebensweise halten.«

»Ich nicht! Bill und ich haben zwar etwas gespart, aber ich möchte das Geld nicht schon jetzt angreifen. Wir werden es später für die Ausbildung der Kinder brauchen. Nun müssen wir schon den Aufenthalt im Sanatorium bezahlen; dazu kommen die Haushaltskosten. Und falls es mit Bill doch länger dauern sollte ...«

»Ja?«

»Sag mir einen guten Grund, warum ich nicht wieder arbeiten soll.«

»Ich wüßte eigentlich keinen.«

»Aber was würde Bill dazu sagen?«

»Warum sollte er etwas dagegen haben?«

»Weil er krank ist. Wenn ich jetzt von finanziellen Dingen zu ihm spreche, wird er sich vielleicht — irgendwie — hilflos vorkommen, und das möchte ich nicht. Er ist davon überzeugt, daß er sich so schnell erholen wird, wie noch nie ein Mensch vor ihm. Er hat das Gefühl, daß seine Familie gut versorgt ist. Warum soll ich ihn beunruhigen?«

»Hm.« Nachdenklich spielte Kit mit ihrem Bleistift. Nach einer Weile lachte sie leise. »Ich hab's! Überlaß Bill nur mir! Morgen wird er dich selber darum bitten, daß du eine Arbeit übernimmst.«

»Wie willst du das anfangen?«

»Nun — wenn er sich so vorstellt, daß die arme Susy allein und unglücklich daheimsitzt und über ihrem bösen Geschick brütet — das ist weder für sie noch für die Kinder gut. Er wird selber finden, daß du Beschäftigung brauchst.«

Es lag mehr Wahrheit in Kits Worten, als sie selber wußte. Susys Kehle wurde eng. Sie schluckte ein wenig und sagte dann leicht: »Wenn Sie mal eine Empfehlung brauchen sollten, Fräulein Machiavelli ...«

»Dann wende ich mich bestimmt an dich. Komm also morgen her und hol dir deine Arbeitspapiere.«

»Gemacht!« Susy stand auf.

»Warte noch! Was für eine Arbeit möchtest du denn machen?«

»Wenn Bill einverstanden ist, komm ich morgen mit dem Hut in der Hand hier herein und sage: Könnten Sie einer gut beleumundeten fleißigen Person nicht eine Stellung als Krankenschwester für den Zwischendienst geben? Ich hab gehört, daß Sie eine brauchen.«

Kit sah sie überrascht an. »Du willst Schwesterndienst auf der Station machen?«

»Eigne ich mich etwa nicht dazu?«

»Natürlich! Aber — das geht doch nicht. Du — die frühere Leiterin der Schwesternschule, du, die Frau des Chefarztes — willst dich im Krankensaal abrackern? Das ist doch wohl nicht dein Ernst!«

»Warum denn nicht? Bin ich etwa keine ausgebildete Krankenschwester? Und ich übe meinen Beruf gern aus. Deine Stellung mag ihre Vorteile haben, aber sie geht mir auf die Nerven. Ich sorge nun einmal lieber für Patienten, und das will ich auch tun, wenn du nichts dagegen hast.«

»Ich habe bestimmt nichts dagegen. Schließlich sind es deine Füße, die du strapazieren willst. Und wir brauchen nötig Schwestern für den Zwischendienst. Wann willst du anfangen?«

»Sobald Bill fort ist. Vielen Dank, Kit.«

Auf dem Heimweg war Susy fast heiter. Es tat ihr gut, ihre Gedanken auf etwas Praktisches richten zu können. Sie befürchtete auch nicht mehr, daß Bill etwas gegen ihren Plan haben könnte. Er gab viel auf Kits Meinung, und Kit konnte überzeugend sprechen, wenn sie etwas für gut und richtig hielt.

Als die Straße anzusteigen begann, sah Susy zum Krankenhaus hinüber. Wie es sich seit seiner Gründung vergrößert und erweitert hatte! Anfangs war Bill der einzige Arzt gewesen und hatte nur einen Assistenzarzt zur Hilfe gehabt. Jetzt waren ein Dutzend Ärzte, ein Verwaltungsdirektor und eine Anzahl von Assistenzärzten dort beschäftigt, und ein neues Gebäude war auch hinzugekommen.

Susy freute sich darauf, wieder einmal mitten im Betrieb zu stecken. Von dem Gedanken an die kommende Tätigkeit befeuert, drückte sie den Fuß so heftig auf das Gaspedal, daß der Wagen wie ein aufgestöbertes Kaninchen voranschoß. Sie schwang ihn in den Fahrweg zu ihrem Haus und brachte ihn mit einem Ruck zum Stehen. Ein Glück, daß Bill das nicht gesehen hatte! Er hätte bestimmt wegen unnötiger Strapazierung der Reifen gemurrt.

Der Gedanke an Bill ernüchterte Susy; ihre freudige Stimmung verflog. Langsam schlenderte sie, von den Kindern gefolgt, ins Haus. Sie kitzelte das Baby an den Zehen, berichtete Anne von ihrem Besuch bei Bill und setzte sich dann an ihren Schreibtisch, um eine Liste der Sachen aufzustellen, die er im Sanatorium brauchte. Die Liste war recht kurz — viel zu kurz, dachte Susy, die Bill gern ein wenig verwöhnt hätte. Aber in der ersten Zeit würde er liegen, da brauchte er nicht viel. Außerdem lag das Sanatorium kaum fünfzig Meilen von Springdale entfernt. Falls ihm irgend etwas fehlte, konnte sie es ihm jederzeit bringen.

Sie stand auf und ging in die Küche. Anne war damit beschäftigt, die Speisekammer sauberzumachen. Vor der Tür stand der Kinderwagen mit dem Baby, das vergnügt mit den Beinchen strampelte. Bettina und die Zwillinge standen darum herum und sangen aus voller Kehle ein Schlaflied.

»Anne, wo ist eigentlich Bills schweinslederner Koffer?« fragte Susy.

»In der Bodenkammer. Ich hab ihn eingewickelt, damit er nicht zu sehr verstaubt. Willst du schon packen?«

»Ja. Bill fährt übermorgen.« Susys gleichmütiger Ton täuschte wohl die Kinder, aber nicht Anne, deren fleißige Hände einen Augenblick in der Arbeit innehielten.

»Mammi, warum muß Pa denn in ein anderes Krankenhaus?« fragte Bettina.

»Weil er eine besondere Behandlung braucht. Das hab ich dir doch schon einmal erklärt. Wollt ihr mit mir auf den Boden gehen, Kinder?«

»O ja!« jubelte Bettina. »Dürfen wir uns verkleiden?«

»Wenn ihr wollt?«

Abgelenkt gingen die Kinder mit Susy nach oben und liefen vor ihr in die Bodenkammer. Gewiß würden sie dort große Unordnung anrichten, aber was schadete das schon? Susy überließ sie sich selber und suchte nach Bills Koffer. Selbst die fröhlichen Kinderstimmen vermochten nicht die Woge der Verzweiflung zu dämmen, die sie plötzlich überflutete. Warum mußte Bill nur krank werden? Wie sollte sie so lange ohne ihn auskommen? Ihre Augen wurden feucht. Tränenblind steckte sie den Kopf in einen Schrank und tastete, nach Beherrschung ringend, zwischen den Kartons und Paketen umher, die darin aufbewahrt waren.

Dabei geriet ihr ein rechteckiger Karton mit der Aufschrift »Weiße Trachten« in die Hand. Schnell wischte sie sich mit dem Handrücken über die Augen und nahm ihn heraus. Es konnte nichts schaden, sich die Trachten einmal anzusehen. Sie knüpfte den Bindfaden auf, öffnete den Karton und nahm eine weiße Tracht heraus. »Ach, du lieber Himmel!« rief sie laut.

»Was ist los, Mammi? Was machst du hier?« Bettina kam in einem alten Abendkleid von Susy angesprungen und starrte verwundert auf das weiße Gewand, denn sie hatte die Mutter bisher immer nur in der blauen Tracht der Fürsorgeschwester gesehen.

»Was ist denn das?«

»Das Kleid habe ich getragen, als ich in Pas Krankenhaus arbeitete.«

»Zieh es an, Mammi! Ich möchte wissen, wie du darin aussiehst!«

»Ja, da möchte ich auch gern wissen.« Susy schlüpfte aus ihrem Kleid und streifte sich das vergilbte Schwesternkleid über den Kopf. Da keine Knöpfe dran waren, zog sie es mit den Händen in der Taille zusammen. Es war ein ganzes Stück zu eng, und der Rock war zu kurz.

Bettina kreischte vor Vergnügen. »Mammi, wie komisch du aussiehst! Das Kleid ist dir ja viel zu klein.«

»Mach dich nicht über deine Mutter lustig!« entgegnete Susy mit gespielter Entrüstung. Nein, die alte Tracht konnte sie wirklich nicht mehr anziehen. Sie mußte sich eine neue kaufen. Und weiße Schuhe brauchte sie auch. Wo mochte ihre Schulnadel sein? Sie suchte im Karton umher und fand die Nadel an einem Kleid festgesteckt. Dabei entdeckte sie auch ein Paar vergilbte Seidenstrümpfe.

»Strümpfe werd ich mir ebenfalls kaufen müssen«, dachte sie. »Ich hab ganz vergessen, daß es so etwas wie Seidenstrümpfe gibt. Außerdem brauche ich auch Hauben. Nun, vielleicht hat Kit ein paar für mich übrig.«

Als Susy schließlich mit Bills Koffer nach unten ging, beschäftigten sich ihre Gedanken immer noch mit ihrer Ausrüstung als Krankenschwester. Ihre Verzweiflung war verflogen, und zwar in dem Augenblick, da sie von ihrem Kummer abgelenkt wurde. Sie hatte Bill gar nicht getäuscht. Wenn jemand Abwechslung und intensive Arbeit brauchte, so war es Susanne Barry, geborene Barden.

Wieder im Dienst

Durch das Wagenfenster wehte ein scharfer, recht unsommerlicher Wind. Der Himmel leuchtete sehr blau und sehr fern. Susy zog das Cape dichter um ihre Schultern und atmete tief. Sie war freudig erregt. Von Bill hatten sie gute Nachricht bekommen. Das Sanatorium gefiel ihm. Er hatte nichts gegen die strengen Vorschriften und behauptete, sich schon nach zwei Wochen bedeutend erholt zu haben. Und nun fuhr Susy zum Krankenhaus, um mit ihrer Arbeit zu beginnen. Sie sollte auf der Station Denham 2 Dienst machen, zusammen mit einer etwa vierzigjährigen Schwester namens Pat Glennon.

»Vor allen Dingen ist sie tüchtig«, hatte Kit gesagt, als Susy sich nach ihrer künftigen Arbeitskameradin erkundigte. »Sie hat blondes Haar, eine gute Figur, dunkelblaue Augen und Sinn für Humor. Als sie sich verheiratete, gab sie ihren Beruf auf. Aber nun, da ihre beiden Kinder studieren, ist sie wieder zurückgekehrt — genauso eine leidenschaftliche Kopfkissenwenderin wie du.«

Zärtlich blickte Susy auf eine kleine Pappschachtel, die auf dem Sitz neben ihr lag. Darin befand sich eine neue Haube, sauber gefältelt und gestärkt und mit einem breiten schwarzen Samtband drum herum. Seit Bettinas Geburt hatte Susy keine Haube mehr getragen.

Nachdem der Wagen über die Brücke geholpert war, lenkte sie ihn auf der anderen Seite des Tals zum Krankenhaus hinauf. Zuerst kam das neue Gebäude in Sicht. Als es vor einem halben Jahr fertig geworden war, hatte Bill seinen Verwalterposten aufgegeben und war Chefarzt geworden. »Ich bin Chirurg und will auch Chirurg bleiben«, hatte er zu Susy gesagt. »Das kann ich aber nicht, wenn ich diesen wachsenden Betrieb leiten soll. Hier gehört ein erfahrener Verwalter hin, der zugleich ein tüchtiger Geschäftsmann ist.«

Seitdem hatte sich Bill viel glücklicher gefühlt, ging es Susy durch den Sinn, während sie ihren Wagen parkte. Beim Aussteigen paßte sie auf, daß sie ihre neue weiße Tracht nicht schmutzig machte. Dann lief sie leichten Schrittes die Stufen hinauf, wechselte ein paar Worte mit Gerti und ging zum Büro.

Eine hübsche Inspektorin sprang vom Stuhl auf, als Susy eintrat. »Guten Tag, Frau Barry!« Sie wurde von dem Schrillen des Telefons auf ihrem Schreibtisch unterbrochen. »Einen Augenblick! Bitte nehmen Sie doch Platz.«

Susy setzte sich und hörte der Unterhaltung am Telefon zu. »Schwesternbüro — Arthur«, meldete sich die Inspektorin. »Ja, Fräulein Harmin. Nein. Aber Sie können doch nicht alle Schwestern fortschicken, bloß weil ... Nein, der Dienstplan kann nicht mehr geändert werden! Dann muß sie ihre Verabredung eben verschieben.«

Kaum hatte Fräulein Arthur den Hörer aufgelegt, als zwei Lernschwestern ins Zimmer kamen.

»Fräulein Arthur«, begann die eine, »ich kann unmöglich in der Chirurgischen Frauenabteilung vertreten — jedenfalls nicht mehr nach halb sechs. Mein Zug fährt schon um sechs.«

»Einen Augenblick!« entgegnete Fräulein Arthur und guckte auf einen Dienstplan an der Wand. »Sie haben doch bis sieben Dienst im Operationssaal. Wie können Sie also auf die Idee kommen, um sechs mit einem Zug wegfahren zu wollen?«

»Wir sind mit Operieren fertig. Ich hab mit meiner Mutter telefoniert und ihr gesagt ...«

»Sie sind im Dienst und haben sich bis sieben für den Operationssaal bereitzuhalten. In der Chirurgischen Frauenabteilung fehlt eine Schwester. Gehen Sie sofort hin und reden Sie keinen Unsinn!« Fräulein Arthur lächelte freundlich, und die beiden Lernschwestern zogen sich verlegen lächelnd zurück. Man hörte noch, wie die zweite sagte: »Ich wußte ja, daß du damit nicht durchkommst!«

Susy und Fräulein Arthur wechselten einen belustigten Blick. »Manchmal ist es schwer, den jungern Dingern Verantwortungsgefühl beizubringen«, sagte die Inspektorin. »Wie kommen Sie sich denn vor, Frau Barry?«

»Wunderbar! Ich werde Sie bestimmt niemals bitten, mich früher nach Hause gehen zu lassen.«

»O Frau Barry! Wenn Sie einmal ... Das ist doch ganz etwas ...« Sie stockte und sagte dann: »Möchten Sie Ihre Haube hier aufsetzen? Das Schwesternzimmer in Denham ist immer überfüllt, wenn die Schicht wechselt. Dort in der Ecke hängt ein Spiegel. Ich werde Sie dann nach Denham begleiten und Fräulein Parton, der Stationsschwester, vorstellen.«

Susy wunderte sich anfangs über die übertriebene Zuvorkommenheit der Inspektorin. Aber dann ging ihr ein Licht auf. Für Fräulein Arthur war sie keine Krankenschwester wie jede andere, sondern die Frau des Chefarztes, die frühere Leiterin der Schwesternschule und Fräulein van Dykes beste Freundin.

Sie erschrak. Während sie Fräulein Arthur durch den langen Korridor folgte, der nach Denham führte, wurde sie immer nachdenklicher. Wenn nun alle hier so wie die Inspektorin dachten? Womöglich waren die andern Schwestern von vornherein gegen sie! Vielleicht glaubten sie, daß sie ihre Arbeit nicht ernst nehmen, daß sie ihre Stellung ausnutzen würde. Ach, du lieber Himmel! Warum hatte sie nur nicht früher daran gedacht! Wäre sie doch lieber zu Hause geblieben, selbst auf die Gefahr hin, einen Nervenzusammenbruch zu erleiden!

Aber jetzt war es zu spät. Schon näherten sie sich der Glastür des Dienstzimmers von Denham. Das Oberlicht schien grell auf weiße Trachten und Hauben. Eine schlanke dunkelhaarige Schwester mit einer Hornbrille kam ihnen entgegen. Die anderen Schwestern sahen neugierig auf.

»Fräulein Parton, hier ist Ihre neue Schwester für den Zwischendienst — die Frau von Dr. Barry.« Erst später wurde es Susy klar, daß die junge Inspektorin sich gar nichts bei ihren Worten gedacht hatte — ja, daß sie wahrscheinlich nicht einmal wußte, was sie gesagt hatte. Aber im Augenblick war sie ihr richtig böse, da sie sich irgendwie bloßgestellt fühlte. Sie kam jedoch nicht dazu, ihre Gefühle zu äußern. Fräulein Arthur fügte arglos hinzu: »Ich hoffe, Sie fühlen sich hier wohl, Frau Barry.« Und damit war sie auch schon verschwunden.

Fräulein Parton geriet durch die merkwürdige Vorstellung keineswegs aus der Fassung. Sie lächelte Susy zu und sagte: »Ich freue mich, daß Sie zu uns gekommen sind, Frau Barry. Wollen Sie im Schwesternzimmer Ihre Sachen ablegen? Dann führe ich Sie durch die Station.« Ihr Ton war formell, und es schien Susy, als blickten ihre blauen Augen hinter der Hornbrille etwas kühl.

Das Schwesternzimmer war mit hübschen geblümten Vorhängen und bequemen Sesseln ausgestattet und wirkte sehr freundlich. Im Augenblick herrschte hier durch das fortwährende Kommen und Gehen von Schwestern große Unruhe. An einer Wand stand eine Reihe von Schränken. Nachdem Fräulein Parton einige geöffnet hatte, fand sie endlich einen leeren. »Nehmen Sie diesen Schrank hier, Frau Barry!« Kaum hatte Susy ihr Cape hineingehängt, fügte sie etwas nervös hinzu: »Können wir gehen? Ich möchte Sie gern durch die Station führen, ehe ich den Bericht abgebe.«

Susy folgte ihr aus dem Zimmer. Die Führung dauerte nicht lange. »Sie sind ja mit dem Stationsdienst vertraut«, meinte Fräulein Parton. »Ich will Ihnen nur zeigen, wo alles zu finden ist.«

Als sie zum Dienstzimmer zurückkehrten, lernte Susy die Schwester kennen, mit der sie nun Tag für Tag zusammenarbeiten sollte. Außer den Privatschwestern würden sie beide die einzigen ausgelernten Schwestern auf der

Station sein. Sie hatten nicht nur die Arbeit, sondern auch die Verantwortung miteinander zu teilen. Es kam sehr viel darauf an, ob sie gut zusammenstimmten. Sie konnten Freunde sein — oder auch nicht.

Frau Glennon war, wie Kit gesagt hatte, eine gutaussehende Frau in mittleren Jahren mit blondem Haar und blauen Augen. Sie begrüßte Susy herzlich. Dennoch schien es Susy, als wäre sie etwas zurückhaltend. Oder bildete sie sich das nur ein?

Peggy, die junge schüchterne Schwesternhilfe, schien die einzige zu sein, die in Susy nichts anderes als eine neue Schwester sah. Ihr war es offenbar völlig gleichgültig, ob sie die Frau des Hausmeisters oder des Chefarztes war. Susy wurde noch mit anderen Schwestern von der Tagesschicht bekannt gemacht, behielt jedoch ihre Namen nicht.

Dann setzten sich die Schwestern der Zwischenschicht hin, um den Bericht anzuhören. Susy beugte sich aufmerksam vor, obwohl sie wußte, daß sie sich am ersten Tag unmöglich die Namen aller Patienten merken konnte. Frau Glennon lächelte ihr mitfühlend zu. Als der Bericht zu Ende war, sagte sie freundlich: »Bis zum Schichtwechsel ist noch eine halbe Stunde Zeit. Sehen Sie sich doch inzwischen die Karteikarten der Patienten an, damit Sie ein klareres Bild bekommen.«

Susy war ihr dankbar für den Rat und befolgte ihn gern. Aber im Dienstzimmer herrschte zu viel Betrieb. Kaum hatte sich Susy in das Studium einer Karte vertieft, so kam eine Schwester und nahm sie ihr fort. Ihre einzige Aufgabe schien vorläufig darin zu bestehen, niemand im Wege zu sein. Sie beneidete Peggy, die Temperaturen maß, und Eben, den Krankenwärter, der geschäftig hin und her lief.

Nachdem man Susy die fünfte Karte aus der Hand genommen hatte, tauchte Frau Glennon in der Tür auf. »Es ist etwas schwierig, sich hier zu konzentrieren, nicht wahr?«

Susy machte ein klägliches Gesicht. »Es wäre wohl am gescheitesten, Sie hängten mich an irgendeinem Haken auf.«

»Warten Sie nur, bald wird es ruhiger!«

Nachdem die Schwestern der Tagesschicht unter Geplauder und Gelächter verschwunden waren, trat plötzlich eine fast erschreckende Stille ein. Peggy kam ins Zimmer und legte das Temperaturbuch auf den Tisch.

»Möchten Sie vielleicht die Temperaturen auf die Karteikarten übertragen, Frau Barry?« schlug Frau Glennon vor. »Ich werde inzwischen die Vieruhr-Medizin austeilen. Später wird das Ihre Aufgabe sein, aber an Ihrem ersten Tag kann ich es Ihnen nicht gut zumuten.«

Susy freute sich fast kindisch, endlich eine Arbeit zu haben, und machte sich emsig daran, die Karten auszufüllen. Peggy und Frau Glennon verschwanden. Plötzlich bemerkte Susy, daß ein großer junger Mann im Bademantel vor der Tür stand und sie ruhig betrachtete.

»Ich heiße Harvey«, sagte er. »Tom Harvey.«

Susy lächelte ihm zu. »Ich heiße Barry. Haben Sie einen Wunsch?«

»Hm — ja. Ich wollte nur sagen — Onkel Bill hat sein Bett angesteckt.«

Susy sprang erschrocken auf.

»Keine Angst, Frau Barry! Ich hab das Feuer schon ausgemacht. Ich bin nämlich sein Zimmergenosse. Er hat sich auch nichts weiter getan. Eben ist schon bei ihm.«

»Welches Zimmer?«

»Zwölf.« Er drehte sich um. Der Krankenwärter kam mit einem Bündel aus einem Zimmer und brachte einen Gestank von verbrannter Wolle mit auf den Flur. Eben war ein großer Mann mit grauem Haar, der einen tüchtigen Eindruck machte. Augenblicklich war sein Gesicht vor Erregung gerötet, und er schimpfte laut vor sich hin. »So ein Idiot! Ein Mann in seinem Alter!«

Durch den Luftzug im Korridor flammte die schwelende Bettwäsche von neuem auf, und als Eben am Dienstzimmer vorbeiging, züngelten aus beiden Enden des Bündels Flammen hervor.

»Eben!« schrie Susy. »Passen Sie auf.«

»Es schadet ihm gar nichts, wenn er mal 'ne Weile auf kahlem Felde liegt«, knurrte Eben. »Er sollte wirklich . . .«

»Eben, Sie brennen!«

Endlich hörte der Krankenwärter den Warnruf und entdeckte, in welcher Gefahr er schwebte. »Ach herrje!« schrie er, machte einen erschrockenen Sprung wie ein Ziegenbock und flüchtete ins Badezimmer, Rauch und Gestank hinter sich lassend. Gleich darauf hörte man Wasser rauschen.

»Holen Sie bitte Frau Glennon!« sagte Susy zu Tom Harvey und hastete zum Zimmer zwölf. Onkel Bill, ein alter Mann mit weißem Haar, lag ruhig auf seinem abgezogenen Bett.

»Wie ist denn das passiert?« fragte Susy.

Er drehte ihr die Augen zu, ohne den Kopf zu wenden. »Wie soll ich das wissen? Ich lag hier ganz ruhig und dachte an nichts Böses, da fing Tom plötzlich an, auf mir rumzuschlagen.«

»Ihr Bett brannte ja!«

»Ich hab Sie noch nie gesehen«, sagte Onkel Bill ablenkend.

»Ich bin ja auch erst heute gekommen. Sind Sie verletzt? Haben Sie irgendwo Schmerzen?«

»Herr, du meine Güte! Ich hab den Rheumatismus, daß ich keine Hand und keinen Fuß rühren kann; jede Bewegung, die ich mache, tut weh; meine Gelenke sind geschwollen wie bei einem vergifteten Hund. Und Sie fragen mich, ob mir was weh tut!«

»Ich meine, ob Sie vom Feuer verletzt sind.«

»Natürlich nicht!« antwortete Onkel Bill ganz entrüstet, als wäre er aus Asbest.

Susy untersuchte ihn sorgfältig.

Eine Weile beobachtete er sie schweigend. Dann sagte er plötzlich: »Sie sind ein nettes Mädel. Und hübsch! Ich mag hübsche Mädchen gern. Also ich werd Ihnen was sagen: Nie wieder, solange ich lebe, rauche ich im Bett!«

»Das ist sehr vernünftig!« Susy deckte ihn sorgsam zu. Als sie sich umdrehte, wäre sie fast mit Frau Glennon zusammengestoßen.

»Tom hat mir alles erzählt«, sagte Frau Glennon. »Ich habe die Inspektorin und einen Assistenzarzt benachrichtigt. Ist Onkel Bill verletzt?«

»Nein.«

Frau Glennon wandte sich dem Alten zu. »Was sollen wir nur mit Ihnen anfangen!« rief sie gutmütig scheltend. »Sie dürfen nicht im Bett rauchen, Onkel Bill! Wenn Tom Sie nicht ...«

»Ich gebe es auf!« versprach Onkel Bill. »Legen Sie die Zigaretten oben auf den Schrank, damit ich nicht ran kann.«

Frau Glennon lachte. Als die Inspektorin und der Assistenzarzt ins Zimmer kamen, kehrte Susy zu ihren Karten zurück. Kaum hatte sie drei Minuten daran gearbeitet, da erschien eine große Frau mittleren Alters mit einem Paar Männerschuhe in der Hand und stellte sie auf ihren Schreibtisch.

»Ich heiße Cutter«, sagte sie. »Mein Mann ist heute mittag hergekommen, um sich untersuchen zu lassen, weil er an Magenbluten leidet. Bitte verstecken Sie seine Schuhe.«

»Aber warum denn?«

»Er will durchaus nicht hier bleiben. Gerade zieht er sich seine Hosen an. Aber ohne Schuhe kann er nicht fortgehen.«

»Einen Augenblick!« Susy stand auf und ging mit Frau Cutter in ein Zimmer am Ende des Korridors. Herr Cutter, ein dicker Mann mit bleicher Gesichtsfarbe, ging nervös im Zimmer auf und ab. Seine Haare waren zerwühlt, seine Hosenträger baumelten herunter, und er sprach laut mit sich selber. Als er Susy sah, schrie er: »Glauben Sie nur nicht, daß Sie mich hier festhalten können! Ich fahre nach Hause! Mir fehlt überhaupt nichts. Das ist alles Unsinn!« Dann fuhr er wütend auf seine Frau los. »Wo sind meine Schuhe? Ich will fort von hier!«

»Höre, Jim«, entgegnete seine Frau zaghaft, »ich hab — deine Schuhe — dieser Schwester gegeben. Du kannst nicht ...«

»Dann gehe ich ohne Schuhe!« Er riß den Schrank auf und griff nach seinem Mantel.

»Sie brauchen keine Angst zu haben, Herr Cutter«, sagte Susy ruhig. »Die Untersuchung ist nicht weiter schlimm. Und Magenbluten muß nicht gleich etwas Gefährliches bedeuten.«

»Wer hat Angst?« stieß er hervor.

»Sie!«

Sprachlos starrte er sie an.

»Aber das ist wirklich nicht nötig«, fuhr Susy fort. »Wenn der Arzt Sie untersucht hat, weiß er, was Ihnen fehlt, und kann Sie heilen. Wenn Sie sich aber nicht untersuchen lassen, werden Sie immerfort Beschwerden haben.«

Er schwankte sichtlich, doch dann rief er: »Nein! Ich fahre sofort nach Hause!«

»Niemand wird Sie hier gegen Ihren Willen festhalten«, antwortete Susy. »Aber Sie müssen ordnungsmäßig entlassen werden. Ich werde den Arzt rufen.«

Die Aussicht, einem Arzt gegenübertreten zu sollen, der ihn schelten oder gar auslachen würde, schien Herrn Cutter gar nicht zu behagen. »Na, wenn Sie meinen ... Nun gut ...«

Susy zog einen Stuhl herbei. »Setzen Sie sich bitte, Herr Cutter. Wir wollen ja nur Ihr Bestes. Darf ich Ihnen ein wenig von der Untersuchung erzählen, die mit Ihnen vorgenommen werden soll? Sie werden sich wundern, wie harmlos die Geschichte ist.«

Sie lächelte ihn so warm an, daß er sich gehorsam hinsetzte. Dann erklärte sie ihm mit einfachen Worten, was ihm bevorstand. Als sie zu Ende war, sagte er: »Na schön! Tun Sie, was Sie nicht lassen können!«

Frau Cutter, die schweigend neben ihm gestanden hatte, atmete erleichtert auf. »Beruhige dich jetzt endlich, Milli!« sagte er zu ihr. »Du hast wirklich keinen Grund, dich wegen einer solchen Lappalie aufzuregen.« Zu Susy gewandt, erklärte er liebenswürdig: »Meine Frau ist etwas hysterisch.«

Susy wechselte einen verständnisvollen Blick mit Frau Cutter. Es gelang ihr nur mit Mühe ernst zu bleiben, bis sie draußen auf dem Flur war.

Als sie ins Dienstzimmer zurückkam, klingelte einer der beiden Telefonapparate. Sie hob den Hörer ab und sagte geschäftsmäßig: »Denham 2 — Barry.«

In diesem Augenblick klingelte der zweite Apparat. Eine männliche Stimme an ihrem Hörer sagte: »Hier ist Dr. Westmann. Ich möchte Ihnen ein paar Anweisungen für Herrn Mullins geben.«

Wieder schrillte der andere Apparat. Susy spähte den Korridor entlang, aber niemand ließ sich sehen. »Einen Augenblick, Dr. Westmann!« bat sie, hob den Hörer des zweiten Apparates ab, sagte »Denham 2 — Barry. Einen Augenblick bitte!« und schrieb dann die Anweisungen auf, die Dr. Westmann ihr gab. Danach legte sie den Hörer hin und nahm den anderen auf. Sogleich läutete wieder der erste Apparat.

»Hier ist die Aufnahme«, sagte eine weibliche Stimme am zweiten. »Sie bekommen einen Patienten von Doktor Brownley — Privatstation Zimmer 14 — Schußwunde in der Schulter. Er ist soeben im Operationssaal eingetroffen.«

»Danke!« Susy griff nach dem Hörer des ersten Apparates, der unaufhörlich geklingelt hatte. »Denham 2 — Barry. Nein, ist nicht hier. Tut mir leid.« Kaum hatte sie den Hörer hingelegt, klingelten beide Telefone gleichzeitig. Nach einem verzweifelten Blick durch den stillen Korridor hob Susy beide Hörer ab, nahm sie an die Ohren und sagte: »Denham 2 — Barry.«

Zwei Stimmen sprachen zugleich auf sie ein. Die eine verlangte Alter und Gewicht eines Patienten zu wissen; die andere gab Anordnungen aus dem Operationssaal für den Patienten mit der Schußwunde. Eine Stimme war liebenswürdig, die andere mürrisch. Susy fertigte beide ab, so gut sie konnte, und legte die Hörer gerade hin, da sagte jemand hinter ihr: Nun, amüsierst du dich gut?«

Susy drehte sich überrascht um. »Kit! Was machst du denn hier?«

Wunderbarerweise schwiegen jetzt beide Telefone. Kit lachte. »Ich wollte Denham 2 anrufen und mit Frau Glennon über Onkel Bill sprechen, aber beide Apparate schienen dauernd besetzt zu sein.«

»Schienen!«

»Nun, nun! Du hast es ja so gewollt.« Kits Augen fielen auf die Schuhe von Herrn Cutter, die noch immer auf dem Schreibtisch standen. »Was soll denn das?«

»Ach, die Schuhe! Ich dachte, sie würden das Büro etwas gemütlicher machen. Es geht nichts über Männerschuhe ...« Sie brach ab. Wie durch Telepathie herbeigerufen, erschienen aus verschiedenen Richtungen Frau Glennon und Peggy.

Frau Glennon begrüßte Kit selbstsicher und freundlich, hörte sich Susys Bericht über die verschiedenen Telefonate an und beauftragte Peggy, in Zimmer 14 ein Bett zu richten.

»Ich werde Herrn Mullins die Medizin geben«, sagte Susy. »Fräulein van Dyke möchte mit Ihnen über Onkel Bill sprechen.«

Bei der Erwähnung von Onkel Bill zwinkerten Frau Glennons Augen lustig. Susy ging fröhlich davon. Ein Segen, daß Frau Glennon nicht leicht aus der Fassung geriet! Nichts war aufreibender beim Stationsdienst, als mit einer Schwester zusammenzuarbeiten, die sich über jede Kleinigkeit aufregte.

Herr Mullins war ein reizender alter Herr, nur ein bißchen geschwätzig. Es dauerte einige Zeit, bis Susy sich von ihm losmachen konnte. Als sie zum Büro zurückkehrte, gingen Kit und Frau Glennon gerade, in ein Gespräch vertieft, zum Fahrstuhl. Drei Signallämpchen aus dem großen Saal leuchteten auf. Susy eilte zu den Patienten und erkundigte sich nach ihren Wünschen. Kaum hatte sie dem dritten ein Glas Milch gebracht, da rollte ein Wagen durch den Korridor. Zwei Schwestern in Operationsmänteln und mit Operationshauben lenkten ihn in Zimmer 14. Susy folgte ihnen.

Auf der Trage lag ein etwa zwanzigjähriger Junge mit krausem blondem Haar. Er war noch bewußtlos und sah sehr bleich aus. Susy, Peggy und die beiden Operationsschwestern hoben ihn vorsichtig auf das angewärmte Bett. Eine der Schwestern gab Susy seine Karte.

»Der arme Junge wußte nicht, daß das Gewehr geladen war, und lehnte sich darauf. Zum Glück ist kein Knochen verletzt. Er wird bald zu sich kommen.«

Susy beauftragte Peggy, bei dem Bewußtlosen zu bleiben, und ging zum Büro. Unterwegs traf sie Frau Glennon und gab ihr die Karte des Jungen. Frau Glennon überflog sie mit geübten Augen. Plötzlich sagte sie leise: »Ach, du lieber Gott!«

Ein Mann und eine Frau in mittleren Jahren kamen durch den Korridor. Der Mann war groß, hatte graues Haar und ein zurückweichendes Kinn und ging etwas vornüber gebeugt. Die kleine zierliche Frau hatte rotgefärbtes Haar und war kostbar aufgeputzt. Um ihren Hals hingen ein paar Perlenketten; ihre Hände glitzerten voller Ringe, und an ihren Armen klingelten Armbänder. Sie blieb vor den beiden Schwestern stehen, musterte sie von Kopf bis Fuß und sagte dann scharf: »Mein

Sohn ist gerade operiert worden. Ich wünsche sofort eine private Pflegeschwester für ihn.«

»Ich will versuchen, eine zu bekommen«, antwortete Frau Glennon.

Die Frau lachte spöttisch. »Ach so! Wenn ich genügend Einfluß habe, bekomme ich eine, nicht wahr?«

»Danach geht es bei uns nicht«, entgegnete Frau Glennon ruhig. »Wenn eine Pflegeschwester verfügbar ist, werden Sie eine bekommen. Ist keine verfügbar, so müssen Sie sich ein wenig gedulden.«

Die Frau sah auf ihre goldene Armbanduhr. »Nun gut, wir werden sehen. Bitte führen Sie uns jetzt zu unserm Sohn. Komm, Alfred!«

Susy führte die beiden zum Zimmer 14, warf Peggy einen warnenden Blick zu und wollte gerade aus dem Zimmer gehen, als die Frau ausrief: »Wozu steht das Wasser da?« Dabei zeigte sie mit dem Finger auf eine Karaffe, die Peggy vor ein paar Minuten mit frischem Wasser gefüllt und auf den Nachttisch des Patienten gestellt hatte.

»Ihr Sohn darf etwas trinken, wenn er aufwacht«, erklärte Susy. »Zuerst natürlich nur kleine Schlucke...«

»Ist das Wasser auch frisch?«

»Ich habe es soeben hereingebracht«, antwortete Peggy entrüstet.

Hastig ging Susy aus dem Zimmer. »Was für ein Drachen!« sagte sie im Büro zu Frau Glennon. »Haben Sie eine Pflegeschwester bekommen?«

»Ja, wenigstens für diese Schicht. Sie wird in einer halben Stunde hier sein.«

»Gott sei Dank! Die Frau kann einen ja schwach machen.«

»Sie wird sich schon beruhigen«, meinte Frau Glennon. »Sie ist nur aufgeregt und hat Angst, daß ihr Sohn nicht gut genug gepflegt wird. Nach ein paar Tagen wird sie nicht mehr so angeben.«

Während der nächsten anderthalb Stunden bezog Susy drei Betten, ging zum ersten Abendessen, half dabei, den Patienten das Essen zu bringen, redete einem fiebernden Mann aus, daß das Zimmer ihm gegenüber die Küche seiner Wohnung sei, und quälte sich eine Weile mit dem verstopften Filter eines Transfusionsapparates ab. Frau Glennon vervollständigte unterdessen Karteikarten, gab Medizin aus, bediente das Telefon und sprach mit einigen Ärzten, die ins Büro kamen.

Danach gab es eine kurze Zeit der Ruhe, während der Susy ihre Füße ein wenig ausruhen konnte. Um sieben Uhr kamen dann die Besucher. Sie kamen in Scharen, füllten die Korridore, guckten in alle Zimmer, plauderten, lachten oder weinten. Susy, die im Labor Spritzen reinigte, wurde in ihrer Arbeit immer wieder durch aufgeregte Frauen unterbrochen, die ihren roten Schopf erspähten und hereingestürmt kamen, um ihr zu sagen, daß ihr Vater, Ehemann oder Bruder entsetzliche Kopfschmerzen, Magenschmerzen oder ein merkwürdiges Stechen im Rücken habe — und nichts werde für ihn getan. Sonderbar, daß sich solche Symptome bei genesenden Kranken immer gerade während der Besuchsstunde zeigten! Zur Essenszeit hatte keiner von ihnen über Schmerzen geklagt. Andere Besucher baten um Eisstückchen, Stühle, Teller, Blumenvasen, Messer oder hatten andere Anliegen, deren Ziel es war, die Kranken zu erquicken und zu zerstreuen. Susy beruhigte, erklärte, brachte Teller, stellte Blumen in Vasen und nahm leere Schachteln, Tüten und Bindfaden in Empfang. Peggy und Eben taten das gleiche. Susys Füße eilten über das Linoleum. Ihr Kopf begann zu schmerzen, aber sie bemerkte es kaum. Der Betrieb machte ihr Spaß.

Schließlich verschwanden die Besucher, und es begann eine neue Runde. Susy, Frau Glennon, Peggy und Eben zeichneten Fieberkurven, erneuerten Verbände, zogen verknüllte Laken glatt, verteilten Eisbeutel und Wärmflaschen. Wenn sie sich unterwegs begegneten, lächelten sie einander kameradschaftlich zu oder blieben auch einmal stehen und wechselten ein paar Worte.

Um neun Uhr wurde die Deckenbeleuchtung ausgeschaltet. Nur ein paar Lämpchen an den Wänden blieben brennen. Die vier Mitglieder des Zwischendienstes huschten nun wie weiße Geister durch die dämmerigen Korridore und Krankenzimmer. Im Büro war es im Gegenteil dazu strahlend hell.

»Na, wie geht's?« fragte Frau Glennon, als sie Susy einmal in der Küche traf.

»Es macht mir riesigen Spaß. Meine Patienten sind alle gebettet und versorgt. Was machen wir jetzt?«

Frau Glennon sah auf die Uhr. »Oh, es ist ja schon zwanzig Minuten vor elf! Jetzt zählen wir noch die Narkotika, machen eine letzte Inspektionsrunde, und dann gehen wir nach Hause.«

Nachdem sie den Bestand der Narkotika geprüft hatten, stand Susy ächzend vom Stuhl auf. »Müde?« fragte Frau Glennon.

Susy nickte. »Trotzdem — es geht nichts über Stationsdienst. Ich habe das Gefühl, als wäre ich nach langer Zeit heimgekommen.«

»Das kann ich gut verstehen. Mir ist es genauso ergangen, als ich wieder zu arbeiten anfing.«

Sie lächelten einander verständnisvoll zu. Dann sagte Frau Glennon: »Ein Glück, daß es heute so ruhig war!«

»Du verwöhnst mich zu sehr, Anne!« Susy richtete sich im Bett auf. Ihr Gesicht war vom Schlaf gerötet. Die roten Locken hingen ihr in die Stirn.

»Unsinn!« entgegnete Anne, während sie das Frühstückstablett auf den Nachttisch stellte. »Eine Woche lang hast du dich jetzt abgerackert. An deinem freien Wochenende sollst du einmal richtig ausruhen. Ihr himmlischen Sterne! Die Gören haben ja ein Rattennest aus deinem Bett gemacht!«

»Das ist Jerry gewesen. Bettina und Jonny schmiegen sich vernünftig an, aber Jerry muß immer toben.« Susy reckte sich gähnend. Dann sprang sie aus dem Bett und lief zum Badezimmer.

Anne strich mit mütterlichen Händen die Bettdecke glatt, schlug sie zurück und wartete, bis Susy zurückkam. »So, nun iß tüchtig und laß nichts übrig.« Sie stellte das Tablett auf Susys Schoß.

Zufrieden musterte Susy das leckere Frühstück — die dick mit Butter bestrichenen Toastscheiben, die goldgelben Setzeier in einem Nest aus gebratenem Speck, das dampfende Kaffeekännchen, das große Glas mit Orangensaft. »Das soll ich alles aufessen?«

»Es wird dir nichts schaden. Du hast in der letzten Woche bestimmt fünf Pfund abgenommen.« Anne setzte sich in einen Sessel am Fenster und horchte auf die Kinderstimmen, die aus dem Garten heraufdrangen.

Susy begann mit Appetit zu essen, vermied es jedoch, auf das leere Bett an ihrer Seite zu blicken. Anne, der das nicht entging, fragte wie beiläufig: »Willst du Kit nicht zum Wochenende einladen?«

»Ach nein! Ich möchte einmal allein mit den Kindern sein und früh zu Bett gehen.« Susy biß ein Stück Toast ab und fügte dann hinzu: »Ich muß mich daran gewöhnen, zwei verschiedene Leben zu leben.«

»Wie meinst du das?«

»Ach, weißt du, es ist jedesmal schrecklich, wenn ich nach einem achtstündigen Hochbetrieb im Krankenhaus in das stille Haus hier zurückkomme. Ich laufe noch auf vollen Touren; aber alles schläft, niemand braucht mich, und ich habe überhaupt nichts zu tun. Es dauert immer eine ganze Weile, bis ich mich wieder daheim fühle.«

»Hm. Möchtest du, daß ich aufbleibe, bis du kommst?«

»Aber nein! Ich werde mich daran gewöhnen.«

»Jedenfalls bekommt dir die Arbeit besser als das Zuhausesitzen.«

»Ganz bestimmt! Aber an meinen beiden freien Tagen möchte ich nur dich und die Kinder um mich haben.«

»Wie du willst! Gab es gestern wieder viel zu tun?«

»Es war wie im Irrenhaus! Ein Patient mit Lungenentzündung stand auf, wanderte im Fieber umher und erschreckte einen anderen Patienten fast zu Tode! Und dann bekamen wir einen Sommergast, einen großen kräftigen Bullen von etwa vierzig Jahren mit einer Rückenverletzung. Er rollte wild mit den Augen und schimpfte laut, als ich ihn ins Bett brachte. Und dann starrte er immerfort auf einen Patienten neben sich, der gerade eine Bluttransfusion bekam.«

»Das kann ich verstehen. Diese Erfindungen sind ja rein unheimlich. Nun füllt man die Leute gar mit fremdem Blut!«

»Als sich der Transfusionsfilter verstopfte und ich ihn auswechselte, schimpfte er wieder und sagte, in diesem Krankenhaus gehe alles drunter und drüber. Ich merkte wohl, daß er Angst hatte, sagte aber nichts, weil ich dachte, die anderen Männer im Saal könnten ihn besser beruhigen als ich.« Susy trank einen Schluck Kaffee.

»Na und?« fragte Anne gespannt.

»Etwas später rief Gerti an und fragte, ob wir einen Patienten vermißten. Nein, sagte Frau Glennon, wir vermißten niemand. Nun berichtete Gerti, ein großer dicker

Mann sei aus dem Fahrstuhl gestiegen und durch die Halle gelaufen. Und als sie ihn anrief, sei er wie ein Irrer fortgerannt. Nichts Gutes ahnend, liefen wir in den Saal, und tatsächlich war der dicke Sommergast verschwunden. Die anderen Patienten erzählten, er sei wie ein Blitz in seine Kleider gefahren — und fort war er!«

»Warum haben sie euch denn nicht gerufen?«

»Das möchte ich auch wissen. Sie stotterten ein wenig herum, als ich sie fragte. Ich glaube, sie wollten sich nicht in seine Angelegenheiten einmischen. Etwas später fiel Onkel Bill aus dem Bett und fluchte ganz entsetzlich. Kit will versuchen, ihn in einem Altersheim unterzubringen. Er gehört nicht ins Krankenhaus.«

Susy widmete sich wieder ihrem Frühstück, und eine Weile herrschte Schweigen.

»Hast du nicht gesagt, daß eine der Lernschwestern Macgraw heißt?« fragte Anne dann.

»Ja, Dora Macgraw.«

»Hm. Die Tochter von Mattie Dickson hat einen Macgraw geheiratet.«

»Dora ist Matties Enkelin. Sie kam neulich beim Essen an meinen Tisch und sagte ein wenig schüchtern, sie habe schon viel von mir gehört. Ihre Großmutter habe sich vor vielen Jahren den Hüftknochen gebrochen und erzähle noch immer von der Gemeindeschwester Susanne Barden, die sie damals gepflegt hatte.«

»Wie doch die Zeit vergeht! Mattie und ich sind zusammen zur Schule gegangen, und jetzt hat sie schon eine Enkeltochter, die Krankenschwester ist. Wie macht sich das Kind denn?«

»Dora ist ein nettes Mädchen — nicht gerade hübsch, aber lieb und mit runden roten Wangen. Ich mache mir eigentlich ein wenig Sorgen um sie.«

»Warum?«

»Sie ist gerade von den Ferien zurückgekommen. In den ersten beiden Tagen war sie sehr vergnügt, aber plötzlich ist aller Frohsinn wie fortgeblasen. Ich hab sie zwar nur flüchtig gesehen, aber es fiel mir doch auf. Sie lacht überhaupt nicht mehr und ist plötzlich so still und gedrückt. Frau Glennon weiß auch nicht, was ihr fehlt.«

»Na ja, die Jugend hat auch ihre Sorgen. Es wird schon wieder vorübergehen.« Anne stand auf und nahm das Tablett vom Bett fort. »Nun ruh dich noch ein bißchen aus, Susy, und vergiß das Krankenhaus für eine Weile. Ich werde dafür sorgen, daß die Kinder unten bleiben.«

Susy kuschelte sich unter ihre Bettdecke und döste ein paar Minuten vor sich hin, konnte aber nicht mehr schlafen. Bald stand sie auf und nahm sich vor, ihre Freizeit in vollen Zügen zu genießen.

Daß ihr dies nicht völlig mißlang, war nur den Kindern zu verdanken. Immer wieder wurde sie schmerzlich an Bill erinnert. Da waren seine Werkzeuge, sein Angelgerät, ein Tabaksbeutel, ein alter zerbeulter Filzhut, der ihr vor die Füße rollte, als sie Bettinas Mantel vom Kleiderhaken nahm. Und die beiden Abende waren trotz Annes Anstrengungen, sie zu zerstreuen, eine wahre Qual.

Schließlich war Susy froh, daß ihre freie Zeit um war, und sie kehrte erleichtert zum Krankenhaus zurück. Zwischen den Glaswänden des Dienstzimmers fühlte sie sich geborgen; hier bestand keine Gefahr, daß ihr ein zerbeulter Filzhut vor die Füße rollte. Geschäftig schob sie den Verbandswagen vor sich her, unterhielt sich mit den Patienten und hörte sich teilnahmsvoll ihre Sorgen an.

Hin und wieder hatte sich Susy Gedanken über das Verhalten der anderen Schwestern ihr gegenüber gemacht. Zwar waren alle liebenswürdig zu ihr, und sie fühlte sich keineswegs ausgeschlossen. Dennoch hatte sie manchmal das Gefühl, als seien die Schwestern zurückhaltend in ihren Äußerungen, und wenn sie im Schwesternzimmer war, vermißte sie den üblichen Krankenhausklatsch.

Heute aber war sie so froh, wieder dabei zu sein, daß sie nur an ihre Arbeit dachte. Peggy hatte frei. Ihren Platz nahm Margot Harrison ein, eine neugebackene Seniorin, die Susy sehr gut gefiel. Margot war ein hübsches Mädchen mit einem großen liebenswürdigen Mund und schimmerndem braunem Haar. Ihre Sicherheit erschien Susy so ungewöhnlich für ihr Alter, daß sie eine Bemerkung darüber zu Frau Glennon machte.

»Margot ist ein liebes Kind und eine wundervolle Krankenschwester«, sagte Frau Glennon. »Die Patienten vergöttern sie, und sie tut einen Haufen Arbeit, ohne jemals den Eindruck zu erwecken, daß sie sich abhetzt. Zu schade, daß sie gerade heute Dienst machen muß!«

»Warum?«

»Sie hat Geburtstag und sollte eigentlich frei haben. Ihre Eltern geben abends eine kleine Gesellschaft, und nun ist sie selber nicht dabei. Irgend jemand hat den Dienstplan durcheinandergebracht.«

»Ach, das arme Ding!«

»Ja, nicht wahr? Ich weiß, daß sie sehr enttäuscht ist, aber sie läßt sich nichts anmerken, sondern macht ihre Arbeit genauso gut wie immer.«

In diesem Augenblick tauchte Margot mit lachenden Augen an der Tür auf. »Das muß man gesehen haben!« rief sie schmunzelnd.

»Was denn?« fragten Susy und Frau Glennon wie aus einem Mund.

»Onkel Bill hat ein Stück Schokoladentorte geschenkt bekommen.«

»Na und?«

»Nun hat er sich von oben bis unten mit Schokolade beschmiert; sogar die Augenbrauen und die Haare haben was abbekommen — und die Bettwäsche natürlich auch.«

»Ach, du lieber Himmel!« stöhnte Frau Glennon.

»Ich mach ihn schon wieder sauber. Er war nur so selig, daß ich — —« Sie brach ab, da ein Lämpchen auf dem Brett an der Wand aufleuchtete. »Ach herrje, Herr Sanderson! Er will wieder umgedreht werden.«

»Ich hab ihn doch eben erst umgedreht«, sagte Susy.

»Ich weiß. Aber er ist wie wahnsinnig, weil er sich nicht rühren kann. Das muß ja auch furchtbar für einen nervösen Menschen sein.« Schon war Margot fortgelaufen.

»Da sehen Sie, wie sie ist!« sagte Frau Glennon.

»Ja, wirklich ...«

Das Telefon schrillte. Frau Glennon nahm den Hörer ab und notierte etwas auf einem Notizblock. Dann bat sie Susy: »Sagen Sie Eben, daß wir einen Unfallpatienten mit inneren Verletzungen bekommen, der zu einer Operation fertiggemacht werden muß.«

Nachdem Susy dem Krankenwärter Bescheid gesagt hatte, traf sie Margot mit einem Armvoll Bettwäsche auf dem Flur und berichtete ihr von dem Unfallpatienten. Es war Aufgabe der Lernschwestern, einen neuen Patienten auf der Station aufzunehmen. Dann deutete sie fragend auf die Bettwäsche.

»Für Onkel Bill?«

»Ja. Ich wollte ihn nicht länger in der Schokolade liegenlassen. Aber wenn wir einen Unfallpatienten bekommen, muß er noch ein wenig warten. Es wird ihm wohl nichts schaden, nicht wahr?«

»Bestimmt nicht. Schließlich bekommt er nicht jeden Tag Schokoladentorte.« Sie sah Margot an. »Wie alt sind Sie eigentlich?«

»Zwanzig.«

»Wissen Sie auch, daß Sie eine ausgezeichnete Krankenschwester sind?«

Margot errötete. »Es bedeutet viel, wenn gerade Sie das sagen.«

Nun errötete Susy. Bevor sie etwas erwidern konnte, fuhr Margot fort: »Alle Mädchen in der Schule wissen, was für eine wunderbare Schwester Sie sind, Frau Barry. Uns tut es allen so leid, daß Dr. Barry krank ist. Wir haben im Operationssaal viel von ihm gelernt. Die erste Operation, bei der ich zugesehen habe, hat er gemacht.«

»Er hat auch meine erste Operation gemacht.«

Margot sah Susy mit großen Augen an. »Wirklich?«

»Ja!« antwortete Susy lachend. »Er war Assistenzarzt in dem Krankenhaus, in dem ich gelernt habe.«

»Tatsächlich? Wie wundervoll! Ich wünschte — —« In diesem Augenblick ertönte eine geisterhafte Stimme aus dem Lautsprecher. »Dr. Warren!« rief sie. »Dr. Warren!«

Margot wurde dunkelrot. »Ich werde die Wäsche in Onkel Bills Zimmer bringen«, sagte sie hastig und lief davon.

Kurz darauf trat ein großer hübscher Assistenzarzt ins Dienstzimmer. Er lächelte Susy zu, klopfte Frau Glennon auf die Schulter und hob den nächsten Telefonhörer ab. »Dr. Warren«, meldete er sich. »Ja, Dr. Mackin, ich werde dafür sorgen, daß er die Operationserlaubnis unterschreibt. Nein, ich werde ihn bestimmt nicht eher fortgehen lassen. Sie können sich darauf verlassen.« Er legte den Hörer hin und wandte sich zu Margot um, die während des Gesprächs ins Zimmer gekommen war. »Hallo, Kleine, wie geht's?«

Margot ging zum Schreibtisch und riß ein leeres Blatt vom Notizblock, ohne jedoch etwas damit zu tun. »Danke, gut!« antwortete sie gleichgültig — etwas zu gleichgültig, fand Susy.

Dr. Warren ließ sich auf einen Stuhl fallen und streckte seine langen Beine aus. »Papa Mackin wird euren Unfall operieren und hat wieder mal Angst, daß alle alles falsch machen.«

Die Schwestern lachten. Dr. Mackin, ein ausgezeichneter Chirurg, war als reizbar und schwierig bekannt.

»Assistieren Sie ihm?« fragte Frau Glennon.

»Ja.« Dr. Warren stand auf, reckte sich, daß seine Knochen knackten, murmelte seufzend: »Gott, bin ich müde!« und hob automatisch den Telefonhörer ab, als es klingelte. »Ja? Hier Dr. Warren. Eine Blutung? Ach herrje! Ich komme sofort rauf. Aber hören Sie, Kleine, ich muß in ein paar Minuten im Operationssaal sein, kann also nicht lange bleiben. Gut! Wiedersehn!«

Er warf den Hörer auf die Gabel, zog seine weißen Hosen hoch und lächelte den Schwestern zu. »Lebt wohl, ihr Süßen!« Schon war er fort. Susy und Frau Glennon lachten. Margot lächelte unsicher.

»Das arme Ding!« dachte Susy mitleidig. »Müssen Krankenschwestern sich denn immer in Assistenzärzte verlieben?« Dann fiel ihr ein, daß Bill ja auch Assistenzarzt gewesen war, als sie ihn kennenlernte. Aber bei ihr war es doch ganz anders gewesen! Sie hatte sich nicht bis über beide Ohren in ihn verliebt. Erst nachdem sie sich schon längere Zeit kannten, war ihr klargeworden, daß sie ihn liebte.

Jetzt öffnete sich die Fahrstuhltür, und eine Schwester der Unfallstation rollte vorsichtig eine Trage auf den Flur. Darauf lag reglos ein Mann von etwa dreißig Jahren, dessen bleiches Gesicht ein Stoppelbart bedeckte. Seine Augen waren geschlossen. Er atmete röchelnd; über ihm hing ein Dunst von Whisky.

»Alkoholiker?« fragte Frau Glennon, während sie den Kranken gemeinsam mit der Schwester in ein leeres Zimmer rollte.

»Nein, ein Holzfäller auf dem Bummel.«

»Ist er vom Whisky oder von dem Unfall bewußtlos?«

»Wohl von beidem. Sie sollten seinen Vater sehen! Der Alte ist bestimmt über siebzig — aber blau wie ein Märzveilchen. Er ist Koch in dem Holzfällerlager seines Sohnes. Die beiden wollten sich mal einen vergnügten Tag machen. Sollen wir ihn von der Trage herunternehmen?«

»Nein. Er muß ja gleich zum Operationssaal.«

»Schicken Sie uns die Trage dann bitte nachher zurück. Hier ist seine Karte.« Die Schwester gab die Karte Margot Harrison, die neben ihr stand, und eilte davon.

Kurz bevor der Mann fortgebracht werden sollte, kam Margot ganz aufgeregt mit der Karte in der Hand ins

Büro gestürzt. »Frau Glennon! Die Operationserlaubnis ist nicht unterzeichnet!«

»Ach, du lieber Himmel! Frank Warren wollte sich doch darum kümmern. Auf diese jungen Assistenzärzte ist auch kein Verlaß!«

Sie rief das Aufnahmebüro an. Nach ein paar hastig gewechselten Worten und zwei weiteren Anrufen legte sie den Hörer auf. »Der Alte ist schon fort. Aber der Polizist, der die beiden hergebracht hat, war noch da und will ihn zurückholen. Wir müssen noch warten — selbst wenn die im Operationssaal Krämpfe kriegen.«

»Warum hat man den Alten nicht in der Aufnahme unterschreiben lassen?« fragte Susy.

Frau Glennon seufzte. »Dort hat heute eine Neue Dienst, die von nichts 'ne Ahnung hat. Ich werde mal nach unserem Patienten sehen.« Sie ging aus dem Büro und rief über die Schulter zurück: »Vertrösten Sie bitte den Operationssaal, falls von dort angerufen wird, Frau Barry.«

Margot Harrison stand wie angenagelt mitten im Zimmer und starrte auf die Karte in ihrer Hand.

»Was ist denn los?« fragte Susy.

»Frank Warren ist doch nicht schuld daran, daß die Unterschrift fehlt! Er wurde von hier nach oben gerufen und hatte keine Zeit mehr, sich darum zu kümmern. Außerdem war er schrecklich müde. Kein Wunder, daß er nicht mehr daran gedacht hat! Warum mußte Mackin das auch gerade Frank aufhalsen! Die Aufnahme hätte sich um die Unterschrift kümmern müssen — oder wir.«

»Regen Sie sich doch nicht auf«, entgegnete Susy. »Der operierende Arzt kann die Erlaubnis ja selber unterzeichnen und damit die Verantwortung übernehmen.«

»Aber Mackin hat Frank beauftragt, für die Unterschrift zu sorgen. Er wird ihm Vorwürfe machen, wenn sie fehlt.«

»Wahrscheinlich. Doch Sie können sich beruhigen, da kommt der Unterzeichner.«

Durch den Korridor kam ein Polizist und hielt einen taumelnden und äußerst lebendigen alten Mann am Arm. Die beiden blieben vor der offenen Tür stehen. Der Alte grinste Susy und Margot an, so daß seine langen, tabakgebräunten Zähne zum Vorschein kamen. »Was wollt ihr von mir, Mädels?«

Der Polizist zog ihn ins Zimmer. »Ich habe Ihnen doch schon gesagt, daß Sie die Operationserlaubnis für Ihren Sohn unterschreiben sollen, Herr Batters.«

»Unterschreiben?« fragte der Alte mißtrauisch. »Ich unterschreibe nichts!« Er schwankte und hielt sich am Türrahmen fest.

»Setzen Sie sich erst einmal hin.« Susy führte ihn mit Hilfe des Polizisten zu einem Stuhl. Er setzte sich und sah sich verwirrt um. »Wo ist Charlie?« jammerte er. »Ich hab Charlie verloren.«

»Charlie hat einen Unfall gehabt und muß operiert werden«, sagte Susy. »Unterzeichnen Sie bitte die Operationserlaubnis.«

Er schob die Karte beiseite, die sie vor ihn hingelegt hatte. »Ich unterschreibe nichts!« Offenbar hatte er keine Ahnung, wo er sich befand und was geschehen war.

Jetzt tauchte Eben an der Tür auf. »Frau Glennon läßt fragen, ob es bald soweit ist.«

Herr Batters glotzte Eben an. »Was will der? Einen Ringkampf?«

Nun verlor Susy die Geduld. »Herr Batters, wollen Sie etwa die ganze Nacht hier sitzen?«

»Warum nicht? Hübsche Mädels — netter Betrieb. Wollen uns 'nen gemütlichen Abend machen!«

»Nein!« widersprach Susy. »Es geht um Charlie. Er wünscht, daß Sie unterschreiben.«

»So?« Er blinzelte sie an und sagte dann: »Na gut! Gib schon!«

Aufatmend drückte ihm Susy einen Federhalter in die Hand. Er nahm ihn auch folgsam, brach jedoch plötzlich in lautes Gelächter aus. »Reingefallen! Ich kann gar nicht schreiben!«

Jetzt kam Leben in den Polizisten. »Mach sofort ein Kreuz auf die Linie, sonst fliegst du ins Kittchen!«

Susy zeigte auf die Stelle für die Unterschrift. »Hierher, bitte!«

Nach einem ängstlichen Blick in ihr Gesicht malte der Alte mit unsicherer Hand ein Kreuz hin.

»So, das ist alles. Jetzt können Sie gehen.« Der Polizist zog ihn vom Stuhl hoch und führte ihn hinaus.

»Frau Glennon und ich werden als Zeugen zeichnen«, sagte Susy zu Margot. »Aber Dr. Warren muß dazusetzen, daß der Alte nicht schreiben kann, und ebenfalls mit seinem Namen zeichnen.«

Das Telefon klingelte. Eine Operationsschwester fragte an, wo der Patient Batters bleibe. Dr. Mackin sei bereits im Saal, fügte sie unheilverkündend hinzu.

»Der Patient wird in einer Minute oben sein«, versicherte Susy. »Ist Dr. Warren dort?«

Dr. Warren war noch nicht im Operationssaal. Susy rief im dritten Stock an. Dort sagte man ihr, daß er im Augenblick nicht ans Telefon kommen könne. Ob etwas auszurichten sei?

»Nein, danke.« Susy ging zu Frau Glennon, Margot dicht auf ihren Fersen. Frau Glennon stand neben der Trage und fühlte dem Patienten den Puls. Eben lehnte abwartend an der Wand.

»Wir müssen ihn hinaufschicken«, sagte Frau Glennon. »Frank kann die Erlaubnis oben gegenzeichnen.«

»Aber Dr. Mackin ist schon im Operationssaal!« wandte Margot ein.

»Na und?«

»Ach, Frau Glennon — könnte ich nicht rasch zum dritten Stock rauflaufen, damit Frank noch unterzeichnen kann? Sie wissen doch, wie Mackin ist. Er wird Frank furchtbar anschnauzen, wenn er von der Sache erfährt.«

»Das wird Frank auch überleben«, entgegnete Frau Glennon trocken. Doch als sie das ängstliche Gesicht des jungen Mädchens sah, gab sie nach. »Na gut, laufen Sie!«

»Vielen Dank! Ich werde Eben die Karte oben an der Fahrstuhltür geben.« Margot flog davon.

Pat Glennon grinste Susy an. »Ein Glück, daß ich nicht mehr jung bin!« Dann sah sie auf den bewußtlosen Charlie hinunter. »Sein Puls ist viel besser geworden. Fahren Sie los, Eben, und schauen Sie oben am Fahrstuhl nach Schwester Harrison aus.«

»Gewiß.«

Auf der Station wurde es ruhig. Susy stopfte gerade einen Armvoll schmutziger Handtücher in einen Wäschesack, als Margot keuchend, aber glücklich, zurückkam. »Das war eine Jagd! Frank war gerade fort, als ich im dritten Stock ankam. Ich rannte hinter ihm her und erwischte ihn vor der Tür zum Operationssaal. Er fiel fast vom Stengel, als er die Operationserlaubnis sah. Aber nun ist alles in Ordnung. Gott sei Dank!«

Susy breitete ein sauberes Tuch über den Wäschekorb. »Haben Sie Dr. Warren erzählt, was wir seinetwegen durchgemacht haben?«

»Nein. Dazu — war gar keine Zeit. Und warum auch?«

Susy lächelte nur, beschloß jedoch im stillen, daß der junge Arzt es von ihr erfahren sollte. Es dämmerte schon. Sie ging zu Herrn Sanderson, um ihn wieder einmal auf die andere Seite zu drehen, und hörte noch, wie Frau Glennon zu Margot sagte: »Gehen Sie bitte zum Vorratsraum hinauf und holen Sie Kochsalz und Traubenzucker.«

»Ja, Frau Glennon.« Margots Schritte entfernten sich. Einen Augenblick später hörte Susy die Fahrstuhltür gehen und darauf das Geräusch von quietschenden Gummisohlen auf dem Linoleum des Korridors. Neugierig ging sie hinaus. Charlie, begleitet von Dr. Warren und einer Operationsschwester, kam vom Operationssaal zurück. Er lag reglos auf seiner Trage, doch als das Licht im Korridor anging, sah Susy, daß er eine gute Gesichtsfarbe hatte. Auch bemerkte sie weder an Dr. Warren noch an der Schwester ein Zeichen der Beunruhigung. Die Operation schien also gut verlaufen zu sein.

Bald kamen auch Frau Glennon und Eben herbei und hoben den Patienten aufs Bett. Pat Glennon blieb bei ihm, um die Bluttransfusion zu überwachen. Susy folgte Dr. Warren zum Büro, wo er sich sofort an einen Schreibtisch setzte und seine Aufzeichnungen machte.

»War's schlimm?« fragte Susy.

»Nein. Angeknackstes Becken und Schock. In ein paar Tagen ist er wieder munter. Aber Mackin war mal wieder schön in Fahrt.«

»Ein Glück, daß Margot Ihnen noch rechtzeitig die Operationserlaubnis brachte!«

»Ja, das ist wahr«, sagte er etwas zerstreut. »Margot ist ein nettes Kind.«

»Sie wissen ja gar nicht, was sich hier abgespielt hat!«

Er sah auf. »Wieso? Hat Margot meinetwegen Scherereien gehabt?«

»Das nicht gerade. Aber eine Weile ist es hier heiß hergegangen. Margot müßte einen Preis als Schnelläuferin bekommen. Sie wollte durchaus verhindern, daß Mackin Sie in kleine Stücke reißt.«

Dr. Warrens Gesicht wurde weich. »Hat sie das gesagt?«

»Jedenfalls war sie sehr besorgt um Sie. Wollen Sie wissen, was sich alles abgespielt hat?«

»Ja, erzählen Sie!«

Susy schilderte ausführlich den Ablauf der Ereignisse.

»Das tut mir wirklich leid!« sagte er. »Aber meinetwegen hätte Margot sich nicht außer Atem zu rennen brauchen. Ich hätte schon auf mich genommen, was mir zukam. Trotzdem war es reizend von ihr. Wo steckt sie überhaupt?«

»Sie wird gleich von oben herunterkommen«, sagte Frau Glennon von der Tür her.

Er lief hinaus. In diesem Augenblick trat Margot, in jeder Hand eine große Glasflasche, von der Treppe auf den Flur. Der junge Arzt ging ihr rasch entgegen und blieb dicht vor ihr stehen. Als sie ihn etwas überrascht ansah, nahm er ihr die Flaschen ab und stellte sie auf die Erde. Dann hob er sie an den Ellenbogen hoch, küßte sie herzhaft ab, stellte sie wieder hin, reichte ihr die Flaschen und sagte: »Wollen wir nicht mal zusammen ausgehen?«

Susy strahlte. Pat Glennon aber murmelte: »Wer weiß, ob das gut ist.«

»Warum?« fragte Susy.

»Nun — Frank ist ein netter Junge und ein guter Arzt, aber mit Frauen spielt er nur.«

»Oh — das täte mir leid wegen Margot. Sie verdient etwas Besseres.«

»Ja. Ich möchte sie nicht gern unglücklich sehen.« Frau Glennon sah nach der Uhr und fügte hinzu: »Junge Liebe oder nicht — wir haben eine lebhafte Nacht vor uns. Gehen Sie lieber zum ersten Essen, Susy. Ich glaube, Margot wird jetzt keinen Appetit haben.«

Susy lachte froh. Zum erstenmal hatte Pat Glennon »Susy« zu ihr gesagt.

Besuch im Sanatorium

Wie an jedem Schultag herrschte auch heute morgen große Aufregung bei den Barrys.

»Mammi, Jonny hat meinen Pullover angezogen!«

»Mammi, Fräulein Rivers hat gesagt, ich soll dich an das Frühstücksgeld erinnern.«

»Mammi, ich mag meine Milch nicht austrinken.«

»Mammi, ich sehe schon den Bus kommen!«

Susy hielt sich die Ohren zu. Das war ja zum Verrücktwerden! Wie wurden andere Krankenschwestern, die keine Anne hatten, nur mit ihren Kindern fertig?

»Gebt mal Ruhe, Kinder!« rief sie energisch. »Hier ist dein Frühstücksgeld, Bettina. Jetzt ist keine Zeit mehr, die Pullover zu wechseln, Jerry. Trink deine Milch aus, Jonny. Und dann fort mich euch!«

Nach heftigen Umarmungen und Abschiedsküssen liefen die Kinder endlich aus dem Haus, dem roten Omnibus entgegen, der sich langsam den Berg hinaufwand. Mit einem Schlag trat eine fast beängstigende Stille ein. Das Baby, das während des Aufruhrs friedlich geschlafen hatte, erwachte und quarrte verwundert.

Susy hob es aus seinem Korb und drückte ihre Lippen auf den weichen Flaum des Köpfchens. »Du hast doch erst vor kurzem gefrühstückt und kannst unmöglich schon wieder hungrig sein!«

»Sie möchte wohl gebadet werden«, meinte Anne, während sie den Abwaschtisch auswischte. »Ich werde mich um sie kümmern. Du mußt dich für Bill schön machen.«

»Es ist noch viel Zeit. Besuchszeit ist erst ab zwei Uhr; und ich will mir nur die Haare waschen.«

»Tu es lieber gleich, damit sie nachher gut sitzen. Und fahr zeitig fort. Die Straßen dort runter sind nicht die besten.«

»Sie sind katastrophal! Ich verspreche dir, vorsichtig zu fahren.«

»Was wirst du anziehen?«

»Das neue honigfarbene Kleid und den kleinen braunen Hut.«

»Fein! Darin siehst du blendend aus. Bill wird Augen machen!«

Das hoffte Susy. Nachdem sie ihre Haare gewaschen hatte, manikürte sie sich und zog sich sorgfältig an. Zum Schluß setzte sie das kleine braune Hütchen keck auf ein Ohr. Bill war zum Glück keiner von den Ehemännern, die niemals bemerkten, was ihre Frauen anhaben, sondern freute sich, wenn sie hübsch gekleidet war.

Langsam lenkte sie den Wagen auf die Straße, aber bald vergaß sie ihr Versprechen, vorsichtig zu fahren. Der Weg zum Sanatorium kam ihr endlos lang vor. Trotz aller guten Vorsätze drückte sie immer mehr auf das Gaspedal, und schließlich schoß der Wagen wie ein Pfeil durch das große Tor des Sanatoriums, so daß der Kies nur so spritzte.

Drinnen beherrschte Susy ihre Ungeduld und ließ den Bürokratismus, der Patient und Besucher voneinander trennt, gefaßt über sich ergehen. Doch den Weg durch den langen Korridor zu Bills Zimmer legte sie fast im Laufschritt zurück.

»Bill!«

Der Kopf auf dem Kissen wandte sich ihr zu, und sie sah das vertraute Lächeln auf seinem Gesicht.

Sie begrüßten sich freudig und redeten ein paar Minuten lang nichts als Unsinn. Erst danach musterte Susy ihren Mann in Ruhe. Seine Gesichtsfarbe sah gesund aus, und er war etwas voller geworden.

»Du hast zugenommen«, sagte sie.

»Und wie! Die offene Stelle heilt auch schon. Ich hab mir die Röntgenbilder angesehen. Ich bekomme hier —« Ausführlich beschrieb er seine Behandlung.

»Das ist ja wunderbar, Bill! Und es gefällt dir hier.« Sie sagte es nicht fragend, sondern feststellend.

»Es soll mir gefallen?« erwiderte er aufgebracht. »Ich werde hier langsam verrückt! Wenn ich herauskomme, will ich nie wieder ein Bett sehen. Das Fenster macht mich geradezu rasend.«

»Aber die Aussicht ist doch sehr hübsch. Der wunderschöne Buchsbaum!«

»Ja, der Buchsbaum ist fabelhaft. Einmal in der Woche kommt ein Mann und beschneidet ihn. Und der Rasen wird mit einem elektrischen Rasenmäher geschnitten. Ich habe das Gefühl, mitten im Leben zu stehen.«

»Du Dummkopf!« schalt Susy lachend. »Ich kann mir denken, wie langweilig dir das alles ist — aber es dauert ja nicht ewig. Und du hast dich doch schon sehr gut erholt.«

»Ja, das stimmt. Ich bin ja auch nicht unzufrieden. Aber jetzt wollen wir mal meine Lungen vergessen! Erzähl mir von den Kindern — und vom Krankenhaus. Übrigens siehst du süß in dem Kleid aus.«

»Meine neue Tracht steht mir auch ganz gut.«

»Ich kenne dich in Tracht. Hab ich mich nicht in dich verliebt, als du Schwesterntracht trugst? Aber mit der umgekehrten Teetasse auf dem Kopf, die ihr Haube nennt, hab ich dich lange nicht gesehen.«

»Sie sieht noch immer so wie früher aus. Bettina findet sie entzückend.«

»Was machen die Kinder? Vermissen sie ihre Mammi sehr?«

»Anfangs waren sie wohl ein wenig betrübt, daß ich jetzt so viel fort bin. Aber nun hat ja die Schule angefangen; da haben sie den Kopf mit anderen Dingen voll.«

»Was macht mein Rotköpfchen?«

»Sie ist einfach süß! So dick und gesund!« Susy schwelgte eine Weile in Erzählungen von den Kindern und ging dann zu dem Springdaler Klatsch über, den sie von Anne zu erfahren pflegte. »Übrigens kommen die Stuarts bald aus Paris zurück. Ich hab einen Brief von Karla bekommen. Sie ist ganz unglücklich, weil sie die ersten Wochen in der Schule versäumt hat.«

Bill lächelte. »Wie die Kleine sich verändert hat! Das ist allein dein Verdienst.«

»Na, deins doch auch! Ich freue mich, daß die Stuarts zurückkommen. Dann haben wir wieder jemand in der Nachbarschaft. Ich habe gern Menschen um mich.«

»Und nun bist du Ärmste ganz allein mit vier Kindern und Anne! Hast du wenigstens im Krankenhaus etwas Gesellschaft? Oder sind alle davongelaufen?«

»Hast du etwa geglaubt, der Betrieb könne ohne dich weitergehen?«

»Na, ich dachte, man würde es wenigstens versuchen, ohne mich auszukommen. Vermißt mich denn niemand?«

»Warte mal — — Ach, richtig! Eine Lernschwester auf meiner Station trauert über deine Abwesenheit. Sie hat im Operationssaal mit dir zusammengearbeitet und hält dich offenbar für ein Genie.«

»Wer ist das kluge Kind?«

»Eine Seniorin namens Margot Harrison.«

»Harrison? Ach, ich erinnere mich! Sie macht niemals Fehler, läßt sich nicht aus der Ruhe bringen und ist immer mit ihren Gedanken bei der Arbeit.«

»Es freut mich zu hören, daß auch gute Eigenschaften sich einprägen. Margot ist eine wunderbare Krankenschwester. Übrigens ist sie unsterblich in Frank Warren verliebt.«

Bill machte ein finsteres Gesicht. »Frank ist nichts für ein ernsthaftes Mädchen wie Margot.«

»Das hat Pat Glennon auch gesagt.«

»Woher weißt du denn, daß sie in ihn verliebt ist?«

Susy erzählte ihm von der fehlenden Operationserlaubnis und dem Kuß.

»Warren und seine Faxen!« knurrte Bill. »Im vergangenen Sommer, als Ann Conklin Oberschwester im Operationssaal war, brachte er ihr immerfort Blumen, verbeugte sich vor ihr und murmelte mit bedeutungsvollem Augenaufschlag: ›Die Rose der Rose!‹ Die Conklin schwebte zwei Wochen lang im siebenten Himmel und war überhaupt nicht zu gebrauchen.«

»Was ist denn schon dabei?«

»Nichts. Nur — Warren ist furchtbar oberflächlich. Er macht allen Frauen den Hof, ohne sich viel dabei zu denken. Leider gehen ihm alle Mädchen auf den Leim, während er sie sehr schnell wieder vergißt.«

Susy runzelte die Stirn. »Er braucht eine gute zuverlässige Frau, die auf ihn aufpaßt.«

»O weh!« rief Bill. »Siehst du etwa eine neue Aufgabe vor dir?«

»Unsinn! Ich denke nicht daran, mich in die Angelegenheiten anderer Leute einzumischen.«

»Natürlich nicht! Aber es wird sich ganz von selber ergeben. Nun, tu dir keinen Zwang an! Wenn du Frank Warren dahin bringst, daß er ein Mädchen von einem anderen unterscheidet, bist du in meinen Augen ein Genie.«

Neben Susys Mundwinkeln erschienen ein paar Grübchen, aber sie erwiderte nichts. Nachdem sie noch eine Weile über dies und das gesprochen hatten, nahte, viel zu schnell, das Ende der Besuchszeit.

Bills Augen trübten sich, als Susy aufstand; ihre Kehle wurde eng. Nach einem kurzen schmerzlichen Schweigen gelang es ihr zu lächeln. »Kann ich dich auch einen ganzen Monat allein lassen? Ich habe draußen ein paar sehr hübsche Krankenschwestern gesehen.«

»Keine Angst! Eine hübsche Krankenschwester in meinem Leben genügt mir — wenigstens vorläufig. Später vielleicht . . .«

»Später werde ich schon aufpassen. Bis dahin rackere ich mich auf der Station ab, während du hier ruhig in deinem Bett liegen kannst.«

»Ich weiß doch genau, daß dir die Arbeit Spaß macht.

War es nicht gut, daß ich dir zugeredet habe, wieder deinen Beruf auszuüben?«

»Ja, sehr gut!« Diesmal war ihr Lächeln echt.

Ein verhängnisvoller Irrtum

Vorläufig kam Susy nicht mehr dazu, sich mit Margot Harrison zu beschäftigen, denn an Stelle des verliebten Mädchens machte jetzt Dora Macgraw auf ihrer Station Dienst.

»Ich versteh nicht, was mit Dora los ist«, sagte Pat Glennon eines Abends. »Früher arbeitete sie verläßlich und selbständig. Jetzt tut sie gerade notdürftig das, was man ihr sagt.«

Susy dachte wohl manchmal darüber nach, was das Mädchen so verändert haben könnte. Aber die Arbeit im Krankenhaus, die vier Kinder zu Hause und die Sorge um Bill ließen ihr wenig Zeit für die Probleme anderer Menschen. Sie hatte sich nun schon völlig im Krankenhaus eingelebt. Auch machte sie sich keine Gedanken mehr darüber, was die anderen Schwestern von ihr dachten, obwohl sie durchaus nicht sicher war, daß man sie allgemein anerkannte. Sie verstand ihre Arbeit; das gab ihr Sicherheit und Selbstbewußtsein.

Die tägliche Fahrt durch das Tal von Springdale wurde ihr zu einer lieben Gewohnheit. Die bewaldeten Hänge prangten nun in leuchtenden Herbstfarben, und ein herber Geruch lag in der Luft. Wenn Susy nachts zu ihrem stillen Haus zurückfuhr, glühten die Augen von Opossums und Waschbären am Straßenrand auf, und das Sternbild des Orion machte seine winterliche Runde über den schwarzblauen Himmel.

Abgesehen von den Dingen, die sich täglich wiederholten, hatte jeder Abend im Krankenhaus sein eigenes Gesicht. Es gab langweilige Abende, an denen nichts Besonderes geschah. Schwerkranke wie Genesende verhielten sich dann ruhig und klagten nicht. Ärzte kamen und gingen, ohne lange verwickelte Anordnungen aufzuschreiben. Die Assistenzärzte erschienen prompt, wenn sie gerufen wurden. Die Telefone schwiegen längere Zeit still.

Dann gab es Abende, die man nur als albern bezeichnen konnte. Die Patienten spielten einander und den Schwestern kindische Streiche. Besucher brachten Konfektattrappen oder Früchte aus Gummi mit. Reizbare Patienten waren plötzlich liebenswürdig, melancholische lachten. Die Schwestern im Aufnahmebüro, die gewöhnlich kurz und geschäftsmäßig am Telefon waren, begannen plötzlich witzig zu werden. Assistenzärzte versteckten sich hinter Türen und erschreckten die Schwestern. Die Stabsärzte waren ungewöhnlich guter Stimmung.

An anderen Abenden wieder geschahen nur ärgerliche Dinge. Patienten verlegten ihr Gebiß, vergossen Fruchtsaft im Bett, verwickelten sich in ihre Morgenröcke oder gerieten mit ihren Rollstühlen zwischen die Möbel. Besucher gingen in falsche Zimmer. Blumenvasen kippten um und ergossen ihr Wasser in Schreibtischschubladen. Eisschranktüren klemmten; Sterilisationsapparate kochten über.

Und schließlich gab es ganz verrückte Abende, an denen Angehörige von Patienten Ohnmachtsanfälle erlitten, Kranke aus dem Bett fielen, Schwestern wertvolle Spritzen zerbrachen. Dann fand man plötzlich Patienten, die nicht aufstehen sollten, auf der Veranda, während andere, die herumgehen sollten, sich nicht aus dem Bett rührten. Herzkranke erlitten Anfälle, friedliche Patienten stritten sich mit ihren Frauen und bekamen Fieber; immer wieder trafen Verunglückte ein. Ärzte verschrieben Medikamente, die in der Krankenhausapotheke nicht vorrätig waren. Die Assistenzärzte traten sich gegenseitig auf die Füße. Schwestern, Besucher und Patienten waren quenglig und streitsüchtig; der kleinste Zwischenfall drohte in eine Krise auszuarten.

Sonderbarerweise herrschte immer dieselbe Stimmung, wie sie auch sein mochte, auf allen Stationen gleichzeitig. »Es ist wie verhext«, sagte Pat zu Susy. »Wenn es bei uns verrückt zugeht, ist es im ganzen Haus das gleiche.«

»Vielleicht hängt das mit den Sonnenflecken zusammen«, meinte Susy.

»Oder mit den Sternen.«

»Warum nicht? Aber eigentlich will es mir nicht in den Kopf, daß Sonnenflecke oder Saturn im zweiten Haus daran schuld sein sollen, daß Onkel Bill aus dem Bett fällt oder daß Frau Sommer im Nachthemd spazierengeht.«

Als Susy am nächsten Tag zum Dienst kam und an Kits offener Tür vorbeiging, rief Kit sie an. »Komm bitte mal herein, Susy. Ich möchte etwas mit dir besprechen.«

Susy ging zu ihr ins Zimmer und setzte sich. »Was gibt's denn?«

»Ich mache mir Sorgen um Dora Macgraw. Du bist doch so eine begabte Psychologin. Kannst du mir nicht sagen, was mit dem Mädchen los ist?« Kits braune Augen blickten ernsthaft bekümmert.

»Ich hab keine Ahnung, was ihr fehlt. Dazu kenne ich sie auch viel zu wenig.«

»Im vorigen Jahr war sie eine unserer besten Schülerinnen, fleißig, vergnügt, voller Initiative. Die Patienten liebten sie, die Oberschwestern waren von ihr entzückt. Jetzt laufen dauernd Beschwerden über sie ein. Sie sei unfähig, uninteressiert, unaufmerksam, heißt es. Außerdem scheint sie eine geradezu krankhafte Scheu davor zu haben, Medikamente einzugeben. So geht es auf keinen Fall weiter.«

»Hast du sie dir schon einmal vorgenommen?«

»Natürlich. Aber ich bekomme nichts aus ihr raus. Sie sitzt nur da und zittert und verspricht, sich zu bessern — und dann bleibt alles beim alten. Willst du nicht mal mit ihr sprechen?«

»Gern! Aber ich bezweifle, daß ich mehr erreiche als du. Sie ist furchtbar verschlossen.«

»Dann versuch sie aufzuschließen! Ich bin am Ende mit meinem Latein.«

»Macht sie heute Zwischendienst?«

»Ja, von sieben bis elf.«

Susy stand auf. »Mal sehen, was sich tun läßt! Aber einen Erfolg kann ich dir nicht versprechen.«

»Natürlich nicht! Vielen Dank, Susy!«

Station Denham war an diesem Abend ungewöhnlich still. Acht Patienten waren entlassen worden, und neue waren bisher nicht hinzugekommen. »Sieht nach 'ner ruhigen Nacht aus«, sagte Susy zu Pat Glennon.

»Man kann nie wissen, was kommt«, entgegnete Pat. »Ach, du meine Güte! Hören Sie doch nur den armen Rollins!«

Herr Rollins, ein schwer herzkranker Mann mit einer fieberhaften Bronchitis, sprach unaufhörlich laut mit sich selber. Schon zwei Tage lang hatte er nicht geschlafen und schwieg nicht eine Minute still. Man hatte kein Mittel unversucht gelassen, ihn zu beruhigen, aber es war alles vergebens.

»Er ist ganz allein mit seinem Lastwagen von Florida hier heraufgefahren und nach seiner Ankunft zusammengebrochen«, hatte Fräulein Parton am Tag vorher erzählt. »Im Geiste fährt er immer noch. Er bildet sich ein, das Steuerrad zu halten, und seine Arme zittern von der Anstrengung. Nicht eine Minute liegt er still, so daß Penicillin nicht wirken kann. Wenn er nicht bald zur Ruhe kommt, macht sein Herz nicht mehr mit. Dr. Marshall ist schon ganz verzweifelt. Wir haben auf alle Fälle Seitengitter an seinem Bett angebracht.«

»Versucht er aufzustehen?« fragte Pat.

»Nein, er ist zu sehr damit beschäftigt, den Geisterwagen zu steuern. Wenn man ihm eine Weile zuhört, glaubt man fast selber, daß er fährt.«

»Hat er eine eigene Pflegeschwester?« fragte Susy.

»Nein. Sein Sohn wollte keine haben — weiß der Himmel, warum. Die Leute haben Geld genug, aber Angehörige sind oft sonderbar. Allerdings liegt er in einem Einzelzimmer. Anders ginge es auch gar nicht.«

Als Susy ihre Runde machte, blieb sie eine Weile in Herrn Rollins' Zimmer. Er war ein gut aussehender Mann Anfang fünfzig mit grauen Schläfen, aber sein Gesicht sah abgezehrt aus, und seine Augen starrten ausdruckslos ins Leere. Nachdem er Susy kurz begrüßt hatte, fuhr er fort, seinen Wagen weiterhin zu steuern und mit lauter Stimme zu sprechen — über die Straße, die Landschaft, den Wagen.

»Wollen Sie sich nicht ein wenig ausruhen, Herr Rollins?« fragte Susy sanft.

»Nein, das geht nicht. Ich muß doch bis Brunswick, bevor es dunkel wird.«

»Sie sind in einem Krankenhaus, Herr Rollins — und im Bett.«

»Ja, ich weiß. Den ganzen Tag gehen hier Krankenschwestern ein und aus. Diese Straße ist nichts wert — zu viel roter Ton. Und mit dem linken Hinterrad stimmt was nicht.«

Susy gab es auf. Hilflos sah sie noch eine Weile zu, wie seine zitternden Hände das eingebildete Steuerrad hielten, wie sein Fuß sich von einer nicht existierenden Bremse hob. Dann wandte sie sich um und ging still aus dem Zimmer, um zu helfen, wo sie helfen konnte. Herrn Rollins' Stimme verfolgte sie unaufhörlich; sie erstarb, wenn Susy andere Zimmer betrat, und schallte ihr wieder entgegen, sobald sie herauskam. Von Zeit zu Zeit ging sie zu ihm hinein, gab ihm einen Schluck Wasser oder etwas Fruchtsaft und fühlte seinen Puls, der immer schwächer und unregelmäßiger wurde. Er dankte ihr jedesmal höflich, hielt aber keinen Augenblick in seiner Fahrt an. Und immerfort sprach er mit eintöniger Stimme laut vor sich hin.

Um sieben Uhr kam Dora Macgraw zum Dienst. »Guten Abend, Frau Barry!« begrüßte sie Susy, die gerade im Büro arbeitete. »Wo ist Frau Glennon?«

»Sie ist im Schwesternzimmer und trinkt eine Tasse Kaffee.«

»Aha.« Doras Stimme klang tonlos; ihre Augen blickten leer, ihr Gesicht war blaß.

»Möchten Sie die Achtuhr-Medizin ausgeben?« fragte Susy mit Vorbedacht.

»Ach, bitte — nein... Ich meine — natürlich — wenn Sie wollen, daß ich es tue. Nur — bei mir geht es so langsam — und ich weiß nicht...«

»Lassen Sie nur, ich werde es selber tun«, sagte Susy ruhig, obwohl das sonderbare Verhalten des Mädchens sie erschreckte. »Kümmern Sie sich bitte um die Bluttransfusion von Herrn Ellery. Er wird bald eine neue Flasche brauchen.«

Dora Macgraw atmete schwer. »Bluttransfusion!« flüsterte sie. »Ja — ja!« Dann hielt sie sich plötzlich die Hand vor ihr rechtes Auge. »Entschuldigen Sie bitte, mir ist etwas ins Auge gekommen!«

Sie floh förmlich davon. Susy blieb verdutzt zurück. Was sollte das bedeuten? Das Mädchen benahm sich ja wie eine ängstliche Probeschwester; dabei hatte sie schon ein Jahr Schwesternschule hinter sich. Susy schüttelte den Kopf. Im Augenblick konnte sie nichts weiter tun, nahm sich jedoch vor, der Sache auf den Grund zu gehen.

Eine Stunde später holte sie die Medizingläser aus dem Krankensaal, um sie abzuwaschen. Die Tür zum Waschraum, die gewöhnlich offenstand, war geschlossen. Als Susy sie aufstieß, schrak sie zurück. Das Zimmer war voller Dampf, der einem brodelnden Sterilisationsapparat entströmte. Daneben stand Dora Macgraw, in der einen Hand eine Flasche mit Einreibespiritus, in der anderen ein Handtuch, das sie sich vors Gesicht hielt. Sie weinte.

Susy machte die Tür sachte hinter sich zu, stellte das Tablett ab und legte den Arm um die Schultern des Mädchens. »Was ist denn los?«

Dora weinte nur noch heftiger. Susy wartete geduldig, während der Dampf um sie herum immer dichter wurde. »Sprechen Sie doch!« sagte sie endlich. »Selbst wenn ich

Ihnen nicht helfen kann, wird es Sie erleichtern. Und vielleicht kann ich Ihnen helfen.«

Dora schluckte und stammelte: »Ich — will meiner Mutter schreiben, daß ich — von hier fortgehe.«

»Sie wollen Ihr Studium abbrechen? Aber warum denn? Gefällt Ihnen der Schwesternberuf nicht?«

»Ich — liebe ihn — habe ihn immer geliebt!«

»Warum wollen Sie dann fort?«

Das Mädchen wischte sich die Augen mit dem Handtuch und antwortete verzweifelt: »Ich — darf — diesen Beruf nicht ausüben. Ich muß aufhören — ehe ich jemand töte.«

»Reden Sie keinen Unsinn!« erwiderte Susy scharf. »Sie sind ja hysterisch.«

»Nein, nein, Frau Barry, das bin ich nicht!«

»Nun, regen Sie sich nicht auf. Waschen Sie sich jetzt das Gesicht mit kaltem Wasser, putzen Sie sich die Nase und erzählen Sie mir, was Sie bedrückt.«

Dora schüttelte den Kopf. »Nein — das kann ich nicht! Keinem kann ich das erzählen. Lieber sterbe ich!«

»So waschen Sie sich wenigstens das Gesicht.«

Folgsam wusch sich Dora, trocknete sich mit dem Handtuch ab und sah verlangend zur Tür.

»Nein!« sagte Susy fest. »Sie bleiben jetzt hier und erzählen mir alles.«

Ein Hoffnungsschimmer leuchtete in Doras Augen auf. »Sie — werden es niemand weitererzählen?«

»Nein — vorausgesetzt, daß es weder zum Schaden eines Patienten noch des Krankenhauses ist.«

Wieder füllten sich Doras Augen mit Tränen. »Jetzt — kann es nur noch mir schaden. Ich — mir ist ein furchtbarer Irrtum passiert, Frau Barry. Ich hätte leicht einen Menschen töten können. Es war nur ein glücklicher Zufall, daß es nicht geschah.«

»Dann wollen wir dem glücklichen Zufall dankbar sein. Was ist denn passiert, Kindchen?«

Ein Schauder überlief Susy, als sie die Geschichte vernahm. Dora Macgraw hatte den Auftrag bekommen, eine Flasche mit Blut in einem Transfusionsapparat auszuwechseln. Sie hatte eine neue Flasche aus dem Vorratsraum geholt, sie eingesetzt und war dann an eine andere Arbeit gegangen. Erst als die Flasche leer war, hatte sie einen furchtbaren Irrtum entdeckt.

»Es war das falsche Blut«, stieß sie erregt hervor, »nur war es doch nicht das falsche — ich meine — es war für einen anderen Patienten bestimmt — aber von derselben Blutgruppe. Denken Sie doch nur — wäre es nicht dieselbe Blutgruppe gewesen, dann wäre der Patient gestorben!«

Susy schwieg erschüttert. Tatsächlich führt ja die Zufuhr von Blut einer fremden Blutgruppe den sofortigen Tod eines Menschen herbei. Aber Dora hatte genug gelitten; es wäre grausam gewesen, ihr jetzt noch Vorwürfe zu machen. »Was haben Sie dann getan?« fragte Susy schließlich.

»Ich hab — die Etikette vertauscht. Die Flasche, die ich hätte nehmen müssen, stand hinter einem Glas mit Kochsalz, deshalb hatte ich sie nicht gesehen. Seitdem — habe ich fast nicht mehr geschlafen. Ich hätte die Sache melden müssen, aber ich wagte es nicht. Und es war ja auch nichts passiert. Aber seitdem kann ich an nichts anderes mehr denken. Und ich habe schreckliche Angst, Medizin auszugeben oder auch nur das Essen zu verteilen, denn ich könnte ja wieder etwas verwechseln.«

»Das brauchen Sie nicht zu befürchten«, entgegnete Susy. »Ihnen wird bestimmt nie wieder ein ähnlicher Irrtum unterlaufen. Wenn eine gute Krankenschwester einmal einen Fehler macht, passiert ihr das nicht zum zweiten Mal. Sie waren eine gute Schwester, ehe das geschah. Jetzt müßten Sie eine noch bessere sein. Glauben Sie mir, niemand ist beim Medizinausgeben zuverlässiger als Sie!«

In den Augen des gequälten Mädchens blühte Hoffnung

auf, erstarb jedoch sogleich wieder. Sie hatte zu lange unter dem Druck ihrer Selbstvorwürfe gelebt, als daß sie sich so schnell hätte davon befreien können.

»Wenn ich meinen Irrtum irgendwie wettmachen könnte, würde ich mich leichter fühlen«, sagte sie leise. »Aber wie könnte ich das? Ich habe beinahe einen Menschen getötet; darüber komme ich nicht hinweg. Ich — muß wohl doch von der Schule abgehen.«

»Warten Sie noch ein wenig«, riet ihr Susy.

»Das wird nichts nützen«, antwortete Dora niedergeschlagen. »Ich danke Ihnen für Ihre Freundlichkeit, Frau Barry. Es hat mir gutgetan, Ihnen alles erzählen zu können.« Sie wandte sich um und ging aus dem Zimmer.

Susys Gesicht und Haare waren feucht von Dampf. Sie öffnete die Tür, hakte sie fest und riß das Fenster auf. Dann begann sie die Medizingläser zu waschen. Schade, daß Doras Irrtum nicht sogleich ans Tageslicht gekommen war! Eine strenge Bestrafung durch die Schulleitung wäre viel heilsamer für das junge Mädchen gewesen als die quälenden Selbstvorwürfe.

Nachdem Susy die Gläser abgetrocknet hatte, stellte sie sie in den Schrank. Kurz darauf sah sie Dr. Marshall, den Arzt von Herrn Rollins, durch den Flur gehen. Sie folgte ihm zum Büro, um seine Meinung über den Fall zu hören.

Er ließ sich schwer auf einen Stuhl fallen und studierte stirnrunzelnd die Karte des Kranken, die Pat Glennon ihm gereicht hatte. Dann hob er den Kopf. »Hat er geschlafen?«

»Nein«, antwortete Pat. »Das Morphium hat überhaupt nicht gewirkt. Er fährt immer noch.«

Dr. Marshall stützte die Ellenbogen auf den Tisch und vergrub das Gesicht in den Händen. »Wenn er keinen Schlaf findet — bei dem Herzen ...« Er schob den Stuhl zurück und stand auf. »Wir wollen einmal zu ihm gehen.«

Pat bat Susy mit einem Blick, ihn zu begleiten, da sie alle Hände voll zu tun hatte. Susy ging hinter Dr. Marshall durch den Korridor zum Zimmer von Herrn Rollins, aus dem ihnen seine unermüdliche Stimme entgegenschallte. Doch an der Tür blieben die beiden verwundert stehen. Sie hörten eine zweite Stimme — die von Dora Macgraw — sagen: »Geh'n Sie doch mal eine Weile nach hinten und schlafen Sie ein bißchen. Ich werde unterdessen steuern. Ich fahre sehr gut.«

»Vielleicht später. Ich will nur noch durch diese Stadt fahren. Nett, daß Sie mitgekommen sind! Ich fühlte mich schon recht einsam.«

»Es war nett von Ihnen, daß Sie mich mitgenommen haben. Viele Autofahrer fürchten sich, jemand mitzunehmen. Aber ich verspreche Ihnen, nicht mit Ihrem Wagen auszureißen, wenn Sie schlafen.«

»So was würde ich Ihnen auch gar nicht zutrauen. Sie haben ein liebes, ehrliches Gesicht.«

Susy und Dr. Marshall standen wie gebannt vor der angelehnten Tür und horchten. Herr Rollins sprach jetzt nicht mehr so laut wie früher, sondern im Unterhaltungston. »Möchten Sie nicht eine Tasse Kaffee trinken?« fragte er. »Ich hab einen Mordshunger. Dort hinter der Straßenampel ist eine kleine Imbißstube, die ich von früher her kenne. Wollen wir hineingehen?«

»Ja. Ich würde auch gern etwas essen.«

»Fein! Ha, das Licht hat gerade im richtigen Augenblick gewechselt!«

Nach einer kurzen Pause sagte Dora: »Ich trinke aber nur unter der Bedingung mit Ihnen Kaffee, daß Sie sich nachher hinlegen und mich fahren lassen.«

»Gemacht! Na, hier sind wir! Vorsicht, klemmen Sie sich nicht die Finger in der Tür! Scheint 'ne ganz hübsche Kneipe zu sein. Guten Morgen, mein Herr! Bitte zwei Tassen Kaffee und zwei Brötchen mit Huhn. Nein, danke, wir bleiben hier an der Theke.«

Susy vergaß sich und ihre Umgebung. Die Imbißstube, die Brötchen, der Kaffee — alles stand ihr so lebhaft vor

Augen, daß sie sich nicht gewundert hätte, wenn Dr. Marshall in den Raum getreten wäre und noch zwei Tassen Kaffee bestellt hätte.

Indessen wickelte sich die Geschichte weiter ab. Nachdem Herr Rollins die Zeche bezahlt hatte, gingen die beiden auf die Straße. Dora wollte Herrn Rollins das Geld für ihr Frühstück zurückgeben. Er weigerte sich, es anzunehmen, und sie gab schließlich nach. Dann schien Herr Rollins die Wagentür zu öffnen und vorne einsteigen zu wollen.

»Nein!« sagte das Mädchen schnell. »Sie haben mir versprochen, daß Sie sich nach hinten legen werden.«

»So? Hab ich das versprochen? Na, vielleicht später ...«

»Nein, jetzt gleich! Sie sind stundenlang gefahren und todmüde. Ich kenne diese Straße. Sie brauchen ja nicht zu schlafen. Legen Sie sich wenigstens ein bißchen lang. Sie werden sehen, wie gut das tut. Bitte!«

Nun entstand ein langes Schweigen. Susy und Dr. Marshall hielten den Atem an. Schließlich lachte Herr Rollins gutmütig. »Na schön! Ich hab noch nie einem netten Mädchen was abschlagen können. Hier, nehmen Sie den Startschlüssel!«

Wieder war eine Weile alles still. Dann fragte Dora: »Liegen Sie bequem?«

»Ja, danke.«

»Gut! Jetzt will ich aber kein Wort mehr von Ihnen hören.«

Er streckte sich wohlig und gähnte. »Das war keine schlechte Idee.«

»Schsch!« machte Dora wie zu einem kleinen Kind.

Alles war still. Eine Minute verging — noch eine. Dr. Marshall spähte durch den Türspalt. Ein zufriedenes Lächeln huschte über sein Gesicht. »Bei Gott, sie hat es geschafft!« Er nahm Susy am Arm und zog sie fort. »Er schläft wie ein kleines Kind. Wie heißt die Schwester?«

Susy nannte ihm Doras Namen. Da tauchte das Mädchen auch schon auf dem Flur auf, zog leise die Tür hinter sich zu und kam auf Zehenspitzen durch den Korridor.

»Schwester Macgraw!« sagte Dr. Marshall.

Sie blieb stehen. »Ja?«

»Das haben Sie wundervoll gemacht! Wir haben alles mit angehört. Wie sind Sie nur auf den Kniff gekommen?«

»Ach, ich weiß nicht. Ich wußte nur, daß ich ihn dazu bringen mußte, sich hinten in den Wagen zu legen.«

»Woher wußten Sie das?«

Sie hob die Schultern. »Ich — wußte es eben.«

»Soso! Das ist ja sehr interessant. Haben Sie schon Unterricht in Nervenbehandlung gehabt?«

»Nein.«

»Hm. Sie haben außerordentliches Talent dafür. Auf diesem Gebiet werden dringend geeignete Kräfte gebraucht. Die Sache hat Zukunft, wissen Sie. Ich werde mit der Schulleitung über Sie sprechen.«

Doras Gesicht leuchtete auf. »Vielen Dank!«

»Das ist das Wenigste, was Sie verdient haben. Wenn Sie ihn nicht zum Schlafen gebracht hätten, wäre er gestorben.« Dr. Marshall nickte ihr zu und ging zum Büro.

Susy sah Dora bedeutungsvoll an. »Sie haben ihm das Leben gerettet, indem Sie ihn zum Schlafen brachten! Das macht doch anderes wett, nicht wahr?«

»Wie? Ja — natürlich!« Doras Augen strahlten.

»Würden Sie bitte die Neunuhr-Medizin ausgeben?«

»Sehr gern, Frau Barry!« Dora eilte zum Krankensaal. Ihre Füße schienen den Boden kaum zu berühren.

Mitte November hörte Susy, daß Lot Phinney krank sei, und rief ihn an.

»Nichts als Unsinn!« knurrte Lot, als sie sich nach seinem Ergehen erkundigte. Ich wünschte, Bill wäre hier.«

»Was fehlt Ihnen denn?« fragte Susy.

Nach kurzem Zögern antwortete er: »Dr. Mason sagt, es wäre das Herz. Es scheint nicht mehr recht zu wollen. Vor ein paar Tagen hatte ich meine große Leiter ans Haus gestellt, um die Dachrinne zu reinigen. Dabei geriet ich etwas außer Atem und legte mich eine Minute lang. Und da geht doch diese Gans, meine Haushälterin, hin und ruft Dr. Mason, ohne mir was davon zu sagen.« Er schwieg.

»Na und?«

»Na und! Dieser dämliche Mason sagte, ich soll im Bett bleiben.«

»Da sind Sie natürlich sofort aufgestanden.«

»Na klar! Ich hab keine Zeit, müßig rumzusitzen und mit meinem Blutdruck schönzutun.«

»Hat der Doktor gesagt, Sie hätten Koronarinsuffizienz?«

»Ja, so hat er wohl gesagt. Aber eigentlich kommt es doch nur auf ein winziges Blutklümpchen raus, das sich schon auflösen wird. Mich stört's jedenfalls nicht.«

»So! Und Sie laufen nach wie vor wie ein Wiesel herum?«

»Sicher! Machen Sie sich mal keine Sorgen um mich.«

Zwei Tage später brachte man ihn ins Krankenhaus. Er hatte auf der Straße seinen Wagen hochgewunden, um einen Reifen zu wechseln. Ein Polizist hatte ihn bewußtlos aufgefunden. Als Susy zum Dienst kam, lag er in einem Sauerstoffzelt in Zimmer 9. Sobald sie Zeit fand, ging sie zu ihm hinein. Sein Kopf lag hoch gebettet. Sein Gesicht sah grau aus, und er atmete schwer. Susy blieb hilflos und voller Mitleid am Fußende seines Bettes stehen. Er starrte sie aus dem durchsichtigen Zelt an. Eine Weile schwiegen beide. Schließlich brummte er: »Da bin ich nun!«

»Ein Glück, daß Sie hier sind! Jetzt müssen Sie sich schonen, ob Sie wollen oder nicht.«

Auch er schien ganz froh zu sein, daß er nun behütet und gepflegt wurde, knurrte jedoch eigensinnig: »Ich wär lieber zu Hause.«

»Haben Sie Schmerzen?« fragte Susy.

»Kaum der Rede wert! Aber vorhin hat's mich tüchtig gepackt.« Er rang nach Atem, und Susy ging aus dem Zimmer.

Im Büro studierte sie seine Karteikarte. Falls er keinen neuen Anfall bekam, würde er nach einer Woche aus dem Sauerstoffzelt herauskommen, aber danach mindestens noch sechs Wochen im Bett bleiben müssen. Das würde ihn mehr als alle Ermahnungen davon überzeugen, daß er sich in Zukunft schonen mußte.

Er erlitt keinen neuen Anfall. Das Zelt wurde fortgenommen, und er konnte zur allgemeinen Erleichterung allein essen. Es hatte ihm gar nicht behagt, daß er sich füttern lassen mußte, und seine Stimmung war daher recht schlecht gewesen. Aber nun, da er etwas von seiner Selbständigkeit zurückerlangt hatte, wurde er ein überraschend angenehmer Patient. Er klagte niemals und nahm großes Interesse an seiner Umgebung.

Sein Zimmergenosse war Herr Torrey, ein ruhiger alter Mann, der von einer einsam gelegenen Bergfarm stammte. Er hatte sich ein Bein gebrochen, als er von einem Heuschober gestürzt war. Lot kannte ihn, solange er lebte, aber erst jetzt lernte er ihn näher kennen. Er sorgte sich bald mehr um den alten Mann als um sich selber.

Herr Torrey hatte niemals Sonderwünsche, sondern lag stets still und geduldig da. Niemals klagte er über Schmerzen, obwohl ein schweres Gewicht an seinem Bein hing; immer lächelte er die Schwestern dankbar an, wenn sie ihn wuschen oder sein Bett machten. Alle hatten ihn gern — außer einer jungen Schwester namens Watson, die Patienten offenbar als ein unvermeidliches Übel betrachtete und überall, wohin sie kam, Unbehagen verbreitete. Zwar verrichtete sie ihre Arbeit gewissenhaft, aber sie war unliebenswürdig und behandelte die Kranken wie lästige nutzlose Geschöpfe. Wenn sie Zwischendienst hatte, mußten Susy und Pat immer viel Zeit darauf verwenden, aufgebrachte Männer zu beruhigen.

Eines Abends um sieben — Lot war schon aus seinem Zelt heraus und begann sich bereits etwas wohler zu fühlen — kam Schwester Watson wie gewöhnlich unlustig zum Dienst. Sogleich begann sie über die Arbeit zu brummen und zu stöhnen und wiederholte ein paarmal: »Die Patienten auf dieser Station können einen rasend machen!«

Als die Hauptarbeit getan war und die Schwestern ein wenig zum Aufatmen kamen, leuchtete das Licht über Herrn Torreys Tür auf. Schwester Watson brummte und ging zu ihm, kehrte jedoch nach kurzer Zeit mit einem zufriedenen Lächeln ins Büro zurück. »Dem hab ich's gegeben!« sagte sie zu Susy und Pat. »Stellen Sie sich vor — jetzt um diese Stunde verlangt er Tee und Toast!«

Pat sah von ihrer Schreibarbeit auf. »Wer will Tee und Toast?«

»Dieser alte Torrey! Er sagt, er habe nichts zum Abendbrot gegessen und sei nun hungrig. Aber ich hab ihm gesagt, wir hätten keine Zeit, Extramahlzeiten zu kochen. Er solle gefälligst essen, wenn er etwas bekäme, sonst müßte er eben verzichten.«

Einen Augenblick herrschte Schweigen. Dann schwang Pat ihren Stuhl herum. »Hören Sie mal, Watson, eine gute Krankenschwester zeigt es einem Patienten nicht, wenn sie sich über ihn ärgert. Herr Torrey hat sonst niemals irgendwelche Wünsche. Er konnte kein Abendbrot essen, weil er große Schmerzen hatte. Ich habe ihm Codeïn gegeben und ihm gesagt, daß er sich melden soll, wenn er später Hunger bekäme. Doch selbst wenn das nicht der Fall gewesen wäre, lag kein Grund vor, den alten Mann so anzufahren.«

Schwester Watson zog die Mundwinkel herunter. »Nun, wenn Sie meinen — dann werde ich ihm etwas bringen. Aber ich sehe wirklich nicht ein, warum wir den Patienten noch außer der Reihe Essen machen sollen, wenn doch ...«

Nun explodierte Susy. »Lassen Sie, ich werde ihm etwas bringen! Wenn Sie es täten, würde er wahrscheinlich daran ersticken.« Wütend stand sie auf und ging zur Küche. »Das erste Mal, daß er um etwas bittet!« murmelte sie vor sich hin, während sie den elektrischen Brotröster einschaltete und Teewasser aufsetzte. »Kein Wunder, daß die Leute die Krankenhäuser vorzeitig verlassen und die Schwestern gefühllos nennen! Wenn sie ihm seinen Wunsch wenigstens höflich abgeschlagen hätte!«

Sie stellte Tee und Toast auf ein kleines Tablett und ging zu Herrn Torrey, der sie mit rührender Dankbarkeit empfing. »Entschuldigen Sie bitte die Belästigung!« sagte er leise.

»Aber das habe ich doch gern für Sie getan!« Susy fing einen wütenden Blick von Lot auf.

»Dieses langgesichtige Kamel sollte man rausschmeißen!« stieß er hervor. »Kommt hier rein und behandelt einen netten alten Mann wie ein Stück Dreck! Ich hätte sie am liebsten vermöbelt.«

»Ruhe, Ruhe!« ermahnte ihn Susy. »Wenn Sie sich zu sehr aufregen, werden Sie einen Rückfall bekommen.«

»Laß gut sein, Lot«, sagte Herr Torrey besorgt. »Das Mädel meinte es ja nicht böse. Vielleicht war sie müde. Die Schwestern haben es nicht leicht, und es war ziemlich rücksichtslos von mir, so spät am Abend noch etwas zu verlangen.«

»Unsinn!« widersprach Susy. »Sie ...«

»Mag sein, daß sie es nicht bös gemeint hat«, unterbrach

sie Lot. »Aber es ist nicht Aufgabe der Krankenschwestern, die Patienten zu schelten, wenn sie ihr Abendbrot nicht gegessen haben. Schließlich sind wir hier in einem Krankenhaus und nicht in einem Kindergarten!«

Susy stimmte ihn innerlich von Herzen zu. Da sie nichts zur Verteidigung von Schwester Watson sagen konnte, zog sie sich zurück und ging ins Büro, wo sie Pat allein antraf. »Diese Watson ist ein richtiges Ekel«, sagte sie zornig.

»Ja, das ist wahr. Ich bin fast mit den Karten fertig, Susy. Wollen Sie bitte die Narkotika eintragen?«

»Gern!« Susy zog einen Stuhl an den Schreibtisch und machte sich an die Arbeit. Trotz ihrer Konzentration auf die Narkotika verfolgten ihre Gedanken noch einen zweiten Weg. Wie kam es nur, daß manche Krankenschwestern so wenig Verständnis für die Patienten aufbrachten? Susy hatte das schon früher an anderen Schwestern beobachtet — meistens an jungen Mädchen. Vermochten sie sich nicht in die Lage eines Kranken zu versetzen, weil es ihnen an Phantasie und Lebenserfahrung mangelte? Das Krankenhaus war ihnen offenbar so vertraut, daß sie sich einfach nicht vorstellen konnten, es könnte andere Menschen ängstigen. Aber ein Kranker, der aus seinem gewohnten Leben herausgerissen und durch seine Krankheit beunruhigt war, sah das Krankenhaus natürlich zuerst als einen Ort voller Schrecken an, wußte er doch weder, was ihn dort erwartete, noch was von ihm erwartet wurde. Mit einem ruhigen Patienten fertig zu werden, war kein Kunststück. Die jungen Dinger begriffen nicht, daß sich ihre Befähigung zur Krankenschwester erst an schwierigen Patienten erwies. Ja, sie gewöhnten sich daran, das Äußerste an Liebenswürdigkeit von einem Patienten zu verlangen, bis sie schließlich auch eine gute Seele wie Herrn Torrey als Last empfanden. »Ob ich früher auch so gewesen bin?« fragte sich Susy erschrocken. »Nein, unmöglich, nicht unter Fräulein Camerons Fuchtel!«

»Wo hat Watson eigentlich gelernt?« fragte sie Pat später.

»Ich weiß es nicht. Die Schule muß jedenfalls nicht viel taugen. In dem Krankenhaus, wo ich ausgebildet wurde, kam zuerst der Patient und dann die Krankenschwester. Das hat man uns vom ersten Tag an eingebleut.«

»Uns auch«, sagte Susy mit einem Lächeln der Erinnerung an ihre strenge Lehrerin. Dann hörte man nur noch das Kratzen der beiden Federn im Büro.

Bevor Susy nach Hause fuhr, guckte sie noch einmal in Lots Zimmer. Nur ein schwaches Nachtlicht brannte. Beide Männer schienen zu schlafen. Doch plötzlich bewegte sich Lot. »Susy?«

»Ja?« Sie ging auf Zehenspitzen an sein Bett und beugte sich zu ihm hinunter.

»Tut mir leid, daß ich vorhin so giftig war«, flüsterte er. »Das Mädel verdient nichts anderes. Aber nachdem Sie fort waren, hab ich Abel noch tüchtig runtergeputzt, weil er so lammfromm ist und sich alles gefallen läßt. Ich glaube, es hat ihn ziemlich getroffen. Wenn meine Zunge nur nicht immer mit mir durchgehen wollte!«

Susy nickte. Offenherzigen Menschen erging es wohl oft so, daß sie andere verletzten, wenn sie freundlich sein wollten, oder sie erschreckten, wenn sie ihnen Mut machen wollten. »Beruhigen Sie sich nur«, antwortete sie. »Herr Torrey wird schon verstehen, wie Sie es gemeint haben. Mich hat Ihr schroffes Wesen niemals gestört. Übrigens interessiert mich Ihr Urteil über Krankenschwestern. Ich habe niemals einen persönlichen Freund als Patienten gehabt, der nicht zum medizinischen Beruf gehörte, und möchte daher gern einmal Ihre Meinung hören.«

Aber an diesem Abend wich Lot ihrer Frage aus. Es dauerte eine ganze Weile, bis er wieder etwas über Krankenschwestern sagte.

Nachdem Abel Torrey entlassen und seine weitere Pflege seiner Frau und der Fürsorgeschwester überlassen worden war, kam ein Junge von neunzehn Jahren in sein Zimmer, den plötzlich eine heftige Nierenkolik befallen hatte. Er befand sich als Feriengast in den Weißen Bergen. Seine Eltern kamen nach Springdale, sobald sie von seiner Erkrankung erfuhren. Sie verlangten ein Einzelzimmer und eine besondere Pflegeschwester für ihn. Einzelzimmer waren jedoch nicht frei, und so legte man John Becket zu Lot, der ruhig daliegend alles beobachtete, was um ihn herum vorging.

Die Pflegeschwester, die den Jungen von drei bis elf versorgte, hatte Susy von früher her in bester Erinnerung. Jetzt würde Lot einmal eine ausgezeichnete Krankenschwester bei der Arbeit sehen. Sie freute sich schon im voraus über sein Urteil, das ihrer Meinung nach lobend ausfallen mußte.

Als sie ihn dann aber gelegentlich nach Schwester Jordan fragte, antwortete er zu ihrer Verwunderung recht kühl: »Sie ist ein nettes Mädchen und gibt sich alle Mühe.«

Schwester Jordan war ein kleines schmales Persönchen. Ihr glattes braunes Haar schimmerte unter der leuchtendweißen Haube. Ihre braunen Augen waren rund und glänzten wie die eines Vogels. Sie bewegte sich rasch, war immer freundlich und gab sich unendliche Mühe mit ihrem Patienten. Auch um seine Eltern kümmerte sie sich in rührender Weise, stand oft lange mit ihnen auf dem Korridor, erklärte und beruhigte.

Doch als John eines Tages das Bewußtsein verlor, bekam Schwester Jordans Gesicht einen ängstlichen, ja beinahe gejagten Ausdruck. »Es ist wirklich tragisch«, sagte sie einmal zu Susy. »Ich glaube nicht, daß er durchkommt. Dabei ist er noch so jung, und seine Eltern haben nur ihn allein.« Ihre Augen füllten sich mit Tränen.

An diesem Abend sprach sich Lot ausführlicher aus. Johns Eltern saßen niedergeschlagen in der Halle. Schwester Jordan war essen gegangen, und Susy achtete unterdessen auf den Bewußtlosen.

»Das Mädel sollte sich mehr beherrschen«, sagte Lot plötzlich. »Sie ängstigt die Eltern des Jungen ja zu Tode!«

Susy wandte sich erstaunt ihm zu. »Wie meinen Sie denn das?«

»Sie nimmt sich die Sache zu sehr zu Herzen. Eine Krankenschwester soll mit dem Patienten und seinen Angehörigen fühlen, aber nicht so, als ob es ihre eigenen Verwandten wären. Johns Eltern brauchen jemand, der sie aufrichtet; statt dessen werden sie bald Schwester Jordan aufrichten müssen.«

In diesem Augenblick kam Schwester Jordan vom Essen zurück. Sie hatte nur eine Viertelstunde gebraucht. Susy ging nachdenklich aus dem Zimmer. Lots Bemerkung ging ihr durch den Kopf, und von jetzt an achtete sie mehr auf Schwester Jordans Verhalten. Die Schwester eilte nicht mehr, sie rannte, als verfolge sie jemand. Susy erinnerte sich an die Worte ihrer Lehrerin. »Eine Krankenschwester sollte niemals laufen, das läßt Furcht vermuten.«

John Becket überwand die Krise, und bald ging ihm Schwester Jordan auf die Nerven. »Mir fehlt nichts!« sagte er oft ärgerlich. »Warum sitzen Sie nicht eine Minute still?«

Schwester Jordan entgegnete sanft, daß Ärger stets ein Zeichen von Genesung sei.

»Aber das war es nicht«, sagte Lot zu Susy, nachdem John in ein Einzelzimmer umgesiedelt war. »Bei seinen beiden andern Schwestern war er ganz friedlich. Ich möchte nicht von diesem Mädel gepflegt werden. Sie ist immer außer Atem.«

»Trotzdem ist sie nicht so schlimm wie Schwester Watson«, meinte Susy.

»Nicht so schlimm? Sie ist viel schlimmer! Die andere macht dich bloß verrückt, und sie ändert sich vielleicht noch mal. Diese aber ängstigt dich — und das wird sie niemals ablegen.«

»O Himmel!« rief Susy lachend. »Taugt denn keine von uns etwas?«

»Das wird sich erweisen«, sagte Lot augenzwinkernd.

Es erweist sich

Der Gipfel des Mount Washington und die höhergelegenen Berghänge leuchteten nun schon weiß, aber unten im Tal lag noch kein Schnee.

»Es ist eine Zeit für Lungenentzündung, Grippe und Mandelentzündung«, sagte Susy zu Bill, als sie ihn wieder besuchte. »Ich hoffe, die Kinder bleiben gesund.«

»Was macht mein Rotköpfchen?«

»Sie ist dick und rund. Bald wird sie anfangen zu kriechen. Schon jetzt hebt sie ihren kleinen Popo in die Höhe und schaukelt auf Händen und Knien hin und her, wenn man sie auf die Erde setzt. Sie weiß noch nicht recht, was sie eigentlich will, ärgert sich aber maßlos, weil es ihr nicht gelingt.«

Während Bill von Herzen lachte, musterte sie ihn verstohlen. Er war dicker geworden und hatte eine gesunde Farbe. Eigentlich sieht er besser aus als seit vielen Jahren, dachte sie froh, wagte jedoch nicht zu fragen, wann er nach Hause kommen werde. Wahrscheinlich wußte er es selber nicht. Auch war vor dem ersten März kaum an seine Heimkehr zu denken. Die Zeit bis dahin erschien ihr noch qualvoll lang, und Weihnachten ohne ihn war kaum auszudenken. Energisch wandte sie sich von diesem trüben Gedanken ab, aber als sie heimfuhr, tauchte er doch wieder auf.

Sie schalt sich selber. »Es geht ihm gut, und er ist in bester Stimmung. Du solltest dankbar sein, antstatt dich zu beklagen.«

Dennoch war sie froh, als sie ihren Wagen wieder vor dem Krankenhaus anhielt. Am Eingang traf sie Pat. Sie begrüßten sich kameradschaftlich und gingen zusammen zur Station. Als sie an der Unfallstation vorbeikamen, warfen sie einen prüfenden Blick durch die offene Tür.

»Uns scheint eine turbulente Nacht bevorzustehen«, sagte Susy, nichts Gutes ahnend.

»Ja, es sieht so aus.«

Auf der Station herrschte ein wüstes Durcheinander. Die Schwestern der Tagesschicht sahen mit glasigen Augen auf, als Susy und Pat am Büro vorbei zum Schwesternzimmer gingen.

»Ich hinterlasse Ihnen sieben frisch operierte Patienten«, verkündete Fräulein Parton müde, als die beiden zum Berichtsempfang erschienen. »Jeder von ihnen brauchte eigentlich eine Extraschwester. Ein Mann, dem die Mandeln herausgenommen werden, ist noch im Operationssaal. Er soll in das Zimmer von Herrn Phinney kommen, das ist unser letztes freies Bett. Bei einem anderen Patienten muß alle zehn Minuten eine Spülung gemacht werden, die ungefähr fünfzehn Minuten dauert.«

»Gut, gut!« rief Pat munter. »Wir vier brauchen uns ja nur in acht Personen zu verwandeln, dann werden wir's schon schaffen.«

»Ich bin noch nicht zu Ende«, entgegnete Fräulein Parton. »Bei drei Patienten muß jede Stunde der Blutdruck gemessen werden, bis er stabil bleibt. Zwei leiden an Fieberphantasien und versuchen dauernd aus dem Bett zu steigen. Und ein drei Zentner schwerer Mann mit angebrochenem Rückgrat, der in einem Gipsverband liegt, muß alle zwei Stunden auf die andere Seite gedreht werden. Im übrigen haben Sie nur die üblichen Arbeiten zu machen.«

»Ach herrje!« rief Pat. »Kommen Sie, Susy, wir gehen nach Hause.«

Susy lachte. »Warten Sie, ich hole nur noch meinen Mantel.«

Fräulein Parton lächelte säuerlich. Ihre sonst stets glatt gekämmten Haare hingen ihr ins Gesicht. Ihre Tracht war verknüllt und beschmutzt, und auf einem ihrer weißen Schuhe war ein großer violetter Fleck zu sehen, der wohl kaum herausgehen würde. »Seht euch die beiden an!« sagte sie zu den Schwestern vom Tagesdienst. »Kommen hier gebügelt und geschniegelt an und machen noch dumme Witze!«

Pat schmunzelte, und Susy meinte gutmütig: »Wenn wir von hier fortgehen, sehen wir bestimmt nicht besser aus als Sie.«

Wie erwartet, wurde der Abend turbulent. Aber Susy hatte schon ähnliche erlebt und würde noch mehr erleben. Sicherlich hätte sie diesen nicht länger als zwei Tage lang im Gedächtnis behalten, wenn nicht der Patient mit der Mandeloperation gewesen wäre. Er hieß Harold St. John und war ein kräftiger, sehr vernünftiger Mann von dreißig Jahren. Noch bewußtlos wurde er aus dem Operationssaal zurückgebracht und ins Bett gelegt.

Der Arzt gab seine Anweisungen; die Frau des Operierten setzte sich neben ihn. Lot kannte Harold, der als Lastwagenfahrer bei einer Getreidegesellschaft in Winslow angestellt war.

Nach einer halben Stunde erwachte der Patient aus der Narkose — mit einem rauhen Hals, aber sonst in guter Verfassung. Susy brachte ihm eine Schüssel mit Eisstückchen und zeigte der jungen Frau, wo sie mehr Eis finden konnte, um den Halsumschlag zu erneuern. »Wir sind heute etwas im Druck«, erklärte sie.

»Ach, das macht nichts«, sagte die junge Frau. »Ich bin froh, wenn ich etwas für meinen Mann tun kann.«

Harold sah kläglich von einer zur anderen, wollte etwas sagen, schluckte und wand sich vor Schmerzen.

»Ich werde auf ihn aufpassen, Susy«, sagte Lot. »Gehen Sie nur an Ihre übrige Arbeit.«

Susy lächelte ihm dankbar zu und eilte aus dem Zimmer. Pat, Susy, Eben und Peggy kamen nicht einen Augenblick zur Ruhe. Sie betteten Patienten um, wischten verschwitzte Gesichter ab, gaben Spritzen, verteilten das Abendessen, räumten Geschirr ab. Während Susy die vorgeschriebenen Spülungen machte, maß Pat, wie angeordnet, bei drei Männern den Blutdruck. Daneben hielten alle ein wachsames Auge auf die Patienten, die vormittag operiert worden waren, und auf die beiden, die Fieberphantasien hatten. Es erforderte die vereinte Kraft von allen vieren, den schweren Mann im Gipsverband umzudrehen; dennoch wurde er gewissenhaft alle zwei Stunden gewendet.

Die weniger kranken Patienten wurden an diesem Abend etwas oberflächlicher abgefertigt. Da sie wußten, daß ihre »Mädels« alle Hände voll zu tun hatten, beklagten sie sich nicht und äußerten auch keine Extrawünsche.

»Sind sie nicht reizend?« dachte Susy, während sie zur Medikamentenkammer eilte, um etwas Puder zu holen. »Ich glaube, ich bin schrecklich müde. Nur gut, daß ich keine Zeit habe, es zu bemerken!«

»Frau Barry!« rief eine angstvolle Stimme hinter ihr.

Sie drehte sich um und sah das bleiche Gesicht von Frau St. John vor sich. »Was ist denn?«

»Herr Phinney meint, ich solle Sie holen. Mein Mann spuckt Blut aus.«

Susy erschrak, sagte jedoch ruhig: »Keine Sorge! Das kommt bei Mandeloperationen öfters vor. Ich werde sofort mal nachsehen. Gehen Sie nur wieder zurück; ich komme gleich nach.« Sie nahm eine Taschenlampe aus einem Schrank. Auf der Suche nach Hilfe traf sie Peggy im Korridor. »Bleiben Sie bitte in der Nähe, Peggy. Herr St. John scheint eine Blutung zu haben.«

Peggy nickte schweigend, und Susy holte rasch eine langstielige Zange und ein Gefäß mit sterilen Gazetupfern. »Warten Sie an der Tür, Peggy! Wenn ich Ihnen zunicke, können Sie gehen. Sehe ich Sie aber nur an, dann rufen Sie sofort Frau Glennon!«

Mit ruhiger Miene trat Susy ins Zimmer, warf Lot eine harmlose Bemerkung zu und ging dann zu Harolds Bett. Ein Blick in das mit hellem Blut gefüllte Becken genügte ihr. Sie drehte sich um und sah Peggy an, die sofort verschwand. Dann lächelte sie Frau St. John zu und sagte freundlich zu ihrem Mann: »Würden Sie sich bitte aufrichten? Ich möchte gern in Ihren Hals gucken.«

Er richtete sich auf und öffnete gehorsam den Mund. Als Susy mit der Taschenlampe in den geschwollenen Hals leuchtete, bemerkte sie, daß Pat neben ihr stand und ebenso wie sie das rhythmische Quellen des Blutes aus einem Äderchen an der linken Seite des Halses beobachtete.

»Schmecken Sie Salz?«

Herr St. John nickte.

»Ich muß Ihnen jetzt ein wenig weh tun, Herr St. John. Es geht leider nicht anders.«

Er nickte wieder. So zart sie konnte, führte Susy mit Hilfe der Zange einen Gazetupfer in den Hals und drückte ihn gegen die blutende Ader. Sie sah an den Augen des Mannes, daß es ihn schmerzte, aber er gab keinen Ton von sich.

»Das ist brav«, lobte Susy und lächelte Frau St. John zu, die nicht ahnte, was sich hier abspielte, aber keine Angst mehr hatte.

Pat war unbemerkt aus dem Zimmer gegangen. Susy wußte, daß sie einen Assistenzarzt holte. Nach einer Minute entfernte sie die Gaze und leuchtete wieder in den Hals. Er war jetzt ganz sauber und trocken. Sie stellte das Kopfende des Bettes etwas höher, und Harold lehnte sich an.

»Sprechen Sie nicht!« ermahnte ihn Susy und füllte mit einem Löffel kleine Eisstückchen in seinen Mund. Dann sagte sie zu seiner Frau: »Es ist alles in Ordnung. Ich werde ihm jetzt etwas gegen die Schmerzen eingeben. Sie sollten nach Hause gehen und sich hinlegen.«

»Ja. Wenn ich bei ihm bin, versucht er zu sprechen. Vielleicht war das der Grund ...«

»Natürlich will er mit Ihnen sprechen. Aber jetzt muß er Ruhe haben.«

»Vielen Dank, Frau Barry! Gute Nacht, Harold. Bis morgen!«

Als der Assistenzarzt eintraf, war Frau St. John schon fort, und Pat hatte Harold eine Spritze gegeben.

»Sind Sie sicher, daß er geblutet hat?« fragte der Assistenzarzt, nachdem er sich den Hals angesehen hatte.

»Schauen Sie doch in das Becken!«

»O ja!«

Susy beobachtete Harolds Hals noch eine Zeitlang, aber er blutete nicht mehr. Nach einer halben Stunde war Harold eingeschlafen. Als sie auf Zehenspitzen aus dem Zimmer schlich, sagte Lot: »Jetzt hat es sich erwiesen.«

»Was hat sich erwiesen?« fragte Susy, mit ihren Gedanken schon bei der überfälligen Spülung.

»Na, Sie fragten mich doch neulich, ob denn keine Krankenschwester etwas tauge, und ich sagte, das würde sich erweisen. Sie und Frau Glennon sind wirklich gute Krankenschwestern, nicht aus der Fassung zu bringen und doch mitfühlend. Sie haben Harold und seiner Frau das Gefühl gegeben, daß alles in bester Ordnung sei. So muß es auch sein. Aber mich können Sie nicht täuschen. Ich hab das Blut gesehen. Das hätte leicht schiefgehen können, nicht wahr?«

»Wenn Sie so viel wissen, brauchen Sie mich ja nicht zu fragen«, antwortete Susy und schlüpfte aus dem Zimmer.

Etwas später warf Pat die letzte Karteikarte in den Korb und legte den Federhalter hin. »Ich muß Ihnen mal was sagen, Susy.«

»Nun?«

»Sie sind eine ausgezeichnete Krankenschwester.«

Susy errötete vor Freude. »Vielen Dank, Pat! Sie sind auch eine gute Krankenschwester.«

»Ich hoffe es. Aber noch etwas: Als Sie zu uns kamen, hatten wir hier alle etwas Angst, daß Sie die Frau des Chefarztes oder die Freundin von Fräulein van Dyke herauskehren würden.«

Susy nickte. »Und jetzt?«

»Jetzt nicht mehr. Wir haben bald gemerkt, daß Sie in

Ordnung sind. Sie haben Ihre Arbeit wie jede andere gemacht und nicht geschwatzt. Alle sind angenehm enttäuscht von Ihnen. Ja — das wollte ich Ihnen doch einmal sagen.«

»Denham 2, Barry«, meldete sich Susy am Telefon. »Hallo, Frank! Was haben Sie auf dem Herzen?«

»Guten Tag, Frau Barry«, sagte Frank Warren. »Steckt Margot bis über die Ohren in Arbeit, oder kann ich eine Minute mit ihr sprechen?«

»Sie ist gerade hier.« Susy reichte Margot den Hörer.

Margot strahlte, aber bald malte sich sichtlich Enttäuschung auf ihrem Gesicht. »Das macht doch nichts«, sagte sie. »Ich finde es wunderbar, daß Mackin Sie dazu aufgefordert hat. Das kann ich doch gut verstehen. Nun, dann ein andermal!«

Langsam legte sie den Hörer hin und wandte sich zur Tür.

»Was ist denn los, Margot?« fragte Susy.

»Ach, nichts! Nur — Frank geht seine Karriere anscheinend über alles andere. Jetzt versetzt er mich schon zum zweiten Mal in einem Monat.«

»Immerhin trifft er zuerst seine Verabredungen mit Ihnen«, meinte Susy. »Mir scheint, Sie haben schon einiges erreicht.«

»Ich wünschte, ich wäre weiter mit ihm«, sagte Margot mehr zu sich selbst und fügte dann hastig hinzu: »Wenn Dr. Mackin ihn morgen nachmittag bei der Gastroenterostomie dabei haben will, kann Frank allerdings nicht mit mir ausgehen. Aber ich hatte mir den Tag extra für ihn freigenommen. Nun werde ich mir die Zeit mit Waschen und Bügeln vertreiben müssen.«

»Ich weiß etwas Besseres«, sagte Susy. »Kommen Sie doch heute abend zu mir. Ich habe morgen auch frei und meine Nachbarn, die Stuarts, zum Tee eingeladen. Sie sind erst vor ein paar Tagen aus Paris zurückgekommen. Vielleicht haben Sie schon von Mona Stuart gehört. Sie ist eine berühmte Malerin.«

»Natürlich hab ich von ihr gehört!« antwortete Margot

lebhaft. »Ich hab auch Bilder von ihr im Museum für moderne Kunst in New York gesehen.«

»Lassen Sie sich nur nicht von ihr einschüchtern. Sie ist ein wunderbarer Mensch, kann aber gröber als ein Müllkutscher sein. Dabei meint sie es gar nicht böse. Bedenken Sie nur immer, daß unter der rauhen Schale ein Herz aus Gold schlummert.«

»Ich werde daran denken. Oh, wie gern komme ich mit Ihnen, Frau Barry! Vielen Dank für die freundliche Einladung!«

Susy hätte sich ihre warnenden Worte ersparen können. Mona Stuart war äußerst liebenswürdig und hörte begeistert zu, als Anne den neuesten Springdaler Klatsch zum besten gab.

»Achtundsiebzig Jahre ist der Kerl alt und war blau wie ein Veilchen. Er kletterte aus dem Bus, legte sich der Länge nach auf die Straße und war durch nichts zum Aufstehen zu bewegen. Schließlich kam der Pfarrer mit seinem Wagen vorbei und hielt an, als er den Menschenauflauf sah. Ohne viel Federlesen hob er Silas wie einen Mehlsack hoch und trug ihn in das Haus der Ventress. Da der Pfarrer ihn brachte, mußten sie ihn wohl oder übel bei sich behalten. Er machte die ganze Nacht über einen fürchterlichen Krach, brüllte und rollte sich auf dem Boden, so daß Tom und Laura kein Auge zumachen konnten. Als es endlich Morgen wurde, stand er auf und schrie: ›Wo ist der Kaffee? Niemals sind die Weiber zur Zeit fertig.‹ Laura war wütend. Ein Wunder, daß sie ihn nicht vergiftet hat!«

Mona Stuarts Lachen schallte durchs Zimmer. Karla und Margot saßen auf der Couch und unterhielten sich lebhaft miteinander. Die beiden gaben ein hübsches Bild ab — Margot mit dunklem Haar und blauen Augen, zwar keine ausgesprochene Schönheit, aber mit intelligenten und sympathischen Zügen, daneben Karla, blond, mit schrägen grauen Augen, in rosenholzfarbener Bluse und schwarzem weiten Seidenrock, offenbar Sachen aus Paris, in denen sie fast erwachsen aussah.

Trotz des Altersunterschiedes schienen die beiden sich sehr gut zu verstehen. Karla war schon weit in der Welt herumgekommen und konnte Margot manches Interessante aus anderen Ländern erzählen, lauschte dafür jedoch mit Bewunderung auf die Geschichten der Seniorin aus dem Krankenhaus. Beide waren sich einig in ihrer Bewunderung für Susy.

»Sie ist wundervoll«, schwärmte Karla. »Ich habe ihr unendlich viel zu verdanken.«

»Und was für eine fabelhafte Krankenschwester sie ist!« fiel Margot ein. »Die ältesten Brummbären werden sanft wie Kätzchen unter ihrer Hand. Es ist wie ein Wunder.«

Susy, die der Unterhaltung mit einem Ohr zugehört hatte, lächelte belustigt über die Schwärmerei der Jugend. Als jedoch ihre Kinder ins Zimmer kamen, wurde sie zur »schamlos stolzen Mutter«, wie Kit bei Gelegenheit zu sagen pflegte.

Jonny, der seit einem Jahr fest entschlossen war, Arzt zu werden, hatte einem Stoffpferd den Bauch aufgeschnitten und ihn mit einer Heftmaschine wieder zusammengeheftet. Er zeigte seinen Patienten stolz herum, und alle versicherten ihm, daß er ein chirurgisches Kunststück vollbracht habe.

Jerry erbot sich, etwas auf dem Klavier vorzuspielen. Sein musikalisches Talent war von Susy und Bill niemals gewaltsam vorangetrieben worden, aber er fühlte sich am glücklichsten, wenn er am Klavier saß. Jetzt spielte er mit einer Meisterschaft, die weit über seine Jahre hinausging, einen Walzer von Chopin.

Auch mit Bettina war Susy zufrieden. In ihrem roten Samtkleidchen mit dem weißen Kragen sah sie reizend aus, und ihre schwarzen Zöpfe mit den roten Schleifen hüpften lustig bei jeder Bewegung.

»Komm her, Tina«, sagte Susy. »Deine Haarschleife ist aufgegangen.«

»Ach, ich binde sie mir schon allein.« Bettina lehnte sich an Karla. »Willst du dir nicht unsere Kaninchen ansehen, Karla? Wir haben sechs Junge.«

»Jetzt kann ich nicht, Tina«, antwortete Karla zerstreut.

»Aber sie sind so süß!«

»Ich seh sie mir morgen an.« Karla wandte sich wieder Margot zu.

Enttäuscht ging Bettina von ihr fort. Susy beobachtete sie mitleidig. Früher hatte Karla immer mit den Kindern gespielt. Jetzt war sie fast erwachsen, eine junge Dame, und ließ Bettina einsam in der Kindheit zurück.

»Möchtest du die Butterbrote herumreichen, Tina?«

»Nein.«

»Aber warum denn nicht? Sonst machst du das doch immer so gern.«

»Jeder kann Butterbrote rumreichen«, entgegnete Bettina mürrisch.

»Komm einmal her, Bettina!« Susy zog das Mädchen an sich und flüsterte ihm ein paar Ermahnungen ins Ohr.

Bettina nickte errötend, betrug sich von nun an artig und schien auch ganz zufrieden zu sein. Aber als Susy später hinausging, um Margot zum Krankenhaus zurückzubringen, ertönte plötzlich lautes Geschrei aus dem Wohnzimmer.

»Das sind wieder die Zwillinge«, seufzte Susy. »Sie ringen immer zum Spaß miteinander, bis einer dem andern weh tut. Und dann geht es ernsthaft los. Ich muß zu ihnen.«

Aber diesmal waren nicht die Zwillinge in Streit geraten. Bettina und Jerry rollten wütend über den Boden.

»Bettina!« rief Susy streng. »Jerry! Hört sofort damit auf! Was fällt euch eigentlich ein?«

Bettina hatte wohl manchmal Meinungsverschiedenheiten mit ihren Brüdern, die jedoch selten in Tätlichkeiten ausarteten. Gewöhnlich setzte sie nur eine überhebliche Miene auf und schüchterte die kleineren Jungen auch meistens damit ein. Augenblicklich aber schlug sie sich schreiend mit Jerry herum. Die Kampfweise der beiden Kinder hätte sie von jedem anständigen Boxring ausgeschlossen.

Susy trennte sie gewaltsam und erfuhr, daß sie wegen des Programms im Fernsehen in Streit geraten waren. Jerry wollte ein Puppenspiel mit Musik sehen, Bettina dagegen die Abenteuer einer Gruppe junger Männer, die sich auf sämtlichen Planeten herumtrieben, falls sie nicht gerade ihre zahllosen Feinde auf der Erde vernichteten. Jonny hatte unterdessen sein Pferd in aller Ruhe zum zweitenmal operiert und die inneren Teile des Tieres über den ganzen Teppich verstreut.

Nachdem Susy die beiden Kampfhähne zu einem Kompromiß überredet hatte, dachte sie nicht mehr an den Streit. Auf dem Lande gibt es nicht allzuoft Besuch. Gewiß waren die Kinder müde und überreizt von der Aufregung. Daher war Susy am nächsten Morgen auch nicht übermäßig besorgt, als Bettina keine Lust zeigte, zur Schule zu gehen. Sie ging sonst gern zur Schule und war meistens schon auf der Straße, lange ehe der Bus eintraf. Aber an diesem Morgen trödelte sie maulend umher, zappelte nervös, als Susy ihr die Zöpfe flocht, und aß zum Frühstück nur ein bißchen Toast.

»Was ist nur mit Tina los?« rief Susy erschöpft, als die Kinder endlich fort waren.

»Ach, Kinder sind manchmal widerborstig«, antwortete Anne. »Das hat nichts weiter zu sagen.«

Susy war glücklich, daß sie wieder an die Arbeit gehen konnte. Das Krankenhaus kam ihr wie ein summender Bienenkorb vor. Hier waren alle Sorgen gemeinsam und hatten nicht den quälenden Druck persönlicher Kümmernisse. Zugleich mit dem ersten Schneefall waren ein paar verunglückte Skiläufer mit Knochenbrüchen auf der Station eingetroffen. Sie trugen ihr Geschick mit Humor und rasten in Rollstühlen durch die Korridore. Auch Margot Harrison beanspruchte Susys Anteilnahme. Sie machte öfters Zwischendienst auf ihrer Station. An anderen Tagen traf Susy sie manchmal beim Essen. Margot schien kein glückliches Mittelmaß zu kennen. Entweder sie strahlte oder sie war völlig geknickt, und immer brachte sie das Gespräch auf ihr großes Problem, Frank Warren.

Eines Tages gab sie sich sichtlich einen Ruck. »Darf ich eine unverschämte Frage an Sie stellen, Frau Barry?«

»Kommt drauf an, wie unverschämt sie ist«, antwortete Susy schmunzelnd, während sie ein Brötchen mit Butter bestrich.

Margot schwieg errötend.

»Verzeihen Sie! Ich wollte es Ihnen nicht noch schwerer machen. Sicherlich möchten Sie von mir wissen, wie ich einen Assistenzarzt davon überzeugt habe, daß ich die richtige Frau für ihn bin.«

»Ja, so ungefähr«, bekannte Margot verlegen.

»Ich weiß selber nicht mehr genau, wie es gekommen ist«, sagte Susy nachdenklich. »Das Gefühl der Zusammengehörigkeit ist allmählich in uns beiden gewachsen. Daß er der Richtige ist, erkannte ich eigentlich erst, als ich mich von ihm verlassen glaubte. Da ging mir plötzlich ein Licht auf.«

»Ob ich es mal auf diese Weise mit Frank versuche?«

»Das möchte ich Ihnen nicht raten. Frank würde sich sicherlich schnell trösten. Mein Mann ist ausgesprochen eingleisig, Frank aber —«

»Ja, er ist schrecklich flatterhaft.« Margot stand seufzend auf. »Na, man muß abwarten. Vorläufig — zurück zur Sklaverei!«

»Lieben Sie Ihren Beruf denn nicht?«

»O doch, ich bin sehr gern Krankenschwester und möchte es auch immer bleiben. Aber der Beruf könnte mich niemals völlig ausfüllen. Gewiß, ich bin keine Vogelscheuche, und es gibt noch andere Männer außer Frank. Aber für mich — ist er eben —«

»Ich weiß«, sagte Susy. Sie dachte an Bill, der fünfzig Meilen von ihr entfernt in einem Sanatorium lag, Bill, den sie nur einmal im Monat sehen durfte. »Glauben Sie mir, ich weiß sehr gut, wie Ihnen zumute ist!«

Noch am gleichen Abend kam Frank zur Station, aber sein frisches liebenswürdiges Wesen hatte jetzt keinen Reiz mehr für Susy. »Ich möchte diesen jungen Mann mit all seinem Charme, seinen Gaben und seiner großen Zukunft am liebsten übers Knie legen«, dachte sie erbittert. »Warum muß er mit Margot spielen, wenn er sich nichts aus ihr macht?«

Als Susy an diesem Abend nach Hause kam, erwartete Anne sie mit einer Nachricht, über der sie Frank, Margot und das ganze Krankenhaus vergaß. »Ich wollte es dir lieber noch heute sagen. Fräulein Layton hat Bettina heute schon vormittag mit ihrem Wagen aus der Schule zurückgebracht.«

»Warum denn? Ist Tina krank?«

»Nein, krank ist sie nicht. Aber sie hat in der Schule immerfort geweint und wollte sich gar nicht beruhigen. Ihre Lehrerin hat einen Brief mitgeschickt.«

Susy entfaltete den Brief, den Anne ihr gab, und las: »Sehr geehrte Frau Barry! Könnten Sie wohl morgen früh zu mir kommen? Ich möchte gern über Ihre Tochter Bettina mit Ihnen sprechen. Mit bestem Gruß C. Longmann.«

»O Himmel!« dachte Susy. »Es gibt also nicht nur anderer Leute Sorgen.«

Am nächsten Morgen erwachte Susy sehr früh. Die Sorge um Bettina ließ ihr keine Ruhe, aber trotz allen Grübelns konnte sie sich nicht erklären, was dem Mädchen fehlte. Nun, vielleicht half ihr Fräulein Longmann, die viel Erfahrung mit Kindern hatte, eine Erklärung zu finden.

Gedankenvoll ging sie ins Kinderzimmer und fand das Baby damit beschäftigt, eine Wäscheklammer von einer Schachtel in eine andere und dann wieder zurückzulegen. Sie nahm es auf den Arm und drückte den kleinen warmen Körper an sich. Dabei dachte sie etwas wehmütig an die Zeit zurück, da Bettina ebenso klein und unkompliziert gewesen war.

Die Fahrt durch die Schneelandschaft erfrischte sie ein wenig. Als sie in das Klassenzimmer trat, lächelte Bettina ihr strahlend zu.

Fräulein Longmann stand auf. »Hört mal, Kinder! Frau Barry und ich gehen jetzt ins Lehrerzimmer, um etwas miteinander zu besprechen. Schreibt inzwischen eure Arbeit zu Ende.«

Sie ging mit Susy hinaus und machte die Tür hinter sich zu.

»Können Sie die Kinder denn unbesorgt allein lassen?« fragte Susy. Sie dachte an ihre Kindheit zurück und an den Aufruhr, der stets ausgebrochen war, sobald die Lehrerin aus dem Zimmer ging.

»O ja, das kann ich wohl«, antwortete Fräulein Longmann mit einem selbstsicheren Lächeln. »Ich unterrichte diese Klasse seit zwei Jahren und habe die Kinder zur Verantwortlichkeit erzogen. Ihre Konzentrationsfähigkeit ist bedeutend.«

»Aha!« sagte Susy ehrfurchtsvoll.

Im Lehrerzimmer bot Fräulein Longmann ihr einen Stuhl an und setzte sich dann selber. Sie war etwas jünger als Susy, hatte eine zarte rosige Gesichtshaut und trug ihr braunes Haar kurz geschnitten. Sie trat sehr sicher und selbstbewußt auf. Susy kam sich ganz klein neben ihr vor, sagte sich aber zum Trost, daß die Lehrerin in einem Krankenhaus gewiß ebenso unsicher sein würde wie sie selber in der Schule.

»Hat Bettina Ihnen in letzter Zeit irgendwelche Schwierigkeiten gemacht?« fragte Fräulein Longmann.

»Das kann ich wohl sagen!«

»Wir hatten auch ein wenig Kummer mit ihr. Den Weinkrampf von gestern halte ich für das Symptom einer innerlichen Unruhe. Ist das Kind körperlich gesund?«

»Ja, Bettina ist kerngesund. Mit der Unruhe haben Sie sicherlich recht. Aber ich kann mir beim besten Willen nicht erklären, woraus sie entspringt.«

Fräulein Longmann trommelte mit den Fingern auf den Tisch. »Bevor ich nach Springdale kam, habe ich in einer Schule nahe von New York unterrichtet. Dort traten solche Symptome öfters bei Kindern auf, deren Eltern eine unglückliche Ehe führten.«

»Das ist hier nicht der Fall«, erwiderte Susy schnell. »Mein Mann befindet sich zwar augenblicklich in einem Sanatorium, aber ich habe den Kindern gesagt, daß er bald zurückkommen wird. Bettina macht sich bestimmt keine trüben Gedanken deswegen. Sie ist ja auch erst seit kurzem etwas schwierig.«

Fräulein Longmann sah nachdenklich vor sich hin. Dann sagte sie: »Ich will ganz offen zu Ihnen sprechen, Frau Barry.«

Susy wußte aus Erfahrung, daß auf eine solche Einleitung etwas Unangenehmes zu folgen pflegt. Obwohl die Lehrerin offenbar tüchtig und gewissenhaft war, gefiel sie ihr plötzlich nicht mehr.

»Ein Unglück wie die Krankheit Ihres Mannes wirkt sich auf die ganze Familie aus«, fuhr Fräulein Longmann fort. »Da der Vater nicht mehr zu Hause war, suchte Bettina natürlich um so mehr Halt an Ihnen. Sie aber — haben eine Stellung angenommen und das Kind ebenfalls verlassen.«

»Darauf will sie also hinaus!« dachte Susy. »Bettina fühlt sich von ihren Eltern verlassen.« Eine Menge Entgegnungen drängten sich ihr auf. Sie frühstückte jeden Morgen zusammen mit den Kindern. Zwei Tage in der Woche blieb sie zu Hause und widmete ihnen jede freie Minute. Und war sie ihnen nicht jetzt eine bessere Mutter, als wenn sie trübselig zu Hause herumgesessen und über ihr Geschick nachgegrübelt hätte? Aber sie sagte nichts von alldem. Es war ja immerhin möglich, daß Fräulein Longmann recht hatte: »Ich verstehe«, murmelte sie nickend.

Fräulein Longmann stand auf. »Ich muß zurückgehen. Zwar kann ich meiner Klasse vertrauen, aber es sind schließlich nur Kinder. Vielleicht denken Sie einmal darüber nach, was ich Ihnen gesagt habe. Ich möchte Bettina ja helfen.«

»Vielen Dank!«

Auf dem Heimweg machte sich Susy schwere Gedanken. Hatte sie das Glück ihres Kindes ihrem eigenen Seelenfrieden geopfert? Wohl konnte sie dem entgegenhalten, daß sie einen wichtigen Dienst im Krankenhaus ausübte; daß gute Krankenschwestern nicht ihr Talent und ihr Können verkümmern lassen sollten; daß sie zum Unterhalt der Familie beitrug. Aber hatte sie nicht immer selber betont, daß es die heiligste Aufgabe einer Mutter sei, für die Kinder zu sorgen, die sie in die Welt gesetzt hatte?

»O Himmel, was soll ich nur tun?« sagte sie laut vor sich hin und bemerkte, daß ihre Stimme traurig und verwirrt klang — ebenso wie seit kurzem die von Bettina.

Plötzlich hatte sie das Bedürfnis, mit jemand zu sprechen, der etwas gebildeter als Anne war. Anstatt den Wagen nach Hause zu lenken, fuhr sie zum Krankenhaus hinauf und ging zu Kit. Die Freundin war allein und brütete gerade über ein paar Schriftstücken. Als Susy ins Zimmer trat, sah sie erleichtert auf. »Gott sei Dank, daß mich jemand stört! Ich werde hier bald verrückt. Komm, laß uns eine Tasse Kaffee trinken!«

»Kannst du denn fort?«

»Natürlich nicht! Du mußt doch am besten wissen, wieviel Arbeit dieser Posten mit sich bringt. Aber was ist denn mit dir los? Du siehst ja so bedrückt aus.«

»Ach, ich bin auch recht verzweifelt.«

Im Speisesaal erklärte Susy der Freundin, was sie bedrückte. »Wahrscheinlich hat diese Longmann recht. Man kann ja heutzutage in jeder Zeitschrift lesen, daß Kinder das Gefühl der Geborgenheit brauchen, um zu gedeihen.«

»Etwas wird schon dran sein«, meinte Kit. »Manche Kinder, die zu uns kommen, sind halbtot vor Angst, andere wieder sind überhaupt nicht ängstlich. Aber ich verstehe zu wenig davon, um dir einen Rat geben zu können. Ich habe ja keine Kinder — sondern bin eine verblühte alte Jungfer.«

Susy musterte Kits lebensprühendes Gesicht, ihr schimmerndes braunes Haar, ihre wachen braunen Augen und lachte.

»Aber Bill ist keine verblühte Jungfer«, fuhr Kit fort.

»Nein, das kann man nicht behaupten.«

»Warum holst du dir nicht bei ihm Rat? Du fährst doch morgen zu ihm.«

»Ich weiß nicht recht«, meinte Susy nachdenklich. »Er freut sich natürlich auf einen fröhlichen Nachmittag. Soll ich ihn nun mit häuslichen Sorgen quälen?«

»Der Mann ist schließlich dazu da, sich mit seiner Frau in die Sorgen zu teilen. Und Bill will bestimmt nicht davon ausgeschlossen werden. Er wird dir gern helfen, und ich wette, er kann es auch. Du scheinst ja nicht viel von Bill zu halten, aber ich schätze ihn sehr hoch.«

»Übertreib deine Wertschätzung nur nicht!« murmelte Susy.

Nachdem sie über Kits Worte nachgedacht hatte, gab sie ihr jedoch recht. Es wäre falsch, Bill von den Familiensorgen auszuschließen, und vielleicht konnte er ihr wirklich helfen. Er hatte Verständnis für Menschen, und sein Verhältnis zu Bettina war sehr innig. Am nächsten Tag erzählte sie ihm von dem sonderbaren Verhalten des Kindes und wiederholte, was Fräulein Longmann dazu gesagt hatte.

»Das ist eine einleuchtende Erklärung«, meinte Bill nachdenklich. »Neun von zehn Leuten würden ihr unbedingt zustimmen.«

»Du rätst mir also, meine Arbeit aufzugeben?« fragte Susy.

»Nein, noch nicht. Eigentlich sieht es Tina doch gar nicht ähnlich, daß sie plötzlich gehätschelt werden will und nach ihrer Mutti schreit. Im Gegenteil, sie sorgt gern für andere und handelt am liebsten selbständig. Selbst wenn sie uns mehr vermißt haben sollte, als wir glauben, würde sich das nicht in dieser Weise äußern. Versuch erst einmal zu ergründen, ob nicht etwas anderes dahintersteckt.«

»Ich will mein Bestes tun. Wenn ich nach einiger Zeit keinen anderen Grund gefunden habe, muß ich allerdings annehmen, daß die Longmann recht hat, und bleibe dann selbstverständlich zu Hause.«

»Gut! Nun erzähl mir von der übrigen Bande. Haben unsere Sprößlinge ulkige Bemerkungen gemacht, die wir der Zeitung einschicken können?«

Während Susy heimfuhr, überdachte sie, was Bill gesagt hatte. Gewiß, Bettina mußte etwas anderes beunruhigen als das Verlangen, ihre Eltern um sich zu haben. Aber was konnte es sein? Sie war nicht eifersüchtig auf das Baby; sie kam im ganzen gut mit ihren Brüdern aus; und die Schule war bisher ein Vergnügen für sie gewesen. Was quälte sie also? Susy grübelte noch immer darüber nach, als sie den Wagen in den Weg zu ihrem Haus lenkte.

Sie war erstaunt, daß die Haustür bei der Kälte weit offen stand. Anne winkte ihr aufgeregt zu. »Susy, du mußt sofort zu den Stuarts fahren! Karla hat sich geschnitten. Deine Tasche ist schon drüben.«

Ohne weitere Fragen zu stellen, wendete Susy den Wagen und fuhr weiter die Straße hinauf. Selbst wenn der Schnitt nicht schlimm war, brauchte Karla dringend Hilfe. Ihre Mutter war Unglücksfällen gegenüber völlig hilflos, und Nell, sonst so zuverlässig und unerschütterlich, konnte kein Blut sehen.

Susy drückte aufs Gaspedal und hielt bald darauf vor dem Haus der Stuarts. Karla lag, etwas blaß, aber lächelnd, auf der Couch im Wohnzimmer. An ihrem Arm war eine Aderpresse befestigt. Am Fußende stand Frau Stuart und sah besorgt auf sie hinunter. Neben der Couch kniete Bettina und wischte mit einem Handtuch Blut von Karlas Arm ab.

»Karla, was ist passiert?« rief Susy.

»Ich wollte meine Schlittschuhe schleifen und hab mich dabei geschnitten. Aber Tina hat mich schon verbunden.«

»Hier ist deine Tasche, Mammi«, sagte Bettina geschäftig.

Susy nahm die Aderpresse ab, besah sich den Schnitt und meinte, er müsse genäht werden.

»Ich habe schon Dr. Mason angerufen«, sagte Mona Stuart. »Er wird sobald wie möglich herkommen. Die Wunde hat ziemlich stark geblutet. Leider waren Sie nicht zu Hause, als ich bei Ihnen anrief.«

»Aber ich war zu Hause«, fiel Bettina ein. »Und ich kam sofort mit deiner Tasche hierher. Es war eine Aderpresse drin.«

»Bettina hat sie ganz allein angelegt«, erzählte Karla. »Ich wollte ihr erklären, wie sie es machen soll, aber sie wußte es selber ganz genau.«

»Natürlich wußte ich das! Ich hatte mich auch einmal geschnitten, als ich noch klein war, nur war es am Bein und viel schlimmer. Damals hat Mammi mir eine Aderpresse angelegt; seitdem hab ich es oft geübt.«

»Aber doch nur an deinen Puppen!« entgegnete Susy ganz erstaunt.

»Na ja, an einem Menschen konnte ich's doch nicht probieren.« Bettinas Stimme klang ein wenig kühl. »Ich kann viele Sachen, von denen du nichts weißt, Mammi.«

Susy ersetzte die Aderpresse durch eine Druckbandage, die für Karla angenehmer war. Dabei blickte sie verwundert auf ihr Töchterchen mit den schwarzen schwingenden Zöpfen in dem grünen Schulkleidchen, über das sie braune lange Hosen gezogen hatte. Dieses Kind hatte heute ruhiger und überlegter gehandelt als mancher Erwachsene. »Das hast du fein gemacht, Tina«, sagte sie warm.

Bettina errötete. »Natürlich mußte mir Karla sagen, wo ich die Aderpresse anlegen sollte.«

»Aber das war auch alles«, sagte Karla. »Ich war so erschrocken, doch Tina fragte mich ganz ruhig, ob eine Vene oder eine Arterie verletzt sei.«

Mona Stuart sprach Susys Gedanken aus. »Eine erstaunliche Leistung, selbst für das Kind eines Arztes und einer Krankenschwester! Ich bin Tina wirklich sehr dankbar.«

»Ach, das war doch nichts Besonderes«, sagte Bettina.

Bald erschien auch Dr. Mason, untersuchte die Wunde und sagte ebenfalls, daß sie genäht werden müsse. Karla und ihre Mutter versicherten Susy, daß sie ohne sie auskommen würden. Susy wollte abends noch einmal nach Karla sehen.

Auf dem Heimweg bemerkte sie, daß Bettina ganz verändert war. Ihr Gesicht sah plötzlich voller aus, und ihre Mundwinkel hingen nicht mehr nach unten wie in der letzten Zeit. »Tina, ich bin stolz auf dich!« sagte Susy.

Sie wunderte sich, daß Bettina nichts darauf antwortete. Erst als sie den Wagen in den Schuppen gefahren hatte und die Tür öffnen wollte, legte das Mädchen eine Hand auf den Arm der Mutter und sagte ernst: »Kein Mensch will verstehen, daß ich schon richtige Dinge tun kann, Mammi. Ich könnte noch viel mehr tun als heute, wenn du mir zeigen würdest, wie man es macht.«

Susy hatte das Gefühl, als hätten sich plötzlich die Schlüsselzahlen eines Geheimschlosses zusammengefunden. Das war es also! Bettina war aus dem Alter herausgewachsen, in dem Kinder sich nach dem gönnerhaften Lob von Erwachsenen sehnen. Sie wünschte wichtige Dinge zu tun und damit eine ihr zukommende Wichtigkeit zu erlangen. Susy betrachtete ihr Kind mit Respekt wie einen Erwachsenen. »Ich will dir alles zeigen, was du lernen kannst, Tina!« versprach sie ihr feierlich.

»Fein, Mammi! Ich freu mich so!« Bettina rieb ihr Gesicht zufrieden an Susys Arm.

Als Susy ins Haus kam, hob sie das Baby aus seinem Korb und küßte die zarten roten Löckchen. Ein Glück, daß sie noch ein kleines Kind hatte!

»Es tut mir sehr leid«, sagte Fräulein Parton, unglücklich auf den Dienstplan starrend, der vor ihr auf dem Schreibtisch lag.

»Ach, so schlimm ist es ja nicht«, antwortete Susy, obwohl sie enttäuscht war.

»Es ist schlimm!« entgegnete Fräulein Parton unzufrieden. »Krankenschwestern mit Kindern sollten am Heiligen Abend frei haben. Aber es geht wirklich nicht anders. Zwei Schwestern sind krank, also brauche ich Sie unbedingt für die Zwischenschicht. Dafür haben Sie dann aber am ersten Feiertag frei.«

»Wunderbar! Wer hat am Heiligen Abend mit mir zusammen Dienst?«

»Frau Glennon. Eben und Peggy haben frei. Für die beiden bekommen Sie Georg und Margot Harrison. Sie werden es nicht schwer haben. Am Heiligen Abend geht es gewöhnlich recht friedlich auf den Stationen zu.«

Obwohl die Änderung des Dienstplans Susys ganzes Programm umwarf, fand sie sich gelassen damit ab. Allerdings konnte sie den Weihnachtsbaum nun erst schmücken, wenn sie gegen Mitternacht heimkehrte. Sie würde sehr spät ins Bett kommen und am nächsten Morgen schon um sechs von den aufgeregten Kindern geweckt werden.

Doch das wollte Anne auf keinen Fall zulassen. »Unsinn!« sagte sie energisch. »Ich hab in meinem langen Leben schon viele Weihnachtsbäume geschmückt. Sobald die Kinder im Bett liegen, mache ich mich an den Baum. Leg nur die Baumgeschenke auf einen Haufen und die Strumpfgeschenke auf einen anderen. Wenn du nach Hause kommst, ist alles fertig.«

»Aber du wolltest doch in die Kirche gehen!« entgegnete Susy.

»Die Kirche läuft mir nicht weg. Ich werde eben am Weihnachtsmorgen hingehen.«

»Nun, wenn du meinst ... Aber überlaß mir wenigstens die Strümpfe. Etwas will ich doch auch für meine Kinder tun.«

Unterdessen begann das Krankenhaus ein festliches Aussehen anzunehmen. An den Wänden der Schwesternzimmer erschienen aus buntem Papier ausgeschnittene Weihnachtsbilder. Weihnachtskarten von früheren Patienten schmückten die Türen. An den Fenstern hingen Kränze aus Stechpalmen oder Tannenzweigen, und überall verbreitete sich ein würziger, anheimelnder Duft.

In der Woche vor Weihnachten fuhren viele Patienten nach Hause. Die Zurückbleibenden waren fröhlich und erwartungsvoll. Auf der Station Denham 2 lagen meist ältere Männer, deren Frauen nicht mehr lebten. Sie fanden Weihnachten im Krankenhaus viel schöner als bei ihren verheirateten Kindern. Hier waren sie keine geduldeten Anhängsel, sondern wichtige Persönlichkeiten, die man gebührend beachtete; hier fühlten sie sich glücklich.

Ein herzkranker Witwer, der vor einem Monat entlassen worden war, brachte es sogar fertig, zu Weihnachten zurückzukehren. Dem einsamen Mann hatte der Betrieb im Krankenhaus gefallen — die regelmäßigen Mahlzeiten, die netten lustigen Schwestern, das Gefühl, gehegt und gepflegt zu werden. Auch hatte er sich mit einigen Patienten angefreundet. Nur ungern war er fortgegangen und hatte den Schwestern beim Abschied zugerufen: »Auf Wiedersehen zu Weihnachten!«

Sie glaubten, er scherze, aber er hatte es durchaus ernst gemeint. Ein paar Tage vor dem Fest lief er einfach den Berg zum Krankenhaus hinauf. Nach Atem ringend und blau im Gesicht, aber mit einem zufriedenen Lächeln lag er auf der Trage, als man ihn zur Station Denham 2 brachte. »Da bin ich wieder!« keuchte er. »Ich hab's Ihnen ja gesagt! Jetzt bleib ich den Winter über hier.«

Am vierundzwanzigsten Dezember wollte es gar nicht recht hell werden. Vom frühen Morgen an fiel dichter

Schnee. Aber die Schneepflüge arbeiteten fleißig, und als Susy um Viertel nach zwei zum Krankenhaus fuhr, waren die Straßen frei und mit Sand bestreut. Sie freute sich für die Kinder, daß es gerade zu Weihnachten so viel Schnee gab.

Auf der Station war es warm und gemütlich. Alle begrüßten Susy mit »Fröhliche Weihnachten!« Auf den Schreibtischen der Schwestern lagen Süßigkeiten. Ein riesiger selbstgebackener Schichtkuchen mit Schokoladenguß, das Geschenk der dankbaren Frau eines früheren Patienten, stand prunkend auf einem Wandbrett. Über der Tür hing ein Mistelzweig.

Heute sah Fräulein Parton weder müde noch zerzaust aus. »Wir haben nur siebzehn Patienten«, verkündete sie, »und vier davon haben ihre eigenen Schwestern. Falls nichts dazwischenkommt, werden Sie Mühe haben, nicht einzuschlafen.«

»Das ist nicht das Schlimmste«, meinte Pat trocken.

Tatsächlich gab es sehr wenig zu tun. Um sieben Uhr kam Margot Harrison zum Dienst, sehr jung und sehr hübsch, aber offenbar nicht sehr glücklich. Das hatte seinen guten Grund. Jeder im Krankenhaus wußte, daß Frank Warren sich jetzt ebensooft mit anderen Mädchen wie mit ihr verabredete, vor allem mit der winzigen eingebildeten Nancy Littlefield, deren kurzes blondes Wuschelhaar Susy immer an die Federkrone des Löwenzahns erinnerte. Nancy machte sich nicht viel aus Frank, war Margot aber gerade deswegen überlegen.

Im Laufe des Abends bemerkte Susy, daß Margots Augen immer wieder zu dem Mistelzweig über der Tür gingen. Was sie dabei dachte, war nicht schwer zu erraten, denn Frank Warren hatte an diesem Abend ebenfalls Dienst. Anfangs lächelte Susy über das kindische Gebaren des jungen Mädchens, aber dann begann sie sich Sorgen zu machen. Hoffentlich nahm Margot das Orakel nicht zu ernst! Wollte sie etwa Seligkeit oder Verzweiflung davon abhängig machen, ob Frank sie unter diesem Mistelzweig küßte oder nicht?

Susy dachte an die Zeit zurück, da sie selber an solche Orakel geglaubt hatte. Wenn sie auf dem Schulweg zuerst einem grünen Omnibus begegnet war, hatte sie das als Zeichen angesehen, daß sie die Prüfung bestehen, wenn es Eier zum Frühstück gab, daß Phil Macdonald sie von der Schule nach Hause bringen würde.

Schließlich wünschte Susy, daß Frank Warren an diesem Abend nicht zur Station kommen möge. Ihr Wunsch schien sich zu erfüllen. Als die Diätschwester mit dem Abendbrot eintraf, ertönte es aus dem Lautsprecher: »Dr Warren! Dr. Warren!«

Gleich darauf klingelte das Telefon. »Ist Dr. Warren bei Ihnen?« fragte die Telefonistin, nachdem Susy sich gemeldet hatte.

»Nein, er ist nicht hier.«

»Ich kann ihn nirgends auftreiben. Schicken Sie ihn bitte sofort zum Operationssaal, falls er auftaucht. Dr. Mackin erwartet ihn zu einer Blinddarmoperation.«

»Ich werde es ihm sagen, wenn ich ihn sehe.«

»Vielen Dank!«

Nachdem Susy den Hörer aufgelegt hatte, rief es wieder aus dem Lautsprecher: »Dr. Warren! Dr. Warren!«

»Das Abendbrot ist fertig!« drängte die Diätschwester, und Susy blieb keine Zeit zum Nachdenken. Eine Blinddarmentzündung hatte sie natürlich niemand gewünscht, um Frank Warren von der Station fernzuhalten, besonders nicht am Heiligen Abend.

Auf den Abendbrottabletten der Patienten lagen weihnachtlich bedruckte Deckchen und Servietten. Das Essen war besonders gut, und da immer mehr Besucher mit Weihnachtsgeschenken eintrafen, verbreitete sich bald eine fröhliche Stimmung auf der Station.

Um Viertel vor acht erlosch plötzlich das elektrische Licht. Patienten und Besucher erschienen neugierig in den

Türen, spähten nach allen Seiten und fragten sich, ob diese plötzliche Dunkelheit Zufall oder Absicht sei.

Nach kurzer erwartungsvoller Stille ertönte von einem Ende des Korridors her ein Weihnachtslied, und aus dem Dunkel tauchte ein Zug junger Lernschwestern mit kleinen Laternen in den Händen auf. Langsam kamen sie näher. Das sanfte Licht der Kerzen schimmerte auf ihren weißen gestärkten Kragen und Manschetten. Die Augen der Mädchen glänzten strahlend und groß unter den weißen Hauben. Sie sahen rührend jung aus, aber ihre Stimmen klangen klar und sicher, während sie bis zum Ende des Korridors und dann wieder zurückgingen. Nachdem der letzte Ton verklungen und die Prozession verschwunden war, blieb es eine Weile totenstill. Als Susy das Licht dann wieder aufdrehte, sah sie manches feuchte Auge.

Es dauerte noch ziemlich lange, bis die aufgeregten Patienten zur Ruhe kamen, aber endlich wurde es still auf der Station. Pat und Susy saßen untätig im Büro; Margot lehnte am Türrahmen; Georg hatte sich auf eine Trage im Korridor gesetzt.

»Ach, du lieber Himmel!« rief Pat plötzlich erschrocken. »Herr Miller muß ja verbunden werden. Das hab ich total verschwitzt!«

»Das ist das Gefährliche an einer ruhigen Nacht«, meinte Susy. »Man vergißt viel leichter etwas, als wenn ein Mordsbetrieb herrscht.«

»Ich werde den Verband machen«, erbot sich Margot.

»Na gut«, sagte Pat. »Aber nehmen Sie jetzt nicht den Verbandswagen. Er macht solchen Lärm.«

Margot eilte davon. Gerade hatte Pat angefangen, ein Weihnachtserlebnis aus ihrer Lehrzeit zu erzählen, da ertönten schnelle Schritte auf dem Korridor. Gleich darauf wirbelte die kleine Nancy Littlefield ins Büro. »Frau Glennon, können Sie uns mit Kampfer aushelfen?«

»Ja, holen Sie ihn sich nur aus der Medikamentenkammer. Er steht in dem Glasschrank auf dem mittleren

Brett.« Als Nancy gegangen war, bemerkte sie träge: »Hübsches Kind!«

»Ja«, antwortete Susy. »Aber ...«

»Nicht gerade Ihr Favorit im Warren-Rennen, nicht wahr? Darin bin ich ganz Ihrer Meinung, aber die kleine Harrison ist zu schüchtern.«

»Leicht gesagt! Waren Sie denn niemals verliebt?«

»Ich bin es immer noch.«

Plötzlich brach Frank Warren in das friedliche Büro ein, nahm eine Handvoll Süßigkeiten aus einer offenen Schachtel und rief: »Fröhliche Weihnachten, ihr Engelchen!« Dann zog er sich einen Stuhl herbei, steckte sich etwas Schokolade in den Mund, nahm eine Karteikarte aus dem Kasten und begann eifrig Notizen zu machen. Er war noch damit beschäftigt, als Nancy Littlefield zurückkam. »Vielen Dank im Namen von Denham 3, daß Sie uns ausgeholfen haben!«

Frank sah flüchtig auf, lächelte Nancy zu und schrieb schweigend weiter.

Als Nancy zur Tür ging, entdeckte sie den Mistelzweig und blieb stehen. »Haben Sie vielleicht einen Schemel zur Hand, Frau Glennon?« fragte sie und zwinkerte Pat listig zu.

»Dort in der Ecke steht ja einer!«

Nancy stellte den Schemel unter den Mistelzweig, kletterte hinauf und sah erwartungsvoll zu Frank Warren hin. Susy und Pat wechselten belustigte Blicke. Da Frank sich nicht rührte, sagte Nancy schließlich: »Nun, Dr. Warren, kein Mensch kann behaupten, ich hätte es Ihnen schwer gemacht.«

Er drehte sich etwas verwundert um. »Wünschen Sie etwas von mir?«

»Gewiß!«

Frank sah fragend zu Pat hin, die schweigend auf den Mistelzweig zeigte.

»Ach so!« rief er, vom Stuhl aufspringend. »Wohlan,

mein Zuckerpüppchen!« Theatralisch breitete er die Arme aus, umfing Nancy und küßte sie herzhaft auf den Mund.

»Das ist für Weihnachten«, sagte er. »Und hier ist noch einer als Vorschuß für Silvester.«

Nancy sprang vom Schemel, stellte ihn in die Ecke zurück und ging lachend fort.

»Netter Abend!« sagte Dr. Warren zufrieden, nahm noch ein paar Süßigkeiten aus der Schachtel und beugte sich wieder über seine Karteikarte.

Nur Susy hatte bemerkt, daß Margot gerade in dem Augenblick zurückgekommen war, als er Nancy zum zweitenmal küßte. Das Mädchen hatte wie erstarrt zugesehen, bis Nancy den Schemel fortgestellt hatte, und war dann davongestürzt.

Silvesterabend

Am nächsten Tag hatte Susy frei. Den Vormittag verbrachte sie zu Hause mit den Kindern, am Nachmittag besuchte sie Bill. Als sie wieder zum Dienst kam, war Margot fleißig wie immer, anscheinend munter, aber ziemlich wortkarg.

Im Speisesaal erzählte man sich, daß sie dem jungen Warren jetzt die kalte Schulter zeige und daß er sich dadurch in seiner Eitelkeit verletzt fühle. Da in Krankenhäusern viel geklatscht wird, gab Susy nichts darauf. Schließlich ging sie die Sache ja auch nichts an. Margot hatte sie nicht um Rat gefragt und auch nicht ins Vertrauen gezogen. Man überließ sie wohl am besten sich selber.

Zwischen Weihnachten und Neujahr war das Krankenhaus halb leer. Nur ein paar Unfallpatienten wurden eingeliefert. Es gab nicht viel zu tun, und gegen Ende der Woche begann Susy sich zu langweilen. Den anderen erging es offenbar ebenso. Ein Krankenhausstab, der daran gewöhnt ist, schnell und pausenlos zu arbeiten, entwickelt nach einer verhältnismäßig ruhigen Zeit einen Überschuß an Energie, der sich auf die verschiedenste Weise austobt — angefangen von einem heftigen Drang, aufzuräumen und sauberzumachen, bis zu plötzlich auftretenden Ausbrüchen gelinden Wahnsinns.

Als Susy am einunddreißigsten Dezember zum Dienst kam, hörte sie lautes Gelächter aus der Unfallstation schallen und fand auch die Mädchen im Schwesternzimmer in ausgelassener Stimmung vor. »Was ist denn los?« fragte sie neugierig, während sie ihren Mantel aufhängte.

»Haben Sie noch nicht von Warren und Fräulein Bagley gehört?« Kichernd erzählten ihr die Schwestern, was sich zugetragen hatte.

Fräulein Bagley, eine strenge Person, die fast niemals lachte, war Inspektorin der großen Frauenstation in dem alten Gebäude des Krankenhauses. Frank Warren hatte nun die Schwestern der Unfallstation dazu angestiftet, seinen Kopf zu bandagieren, so daß nur ein Auge hervorsah. Dann legte er sich auf eine Trage, deckte sich mit einer Decke zu und ließ sich nach Station A bringen. Dort angekommen, stöhnte er ganz fürchterlich. Verzweifelt wehrte sich Fräulein Bagley dagegen, einen Mann in ihre Station aufzunehmen. Als alles nichts half, lief sie zum Telefon, um den vermeintlichen Irrtum aufzuklären. Da richtete sich Frank auf, riß die Bandage ab und brach in lautes Gelächter aus. Was blieb Fräulein Bagley übrig, als ebenfalls zu lachen? Dennoch nahm sie Dr. Warren den Streich recht übel.

»Das kann ich ihr auch nicht verdenken«, sagte Pat. »Die Frauenstation ist ohnehin ein richtiges Irrenhaus. Ich hätte Frank tüchtig angeschnauzt, wenn er das hier gemacht hätte.«

»Ach, Frau Glennon, es war doch nur ein Scherz!« verteidigten die jüngeren Schwestern den beliebten Arzt. Frau Glennon lachte wohl, blieb jedoch bei ihrer Meinung.

Franks Streich schien eine allgemeine Blödelei ausgelöst zu haben. Als Susy um vier Uhr ein Gläschen Whisky für einen alten Mann eingoß, fragte sie Eben, ob er etwa heimlich einen gekippt habe; die Flasche sei verdächtig leer.

Eben war ein fanatischer Alkoholgegner. Hin und wieder pflegte er zu betonen, daß noch kein Mensch Schnaps an ihm gerochen hätte und daß dies auch niemals vorkommen würde. Er erwiderte kein Wort auf Susys Verdächtigung, sondern lächelte nur. Aber als sie später in die Wäschekammer ging, um ein Handtuch zu holen, machte er leise die Tür hinter ihr zu und drehte den Schlüssel um. Pat gab gerade Medizin aus, und Peggy maß Temperaturen. Es dauerte eine ganze

Weile, bis Susy aus ihrem Gefängnis erlöst wurde. »Warten Sie nur, Eben!« drohte sie ihm lachend. »Das sollen Sie büßen!«

Eben floh in gespielter Angst davon, und Pat sagte: »Ich weiß, was wir machen!«

»Was denn?«

»Sie werden schon sehen!«

Nach einer Weile tauchte Eben wieder auf und unterhielt sich im Korridor mit Ezra Prouty, der schon aufstehen durfte. Nun kam Pat unschuldig näher. Sie hielt jedoch etwas in ihrer Hand verborgen, und als sie an Eben vorbeiging, hob sie wie zufällig den Arm.

Eben schrie entsetzt auf, während Ezra sich vor Lachen bog. Pat jedoch ging ungerührt weiter und sagte über ihre Schulter: »Das ist die Strafe dafür, daß Sie eine Schwester in die Wäschekammer gesperrt haben.«

»Was haben Sie denn gemacht?« fragte Susy.

»Ach, ich hab nur einen Schluck Whisky auf seinen Rockaufschlag gegossen.« Pat öffnete die Hand und zeigte ihr ein Medizinglas.

Susy lachte. Dann ging sie in den Korridor hinaus, rümpfte die Nase und rief: »Puh! Wie das hier stinkt!«

Eben machte ein dummes Gesicht. Wieder brach Ezra in lautes Lachen aus und eilte in den Krankensaal, um die Geschichte den anderen Patienten zu erzählen. Überall, wo Eben nun hinkam, hielt man sich die Nase zu. »Meine Güte!« sagten die Patienten mißfällig. »Sie erzählen doch immer, daß Sie nicht trinken, Eben. Heute haben Sie aber eine tüchtige Fahne!«

»Ich habe gar nichts getrunken!« verteidigte sich Eben empört. »Die verflixten Schwestern haben mich mit Whisky begossen.«

Als Susy ihn jedoch wieder einmal im Korridor traf und schmunzelnd schnüffelte, sagte er grinsend: »Wer zuletzt lacht, lacht am besten.«

Nun schien auch Ezra Prouty auf den Geschmack gekommen zu sein. Er hatte eine leichte Lungenentzündung gehabt, war jedoch schon seit einiger Zeit auf und sollte bald entlassen werden. Unterdessen machte er sich auf der Station nützlich. Er bediente die anderen Patienten, trug ihr schmutziges Eßgeschirr in die Küche, füllte Eisbeutel und tat noch mancherlei andere kleine Dienste. Um die Abendbrotzeit drückte er sich meistens in der Nähe der Küche herum, denn er hatte eine Schwäche für die Diätschwester, die ein junges lustiges Ding war.

Heute nach dem Abendessen trug Ezra wieder hilfreich die Tablette der Patienten zur Küche zurück. Plötzlich kam die Diätschwester ganz atemlos ins Büro gelaufen. »Mir ist etwas Furchtbares passiert!«

»Was denn?« fragte Pat besorgt.

»Ich habe — Herrn Bienvenue — aus Versehen — ein reguläres Essen gegeben — und er hat alles bis auf den letzten Bissen aufgegessen! Dr. Mackin reißt mir den Kopf ab, wenn er das erfährt! Und wer weiß, wie Herrn Bienvenue das Essen bekommt?«

Herr Bienvenue hatte eine schwere Magenoperation hinter sich und durfte vorläufig nur Fleischbrühe, Tee und Milch zu sich nehmen.

»Ich hab ihm doch selber sein Tablett gebracht«, sagte Susy erstaunt. »Er hat kein reguläres Essen bekommen.«

»Aber er sagt ja selber, daß er alles gegessen hat — Schinken, gebackene Kartoffel, grüne Bohnen und wer weiß was noch! Ich hab ja auch die Kartoffelschalen auf seinem Teller gesehen.«

»Wie sind Sie denn dahintergekommen?« fragte Pat neugierig.

»Ganz zufällig! Ezra brachte das Tablett von Herrn Bienvenue in die Küche und sagte ganz ahnungslos, Herr Bienvenue ließe vielmals für das wunderbare Abendessen danken. Er hätte gar nicht erwartet, jetzt schon solch gute Sachen zu bekommen.«

»Ach, Ezra hat Ihnen das gesagt?« rief Susy. »Und er

hatte keine Ahnung davon, daß Bienvenue auf Diät gesetzt ist? Wo ist denn Ezras Tablett?«

»Warum? In der Küche sicherlich! Ich weiß nicht, ob er es schon rausgebracht hat.« Die Augen der Diätschwester weiteten sich. »Sie glauben doch nicht ...« Sie drehte sich um und rannte zur Küche.

Pat und Susy liefen ihr nach. Ezra war verschwunden, aber sein Tablett stand noch auf dem Küchentisch. Es war ein sehr kleines Tablett mit einer Tasse darauf, in der unzweifelhaft Fleischbrühe gewesen war.

Die Diätschwester starrte die Tasse an. »Aber Herr Bienvenue hat doch selber gesagt ... Dieser verflixte Ezra hat ihn dazu angestiftet! Wo steckt der Schuft? Ich werde ihm den Hals umdrehen!«

Ezra war nirgends zu finden, aber Herr Bienvenue konnte nicht fortlaufen. Er lächelte die aufgeregte Diätschwester freundlich an. »Es war nur ein Scherz. Ezra sagte, er wolle einem hübschen Mädchen, das er gern hat, einen kleinen Streich spielen. Ich sollte nur sagen, daß ich schön und viel gegessen habe.«

Die Diätschwester errötete. »Nehmen Sie es als Scherz, so wie es gedacht war«, riet ihr Pat schmunzelnd und fügte dann seufzend hinzu: »Hoffentlich hat nicht noch jemand einen scherzhaften Einfall! Mir reicht's für heute.«

Ihr Wunsch schien in Erfüllung zu gehen. Allmählich wurde es still auf der Station. Nachdem die letzten Schlaftabletten ausgegeben waren, wurde das Licht im Korridor ausgeschaltet. Alles schien friedlich zu sein. Aber plötzlich stürzte Peggy mit bleichem Gesicht ins Büro.

»Frau Glennon — in Zimmer vier stöhnt jemand!«

»Unsinn! Zimmer vier ist doch schon seit einer Woche unbesetzt.«

»Aber ich hab deutlich jemand darin stöhnen hören.«

»Ach herrje!« Pat stand auf und ging zu Zimmer vier hin, das schräg gegenüber dem Büro lag. Die Tür war nur angelehnt. Pat stieß sie auf, knipste das Licht an, ging in das Badezimmer nebenan und kam wieder heraus. »Nichts! Sie hören Gespenster, Peggy!«

Ein paar Minuten später hörten die Schwestern ein furchtbares Stöhnen, das aus Zimmer vier kam. »Da! Ich hab's Ihnen ja gesagt!« flüsterte Peggy, die in dem hell erleuchteten Büro geblieben war.

»Kommen Sie, Susy!« sagte Pat, und beide gingen in das verdächtige Zimmer. Es war leer.

Achselzuckend kehrten sie zurück. Wieder ein paar Minuten später ertönte das gleiche schauerliche Stöhnen. Peggy stieß einen Schrei aus. Die Schwestern starrten auf die Tür von Zimmer vier, die sich leise bewegte — langsam aufging — bis schließlich mit strahlendem Gesicht Eben zum Vorschein kam.

Nach einem Augenblick sprachlosen Staunens brachen alle drei in Lachen aus. »Eben!« sagte Pat schließlich. »Wenn heute abend noch etwas passiert, gehe ich nach Hause — ganz gleich, wieviel Uhr es ist.«

Eben grinste. »Das war gelungen!«

»Hm. Wo sind Sie gewesen, als ich zum erstenmal nachsah?«

»Im Zimmer nebenan.«

»Und beim zweitenmal?«

»Im Badezimmer. Ich wußte, daß Sie dort nicht zweimal reingehen würden.«

»Wo ist Ihre Jacke?« fragte Peggy.

»Die liegt dort auf der Trage. Ich wollte mich doch nicht durch den Whiskygeruch verraten. Na, jetzt sind wir quitt!«

Um elf Uhr zog Susy ihren Mantel an, nahm die Anweisungen für die Röntgenabteilung mit und verabschiedete sich. Als sie die Zettel in den Kasten vor dem Röntgenzimmer legte, sah sie, daß in Kits Zimmer Licht brannte. Das erschien ihr sonderbar, und sie ging nachsehen, was die Freundin noch so spät in ihrem Büro machte.

Kit sah mit müden Augen von ihrem Schreibtisch auf. »Hallo, Susy!«

»Was machst du so spät noch hier, Kit?«

»Ach, ich arbeite auf. Hast du morgen frei?«

»Nein. Und du?«

»Ja, Gott sei Dank! Soll ich nicht heute abend zu dir kommen?«

»Ach ja! Räum deine Sachen fort und komm!«

»Nur noch ein paar Minuten! Willst du unterdessen in den Speisesaal gehen und eine Tasse Kaffee trinken? Ich hol dich dann dort ab.«

»Schön! Möchtest du auch Kaffee haben?«

»Nein, ich hab gerade eine Tasse getrunken.«

Susy ging in den Speisesaal, trug ihre Kaffeetasse zu einem leeren Tisch in der Nähe der Tür und setzte sich. In dem Raum befanden sich ein paar Lernschwestern, die offenbar im Kino gewesen waren — unter ihnen auch Margot Harrison — und eine Gruppe hungriger Schwestern vom Zwischendienst. Am Ärztetisch saß Frank Warren mit einem anderen Assistenzarzt zusammen. Susy beobachtete mit Genugtuung, daß Margot überhaupt nicht zu ihm hinsah, obwohl seine Augen sie immerfort verfolgten.

Schließlich stand Margot auf, nahm ihr Tablett mit der leeren Kaffeetasse und ging zum Küchenfenster. Sie trug ein schickes weinfarbenes Kleid und sah ausnehmend hübsch aus.

»Hallo, Margot!« rief Frank ihr nach. »Wohin gehst du?«

»Zum Schwesternheim«, antwortete Margot kühl, ohne stehenzubleiben.

Frank zwinkerte den anderen Lernschwestern zu und schlich leise hinter ihr her. Er wartete, bis sie das Tablett durch das Küchenfenster geschoben hatte. Dann hob er sie plötzlich von hinten hoch, schwang sie über seine Schulter und begann wie wild im Saal herumzutanzen.

Dazu grölte er: »Ich bin ein Höhlenmensch, ich bin ein Höhlenmensch!«, während Margot aus Leibeskräften schrie und mit geballten Fäusten auf seinen Rücken trommelte.

In diesem Augenblick betrat Kit den Speisesaal. In dem entsetzten Schweigen, das plötzlich entstand, klangen ihre Worte klar und scharf. »Ich erwarte Sie in einer Viertelstunde in meinem Büro, Schwester Harrison!«

Niemand sprach ein Wort, niemand wagte sich zu rühren. Als Kit gegangen war, sprang Susy auf. Sie war die einzige ausgebildete Schwester im Saal. Trotz ihrer allgemein bekannten Freundschaft mit Kit würde man Wert auf ihre Aussage legen.

»Es war nicht Ihre Schuld«, sagte sie zu Margot, die wie versteinert stehengeblieben war, nachdem Frank sie auf die Erde gestellt hatte. »Das werde ich Fräulein van Dyke auch sagen.« Dann wandte sie sich zu dem ebenfalls ganz verdatterten Frank. »Sie haben Schwester Harrison durch Ihre Dummheiten in eine sehr peinliche Lage gebracht!«

Damit fegte sie würdevoll aus dem Saal. In der Halle holte sie Kit ein, und während die Freundinnen langsam zum Büro zurückgingen, erzählte sie ihr, was sich zugetragen hatte.

An der Tür ihres Zimmers blieb Kit stehen. »Ach, du gütiger Himmel! Dieser verflixte Bursche mit seiner Vorliebe für Spielereien! Warum muß es gerade Margot Harrison sein? Sie ist ein feiner Kerl und eine ausgezeichnete Krankenschwester.«

»Was wirst du mit ihr machen, Kit?«

Für Susy, die selber einmal Leiterin der Schwesternschule gewesen war, bedurfte es keiner Frage, daß Margot bestraft werden mußte, obwohl sie nicht die geringste Schuld traf. Bestrafte Kit sie nicht, dann würden die leichtfertigen und verantwortungslosen Lernschwestern der Schule bald die Oberhand gewinnen.

Kit hatte offenbar den gleichen Gedankengang verfolgt. »Wenn Ärzte und Krankenschwestern in einem Krankenhaus Jux miteinander treiben, müssen die Patienten das notwendige Vertrauen und das Gefühl der Sicherheit verlieren. Und solche Dinge sprechen sich herum, besonders in einer kleinen Gemeinde. Ich werde Margot Harrison zum mindesten die Ausgeherlaubnis entziehen müssen. Ihre allgemeine Beurteilung soll sich durch den Vorfall nicht verschlechtern. Das wäre unfair gegen sie. Aber gar nichts zu unternehmen, wäre noch verkehrter.«

»Ja, das stimmt.« Plötzlich hatte Susy einen Einfall. »Eigentlich hast du jetzt eine gute Gelegenheit, etwas für Margot zu tun.«

»Wieso?«

»Sie ist doch unsterblich in Frank verliebt.«

»Das arme Ding! Nun, die Geschichte heute wird ihr eine Lehre sein.«

»Ich glaube, Frank liebt sie auch. Er ist sich nur noch nicht klar darüber, aber du könntest es ihm bei dieser Gelegenheit klarmachen.«

»Das tue ich auf keinen Fall!« erwiderte Kit bestimmt. »Ich möchte nicht, daß dieser Leichtfuß die kleine Harrison unglücklich macht.«

»Im Grunde ist er gar kein Leichtfuß, sondern nur etwas flatterhaft. Ich wette, er taucht gleich hier auf und nimmt alle Schuld auf sich.«

»Was würde das nützen? Margot muß es schließlich doch ausbaden.«

»Du könntest ihm wenigstens einen Schreck einjagen«, meinte Susy beharrlich. »Tu so, als wolltest du Margot von der Schule weisen. Das wird ihn ein wenig aufrütteln.«

»Hm!« machte Kit nachdenklich, während sie ins Zimmer ging und sich an ihren Schreibtisch setzte. »Ich mische mich nicht gern in die privaten Angelegenheiten anderer Leute.«

Susy blieb neben dem Schreibtisch stehen. »Das ist doch kein Grund, Frank nicht auch etwas von den Folgen seines Leichtsinns tragen zu lassen. Allerdings müßtest du deine Rolle sehr gut spielen. Er ist kein Dummkopf.«

Kit zögerte noch ein wenig. Dann lächelte sie. »Nun

gut! Gewiß ist er schon jetzt ganz zerknittert. Ich werde so tun, als hielte ich Margot für mannstoll und des Schwesternberufes unwürdig und wollte sie daher von der Schule verweisen.«

Sie brach ab, da sich Schritte näherten. Und schon erschien Frank Warren an der Tür.

»Hören Sie, Fräulein van Dyke!« begann er betreten. »Nein, Frau Barry, gehen Sie bitte nicht fort! Sie waren doch dabei und können bezeugen, daß ich die Wahrheit sage. Was im Speisesaal geschehen ist, war einzig und allein meine Schuld. Wirklich! Margot wußte ja nicht einmal, daß ich ihr nachgeschlichen war und hinter ihr stand, bevor ich sie hochhob.«

»Es ist sehr ehrenhaft von Ihnen, daß Sie das sagen«, entgegnete Kit ernst. »Dennoch finde ich das Verhalten von Schwester Harrison unentschuldbar.«

»Aber ich sage Ihnen, sie konnte wirklich nichts dafür! Es war allein meine Schuld. Frau Barry wird Ihnen das bestätigen.«

»Frau Barry hat mir den Vorfall bereits geschildert«, erwiderte Kit. »Ich bin jedoch der Meinung, daß es nur an einem Mädchen selber liegt, wie es behandelt wird.«

Susy schluckte und gab sich Mühe, ernst zu bleiben.

»Bedenken Sie doch meine Stellung!« fuhr Kit mit steinernem Gesicht fort. »Ich darf kein leichtfertiges Benehmen meiner Schülerinnen dulden. Unsere Schule hat einen guten Ruf. Meine Stellung verpflichtet mich, darauf zu achten, daß dieser gute Ruf nicht verlorengeht.«

Susy befürchtete schon, daß Frank die Komödie durchschauen könnte. Aber er merkte nichts, und plötzlich schlug seine Zerknirschung in Wut um.

»Ihre Stellung, Ihre Stellung!« rief er aufgebracht. »Das ist ja lächerlich! Sie können doch nicht wegen einer harmlosen Spielerei die Karriere dieses Mädchens zerstören!« Plötzlich malte sich Schreck auf seinem Gesicht.

»Glauben Sie etwa, daß Margot — kein anständiges Mädchen ist?«

Susy sah ihn gespannt an. Die Medizin begann offenbar zu wirken.

»Ich finde, Sie haben gerade das durch Ihr Verhalten angedeutet«, antwortete Kit.

»Nichts hab ich damit angedeutet!« erwiderte Frank wütend. »Margot ist — ein fabelhafter Kerl — und eine wunderbare Krankenschwester. Wenn Sie das nicht einsehen ...«

»Sie haben alles getan, um das Gegenteil zu beweisen und — — « Kit brach ab, da Margot an der Tür erschien. »Schwester Harrison, wollen Sie bitte im Aufnahmebüro warten? Ich werde Sie dann hereinrufen.«

Susy zwinkerte Margot, die bemitleidenswert bleich aussah, unmerklich zu. Margot starrte sie einen Augenblick verwundert an. Dann leuchtete ihr Gesicht auf, und sie ging mit leichten Schritten fort.

»Das ist eine Gemeinheit!« schrie Frank. »Ich werde die Sache vor den Vorstand bringen und kündigen, falls Sie das Mädchen von der Schule weisen. Es gibt schließlich noch andere Krankenhäuser in Amerika. Sie haben wohl vergessen, daß wir im zwanzigsten Jahrhundert leben!«

Kit wurde von einem Hustenanfall gequält. »Ich werde mir die Sache noch einmal durch den Kopf gehen lassen«, sagte sie, als sie wieder sprechen konnte. »Es gefällt mir, daß Sie sich so warm für Schwester Harrison einsetzen. Anscheinend ist Ihr Verhältnis zu dem Mädchen nicht so oberflächlich, wie ich glaubte.«

»Oberflächlich!« erwiderte Frank empört. »Wie können Sie so etwas behaupten! Ich werde Margot heiraten. Sie ist — —« Er brach erschrocken ab und sah Kit unsicher an. Doch dann gab er sich einen Ruck und schlug mit der Faust auf den Schreibtisch. »Ja, ich werde sie heiraten — das heißt, wenn sie mich haben will.«

Einen Augenblick starrten Kit und Susy ihn ganz verdutzt an. Das hatten sie denn doch nicht erwartet. Kit fand ihre Sprache zuerst wieder. »Hol bitte Schwester Harrison herein, Susy.«

Margot war während der Wartezeit wieder sehr unruhig geworden und sah Susy ängstlich entgegen. »Fürchten Sie nichts!« sagte Susy. »Alles geht gut.«

»Oh, Frau Barry, das hab ich nur Ihnen zu verdanken! Wie soll ich das jemals ...«

»Gar nichts haben Sie mir zu verdanken. Kommen Sie jetzt.« Zusammen gingen die beiden in das Zimmer der gestrengen Schulleiterin.

»Schwester Harrison«, sagte Kit, »wie ich von Dr. Warren höre, sind nicht Sie an diesem peinlichen Vorfall schuld ...«

»Ich habe Ihnen doch gesagt ...«, unterbrach Frank sie mit solch männlicher Festigkeit, daß Margot ihn erstaunt und stolz ansah.

Doch Kit ließ ihn nicht zu Wort kommen. »In Anbetracht der Umstände will ich Ihnen für zwei Wochen die Ausgeherlaubnis entziehen. Im übrigen — meine herzlichen Glückwünsche!«

»Glückwünsche?« fragte Margot verständnislos.

»Ach Gott, sie weiß ja noch gar nichts!« rief Frank. »Margot, ich hab Fräulein van Dyke gesagt, daß ich dich heirate. Willst du ...«

»Es ist Zeit, daß Schwester Harrison ins Schwesternheim kommt«, sagte Kit. »Wollen Sie sie bitte hinüberbegleiten, Dr. Warren?«

»Ich — ja — natürlich! Komm, Kleine. Verzeihen Sie bitte, daß ich so heftig geworden bin, Fräulein van Dyke.«

»O bitte!« antworte Kit gesetzt.

Erst als die Schritte des jungen Paars nicht mehr zu hören waren, brachen die Freundinnen in lautes Gelächter aus.

Valentinstag

Der erste Februar war ein trüber, regnerischer Tag, und die Narzissen auf Kits Schreibtisch schienen ihr der einzige Lichtblick in der düsteren Welt zu sein — bis das Telefon klingelte.

Automatisch hob sie den Hörer ab und meldete sich.

»Hallo, Kit!« antwortete eine männliche Stimme.

Kits Gesicht erhellte sich. »Bill!« rief sie erstaunt. »Wo bist du denn?«

»Im Sanatorium — aber nicht mehr für lange. Am vierzehnten fahre ich nach Hause. Ich bin völlig geheilt.«

»Ach, Bill, wie herrlich! Weiß Susy es schon?«

»Nein. Und du sollst ihr auch nichts sagen. Ich komme als Valentinsüberraschung. Deshalb rufe ich dich an.«

»Fein! Was soll ich tun? Dich in Seidenpapier wickeln und mit einem roten Bändchen umschnüren?«

Er lachte. »Das ist nicht nötig. Du sollst nur dafür sorgen, daß Susy am vierzehnten und fünfzehnten frei hat.«

»Wird gemacht! Soll ich dich mit dem Wagen abholen?«

»Nein. Ich möchte, daß du tagsüber bei Susy bleibst und sie zu Hause festhältst.«

»Ach so!« Vergnügt horchte Kit auf Bills Gelächter, während sie ihren Plan schmiedeten.

»Bist du auch wirklich ganz gesund?« fragte sie schließlich.

»Ja, alles ist in bester Ordnung! Ich werde noch einen Monat zu Hause bleiben müssen, aber dann geht's wieder an die Arbeit.«

»Gut, daß du mich angerufen hast! Sobald du zurück bist, wird Susy ja ihre Tätigkeit hier aufgeben wollen, und das Krankenhaus verlangt eine Kündigungsfrist von drei Wochen. Ich betrachte ihre Kündigung also als ausgesprochen. Dann braucht sie nach deiner Rückkehr nur noch eine Woche zu arbeiten; das wird sie wohl überleben.«

»Warte mal, Kit!« Bill war ernst geworden. »Bist du so

sicher, daß Susy ihre Stellung aufgeben will? Sie liebt die Stationsarbeit und hat sich sehr glücklich dabei gefühlt.«

»Ja, das schon. Trotzdem wird sie sie aufgeben.«

»Aber wird ihr die Arbeit im Krankenhaus nicht fehlen?«

»Ich weiß es nicht. Nun, darüber muß sie selber entscheiden. Und du hast natürlich auch ein Wort mitzureden.«

»Es hängt allein von ihr ab.«

»Dann brauchen wir uns doch nicht den Kopf darüber zu zerbrechen. Hör mal — soll ich Anne sagen, daß du kommst?«

»Natürlich! Sag ihr, daß ich ein gewaltiges Roastbeef auf dem Tisch sehen möchte.«

»Gut! Ich freu mich, daß du zurückkommst, Bill!«

»Ich freu mich auch. Auf Wiedersehn, Kit!«

Als Susy am nächsten Tag den Dienstplan in die Hand bekam, schüttelte sie verwundert den Kopf. Sie hatte für den dreizehnten und vierzehnten Februar um Urlaub gebeten. Am dreizehnten wollte sie Bill besuchen und Vorbereitungen für den Valentinstag treffen. Am Valentinstag wollte sie mit den Kindern zu Hause bleiben. Statt dessen hatte sie nun am vierzehnten und fünfzehnten frei. Ob Fräulein Parton sie mißverstanden hatte?

Die junge Inspektorin sah Susy auf ihre Frage hin nur undurchdringlich an und erwiderte merkwürdig unzugänglich: »Tut mir leid, Frau Barry, ich kann den Dienstplan nicht mehr ändern.«

Nun, es war schließlich kein großes Unglück. Susy konnte Bill auch am fünfzehnten besuchen. Allerdings hatte sie vorgehabt, am Valentinstag eine kleine Feier für die Kinder zu veranstalten. Das konnte sie nun nicht tun, da sie keine Zeit für die nötigen Vorbereitungen haben würde. Doch würden die Kinder gewiß auch ohne eine besondere Feier glücklich sein.

»Ich verstehe nicht, warum Fräulein Parton Ihren

Wunsch nicht erfüllt hat«, sagte Pat verwundert, als sie von der Sache hörte. »Sie haben doch bisher niemals Sonderwünsche geäußert.«

»Dienstpläne haben ihre Tücken«, meinte Susy und fügte philosophisch hinzu: »Wer weiß, wozu es gut ist.«

Als sie dann erfuhr, daß die Kinder eine Feier in der Schule haben sollten, war sie ganz zufrieden. Und als Kit ihr schließlich sagte, daß sie am dreizehnten mit ihr nach Hause fahren und den Valentinstag bei den Barrys verbringen wollte, freute sie sich sehr. »Wenn das Wetter schön ist, können wir etwas unternehmen«, sagte sie lebhaft.

Kit äußerte nichts dazu. Zu ihrer Erleichterung war das Wetter trübe und neblig, als sie am Valentinstag erwachte. Zufrieden drehte sie sich auf die andere Seite und schlief weiter. Susy ging etwas enttäuscht nach unten. Überrascht sah sie ein großes Roastbeef auf dem Küchentisch stehen. »Ich hab Anne doch gesagt, daß ich es für Bills Rückkehr aufheben will«, murmelte sie vor sich hin und stellte den Braten in den Eisschrank zurück.

Ein paar Minuten später kam Anne, die das Kinderzimmer saubergemacht hatte, in die Küche, holte den Braten aus dem Eisschrank und stellte ihn wieder auf den Küchentisch.

Bald darauf ging Susy, mit dem Baby auf dem Arm, in die Küche, um einen Zwieback zu holen, sah den Braten und schob ihn in den Eisschrank zurück. Wahrscheinlich hätte sich dieses Hin und Her, zum Schaden des Bratens, noch öfter wiederholt, wenn Susy die getreue Anne nicht dabei ertappt hätte, wie sie ihm zum drittenmal aus dem Eisschrank holte. »Hör mal, Anne«, sagte sie etwas verwundert, »ich möchte deine Pläne ja nicht gern durchkreuzen, aber diesen Braten will ich für Bill aufheben.«

Anne hustete. »Der Braten muß gegessen werden, Susy«, erwiderte sie dann bestimmt. Man darf Fleisch nicht zu lange im Eisschrank aufbewahren; es verliert dann an Geschmack.«

»Aber der Braten ist doch noch gar nicht so lange drin.«

»Wer weiß, wann Bill zurückkommt?« entgegnete Anne. »Du kannst doch einen neuen Braten für ihn besorgen. Sieh mal, die arme Kit muß tagaus, tagein im Krankenhaus essen. Wollen wir ihr nicht mal ein richtiges Festessen vorsetzen?«

»Na gut.« Widerstrebend gab Susy nach. Man sollte wirklich nicht so lange Zeit vorausplanen. Und Kit wußte ein gutes Mahl zu schätzen.

Gegen elf kam Kit von oben herunter, aber nicht, wie Susy erwartet hatte, in ihren ältesten Sachen, sondern sorgfältig angezogen.

»Warum hast du dich so fein gemacht?« fragte sie.

»Ich hab mich doch nicht fein gemacht!« widersprach Kit. »Das Kleid ist schon alt.«

»Es ist nicht alt! Ich war dabei, als du es gekauft hast.«

»Na ja, schließlich ist heute Valentinstag. Vielleicht kommt Besuch.«

»Bei dem Wetter kommt bestimmt niemand.« Susy fuhr sich gähnend mit den Fingern durch die Haare. »Weißt du, was? Wir wollen nachmittag ins Kino gehen. Ich hab schon ewig keinen Film mehr gesehen.«

»Ins Kino? Ach, ich weiß nicht recht ...«, meinte Kit ausweichend. Dabei betrachtete sie Susys alte Hosen und die noch ältere Bluse und überlegte, wie sie die Freundin dazu überreden könnte, sich etwas netter anzuziehen.«

»Was soll ich bloß machen?« fragte sie Anne, als sie später allein mit ihr in der Küche war. »Susy will durchaus fortgehen.«

»Bleiben Sie nur fest!«

»Ich will's versuchen.«

Nach dem Essen brachte Susy das Baby zu Bett. Darauf kehrte sie ins Wohnzimmer zurück und sagte munter: »Nun, wie ist's mit dem Kino?«

Kit seufzte.

»Was hast du bloß dagegen?« fragte Susy etwas ärgerlich. »Es ist solch ein trüber Tag, und Anne wird auf die Kinder aufpassen.«

»An die Kinder hab ich weniger gedacht«, entgegnete Kit. »Aber ich habe keine Lust, jetzt in ein volles, stickiges Kino zu gehen, sondern sehne mich nach Ruhe — in einem gemütlichen Zimmer — mit Feuer im Kamin und Bratenduft aus der Küche. Das müßtest du doch eigentlich verstehen.«

»Ich versteh es ja auch, Kit! Nach dem ewigen Dienst willst du natürlich mal gemütlich zu Hause sitzen. Ruh dich nur ordentlich aus!« Um ihren guten Willen zu zeigen, kuschelte sich Susy in einen Sessel und sah ins Feuer. Nach ein paar Minuten sagte sie träumerisch: »Dies wär ein schöner Nachmittag, um die Bodenkammer aufzuräumen. Sieh mich nicht so entsetzt an, Kit. Das ist eine Arbeit für einen einzelnen Menschen. Du kannst ruhig hier sitzenbleiben.«

»Könntest du nicht auch hierbleiben und mir Gesellschaft leisten?«

Susy begann sich über Kit zu wundern und war auch ein wenig enttäuscht. Sonst waren sich die Freundinnen immer einig, aber heute sagte Kit zu allem nein. Nun, Leiterin einer Schwesternschule zu sein, erfordert Kraft und Nerven; sicherlich war Kit müde und abgespannt. Susy gab die Bodenkammer auf und sagte: »Was möchtest du denn gern machen?«

»Ach, ich möchte nur hier auf der Couch liegen und mich mit dir unterhalten und dann später eine Tasse Tee trinken.«

Kit atmete erleichtert auf, als Susy nichts mehr einwendete. Sie unterhielten sich, sprachen von alten Zeiten, von alten Freunden und gemeinsamen Erlebnissen, und die Zeit verging. Allerdings wußte Kit immer noch nicht, wie sie Susy dazu bringen sollte, sich etwas hübscher anzuziehen. Aber das war vielleicht gar nicht so wichtig. Susys Haar sah immer wunderbar aus, und Bill würde sicherlich gar nicht darauf achten, was sie anhatte.

Kurz nach drei kamen die Kinder mit Valentinsgeschenken und Süßigkeiten aus der Schule. Nachdem Anne sie gewaschen und gekämmt hatte, schickte sie sie ins Wohnzimmer. »Spielt brav und seid nicht zu laut!« sagte sie ermahnend.

Die Kinder waren auch recht artig. Nur baute Jonny seine elektrische Eisenbahn ausgerechnet in der Diele auf, wo Bill darüber stolpern mußte, wenn er die Tür überhaupt aufmachen konnte. Bettina setzte sich, mit einem Haufen alter Zeitschriften und einer Schere bewaffnet, vor den Kamin und begann Puppen auszuschneiden. Bald hatte sie es zu Kits Verwunderung fertiggebracht, fast den ganzen Fußboden mit kleinen Papierschnitzeln zu bestreuen. Jerry bedeckte den übriggebliebenen Platz mit seinen Bausteinen. In kurzer Zeit sah das Zimmer entsetzlich unordentlich aus. Susy, die, von verschiedenen Haushaltsarbeiten in Anspruch genommen, geschäftig aus und ein ging, schien das nicht zu stören, aber auf einen Mann, der aus dem Sanatorium kam, würde der Anblick nicht gerade anheimelnd wirken, dachte Kit besorgt. Krampfhaft überlegte sie, was sich dagegen tun ließe.

»Jonny, möchtest du deine Eisenbahn nicht lieber woanders aufstellen?« meinte sie überredend.

»Ach, die Kinder haben ihre Spielsachen überall«, sagte Susy. Eine rote Locke hing ihr in die Stirn; auf ihrem Kinn war ein schwarzer Fleck. »Nachher räumen sie ja alles wieder ordentlich fort.«

Schließlich gab Kit es auf. Hätte Susy gewußt, daß Bill heute kam, dann hätte sie sich selber und die Kinder natürlich herausgeputzt. Aber sie wußte es eben nicht, und Kit durfte es ihr nicht sagen.

Bettina, die trotz ihres praktischen Wesens sehr sensibel war, erhob sich plötzlich raschelnd aus ihren Papierschnitzeln und ging zu Kit hin. »Woran denkst du, Tante Kit?« fragte sie, sich an ihren Sessel lehnend.

»Warum fragst du?«

»Weil du so guckst — traurig — oder — ich weiß nicht...«

»Aber ich bin gar nicht traurig, Tina. Ich dachte nur so an dies und das, eigentlich an nichts Besonderes.«

»Ach so! Ich denke auch manchmal...«

Susy kam rasch ins Zimmer, ein Küchenhandtuch in der Hand. »Ich schlage vor, wir trinken jetzt eine Tasse Tee...«

Sie kam nicht dazu, den Satz zu beenden. Langsam öffnete sich die Haustür, und einen Augenblick sah man Bills große Gestalt als Silhouette gegen die fernen schneebedeckten Berge. Dann stieg er mit geübten Schritten über die Schienen und Eisenbahnzüge in der Diele und blieb auf der Schwelle zum Wohnzimmer stehen. Mit einem Blick hatte er die Papierschnitzel und die Bauklötze auf dem Fußboden, Susy mit dem Handtuch in der Hand und dem schwarzen Fleck auf dem Kinn in sich aufgenommen; in seinen Augen malte sich tiefe Befriedigung. Dann brach ein Höllenlärm los.

Als der erste Aufruhr vorüber war und Bill in seinem Sessel am Kamin saß, das Baby im Arm, die anderen Kinder um ihn herum, während Susy sich auf die Lehne des Sessels stützte und eine Hand leicht auf seine Schulter legte, als wollte sie sich überzeugen, daß er auch wirklich da war, lächelte er Kit verschmitzt zu. Doch plötzlich zuckte er zusammen, griff hinter sich und zog ein mit Moos gefülltes Kästchen hervor, in dem gerade und steif ein Zinnsoldat mit aufgepflanztem Bajonett ruhte.

»Daheim bleibt doch daheim«, murmelte er glücklich.